Kohlhammer
Urban Taschenbücher

W0059736

Band 565

Grundriss der Psychologie

Band 16

Herausgegeben von Bernd Leplow
und Maria von Salisch

Begründet von Herbert Selg und Dieter Ulich

Diese Taschenbuchreihe orientiert sich konsequent an den Erfordernissen des Studiums. Knapp, übersichtlich und verständlich präsentiert jeder Band das Grundwissen einer Teildisziplin.

Katrin Rentzsch
Astrid Schütz

Psychologische Diagnostik

Grundlagen und Anwendungsperspektiven

Verlag W. Kohlhammer

1. Auflage 2009

Alle Rechte vorbehalten
© 2009 W. Kohlhammer GmbH Stuttgart
Gesamtherstellung:
W. Kohlhammer Druckerei GmbH + Co. KG, Stuttgart
Printed in Germany

ISBN 978-3-17-019840-1

Inhalt

Geleitwort

Neue Studiengänge brauchen neue Bücher! Bachelor und Master sind nicht einfach verkürzte Diplom- oder Magisterausbildungen, sondern stellen etwas qualitativ Neues dar. So gibt es jetzt Module, die in sich abgeschlossen sind und aufeinander aufbauen. Sie sind jeweils mit Lehr- und Lernzielen versehen und spezifizieren sehr viel genauer als bisher, welche Themen und Methoden in ihnen zu behandeln sind. Aus diesen Angaben leiten sich Art, Umfang und Thematik der Modulprüfungen ab. Aus der Kombination verschiedener Module ergeben sich die neuen Bachelor- und Masterstudiengänge, welche in der Psychologie konsekutiv sind, also aufeinander aufbauen. Die Bände der Reihe »Grundriss der Psychologie« konzentrieren sich auf das umgrenzte Lehrgebiet des Bachelor-Studiums.

Da im Bachelorstudium die Grundlagen des psychologischen Fachwissens gelegt werden, ist es uns ein Anliegen, dass sich jeder Band der Reihe »Grundriss der Psychologie« ohne Rückgriff auf Wissen aus anderen Teilgebieten der Psychologie lesen lässt. Jeder Band der Grundrissreihe orientiert sich an einem der Module, welche die Deutsche Gesellschaft für Psychologie (DGPs) im Jahr 2005 für die Neugestaltung der Psychologieausbildung vorgeschlagen hat. Damit steht den Studierenden ein breites Grundwissen zur Verfügung, welches die wichtigsten Gebiete aus dem vielfältigen Spektrum der Psychologie verlässlich abdeckt. Dies ermöglicht nicht nur den Übergang auf den darauf aufbauenden Masterstudiengang der Psychologie, sondern auch eine erste Berufstätigkeit im psychologisch-assistierenden Bereich.

So führt der Bachelorabschluss in Psychologie zu einem eigenen, berufsbezogenen Qualifikationsprofil. Aber auch Angehörige anderer Berufe können von einer ergänzenden Bachelorausbildung in Psychologie profitieren. Überall dort, wo menschliches Verhalten und Erleben Entscheidungsabläufe beeinflusst, hilft ein fundiertes Grundwissen in Psychologie. Die

Bandbreite reicht vom Fachjournalismus über den Erziehungs-
und Gesundheitsbereich, die Wirtschaft mit diversen Manage-
mentprofilen, die Architektur und die Ingenieurwissenschaften
bis hin zu Führungspositionen in Militär und Polizei. Die Fi-
nanz- und Wirtschaftskrise der Jahre 2008/09 ist nur ein Beispiel
für die immense Bedeutung von Verhaltensfaktoren für gesellschaftliche Abläufe. Die wissenschaftliche Psychologie bietet
insofern ein Gerüst, über welches man auf die Gesellschaft positiv Einfluss nehmen kann. Daher können auch Studierende
und Praktiker aus anderen als den klassischen psychologischen
Tätigkeitsfeldern vom Bachelorwissen in Psychologie profitieren.
Weil die einzelnen Bände so gestaltet sind, dass sie psychologisches Grundlagenwissen voraussetzungsfrei vermitteln, sind sie
also auch für Angehörige dieser Berufsgruppen geeignet.

Jedes Kapitel ist klar gegliedert und schließt mit einer über-
sichtlichen Zusammenfassung. Literaturempfehlungen und Fragen zur Selbstüberprüfung runden die Kapitel ab. Als weitere
Lern- und Verständnishilfen wurden *Exkurs*-Kästen, *Beispiele*
und *Erklärungen* aufgenommen. In einigen Bänden finden sich
darüber hinaus *Definitionen*, und wo es sich anbietet, wird besonders Wichtiges in einem *Merke*-Satz wiederholt.

Wir möchten den ausgeschiedenen Herausgebern für ihre
inspirierende Arbeit an dieser Reihe danken und hoffen, auch
weiterhin auf ihre Erfahrungen zurückgreifen und ihren wert-
vollen Rat in Anspruch nehmen zu können. Den Leserinnen
und Lesern wünschen wir vielfältige Erkenntnisse und Erfolge
mit den Bänden der Reihe »Grundriss der Psychologie«.

Maria von Salisch
Bernd Leplow

Vorwort

Beim Blick in das Bücherregal von Fachbuchhandlungen fällt auf, dass es bereits viele Bücher zur Psychologischen Diagnostik gibt. Aus der Perspektive eines Studierenden betrachtet ist es allerdings nicht einfach, ein handliches und kostengünstiges Lehrbuch zu finden, das die Grundlagen der Psychologischen Diagnostik aufbereitet und in anschaulicher Weise praxisrelevantes Wissen vermittelt. Das vorliegende Lehrbuch orientiert sich an den Vorgaben der Deutschen Gesellschaft für Psychologie für den Bachelorstudiengang Psychologie. Es ist geeignet zur Begleitung von Lehrveranstaltungen und zur Vorbereitung auf Prüfungen in den Bereichen *Grundlagen Psychologischer Diagnostik, Grundlagen der Testtheorie* sowie *Diagnostische Verfahren*. Für Studierende verwandter Disziplinen und Praktiker kann es als Nachschlagewerk dienen.

Im Buch werden Grundlagen und Anwendungsperspektiven der Psychologischen Diagnostik im Überblick präsentiert. Ergänzt wird die Darstellung durch methodisches Hintergrundwissen und Anwendungsbeispiele. Um starken Praxisbezug zu gewährleisten, stellen wir einzelne diagnostische Verfahren sowie Kriterien zu deren Beurteilung vor. Des Weiteren geben wir einen Überblick über den diagnostischen Prozess und die Integration diagnostischer Erkenntnisse im Rahmen der Gutachtenerstellung. Es ist uns ein besonderes Anliegen, das Verständnis für die Grundlagen der Diagnostik zu fördern. Aus diesem Grunde sind methodische und testtheoretische Aspekte relativ ausführlich dargestellt, gleichzeitig aber so präsentiert, dass sie auch ohne Vorwissen gelesen werden können.

Viele Menschen waren an der Entstehung des Werkes beteiligt. Wir danken Herbert Selg, dessen freundlicher Bitte, die grüne Reihe »Grundriss der Psychologie« zu komplettieren, wir sehr gern nachgekommen sind. Alexandra Jaek hat mit viel Ausdauer und Sinn für Details alle Grafiken professionell bearbeitet.

Michela Schröder-Abé und Thomas Schultze halfen uns mit wichtigen inhaltlichen und methodischen Anregungen. Unseren Studierenden, studentischen Hilfskräften, Kolleginnen und Kollegen sind wir für viele inspirierende Fragen sowie organisatorische Unterstützung, Korrekturlesen und vieles mehr zu Dank verpflichtet. Herzlich danken wir Luise Bartholdt, Udo Böhm, André Bößneck, Stefanie Kirste, Natalie Krahmer, Nadine Markstein, Almut Rudolph, Maria Schmidt, Nelli Helene Schulz, Susanne Stein, Kathrin Stoll und Steffi Weidlich für ihre Unterstützung.

Chemnitz, im Frühjahr 2009
Katrin Rentzsch und Astrid Schütz

1 Psychologische Diagnostik (durch (Erkenntnis)) gestern und heute[1]

Mehrere psychologische Theorien aus der zweiten Hälfte des 20. Jahrhunderts beschäftigen sich mit dem Bemühen von Menschen, ihre Umwelt und ihr eigenes Verhalten zu verstehen und vorherzusagen (vgl. Attributionstheorien, z. B. Heiders Naive Handlungsanalyse, 1958; Kellys Kovariationsprinzip, 1967, 1973; Weiners Ursachenschema, 1986). In vielen Theorien ist das Bedürfnis nach Vorhersagbarkeit und Kontrollierbarkeit grundlegend (z. B. beschrieb Kelly den Menschen als »naiven Wissenschaftler«, Personale Konstrukttheorie; Kelly, 1973). Auch evolutionspsychologisch kann argumentiert werden, dass es von Vorteil ist, Interaktionspartner möglichst genau beurteilen zu können. Durch die akkurate Einschätzung der Persönlichkeit eines Unbekannten können sich z. B. Hinweise ergeben, ob man dem Gegenüber vertrauen kann oder sich lieber in Acht nehmen sollte (Goldberg, 1981).

Alltagsdiagnostische Fähigkeiten helfen also dabei, sich selbst besser zu verstehen, die soziale Umwelt genauer einzuschätzen und besser mit den Mitmenschen zurechtzukommen. »Alltagsdiagnostik« verläuft jedoch nicht notwendigerweise bewusst und objektiv, sondern in vielen Fällen eher intuitiv. Interessanterweise sind Menschen von der Richtigkeit ihrer Annahmen in der Regel sehr überzeugt, obwohl ihre Beurteilungen stark subjektiv sind. Fehlende Objektivität, z. B. durch Beobachtungsfehler, ist einer der Faktoren, die Alltagsdiagnostik problematisch machen (vgl. Kap. 9.1 und 10).

---

1 Wir verwenden Begriffe wie »Psychologen« oder »Probanden« als generisches Maskulinum für beide Geschlechter. Umgekehrt sind in zahlreichen Beispielen mit »Beobachterin«, »Diagnostikerin« etc. ebenfalls Personen männlichen und weiblichen Geschlechts gemeint.

Von Laien wird psychologische Diagnostik häufig mit diversen »Teste-dich-selbst«-Internetseiten oder den in Boulevardzeitschriften erscheinenden Tests in Verbindung gebracht. Viele öffentlich angebotene Tests[2] sind jedoch nicht ganz unproblematisch, da sie nicht wissenschaftlich konzipiert sind und Defizite in mindestens einem der beiden folgenden Bereiche aufweisen: Sie messen nicht das, was sie vorgeben zu messen (Gültigkeit oder *Validität*), oder erfassen ihren Untersuchungsgegenstand nicht exakt (Genauigkeit oder *Reliabilität*). Beide Merkmale sind jedoch wichtige Kriterien wissenschaftlich fundierter Tests. Für die getestete Person kann das Ergebnis eines solchen unwissenschaftlichen Tests zu unangemessener Selbsteinschätzung führen: Angenommen, ein leistungsorientierter Schüler möchte die Wahl seiner Hauptfächer von dem Ergebnis eines kommerziell angebotenen Internet-Intelligenztests abhängig machen. Wenn ihm das Abschneiden im Intelligenztest sehr wichtig sein sollte, dann dürfte seine schulische Entscheidung stark durch das (nicht fundierte) Testergebnis beeinflusst sein und möglicherweise zu einer Fehlentscheidung werden. Eine Gegenüberstellung von Alltags- und wissenschaftlicher Psychologie findet sich z. B. bei Sedlmeier und Renkewitz (2008, Kap. 1).

Alltagsdiagnostik unterliegt also vielen Verzerrungen und stellt keine Basis für gesicherte Erkenntnisse dar. Das vorliegende Lehrbuch widmet sich anschaulich und mit vielen Beispielen den Grundlagen und Anwendungsbereichen wissenschaftlich fundierter, psychologischer Diagnostik. Dabei wird u. a. den

---

2 »Der Begriff ›Test‹ hat in der Psychologie und erst recht in der nicht psychologischen Öffentlichkeit eine sehr weit gefasste Bedeutung: Er wird praktisch für alle psychologisch-diagnostischen Verfahren, die beim psychologischen Diagnostizieren eingesetzt werden, benutzt. Obwohl ein psychologischer Test im engeren Sinne nur eine besondere Untergruppe solcher psychologisch-diagnostischer Verfahren darstellt, soll die Bezeichnung ›Test‹ im vorliegenden Zusammenhang als Oberbegriff gelten: Es sind also neben Intelligenz- und allgemeinen Leistungstests insbesondere Persönlichkeitsfragebogen, Objektive Persönlichkeitstests sowie Projektive Verfahren, aber auch standardisierte Interviews sowie Erhebungsverfahren zur Arbeitsplatzanalyse gemeint.« (Testkuratorium, 2006, S. 493).

folgenden Fragen aus der psychologischen Diagnostik nachgegangen:

- Wie funktionieren psychologische Tests?
- Kann man Persönlichkeit messen?
- Lohnt es sich, einen im Internet angebotenen Intelligenztest durchzuführen?
- Welche Gültigkeit haben die in populären Zeitschriften abgedruckten Tests?
- Wie erfolgt Personalauswahl?

Nach einem Überblick über theoretische und methodische Grundlagen der Konstruktion und Beurteilung von Testverfahren folgt eine Darstellung möglicher Probleme bei der Testanwendung.

Generell sind Tests und die Vorbereitung auf Tests ein wichtiger Marktfaktor. Beispielsweise wird mit »Testknackerbüchern« oder Testvorbereitungskursen Geld verdient (siehe Exkurs).

Kommerzialisierung von Test-Vorbereitungs-Kursen
In den USA werden in Schulen, Universitäten und Firmen Testverfahren standardmäßig zur Selektion von Bewerbern eingesetzt. Bekannt sind der SAT (Scholastic Aptitude Test) oder die GRE (Graduate Record Examinations). Diverse Gesellschaften haben es sich zur Aufgabe gemacht, interessierte Personen bei der Vorbereitung auf diese Auswahlverfahren zu unterstützen. Hierfür werden teure Vorbereitungskurse angeboten, die eine enorme Verbesserung des Testergebnisses versprechen. Solche kommerziellen Intensivkurse sind insofern unfair, als sie lediglich Personen mit ausreichendem finanziellen Hintergrund zur Verfügung stehen. Hinzu kommt, dass bisweilen mit unrealistischen Erfolgsraten geworben wird (vgl. Briggs, 2001). Der in Aussicht gestellte Erfolg bezieht sich im Allgemeinen auf die mögliche Verbesserung der Gesamtpunktzahl, allerdings ist eine solche Verbesserung durch zielgerichtete Vorbereitung im jeweiligen Fachgebiet mindestens in gleichem Maße möglich. Eine fundierte inhalt-

liche Vorbereitung hat im Vergleich zu entsprechenden Test-
knackerkursen, in denen gezielt die Bearbeitung psychodiagnostischer Tests geübt wird, auch den Vorteil fachlichen
Wissenszuwachses.

1.1   Begriffsklärung

Die *Diagnostik* ist eine Methodendisziplin mit starkem Anwen-
dungsbezug. Sie ist von einer *Testologie* (die Lehre über die
Durchführung von Tests) abzugrenzen, da Diagnostik den gesamten Prozess von der Planung einer Untersuchung über die
Durchführung bis zur Auswertung und Interpretation der Ergebnisse umfasst (vgl. Kap. 2). Fundierte Diagnostik basiert
insofern einerseits auf Grundlagenwissen und hat andererseits
zahlreiche Anwendungsfelder. Teilweise geht Diagnostik in den
Bereich der *Intervention* über, da die Rückmeldung einer Diagnose bereits Veränderungen anstoßen kann. Beispielsweise gilt
das für Verfahren der systemischen Familiendiagnostik, bei denen Familienmitglieder im diagnostischen Prozess mit der
Wahrnehmung des Familiensystems durch die anderen Familienmitglieder konfrontiert werden (z. B. Skulpturverfahren, siehe Kap. 4.4). Im Rahmen dieser Verfahren wird z. B. ein Fa-
milienmitglied gebeten, im Kreise der Familie die eigene
Einschätzung der Beziehungen zwischen Familienmitgliedern
mitzuteilen und in Form von Zeichnungen oder anderen Darstellungen zu illustrieren. Dieses Publikmachen kann starke
Emotionen auslösen und Veränderungen in Gang setzen.

Definition

▶ *Intervention*: Maßnahmen, die dazu dienen, psychische
Störungen oder problematisches Verhalten zu verhindern, zu
beheben oder ihre Folgen zu mildern. ◄◄

Psychologische Diagnostik muss von *vorwissenschaftlicher Diagnostik*, d. h. von pseudowissenschaftlichen Bemühungen, die Persönlichkeitseigenschaften eines Menschen mit unseriösen Methoden

zu erfassen versuchen, abgegrenzt werden. In den letzten Jahrhunderten versuchte man etwa, vom Aussehen und der Körperform eines Menschen auf die Zugehörigkeit zu einem Persönlichkeitstypus zu schließen (im Folgenden findet sich ein historisches Beispiel dazu). Allerdings entdeckt man in manchen pseudowissenschaftlichen Angeboten auch heute noch ähnliche Ansätze.

Beispiel
▶ *Phrenologie* (Geist)

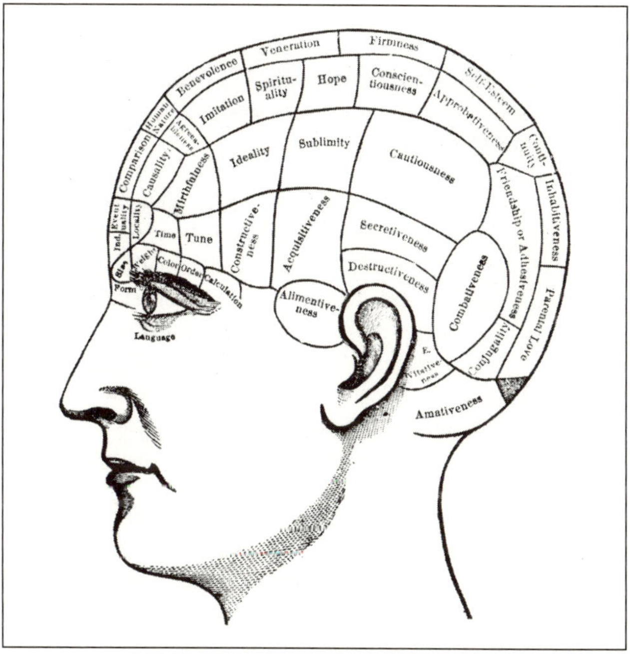

Abb. 1.1: Historische Skizze eines Schädels, dessen Arealen Charaktereigenschaften zugeordnet sind (aus Pervin, 2005, S. 373).
© ullstein bild – Granger Collection

Der Begriff Phrenologie stammt aus dem Griechischen (*phrenos*) und bedeutet »Geist«. Der Begründer dieser pseudowissenschaftlichen Lehre war der Arzt Franz Josef Gall (*1758,

†1828). Neben tragfähigen und wissenschaftlich fruchtbaren Erkenntnissen nahm Gall auch an, dass die geistigen Anlagen in verschiedenen Hirnarealen des Menschen lokalisierbar seien. Demzufolge stellten Größe und Form der Hirnareale für Gall Hinweise auf die Ausprägung der zugrundeliegenden Eigenschaften dar. Die äußere Schädelform galt als bester messbarer Indikator für geistige Fähigkeiten und Persönlichkeitseigenschaften – ein Trugschluss, wie sich später herausstellte. Die Phrenologie geriet nicht zuletzt durch den rassistisch motivierten Einsatz der sogenannten *Kraniometrie* in scharfe Kritik. Jene Lehre von der Schädelvermessung ist vor allem in der Anthropologie, Ethnologie und Archäologie wissenschaftlich bedeutsam, wurde jedoch im 19. Jh. in den USA und in der Zeit des Nationalsozialismus im Dienste der Rassenkunde missbraucht (vgl. Gould, 1988). ◄◄

Der Begriff Diagnostik kommt ebenfalls aus dem Griechischen (*dia* = durch; *gnosis* = Erkenntnis). Diagnostik ist die »Lehre von den Methoden und Verfahren der sachgemäßen Durchführung einer Diagnose« (Fisseni, 2004, S. 4). Die Verarbeitung der Informationen, die aus jedem Schritt des diagnostischen Prozesses gewonnen werden, erfolgt anhand vorgegebener Regeln. Häufig erfolgt ein Vergleich zwischen Ist- und Soll-Zuständen. So wird z. B. in der Eignungsdiagnostik das Fähigkeitsprofil eines Bewerbers mit dem Anforderungsprofil der Organisation abgeglichen.

Nach Jäger und Petermann (1999, S. 11) versteht man unter *psychologischer Diagnostik* das »systematische Sammeln und Aufbereiten von Informationen mit dem Ziel, Entscheidungen und daraus resultierende Handlungen zu begründen, zu kontrollieren und zu optimieren. Solche Entscheidungen und Handlungen basieren auf einem komplexen Informationsverarbeitungsprozeß. In diesem Prozeß wird auf Regeln, Anleitungen, Algorithmen usw. zurückgegriffen. Man gewinnt damit psychologisch relevante Charakteristika von Merkmalsträgern und integriert gegebene Daten zu einem Urteil (Diagnose, Prognose). Als Merkmalsträger gelten Einzelpersonen, Personengruppen, Institutionen, Situationen, Gegenstände etc.«.

Definition

▶ »*Psychodiagnostik* [Hervorhebung d. Verf.] ist eine Methodenlehre im Dienste der Angewandten Psychologie. Soweit Menschen die Merkmalsträger sind, besteht ihre Aufgabe darin, interindividuelle Unterschiede im Verhalten und Erleben sowie intra-individuelle Merkmale und Veränderungen einschließlich ihrer jeweils relevanten Bedingungen so zu erfassen, [dass] hinlänglich präzise Vorhersagen künftigen Verhaltens und Erlebens sowie deren evtl. Veränderungen in definierten Situationen möglich werden.« (Amelang & Schmidt-Atzert, 2006, S. 3) ◀◀

Mithilfe von diagnostischen Ergebnissen werden Entscheidungen getroffen oder vorbereitet. Beispielsweise kann eine Diagnostikerin ein mittelständisches Unternehmen beraten, indem sie diesem eine oder mehrere geeignete Bewerber für eine ausgeschriebene Stelle empfiehlt. Eine Diagnose kann auch dazu dienen, eine Entscheidung bezüglich der schulischen oder beruflichen Laufbahn eines Jugendlichen zu treffen oder geeignete Förder- und Therapiemaßnahmen auszuwählen. Stellt man z. B. bei einem Kind mit Verdacht einer Lese-Rechtschreib-Schwäche in der Diagnostik Defizite in der Selbstwertschätzung fest, kann dieser Punkt in die Förderung einbezogen werden.

Merke

▶ Typisches *Ziel* eines diagnostischen Prozesses ist es, die Besonderheiten im Erleben und Verhalten eines Individuums zu erfassen, und auf dieser Basis individuumsbezogene Vorhersagen zu machen. Allerdings muss sich Diagnostik nicht notwendigerweise auf Individuen beschränken. Auch Paare, Familien, Arbeitsgruppen oder Organisationen können Ziel diagnostischer Bemühungen sein. ◀◀

1.2 Diskussion um Qualitätssicherung

In den 1990er Jahren wurde mehrfach darauf hingewiesen, dass ausgebildete Diagnostiker, die seit Jahren in der Praxis tätig waren, neuere fachliche Entwicklungen nicht ausreichend berück-

sichtigten (Kubinger & Floquet, 1998) und nur ein sehr einge-
schränktes Spektrum an Verfahren einsetzten (Schorr, 1995).

Eine Schwierigkeit bei der Optimierung praktischer diagnostischer Tätigkeit liegt vermutlich im fehlenden Austausch zwischen wissenschaftlich und praktisch tätigen Psychologen, was
dazu führt, dass einerseits neue wissenschaftliche Erkenntnisse
nur zeitverzögert in der Praxis rezipiert werden, andererseits die
in der Praxis bedeutsamen Probleme und Anliegen in For-
schungsarbeiten nur ungenügend aufgenommen werden. Umso
positiver zu bewerten ist daher eine gemeinsame Initiative der
Deutschen Gesellschaft für Psychologie (DGPs), die die wissenschaftlich Tätigen vertritt, und des Berufsverbands Deutscher
Psychologinnen und Psychologen (BDP), der die praktisch Tätigen vertritt. Auf Initiative des Testkuratoriums beider Verbän-
de wurde im Jahr 2002 mit der Einführung der DIN 33430 zur
berufsbezogenen Diagnostik (DIN, 2002) ein großer Schritt in
Richtung Qualitätssicherung in diesem Bereich getan. Die Norm
regelt für den Bereich der *Eignungsdiagnostik*, auf welche Weise
fachlich kompetente Diagnostik zu erfolgen hat. Durch einschlä-
gige Schulungen können entsprechende Kompetenzen erworben
bzw. aufgefrischt und nach Ablegen einer Prüfung für die Dauer von fünf Jahren zertifiziert werden. Danach ist fachliche Wei-
terbildung vorgesehen. Die folgende Erklärung gibt die Inhalte
der DIN 33430 ausführlicher wieder.

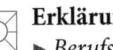

Erklärung

▶ *Berufsbezogene Eignungsdiagnostik: Die DIN 33430*
Eignungsdiagnostik hat das Ziel, eine Wahrscheinlichkeitsaus-
sage zu liefern, ob ein Bewerber für eine Stelle geeignet ist und
mit der Position zufrieden sein wird. Der Wunsch nach einer
optimalen Stellenbesetzung geht also von mindestens zwei In
stanzen aus: Einerseits dem Unternehmen, welches den am besten geeigneten Bewerber für eine Stelle auswählen möchte, und
andererseits vom Bewerber selbst (Zufriedenheit). Die DIN
33430 ist eine Richtlinie, die Qualitätskriterien und -standards
für die berufsbezogene Eignungsdiagnostik sowie Qualifikati-
onsanforderungen an die beteiligten Personen festlegt (Westhoff
et al., 2004). Die DIN 33430 wendet sich dabei vor allem an die

beteiligten Gruppen der Auftraggeber (z. B. ein Unternehmen), Auftragnehmer (z. B. eine Diagnostikerin), Verfahrensentwickler (z. B. eine Forschergruppe, die einen Test konstruiert hat), Testverlage (Verlage, die die Tests veröffentlichen) und die Bewerber am Auswahlverfahren. Somit wird der Entscheidungserfolg des Auftraggebers bei der Personalauswahl erhöht, der Auftragnehmer kann die Qualität seiner Diagnostik überprüfen und gegebenenfalls verbessern und der Bewerber durchläuft eine maximal faire Auswahlprozedur.

Häufig stellt sich in diesem Zusammenhang die Frage, inwiefern DINs rechtlich verbindlich sind, d. h. muss Eignungsdiagnostik stets nach der DIN 33430 erfolgen? Zunächst kann festgehalten werden, dass DIN-Normen keine Rechtsverbindlichkeit haben, deren Einführung und Umsetzung erfolgen also freiwillig. Jedoch kann die DIN 33430 dann verbindlich gelten, wenn die Rechtsprechung darauf Bezug nimmt. Zum Beispiel könnte in Klagen in Zusammenhang mit dem Antidiskriminierungsgesetz von der Verteidigung eines Unternehmens argumentiert werden, dass das Einstellungsverfahren den Regeln der DIN 33430 genügte und somit objektiv erfolgte. Die Personalentscheidung ist insofern nicht als diskriminierend zu bezeichnen.

Die DIN 33430 bezieht verschiedene Qualitätsstandards ein. Sie beinhaltet u. a. die Qualitätsstandards des BDP (Sektion Arbeits-, Betriebs- und Organisationspsychologie im Berufsverband Deutscher Psychologen, 1980), z. B.:

• Forderung nach der Verwendung wissenschaftlicher Verfahren
• Betonung der Notwendigkeit von Anforderungsanalysen
• Ausschluss von projektiven Verfahren
• Forderung nach Transparenz

Auf weitere Qualitätsstandards, wie z. B. den Kriterienkatalog des Testkuratoriums (2006), wird in späteren Abschnitten dieses Buches eingegangen (siehe Kap. 8.3). Für einen Überblick zu relevanter Literatur sei auf folgende Homepage verwiesen: http://kersting-internet.de/DIN-Buch. ◄◄

Um die Qualität psychodiagnostischer Arbeit sicherzustellen, wurden weitere Maßnahmen erwogen. So fand u. a. eine Diskussion über die Einführung eines Gütesiegels für wissenschaftlich fundierte Tests statt, um Praktikern die Unterscheidung zwischen guten und weniger guten Verfahren zu erleichtern. Auch wurden Kriterien entwickelt, nach denen Testrezensionen in einheitlicher Form erfolgen sollen (Testkuratorium, 2006).

1.3   Zur Geschichte psychologischer Diagnostik

Historisch betrachtet hat die Diagnostik drei fachliche Wurzeln: die Psychiatrie, die Experimentelle Psychologie und die Differentielle Psychologie.

Psychiatrie. Der Begriff Diagnose ist seit der Antike ein zentraler Begriff im ärztlichen Denken und Handeln. Psychiatrische Krankheitsmodelle zur Beschreibung und Erklärung geistiger Krankheiten unterlagen mehreren Veränderungen, die sich wiederum auch auf die Entwicklung diagnostischer Verfahren auswirkten. Zu Beginn des 19. Jahrhunderts löste das *medizinische Krankheitsmodell der Psychiatrie* ältere *dämonologische* Vorstellungen ab. Laut Letzteren galten psychiatrisch Kranke als besessen und böse – das medizinische Krankheitsmodell ist insofern entlastend für den Patienten. Im Rahmen des Modells werden verschiedene Symptome einem Syndrom zugeordnet. Durch die Untersuchung von spezifischen Krankheitsverläufen konnten Methoden zur Bekämpfung von Krankheiten entwickelt werden. Allerdings ist es bei psychischen Störungen schwieriger als im Bereich körperlicher Erkrankungen, eine lückenlose Erklärung von Syndromen über den Verlauf und die Prognose bis zur *Genese* zu finden, wodurch das medizinische Modell (auch Defektmodell genannt) für den Bereich psychischer Störungen an Grenzen stößt.

Definition

▶ Unter *Genese* ist die Entwicklung bzw. Entstehung von psychischen oder somatischen Störungen zu verstehen. ◀◀

Als Alternative zum medizinischen Krankheitsmodell wurde ab etwa 1970 die psychologische oder *sozialwissenschaftliche Perspektive* zur Erklärung psychischer Störungen vertreten. Man suchte weniger nach körperlichen Ursachen, sondern vielmehr nach den Bedingungen im Umfeld einer Person, die eine Störung aufrechterhalten, z. B. nach familiären oder schulischen Bedingungen. Die Grundannahme dieser Perspektive findet sich im *Kontinuum-Modell* wieder (z. B. Basaglia, 1985). Nach dem Kontinuum-Modell unterscheiden sich gesund und krank nicht qualitativ voneinander, sondern nur graduell. Dieses Modell nimmt also an, dass sich »Gesunde« und »Kranke« nicht prinzipiell voneinander unterscheiden, sondern bestimmte Eigenschaften nur in unterschiedlicher Ausprägung besitzen. So wird etwa davon ausgegangen, dass sich Stimmungsschwankungen im Rahmen depressiver Erkrankungen nur quantitativ, nicht aber qualitativ von Stimmungsschwankungen bei gesunden Personen unterscheiden. Das Kontinuum-Modell beschreibt Störungen insofern dimensional (z. B. mehr oder weniger ängstlich) statt kategorial (z. B. Angstsymptome ja vs. nein). Heute werden häufig sowohl kategoriale als auch dimensionale Aspekte berücksichtigt. Auch in der Medizin werden einige Phänomene dimensional erfasst (z. B. Messung des Gewichts in Kilogramm) und dann kategorial über einen *Cut-Off-Wert* einer Diagnosekategorie wie z. B. Übergewicht zugeordnet (eine Erklärung des Begriffes Cut-Off-Wert findet sich im Folgenden).

Da einfache Kausalbeziehungen bei den meisten psychischen Störungen nicht herstellbar sind, wird heute häufig eine interaktionistische Perspektive eingenommen, d. h. es wird von einer gegenseitigen Wechselwirkung zwischen genetischen, neurobiologischen, psychologischen und sozialen Bedingungen zur Entwicklung psychischer Störungen ausgegangen. Es lässt sich also zusammenfassen, dass der ursprüngliche Krankheitsbegriff aus dem kategorialen medizinischen Krankheitsmodell stammt, heutzutage aber interaktionale Störungsmodelle mit Betonung dimensionaler Merkmale einschließt (vgl. Wittchen, 2006).

Erklärung

► *Cut-Off-Werte* sind festgelegte Testtrennwerte, die kranke (bzw. geeignete) Personen von gesunden (bzw. ungeeigneten) Personen hinsichtlich des zu erfassenden Merkmals trennen. Sie geben damit inhaltliche Bereiche an, indem der Testwert eines Probanden als über oder unter einem Kriterium liegend klassifiziert wird. Erhält z. B. ein Patient einen Punktwert von 17 nach dem Ausfüllen des BDI-II (Beck Depressions-Inventar; Hautzinger, Keller & Kühner, 2006), dann interpretiert die Diagnostikerin diesen Wert anhand des Vergleichs mit dem vorgegebenen Cut-Off-Wert von 14. Da der erzielte Testwert in diesem Beispiel über dem Cut-Off-Wert liegt, ist die Diagnose einer leichten Depression wahrscheinlich. ◄◄

Nach Ende des Zweiten Weltkriegs häuften sich die Hinweise, dass psychologische Diagnosen in stark subjektiv geprägter Weise erfolgen (vgl. Kendell, 1978). Das führte die psychologische Diagnostik in eine Akzeptanzkrise. Im nachfolgenden Beispiel wird eine Studie von Rosenhan (1973) vorgestellt, die mangelnde Objektivität beim Diagnostizieren in psychiatrischen Einrichtungen aufdeckte. Nicht zuletzt gaben diese Ergebnisse den Anstoß dafür, allgemeine klinische Klassifikationssysteme zu entwickeln, die genaue Kriterien zur Vergabe einer bestimmten Diagnose vorgeben, z. B. die International Statistical Classification of Diseases and Related Health Problems nach der Weltgesundheitsorganisation (WHO, 1992; gegenwärtig ICD-10; Dilling, Mombour & Schmidt, 2008; Dilling, Mombour, Schmidt & Schulte-Markwort, 2006) oder das Diagnostic and Statistical Manual of Mental Disorders nach der American Psychiatric Association (APA, 1994; gegenwärtig DSM-IV-TR; Saß, Wittchen, Zaudig & Houben, 2003; siehe Kap. 1.4 zur näheren Erläuterung).

Beispiel

► *On being sane in insane places*

Rosenhan (1973) schleuste sich selbst und sieben weitere Personen als »Pseudopatienten« in zwölf psychiatrische Kliniken ein, um zu prüfen, inwieweit klinisches Diagnostizieren objektiv erfolgt. Die Pseudopatienten, tatsächlich gesunde Mitarbeiter des Studienleiters, gaben bei der Einweisung an, sie hören Stimmen. Sobald sie in die Klinik aufgenommen waren, unterließen sie jedoch jegliches »abnormale« Verhalten, beantworteten alle Fragen der Klinikangestellten wahrheitsgemäß und versuchten, sich so normal wie möglich zu verhalten. Dennoch wurden sieben der Pseudopatienten als schizophren diagnostiziert. Interessanterweise fand Rosenhan in einer Nachuntersuchung heraus, dass einige Klinikangestellte, nachdem sie von der Studie gehört hatten, 10 bis 20 % aller zukünftigen Einweisungen zu Unrecht für Täuschungen hielten. Diese und weitere Befunde zeigen, dass diagnostische Urteile durch Vorinformationen beeinflussbar sind. ◄◄

Die *Experimentelle Psychologie* als eine weitere historische Wurzel der heutigen Diagnostik hat eine Vielzahl experimenteller Strategien hervorgebracht, die auch in der psychologischen Diagnostik nutzbar gemacht wurden. Damit trug diese Richtung maßgeblich zur Entwicklung quantitativer und standardisierter Verfahren bei. Auch die heute etablierten Gütekriterien Objektivität, Reliabilität und Validität gehen auf diese Tradition zurück (siehe Kap. 8). Das in dieser Tradition verankerte stark experimentell und quantitativ orientierte Vorgehen wurde im Laufe der Zeit allerdings auch durch qualitative und individuumszentrierte Ansätze ergänzt (Jüttemann, 1990; Petermann, 1992). Zur Orientierung an stabilen Merkmalen kam ferner die Berücksichtigung der Veränderbarkeit von Verhaltensweisen oder Bedingungen hinzu – man spricht von Modifikationsstrategien (siehe Kap. 2.1).

Diagnostik steht weiterhin in der Tradition der *Differentiellen Psychologie* und *Persönlichkeitspsychologie*. Differentielle Psychologie beschäftigt sich mit den Unterschieden zwischen einzelnen Personen oder Gruppen im Hinblick auf psychische Eigenschaften. Persönlichkeitspsychologie untersucht die Besonderheiten des Individuums (vgl. Laux, 2008). Die Diagnostik stellt sowohl Methoden zur Erfassung der Besonderheiten des Einzelnen und der Unterschiede zwischen Menschen bereit. Die enge Verschrän-

kung zwischen Differentieller-/Persönlichkeitspsychologie und
Diagnostik zeigt sich besonders deutlich bei Testkonstruktionen,
die auf einer persönlichkeitstheoretischen Konzeption der zu
messenden Eigenschaft beruhen (siehe auch Strategien der Testkonstruktion, Kap. 2.1).

Beispielsweise wurden mehrere Intelligenztests vor dem Hintergrund eines bestimmten Intelligenzmodells entwickelt:

- Die Wechsler Adult Intelligence Scale Revised (WAIS-R;
  Wechsler, 1981; deutsche Version: Hamburg-Wechsler-Intel-
  ligenztest für Erwachsene; HAWIE-R nach Tewes, 1991) ba-
  siert auf dem Intelligenzmodell Wechslers.
- Der Intelligenz-Struktur-Test 2000 R (I-S-T 2000 R; nach
  Liepmann, Beauducel, Brocke & Amthauer, 2007) basiert auf
  Thurstones Intelligenzmodell.

Zahlreiche Persönlichkeitstests beruhen auf einer spezifischen
Persönlichkeitstheorie, z. B.:

- Das Eysenck Personality Inventory (EPI; Eysenck, 1970; dt.
  Eysenck-Persönlichkeitsinventar; Eggert, 1983) beruht auf
  Eysencks Persönlichkeitstheorie.
- Der 16 PF (Cattell, 1972; Conn & Rieke, 1994; dt. 16-Persön-
  lichkeits-Faktoren-Test Revidierte Fassung, 16 PF-R; Schnee-
  wind & Graf, 1998) geht auf Cattells Theorie zurück.
- Auf dem sogenannten Big-Five-Ansatz (Costa & McCrae,
  1992a) beruhen Verfahren wie das NEO Five-Factor Inven-
  tory Revised (NEO-FFI; McCrae & Costa, 2004, revidierte
  Fassung; dt. NEO-Fünf-Faktoren-Inventar nach Borkenau &
  Ostendorf, 2008) oder das NEO-Persönlichkeitsinventar
  (NEO-PI-3; McCrae, Costa & Martin, 2005; dt. NEO-PI-R
  nach Ostendorf & Angleitner, 2004).

1.4   Klassifikationssysteme in der Diagnostik

Wie bereits erwähnt, werden in der klinischen Diagnostik zwei
Klassifikationssysteme verwendet, um möglichst genaue und zuverlässige Diagnosen erstellen zu können – die ICD und das

DSM. Als Klassifikationssystem bezeichnet man Listen mit Entscheidungskriterien. Dort sind zu einzelnen Diagnosen im Bereich psychischer Störungen (z. B. die Diagnose der Sozialen Phobie) die entsprechenden diagnostischen Kriterien aufgeführt. Somit unterstützen diese Systeme die Diagnostikerin bei der Entscheidung im Hinblick auf die Formulierung einer konkreten Diagnose. In der therapeutischen Praxis wird häufig die ICD-10 (Dilling et al., 2006) verwendet, u. a. deswegen, weil die Abrechnung bei den Krankenkassen über Diagnosen nach der ICD-10 erfolgt. Dagegen wird das DSM-IV-TR (Saß et al., 2003) vor allem im wissenschaftlichen Kontext eingesetzt, da die Kriterien intensiver untersucht worden sind.

Ursprünglich lagen mehr als 100 verschiedene Klassifikationssysteme im psychologisch-psychiatrischen Bereich weltweit vor, die jedoch inhaltlich so unterschiedlich gestaltet waren, dass eine einheitliche Zusammenstellung kaum gelingen konnte. Anhand empirischer Studien und internationaler Kooperation wurde 1980 schließlich ein neuartiges, wissenschaftlich abgesichertes Klassifikationssystem konzipiert, das DSM-III (APA). In der ICD kehrte man erst ab 1992 (WHO) von der traditionellen psychiatrischen Klassifikation ab, um sich der Konzeption im DSM anzunähern (vgl. Wittchen, 2006).

ICD-10

Die Internationale statistische Klassifikation der Krankheiten und verwandter Gesundheitsprobleme wird von der Weltgesundheitsorganisation (WHO) herausgegeben. Derzeit liegt die ICD in der zehnten Ausgabe vor. Sowohl Praktiker in der Psychologie wie auch in der Medizin verwenden es zur klinischen Diagnostik. Nur ein kleiner Teil der ICD widmet sich psychischen Störungen (die sogenannten F-Diagnosen). Alle Diagnosen werden mit einem Code versehen, der bis zu fünf Stellen beinhaltet. Die erste Stelle »F« kennzeichnet den Bereich der psychischen und Verhaltensstörungen. Die zwei folgenden Stellen beinhalten die konkrete Diagnose; weitere Buchstaben oder Ziffern spezifizieren die Störung.

Beispiel
▶ F40–F48 Neurotische-, Belastungs- und somatoforme Störungen
     F40 phobische Störung
         F40.1 soziale Phobien ◀◀

Diese Codes werden im Rahmen der fall- und diagnosebezogenen Kassenabrechnung verwendet.

DSM-IV-TR

Das DSM wurde von der Amerikanischen Psychiatrischen Vereinigung (APA) veröffentlicht und liegt mittlerweile in vierter Auflage (DSM-IV-TR) vor. Dieses Klassifikationssystem bietet gegenüber der ICD-10 gewisse Vorteile, wie im Folgenden erläutert. Im Vergleich zur ICD-10 beinhaltet das DSM-IV-TR speziellere und wissenschaftlich besser fundierte diagnostische Kriterien. Daher ist es für die Forschung besonders interessant. Außerdem systematisiert es psychische Diagnosen anhand einer multiaxialen Einteilung, d. h. psychische Störungen können anhand einzelner Achsen differenziert werden. Die folgenden fünf Achsen werden unterschieden:

- Achse I: Klinische Störungen (z. B. Schizophrenie, Affektive Störungen, Demenz etc.),
- Achse II: Persönlichkeitsstörungen, geistige Behinderung,
- Achse III: Körperliche Störungen und Zustände,
- Achse IV: Psychosoziale Belastungsfaktoren,
- Achse V: Höchstes Niveau der sozialen Anpassung im letzten Jahr.

Eine multiaxiale Einordnung von Diagnosen erlaubt es den Diagnostizierenden, ein möglichst umfassendes Bild von der zugrundeliegenden psychischen Störung zu erhalten. Neben psychischen Einflussfaktoren wird weiteren, z. B. sozialen Belastungsfaktoren, aber auch dem allgemeinen Funktionsniveau zur globalen Einschätzung des Behandlungsbedarfs oder des Potentials Beachtung geschenkt. Von solchen umfassenden Diagnosen können schließlich spezifische Therapieansätze abgeleitet werden. Das DSM-IV-TR beinhaltet insgesamt 16 diagnostische Kategorien auf Achse I:

1. Störungen, die gewöhnlich zuerst im Kleinkindalter, in der Kindheit oder der Adoleszenz diagnostiziert werden,
2. Delir, Demenz, amnestische und andere kognitive Störungen,
3. Psychische Störungen aufgrund eines medizinischen Krankheitsfaktors; nicht andernorts klassifiziert,
4. Störungen im Zusammenhang mit psychotropen Substanzen,
5. Störungen im Zusammenhang mit anderen Substanzen,
6. Schizophrenie und andere psychotische Störungen,
7. Affektive Störungen,
8. Angststörungen,
9. Somatoforme Störungen,
10. Vorgetäuschte Störungen,
11. Dissoziative Störungen,
12. Sexuelle und Geschlechtsidentitätsstörungen,
13. Essstörungen,
14. Schlafstörungen,
15. Störungen der Impulskontrolle, nicht andernorts klassifiziert,
16. Anpassungsstörungen.

Der Einsatz von Klassifikationssystemen in der klinischen Diagnostik ermöglicht also ein klares und abgesichertes Aufstellen von Diagnosen. Insofern können sowohl die Patienten als auch die diagnostisch Tätigen davon profitieren. Zudem wird die internationale wissenschaftliche Kommunikation erleichtert, da beide Klassifikationssysteme in vielen Sprachen vorliegen.

1.5   Rechtliche und ethische Grundlagen

Ethische und rechtliche Regelungen stecken den Rahmen für diagnostische Arbeit ab. Aus ethischer Perspektive ist prinzipiell zu diskutieren, ob und wie Diagnostik ausgeübt werden soll. Gefordert wird hierbei im Allgemeinen, dass sie nicht nur den

Ausübenden Nutzen bringt, sondern auch einen Beitrag zur gesellschaftlichen Entwicklung liefert (siehe auch Schmid, 1999). Die entscheidende Frage unter ethischer Perspektive lautet demnach: An wessen Wohl orientieren sich diagnostisch Tätige? Dabei stehen mitunter gesellschaftliche Interessen den Rechten des zu diagnostizierenden Individuums gegenüber. Beispielsweise muss bei der forensischen Begutachtung in die Privatsphäre von Angeklagten oder Zeugen eingedrungen werden, um bestimmte, vom Beschuldigten ausgehende Gefährdungen für die Öffentlichkeit abschätzen zu können.

Besonders ausgeprägt ist die Problematik, wenn die diagnostische Beurteilung nicht auf Wunsch des Klienten erfolgt, sondern von einer Drittinstanz verlangt wird – bei unmündigen Jugendlichen durch die Betreuungsperson, in schulischen und betrieblichen Auswahlverfahren, aber auch in der Beurteilung von Straffälligen und der Unterstützung von Behinderten. Das Risiko, unangemessen in die Privatsphäre von Menschen einzugreifen, ist auch dann gegeben, wenn der diagnostische Prozess und seine Konsequenzen von den Betroffenen nicht durchschaubar sind. Es ist daher essenziell, dass die getestete Person so weit wie möglich aufgeklärt und ihr Einverständnis eingeholt wird. So geht beispielsweise aus dem Psychotherapeutengesetz (siehe Kasten auf S. 32) hervor, dass jeder Heileingriff rechtlich eine Körperverletzung darstellt, wenn der Patient vorher nicht umfassend über seine Situation, die Therapie und mögliche Folgen informiert wurde und ebenso wenig eingewilligt hat. Zusammenfassend kann gesagt werden, dass die diagnostisch Tätigen (sich) immer wieder Rechenschaft darüber ablegen sollten, in welchem Spannungsfeld sie sich bewegen und wie die Befunde verwendet werden. Der Missbrauch diagnostisch fundierter Macht, die im diagnostischen Prozess entsteht, stellt einen extremen Verstoß gegen ethische Prinzipien dar. Zum Beispiel nutzen einige Sekten die relative Ohnmachtsposition ihrer Mitglieder für die Schaffung von Abhängigkeitsverhältnissen aus. So werden potenziellen Mitgliedern häufig kostenlose psychologische Tests angeboten und nach der Rückmeldung negativer und selbstwertbedrohender Befunde erfolgt schließlich das Angebot zu Beratung, Förderung oder sozialer Einbindung.

Unabhängig von ethischen Richtlinien gelten klare gesetzliche Vorschriften. Psychologinnen und Psychologen unterliegen grundsätzlich der ärztlichen Schweigepflicht (§ 203 StGB). Psychologische Psychotherapeuten, Kinder- und Jugendlichenpsychotherapeuten (aber nicht Psychologen als solche) haben das Zeugnisverweigerungsrecht (§ 53 Abs. 1 Nr. 3 StPO), d. h. sie sind berechtigt, die Aussage zu verweigern »über das, was ihnen in dieser Eigenschaft anvertraut worden oder bekannt geworden ist«. Es gibt kein spezifisches Gesetz zu den Rechten und Pflichten der diagnostizierenden Person, aber viele gesetzliche oder rechtliche Bestimmungen aus unterschiedlichen Bereichen sind im diagnostischen Kontext relevant (für eine Übersicht siehe Kasten zu den Rechtsgrundlagen). Diagnostisch Tätige sind nach der Berufsordnung des BDP verpflichtet, Klienten zu informieren, dass sie ein Zeugnisverweigerungsrecht haben, und darauf aufmerksam zu machen, wo dieses an Grenzen stößt. Im Umgang mit Testergebnissen unterliegen diagnostisch Tätige der Pflicht zur Verschwiegenheit und den Bestimmungen des Bundesdatenschutzgesetzes. Demnach müssen diagnostische Daten vor unbefugtem Zugriff geschützt und bei wissenschaftlichem Gebrauch anonymisiert werden. Bei der Weitergabe von Daten ist zudem das Einverständnis der getesteten Person oder ihrer gesetzlichen Vertreter einzuholen. Die getestete Person hat in der Regel das Recht, in die Ergebnisse (nicht aber in die Originaltestunterlagen) Einsicht zu nehmen. Bezüglich des Vertriebs und Verkaufs diagnostischer Verfahren ist der Zugang durch Unbefugte insofern eingeschränkt, als die meisten einschlägigen Verlage eine freiwillige Vertriebsbeschränkung eingeführt haben und Tests nur an Diplom-Psychologen oder gleichermaßen qualifizierte Personen verkaufen. Schließlich gilt, dass unter urheberrechtlichen Gesichtspunkten nur Originalmaterialien zur Diagnostik verwendet werden dürfen – nicht genehmigte Kopien sind untersagt.

Sofern Psychologen im Bereich der Verkehrspsychologie diagnostisch tätig sind, unterliegen sie der Fahrerlaubnisverordnung (FEV). Für die verkehrspsychologische Beratung werden nur solche Personen anerkannt, die von der Sektion Verkehrspsychologie des BDP bestätigt wurden, d. h. die z. B. ein Psychologie-Hochschulstudium und zusätzlich eine verkehrspsychologische Ausbildung vorweisen können. Diese Anerkennung kann zurückgenommen werden, wenn die Berater selbst gegen verkehrsrechtliche Vorschriften verstoßen.

Für den klinisch-psychologischen Bereich ist das seit 1999 existierende Psychotherapeutengesetz (PsychThG) besonders relevant. Nach dem PsychThG ist die Berufsbezeichnung *Psychotherapeut* gesetzlich geschützt. Welche Besonderheiten für Psychologen damit einhergehen, ist im folgenden Kasten zu finden.

Das Psychotherapeutengesetz (PsychThG)
Psychologen haben die Möglichkeit, nach ihrem Diplom- oder Master-of-Science-Abschluss in Psychologie eine Ausbildung im Bereich Psychotherapie zu absolvieren. Dafür müssen sie sich für eine der drei Therapiespezialisierungen entscheiden: Analytische Psychotherapie, Tiefenpsychologisch fundierte Psychotherapie oder Verhaltenstherapie. Die Ausbildung dauert entweder drei oder fünf Jahre, je nachdem, ob man diese in Vollzeit oder berufsbegleitend durchführt. Folgende Tätigkeiten sind für den Abschluss obligatorisch: 600 Stunden Theorie, 1 800 Stunden Praxis (in Psychiatrie, Ambulanz etc.), 120 Stunden Selbsterfahrung, 600 Stunden Patientenbehandlung, 150 Stunden Supervision. Die Ausbildung zum Kinder- und Jugendpsychotherapeuten können auch Personen mit Studienabschlüssen in den Fächern Pädagogik und Sozialpädagogik absolvieren.

Rechtsgrundlagen

Grundgesetz (GG):	Art 1, 2 – Würde des Menschen, Entfaltung der Persönlichkeit, körperliche Unversehrtheit
Bürgerliches Gesetzbuch (BGB):	§ 280 Schadensersatzpflicht

Strafgesetzbuch (StGB):	§ 223 Körperverletzung § 203 Verletzung von Privatgeheimnissen
Strafprozess-ordnung (StPO)	
Gesetz zur Ausübung der Heilkunde (HPG):	Nach diesem Gesetz darf nur derjenige heilkundliche Tätigkeiten ausüben, der als Arzt oder Heilpraktiker zur Ausübung der Heilkunde zugelassen ist.
Psychotherapeutengesetz (PsychThG):	Es darf sich nur derjenige Psychologischer Psychotherapeut nennen, der eine Ausbildung zum Psychologischen Psychotherapeuten nach dem Hochschulabschluss absolviert hat.
Bundesdatenschutzgesetz (BDSG):	Zeugnisverweigerungsrecht, Amtsverschwiegenheit
Betriebsverfassungsgesetz (BetrVG):	§§ 94, 95 Personalfragebogen bedürfen der Zustimmung des Betriebsrates, ebenso: Beurteilungsgrundsätze, Richtlinien für Einstellung, Kündigung etc.
Personalvertretungsgesetz (öff. Dienst) (PersVG):	§75 (1) Der Personalrat hat mitzubestimmen in Personalangelegenheiten der Arbeitnehmer bei 1. Einstellung, 2. Übertragung einer höher oder niedriger zu bewertenden Tätigkeit, Höher- oder Rückgruppierung, Eingruppierung
Fahrerlaubnisverordnung (FeV):	§ 11 Die Fahrerlaubnisbehörde kann die Vorlage eines medizinisch-psychologischen Gutachtens im Zusammenhang mit der Erteilung der Fahrerlaubnis in besonderen Fällen, z. B. bei Minderjährigkeit oder zur Wiedererlangung der Fahrerlaubnis nach Führerscheinentzug, verlangen. Die Fahrerlaubnisbehörde legt fest, welche Fragen im Gutachten zu klären sind.

Zusammenfassung

Menschen streben danach, sich selbst besser zu verstehen, ihre soziale Umwelt genauer einschätzen zu können und mit ihren Mitmenschen zurechtzukommen. Das betrifft vor allem alltagspsychologische Fragen der Diagnostik. Internetseiten und Boulevardzeitschriften suggerieren aber oft eine falsche Vorstellung von dem, was das Gebiet der Diagnostik umfasst. Verbreitet sind sogenannte »Selbsttests«, die weder wissenschaftlich fundiert sind noch wissenschaftlich angewendet werden. Davon abzugrenzen ist die psychologische Diagnostik, die als eine wissenschaftliche Disziplin neben der Durchführung von empirisch überprüften Tests auch die Planung einer Untersuchung, deren Auswertung und die anschließende Interpretation der Ergebnisse umfasst. Bei diesem Tun unterliegen die diagnostisch Tätigen ethischen und rechtlichen Rahmenbedingungen. Die psychologische Diagnostik hat ihren Ursprung in der medizinisch verankerten Psychiatrie. Nachdem das medizinische Krankheitsmodell die Diagnostik psychischer Phänomene lange Zeit dominiert hat, sind heute multifaktorielle interaktionistische Modelle der Entstehung psychischer Störungen unter Beachtung genetischer, neurobiologischer, psychologischer und sozialer Faktoren weit akzeptiert. Eine weitere Wurzel der psychologischen Diagnostik ist die Experimentelle Psychologie, auf die vor allem methodische Aspekte wie Standardisierung oder Gütekriterien zur Beurteilung von diagnostischen Verfahren zurückgehen. Die Differentielle- und Persönlichkeitspsychologie sind insofern mit der diagnostischen Psychologie verknüpft, als die Diagnostik Verfahren zur Erfassung der Besonderheiten von Individuen und Gruppen – dem Hauptuntersuchungsgegenstand der Differentiellen- und Persönlichkeitspsychologie – bereitstellt. Um die Qualität diagnostischer Arbeit zu sichern, wurden u. a. einheitliche Testbeurteilungssysteme entwickelt. Im Bereich der Eignungsdiagnostik regelt inzwischen die DIN 33430 Standards für fachlich kompetentes Handeln. In der Klinischen Psychologie gewährleistet der Einsatz von Klassifikationssystemen (ICD-10 und DSM-IV-TR) einheitliche Kriterien des Diagnostizierens.

Literaturempfehlungen

Berufsverband Deutscher Psychologinnen und Psychologen e.V. (1999). *Ethische Richtlinien der Deutschen Gesellschaft für Psychologie e.V. (DGPs) und des Berufsverbandes Deutscher Psychologinnen und Psychologen e.V. (BDP)*. Bonn: Deutscher Psychologen Verlag.

Berufsverband Deutscher Psychologinnen und Psychologen e.V. *Ethische Richtlinien der Deutschen Gesellschaft für Psychologie e.V. (DGPs) und des Berufsverbandes Deutscher Psychologinnen und Psychologen e.V. (BDP)*. Zugriff am 19.03.2009. Verfügbar unter: http://www.bdp-verband.org/bdp/verband/ethik

Gould, S. J. (1988). *Der falsch vermessene Mensch*. Frankfurt am Main: Suhrkamp.

Hornke, L. & Winterfeld, U. (Hrsg.). (2004). *Eignungsbeurteilungen auf dem Prüfstand: DIN 33430 zur Qualitätssicherung*. Heidelberg: Spektrum Akademischer Verlag.

Jäger, R. S. & Petermann, F. (1999). *Psychologische Diagnostik* (4. Aufl., Kap. 1.1, 4). Weinheim: Beltz.

Joussen, J. (2004). *Berufs- und Arbeitsrecht für Diplom-Psychologen*. Göttingen: Hogrefe.

Jüttemann, G. (Hrsg.). (2004). *Psychologie als Humanwissenschaft. Ein Handbuch*. Göttingen: Vandenhoeck & Ruprecht.

Kersting, M. (2008). *Qualität in der Diagnostik und Personalauswahl – der DIN-Ansatz*. Göttingen: Hogrefe.

Sedlmeier, P. & Renkewitz, F. (2008). *Forschungsmethoden und Statistik in der Psychologie* (Kap. 1). München: Pearson-Studium.

Fragen zur Selbstüberprüfung

1. Was ist problematisch an pseudo-psychologischen Tests, die über das Internet oder in Boulevardzeitschriften angeboten werden?
2. Was versteht man unter psychologischer Diagnostik?
3. Wodurch grenzt sich psychologische Diagnostik von vorwissenschaftlicher Diagnostik ab?
4. Wie versucht man, die Qualität psychologischer Diagnostik zu sichern?
5. Was versteht man unter dem Kontinuum-Modell psychischer Störungen?
6. Was ist ein Cut-Off-Wert?
7. Wie unterscheiden sich die Klassifikationssysteme ICD-10 und DSM-IV-TR?
8. Auf welche rechtlichen Vorschriften müssen Diagnostiker bei ihrer Arbeit achten?

2   Der diagnostische Prozess und diagnostische Strategien

Wie bereits in Kapitel 1 angesprochen, umfasst psychologische Diagnostik nicht nur das Durchführen von Tests, sondern auch komplexe und wissenschaftlich begründbare Entscheidungsvorgänge. Im Prozess psychologischer Diagnostik wird stufenweise und systematisch vorgegangen, um eine eventuell vorliegende Problematik umfassend und zunehmend konkreter erfassen zu können. Der Prozess psychologischer Diagnostik ist in **Abbildung 2.1** im Überblick dargestellt.

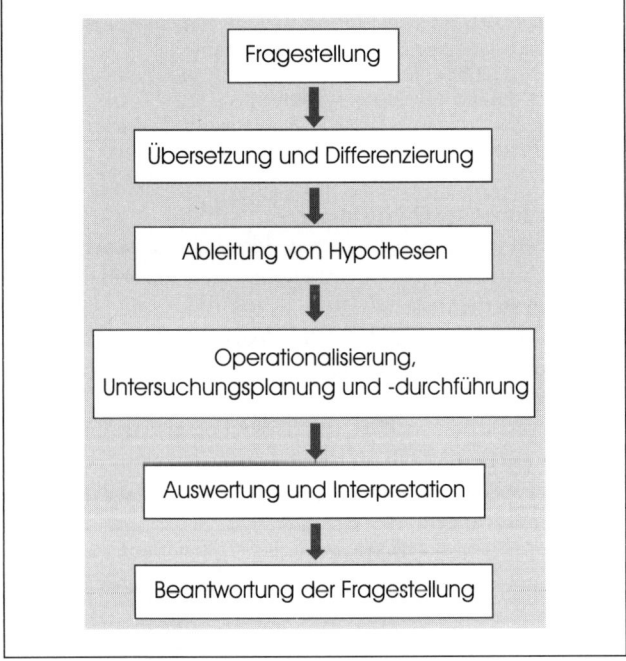

Abb. 2.1: Ablauf des diagnostischen Prozesses

Im ersten Schritt des diagnostischen Prozesses steht die *Fragestellung*, d. h. ein Auftraggeber (z. B. Eltern, Arbeitgeber, Staatsanwaltschaft etc.) wendet sich mit einer Frage an eine Diagnostikerin. Häufig ist es so, dass die von fachfremden Auftraggebern formulierten Fragen nicht psychologisch messbaren Termini entsprechen, sondern sehr breit angelegt sind. Hier ist es zunächst nötig, die Fragen einzugrenzen, zu präzisieren und in psychologische Fachtermini zu *übersetzen*. Darauf folgend werden Hypothesen über die Persönlichkeit, Fähigkeiten oder Verhaltensweisen der zu untersuchenden Person entwickelt. Dabei wird das vom Auftraggeber vorgegebene Ziel mit den über die Person vorliegenden Informationen integriert. Beispielsweise stellt sich im Rahmen einer Eignungsuntersuchung die Frage, ob die zu untersuchende Person den gestellten beruflichen Anforderungen entspricht. Bei einer schulpsychologischen Beratung geht es wiederum darum, festzustellen, ob Schulschwierigkeiten auf vermutete Aufmerksamkeitsdefizite zurückgehen. Um derartige Hypothesen zu prüfen, wird eine Untersuchung durchgeführt. Dafür müssen die Inhalte der Fragestellung in psychologisch messbare *Konstrukte* überführt, also *operationalisiert* werden (siehe folgende Erklärung).

Erklärung

► Die Psychologie beschäftigt sich mit dem Erleben und Verhalten von Menschen. Viele zu untersuchende Merkmale sind jedoch nicht unmittelbar beobachtbar und somit auch nicht direkt erfassbar (z. B. Selbstwertschätzung, Intelligenz etc.). Sie werden als *Konstrukte* bezeichnet. Die ihnen zugeordneten Namen dienen der Kommunikation (insbesondere innerhalb der wissenschaftlichen Gemeinschaft – z. B. »Wir haben Intelligenz erfasst.«). Die nicht direkt beobachtbaren Merkmale müssen aus anderen Variablen (z. B. sichtbaren Verhaltensweisen wie Antworten im Intelligenztest) erschlossen werden. Diesen Prozess nennt man *Operationalisierung*. Anders ausgedrückt ist eine Operationalisierung die Übertragung von theoretischen Konstrukten (z. B. Intelligenz) in messbare Variablen (z. B. einen Intelligenztest). ◄◄

Nun können die Untersuchung geplant und entsprechende Messinstrumente bereitgestellt werden. Es ist wichtig, die Testung unter standardisierten und somit kontrollierten Bedingungen durchzuführen – nur so sind die Ergebnisse verschiedener Personen vergleichbar. Um den Testwert einer Person interpretieren zu können, ist im Handbuch (Manual) eines Tests eine systematische Aufstellung der Testwerte von Vergleichspersonen angegeben. So kann z. B. festgestellt werden, ob ein Kind in Bezug auf seine Altersgruppe unterdurchschnittliche Ergebnisse erzielte (vgl. Kap. 2.2 zur normorientierten Diagnostik). Um Störeinflüsse zu minimieren, werden Instruktionen in standardisierter Weise gegeben. Außerdem sollte eine vertrauensvolle Atmosphäre geschaffen werden, in der die Versuchsperson ungestört nachdenken, offen über sich berichten und den Leistungsanforderungen nachkommen kann. Im vorletzten Schritt des diagnostischen Prozesses erfolgt die Auswertung und Integration der Daten sowie ihre Interpretation. Die Integration erfordert es, aus einer Fülle von Einzelinformationen zu einem komplexen Urteil zu gelangen. Die Datenintegration kann in *klinischer* oder *statistischer* Weise erfolgen. Eine Erklärung dieser beiden Strategien findet sich im Folgenden.

Erklärung

▶ *Klinische Urteilsbildungen* sind weitgehend intuitiv, basieren auf den Erfahrungen der diagnostisch Tätigen und sind stark am Einzelfall orientiert. Die klinische Strategie ermöglicht, flexibel auf die Besonderheiten eines Patienten oder Klienten eingehen zu können. Zum Beispiel könnte eine Psychotherapeutin nach mehreren Gesprächen mit ihrem Patienten und der Auswertung einiger Fragebogen insgesamt zu dem Eindruck gelangen, dass bei diesem eine psychische Störung vorliegt. In der Vergangenheit dominierten klinische Urteilsbildungen.

Statistische Urteilsbildungen hingegen basieren auf festgelegten Algorithmen. Die Daten werden nach bestimmten Regeln zu einem Gesamtwert zusammengefasst. Im Laufe der Entwicklung immer besserer statistischer Verfahren und Analysemethoden kam auch der statistischen Strategie mehr Bedeutung zu, da die Datenintegration objektiver als bei der klinischen Strategie erfolgt. Die Ergebnisse mehrerer Instrumente (wie Tests, standardisierte Interviews etc.) können z. B. gewichtet und zu einem Gesamtwert aufaddiert werden. Anhand des Gesamtwertes kann die Psychotherapeutin folgern, dass die vermutete psychische Störung vorliegt.

In einem vielzitierten Aufsatz zeigte Meehl (1954), dass auch auf der Basis klinisch fundierter Urteile eine präzise Vorhersage von Verhaltensweisen möglich ist. Vergleichsuntersuchungen legten nahe, dass die statistische Urteilsbildung häufig der klinischen vorzuziehen war, dass aber in vielen Fällen beide Strategien gleichermaßen gute Vorhersagen trafen. Nach dieser Veröffentlichung versuchten Verfechter beider Lager, ihre jeweilige Position zu bestätigen bzw. die der anderen Sichtweise zu widerlegen. Bis heute ist aber kein »Sieger« aus der Kontroverse hervorgegangen (vgl. Heil, 1999; Krohne & Hock, 2007). Im Einzelfall ist daher abzuwägen, welche Methode angemessen ist – beispielsweise setzt die statistische Integration umfangreiches und präzises Wissen über einzelne Aspekte einer Störung voraus. Liegen diese Aspekte vor, ist sie in Erwägung zu ziehen. Aber auch die Kombination beider Ansätze kann sinnvoll sein. Einen in diesem Sinne möglichen Umgang mit der Subjektivität bei der klinischen Urteilsbildung schlägt Petermann (2005) in seinem Konzept der »kontrollierten Praxis« vor. Danach sollten vor der Datenerhebung (z. B. klinisches Interview) Hypothesen über die möglichen Ergebnisse aufgestellt werden (z. B. »Vermutlich hat die Patientin eine Borderline-Persönlichkeitsstörung.«), nach der Datenerhebung vorformulierte Entscheidungsregeln zur Hilfe herangezogen (»Mindestens drei der fünf gestellten Fragen müssen im Sinne der Störung beantwortet werden.«) und im diagnostischen Prozess auch die Güte der Vorhersage bewertet werden (z. B. »Unterstützen weitere Anzeichen die Diagnose?«). ◄◄

Die Dateninterpretation ist insofern von gewisser Subjektivität geprägt, als sie von dem theoretischen Hintergrund und der Ausbildung der Diagnostikerin abhängt. Eine Kollegin hätte die gleichen Daten unter Umständen anders interpretiert. Im letzten Schritt übersetzt die Diagnostikerin schließlich ihre Einschätzung in eine für den Auftraggeber verständliche Sprache, um so die Ausgangsfrage zu beantworten. Diese Stellungnahme wird dem Auftraggeber mündlich oder in Form eines Gutachtens mitgeteilt. Hier ist zu betonen, dass die Schlussfolgerungen der Diagnostikerin dem Auftraggeber nachvollziehbar darzulegen sind.

2.1   Institutionelle vs. individuelle Diagnostik

Nachdem wir den grundlegenden Ablauf des diagnostischen Prozesses dargestellt haben, wollen wir diesen nun etwas differenzierter betrachten. Im diagnostischen Prozess spielen unterschiedliche Strategien eine Rolle, die je nach Problemstellung und Rahmenbedingungen von einer Diagnostikerin verfolgt werden. Grob lässt sich zunächst *institutionelle Diagnostik* von *individueller Diagnostik* unterscheiden. Erstere hat vor allem im Bereich der Arbeits-, Betriebs- und Organisationspsychologie sowie der Pädagogischen Psychologie ihren Platz. Institutionelle Diagnostik beruht meist auf sich regelmäßig wiederholenden Fragestellungen (z. B. stellt sich jährlich die Frage, welches die geeignetsten Bewerber für die zur Verfügung stehenden Ausbildungsplätze sind). Im Rahmen der institutionellen Diagnostik stehen häufig sogenannte *Selektionsstrategien* im Vordergrund, d. h. Personen werden aufgrund bestimmter Eigenschaften akzeptiert oder abgelehnt – eine typische Aufgabe der Personalauswahl. Steht eine *Personenselektion* an, dann wird z. B. für einen Arbeitsplatz nach der optimalen Person gesucht. Wenn die Tätigkeit beispielsweise viele eigenständige Entscheidungen umfasst, suchen Arbeitgeber explizit nach denjenigen Anwärtern, die mit einem großen Entscheidungsspielraum gut umgehen können. Neben Personen können im Rahmen einer Selektionsstrategie aber auch Bedingungen selegiert werden *(Bedingungsselektion)*. Hier widmet man sich der Frage, welche von mehreren Bedingungen für eine konkrete Person optimal geeignet ist.

Die *individuelle Diagnostik* kommt vor allem in der Klinischen Psychologie, aber auch in der Schulpsychologie und Erziehungsberatung vor. Sie ist meist auf sehr spezifische und häufig wechselnde Problemstellungen gerichtet. Dabei handelt es sich häufig um *Modifikationsdiagnostik:* Verhalten wird hier als erlernt und prinzipiell veränderbar angesehen. Ziel der Modifikationsdiagnostik ist es, Veränderungen von Verhaltensweisen oder äußeren Bedingungen herbeizuführen oder zu überprüfen, inwieweit solche Veränderungen bereits stattgefunden haben. Bei einer sonderpädagogischen Untersuchung eines Schülers besteht beispielsweise das Ziel darin, die persönlichen Umstände zu identifizieren, die zu bestimmten Verhaltensauffälligkeiten geführt haben, und auf dieser Basis Programme zur Reduktion der Probleme zu entwerfen (*Verhaltensmodifikation*). In anderen Fällen müssen Lernbedingungen modifiziert werden (*Bedingungsmodifikation*), z. B. ist es hilfreich, die Lernumgebung (wie Schule, Kinderzimmer etc.) von Kindern mit einer Aufmerksamkeitsstörung (ADHS) zu strukturieren, um sie von der Fülle an einströmenden Reizen zu entlasten. In der Praxis wird häufig eine Mischstrategie gewählt, in der sowohl Selektion als auch Modifikation eine Rolle spielen. Zum Beispiel werden bei der Schuleignungsdiagnostik zunächst diejenigen Kinder aufgenommen, die aufgrund ihres persönlichen und sozialen Entwicklungsstandes eingeschult werden können. Kinder mit bestimmten Defiziten werden dann im Sinne einer Modifikationsstrategie gezielt unterstützt. Einen Überblick über diagnostische Strategien vermittelt **Abbildung 2.2.**

Die Unterscheidung in Selektions- und Modifikationsdiagnostik hat enge Bezüge zur Unterscheidung von Eigenschafts- und Verhaltensdiagnostik. Die *Eigenschaftsdiagnostik* findet insbesondere dann Anwendung, wenn Verhalten in Situationen prognostiziert werden soll, die zum Zeitpunkt der Erfassung entweder nicht existierten oder nicht nachzustellen (simulieren) sind. Ein typischer Fall sind Prognosegutachten, in denen das Risiko späterer Straftaten bei Inhaftierten vorhergesagt wird (vgl. Leygraf, 2004). Im Hintergrund steht hier der Eigenschaftsansatz (siehe folgender Exkurs).

Der Eigenschaftsansatz

Der Eigenschaftsansatz oder *Dispositionismus* ist eine Strömung in der Persönlichkeitspsychologie, die davon ausgeht, dass Eigenschaften Grundbausteine der Persönlichkeit von Menschen sind. Dabei wird angenommen, dass Eigenschaften zeitlich und über verschiedene Situationen hinweg stabil bleiben (temporäre und transsituative Konsistenz). Sie gelten als die Einflussgrößen, die unser Verhalten und Erleben auslösen. Jedoch konnten sich nicht alle Theoretiker dieser (damals vorherrschenden) Meinung anschließen. Zentrale Kritik ging von Walter Mischel aus, der mit seinem Buch »Personality and assessment« (1968) die Kontroverse zwischen Dispositionismus und Situationismus auslöste. Mischel vertrat anfangs die Ansicht der Situationisten, nach deren Maxime Situationen die eigentlichen Determinanten des Verhaltens darstellen. Jedoch lockerte er im weiteren Verlauf der Kontroverse seine strikten Ansichten (1977) und begründete eine dritte Strömung, den Interaktionismus, der eine wechselseitige Beeinflussung von Situation und Person voranstellt (für einen Überblick über die Kontroverse, siehe Laux, 2008).

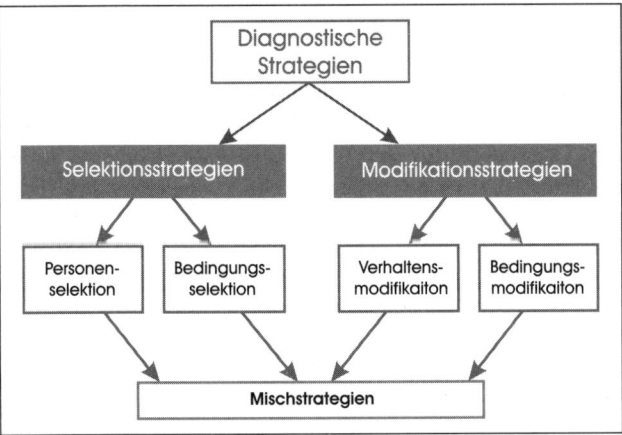

Abb. 2.2: Arten psychologischer Diagnostik

Anders als bei der Eigenschaftsdiagnostik stehen bei der *Verhaltensdiagnostik* konkrete Verhaltensweisen im Mittelpunkt. Mit Methoden wie dem Behavior Sampling (siehe Definition) oder dem Rollenspiel wird das Verhaltensrepertoire einer Person erfasst.

Definition
▶ *Behavior Sampling* ist eine Verhaltensbeobachtungsmethode, bei der nur bestimmte, vorher festgelegte Verhaltensweisen protokolliert werden. Man könnte z. B. eine Schulklasse beobachten und sich dort lediglich auf die Häufigkeit der Interaktionen zwischen den Schülern konzentrieren. ◄◄

Merke
▶ Unter einem *Verhaltensrepertoire* versteht man die Gesamtheit aller Verhaltensweisen, die für eine Person besonders charakteristisch sind. Erfasst man beispielsweise das Verhaltensrepertoire eines besonders aggressiven Schülers, dann werden sowohl physische als auch verbale Übergriffe wie Beschimpfungen oder Gerüchteverbreiten berücksichtigt. ◄◄

Als einer weiteren Methode der Verhaltensdiagnostik kommt der *Arbeitsprobe* besondere Bedeutung in der Personalauswahl zu. Beispielsweise werden Bewerber gebeten, eine für den späteren Arbeitskontext relevante Tätigkeit auszuführen (im Fall einer Bewerbung als Sekretärin z. B. das Planen von Terminen). Die Grundannahme ist, dass von aktuellem und vergangenem Verhalten auf zukünftiges Verhalten geschlossen werden kann (der nächste Kasten erläutert diese Grundannahme genauer).

Das Verhaltenskonsistenz-Modell
Testverfahren in der Personalauswahl sind meist nicht das Optimum, um zukünftigen Berufserfolg vorherzusagen. Dies liegt nicht zuletzt daran, dass sie selbst nur eine Stichprobe aus dem zu prognostizierenden Verhalten darstellen. Somit müssten Arbeitsproben eine höhere Validität (Gültigkeit, vgl. Kap. 8) besitzen. Wernimont und Campbell (1968) prägten

den Satz »The best indicator of future performance is past performance« (p. 372) und meinten damit, dass von dem vergangenen Verhalten einer Person am besten auf ihr zukünftiges geschlossen werden kann. Sie schlugen ein Verhaltenskonsistenz-Modell vor und empfehlen Arbeitsproben für die Vorhersage zukünftiger beruflicher Leistungen. Sie sehen Tests als Indikatoren möglichen Verhaltens, Arbeitsproben dagegen als Hinweise auf das charakteristische Verhalten einer Person.

Verhaltensnahe diagnostische Methoden nutzen Verhaltensbeobachtungen in Alltagssituationen, um auf das zukünftige Verhalten zu schließen. Das *Assessment Center* als komplexe Methode beinhaltet die gezielte Erfassung einer Vielzahl relevanter Verhaltensstichproben. Um geeignete Bewerber auszuwählen, wird im Assessment Center u. a. die Methode des Rollenspiels eingesetzt (siehe folgende Erklärung).

Erklärung

▶ Das *Assessment Center* ist ein häufig eingesetztes Verfahren bei der Bewerberbeurteilung in Organisationen. Mehrere Bewerber werden von mehreren trainierten Beobachtern beobachtet und beurteilt. Ein Assessment Center ist multimethodal angelegt (zur genauen Erläuterung siehe S. 71), d. h. mit unterschiedlichen Methoden soll zukünftiges Verhalten (z. B. Berufserfolg) vorhergesagt werden. Typische Methoden sind Präsentationen, Gruppendiskussionen, Rollenspiele und sogenannte Postkorb-Übungen. Bei Präsentationen stellt der Bewerber im Rahmen eines Kurzvortrages seine Darstellungskompetenz unter Beweis, und in Gruppendiskussionen wird u. a. auf den Kommunikationsstil geachtet. Situationen aus dem späteren Arbeitsalltag werden in Rollenspielen simuliert. Bei den Postkorb-Übungen sind Unterlagen zu bearbeiten und zu sortieren, wobei deren Dringlichkeit und Wichtigkeit zu berücksichtigen sind (in neueren Varianten erfolgen diese Übungen auch am PC). Neben dem Assessment Center kommen meist auch andere Verfahren der Eignungsbeurteilung zum Tragen, um schließlich eine Personalentscheidung zu treffen (wie Persönlichkeitsfragebogen oder Leistungstests, vgl. Kap. 3.1). ◄◄

2.2   Diskussion einzelner Zielsetzungen

Wenn der Auftraggeber sein Anliegen an die Diagnostikerin heranträgt, muss sie die von ihm genannten Ziele präzisieren. Zum Beispiel muss sie entscheiden, ob es genügt, den aktuellen Zustand einer Person zu diagnostizieren, oder ob sie die Person im zeitlichen Verlauf betrachten soll, was mehrere Messzeitpunkte erforderlich macht. Diese Überlegungen beziehen sich darauf, welche diagnostische Vorgehensweise am besten für das zu erreichende Ziel geeignet ist. Pawlik (1976) unterschied als erster die folgenden grundlegenden Vorgehensweisen: Status- vs. Prozessdiagnostik, norm- vs. kriterienorientierte Diagnostik, Testen vs. Inventarisieren und Diagnostik als Messung vs. Diagnostik als Information für Behandlung. Diese Zielsetzungen werden wir im Folgenden näher behandeln.

Status- vs. Prozessdiagnostik

Strebt die Diagnostikerin Aussagen über einen aktuellen Ist-Zustand an, dann bezeichnet man dies als *Statusdiagnostik*. Sind hingegen Aussagen über Veränderungen bei Personen bzw. Institutionen gefragt, dann handelt es sich um eine *Prozessdiagnostik*. Die Statusdiagnostik kann sowohl eigenschafts- als auch verhaltensorientiert sein. Eine eigenschaftsorientierte Statusdiagnostik liegt beispielsweise dann vor, wenn die Intelligenz eines Schülers gemessen wird, um eine Empfehlung abzugeben, ob der Schüler eine Förderschule besuchen sollte. Eine verhaltensorientierte Vorgehensweise ist z. B. dann gegeben, wenn bei einem Schüler aggressive Verhaltensweisen in einer bestimmten Situation erfasst werden, um Verhaltensauffälligkeiten in der sozialen Interaktion mit Klassenkameraden zu untersuchen. Die Unterscheidung Status- vs. Prozessdiagnostik hat ihre Entsprechung in der persönlichkeitspsychologischen Differenzierung von stabilen Eigenschaften (*Traits*) und aktuellen Zuständen

(*States*). Wir werden auf die Diagnostik von Zuständen unter Punkt 4.3.2 noch vertieft eingehen. Statusdiagnostik betrifft häufig die Erfassung stabiler Eigenschaften, aber auch die Erfassung des Verhaltensrepertoires oder der Kontingenzen, die zu bestimmten klinischen Verhaltensweisen führen. Für die Prozessdiagnostik benötigt man Tests, die sensitiv für Veränderung sind, also eher Tests zur Zustandsdiagnostik, um Schwankungen in Zuständen bestmöglich erfassen zu können.

Normorientierte vs. kriteriumsorientierte Diagnostik

Wie bereits erwähnt, ist die Diagnostik mit der Differentiellen- und Persönlichkeitspsychologie stark verschränkt. Psychologische Diagnostik orientiert sich an interindividuellen Unterschieden (Unterschiede zwischen Personen) oder an intraindividuellen Unterschieden (Unterschiede in der Ausprägung verschiedener Merkmale bzw. Veränderungen eines Merkmals bei einer Person). Um solche Unterschiede feststellen zu können, müssen die Testwerte von Personen miteinander oder mit einem Kriterium verglichen werden. Die *normorientierte Diagnostik* spielt immer dann eine Rolle, wenn der Testwert einer Person mit einem vorgegebenen Maßstab aus einer sogenannten Normierungsstichprobe (d. h. den Befunden bei zahlreichen anderen Personen) verglichen wird. Eine Normierungsstichprobe (auch Eichstichprobe genannt) entspricht der getesteten Person im Hinblick auf relevante Kriterien wie Alter, Geschlecht oder Bildungsgrad bzw. wird im Hinblick auf diese Kriterien systematisch zusammengestellt. Die Person wird also *relativ* zu ihrer Bezugsgruppe (der *Referenzpopulation*) betrachtet. Somit kann die Ausprägung des Testteilnehmers auf einer Merkmalsdimension bestimmt werden. Beispielsweise kann festgestellt werden, ob Extraversion über- oder unterdurchschnittlich ausgeprägt ist.

Merke

► Die *Referenzpopulation* ist diejenige Vergleichsstichprobe, die der Testperson hinsichtlich Alter, Geschlecht oder Bildungsgrad entspricht. ◄◄

Beispielsweise vergleicht eine Testleiterin den individuellen Messwert eines 40-jährigen Patienten mit Hauptschulabschluss in einem Intelligenztest mit den Ergebnissen anderer männlicher Probanden mittleren Alters mit Hauptschulabschluss. Man bestimmt also die Position des individuellen Messwertes in Relation zur Referenzpopulation und prüft, ob der Messwert innerhalb eines definierten Bereichs liegt. Dabei liegen Werte, die *bis zu einer Standardabweichung (SD)* von dem Mittelwert ($\overline{X}$) der Normstichprobe entfernt sind, im durchschnittlichen Bereich (eine kurze Einführung in wichtige statistische Begriffe findet sich im nachstehenden Kasten). Werte, die *mehr als eine Standardabweichung* vom Mittelwert entfernt sind, werden als über- bzw. unterdurchschnittlich bezeichnet. Ab einer Abweichung von *mehr als zwei Standardabweichungen* kann von Extremwerten (bzw. stark unter- oder überdurchschnittlich) gesprochen werden. **Abbildung 2.3** zeigt eine Normalverteilung, in der die Standardabweichungen abgetragen sind (z-Skala).

Überblick über statistische Grundbegriffe in der Diagnostik
Arithmetisches Mittel (umgangssprachlich *Mittelwert*, $\overline{X}$): Die mittlere Ausprägung eines Merkmals in einer Stichprobe als Summe aller Werte (x) geteilt durch die Anzahl der Werte n:

$$\overline{X} = \frac{x_1 + x_2 + ... + x_n}{n}$$

Erwartungswert. Der mittlere Wert, der sich nach sehr vielen (eigentlich unendlichen) Stichprobenziehungen ergibt. Er entspricht bei Berechnungen von Stichprobenmittelwerten dem Populationsmittelwert und wird als E(X) oder auch μ symbolisiert. Nach dem Gesetz der großen Zahlen gleicht sich der Stichprobenmittelwert bei wachsender Stichprobengröße dem Erwartungswert an.

Varianz: Die Varianz (VAR) entspricht der Summe (Σ) der quadrierten Abweichungen der Werte einer Variablen (X_i) von ihrem Mittelwert ($\overline{X}$):

$$VAR(X) = \sum_{i=1}^{n} (X_i - \overline{X})^2$$

Standardabweichung: Die Standardabweichung (SD) ist ein Maß für die Streuung von Werten einer Variablen X um ihren Mittelwert ($\overline{X}$). Sie ist definiert als die Quadratwurzel aus der Varianz der Werte und wird notiert als:

$$SD = \sqrt{VAR(X)}$$

Kovarianz: Die Kovarianz (COV) gibt die Richtung des Zusammenhangs zweier Variablen an. Sie ist positiv, wenn hohe Werte der einen Variablen mit hohen Werten der anderen Variablen einhergehen. Sie ist negativ, wenn hohe Werte der einen Variablen mit niedrigen Werten der anderen Variablen einhergehen. Sie ist 0, wenn kein Zusammenhang zwischen beiden Variablen besteht. Die Kovarianz gibt nur die Richtung des Zusammenhangs an, macht aber keine Aussagen über dessen Stärke. Zur Berechnung der Kovarianz wird für jede Person i auf zwei Variablen (X, Y) die Differenz zwischen ihrem Wert und dem Mittelwert gebildet, daraus das Produkt berechnet und schließlich die Summe der Produkte über alle Personen bestimmt und durch die Anzahl an Personen n dividiert.

$$COV(X, Y) = \frac{1}{n} \sum_{i}^{n} (X_i - \overline{X}) \cdot (Y_i - \overline{Y})$$

Korrelation: Die Korrelation beschreibt den Zusammenhang zwischen zwei oder mehreren Variablen (r). Mit einer Korrelation kann nicht ausgesagt werden, ob die eine Variable die andere kausal beeinflusst, sondern lediglich, dass die Variablen miteinander einhergehen, z. B. in dem Sinne, dass die eine mit der anderen wächst. Statistisch ergibt sich der Korrelationskoeffizient r (»Produkt-Moment-Korrelation«) aus der Kovarianz (COV) zwischen zwei Variablen geteilt durch das Produkt ihrer Standardabweichungen (SD):

$$r = \frac{COV(X, Y)}{SD(X) \cdot SD(Y)}$$

Bei der normorientierten Diagnostik stellt sich zudem die Frage, ob *Idealnormen* oder eher die realen Durchschnittsnormen zum Vergleich herangezogen werden sollen. Meist berücksichtigt man in der Praxis beide Aspekte. So könnte beim Körpergewicht eine Orientierung am Idealgewicht sinnvoller sein als am Durchschnittsgewicht, wenn man bedenkt, dass beispielsweise das Durchschnittsgewicht in Deutschland mittlerweile über dem Idealgewicht liegt.

Merke
▶ *Idealnormen* sind Normen bestimmter Merkmale, die nicht über die Mittelung aller Populationsangehöriger berechnet, sondern empirisch in Bezug auf bestimmte Zielsetzungen ermittelt werden, z. B. darüber, welche Ausprägungen eines Merkmals die Lebenserwartung von Menschen erhöhen oder Lebenszufriedenheit begünstigen. Die Zielsetzung wäre hier eine Steigerung der Lebensdauer bzw. -zufriedenheit. ◀◀

Kriteriumsorientierte Diagnostik wird dann durchgeführt, wenn ein numerischer Wert (das Kriterium) als Vergleichsmaßstab festgelegt wird – unabhängig von der Populationsverteilung des Merkmals. Geht beispielsweise eine Schulpsychologin normorientiert vor, stellt sie den Leistungsstand eines Schülers über den Vergleich mit anderen Schülern fest. Kriteriumsorientiert würde z. B. festgelegt, dass am Ende der vierten Klasse das Einmaleins mit 90 %iger Sicherheit beherrscht werden soll. Gibt ein Schüler aber nur 60 % richtige Antworten, dann liegt er unter dem Kriterium, unabhängig davon, wie gut die anderen Schüler das Einmaleins beherrschen.

Idealnormen können auch als Kriterien verstanden werden und fallen damit ebenso in den Bereich der kriteriumsorientierten Diagnostik. Eine Untersuchungsfrage könnte z. B. lauten, ob die Testperson das Idealgewicht erreicht hat?

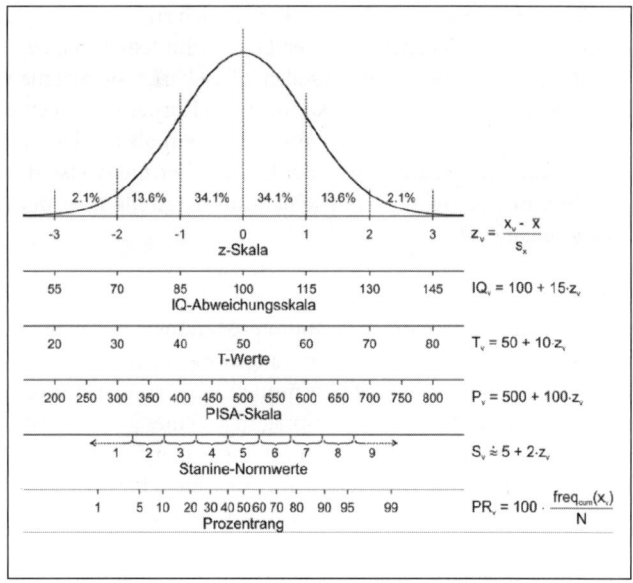

Abb. 2.3: Übersicht zu gebräuchlichen Standardskalen (aus Moosbrugger & Kelava, 2007, S. 174). Mit freundlicher Genehmigung von Springer Science + Business Media

Testen vs. Inventarisieren

Testen bedeutet, vordefiniertes Verhalten zu erfassen, um auf eine Eigenschaft oder ein Merkmal schließen zu können. Im Gegensatz dazu steht das *Inventarisieren*, bei dem das gesamte Verhaltensrepertoire einer Person zu erfassen ist. Beim Testen kommen standardisierte Messinstrumente zum Einsatz. Bei der Durchführung, Auswertung und Interpretation werden bestimmte, gleichbleibende Regeln eingehalten. Das Ziel der Testung besteht darin, eine »möglichst quantitative … Aussage über den relativen Grad der individuellen Merkmalsausprägung« (Lienert, 1967, S. 7) zu treffen. Die Testanforderungen lösen Verhaltensweisen bei der getesteten Person aus, die auf eine zugrundeliegende Eigenschaft schließen lassen. Da es sich um einen relativ eng gefassten Bereich von Reaktionen handelt, werden sie auch als *Verhaltensstichprobe* bezeichnet. Mittels Testen erfasst man also eine Stichprobe aus einer Vielzahl von möglichen Verhaltensweisen.[3]

Diagnostik in Form des Inventarisierens hingegen beschreibt möglichst umfassend das komplette Repertoire relevanter Verhaltensweisen einer Person in einem vorgegebenen Bereich. Beispielsweise geben Patienten beim Hamburger Zwangsinventar (HZI-K; Klepsch, Zaworka, Hand, Lünenschloß & Jauernig, 1993) anhand vorgegebener Situationen an, inwieweit die darin geschilderten Verhaltensweisen auf sie zutreffen. Damit kann differenziert erfasst werden, welche zwanghaften Handlungs- und Denkweisen bei den Patienten vorliegen. An dieser Stelle sollte hervorgehoben werden, dass nicht jedes Inventar auf Inventarisieren abzielt. Manche Inventare verfolgen Strategien des Testens.

Messen vs. Information für Behandlung

Soll das Ziel einer Diagnostik sein, die Ausprägung von individuellen psychischen Merkmalen zu bestimmen, dann handelt es sich um eine *Messung*. Die so bestimmten Merkmalsausprägungen können zwischen Personen oder innerhalb einer Person verglichen werden. Beim Messen werden nicht beobachtbare Konstrukte, wie z. B. Intelligenz, anhand beobachtbarer Merkmalsindikatoren wie Rechenschnelligkeit erfasst. Dabei unterscheidet man in folgende Messwerte:

Absolute Messwerte: Die tatsächliche Merkmalsausprägung wird angegeben (z. B. »Der Proband erzielte 105 IQ-Punkte.«).
Populationsbezogene Messwerte: Vergleich einer Person mit Norm-Maßstäben (z. B. »Die vom Probanden erzielten IQ-Punkte liegen im Durchschnittsbereich.«).
Individuumszentrierte (ipsative) Messwerte: Wie stark ist ein Merkmal gegenüber einem anderen Merkmal bei ein und

---

3 Sowohl die Antworten einer Person in objektiven Leistungstests als auch Einschätzungen in Selbstbeschreibungsfragebogen können als Reaktionen oder Verhaltensstichprobe verstanden werden.

derselben Person ausgeprägt? (z. B. »Der Proband erzielte im verbalen Teil signifikant höhere Werte als im numerischen Teil des Intelligenztests.«).

Kriteriumsorientierte Messwerte: Vor der Testung werden kritische Messwerte festgelegt, so dass danach festgestellt werden kann, ob das Kriterium erreicht wurde (z. B. »Der Proband konnte seine Intelligenztestleistung signifikant steigern.«).

Neben der Messung kann Diagnostik aber ebenso das Ziel haben, Informationen für oder über eine Behandlung zu liefern und darauf aufbauend Entscheidungen zu treffen oder Behandlungen zu optimieren.

2.3   Querschnittliche vs. längsschnittliche Fragestellungen

In der Diagnostik ist noch eine wichtige Unterscheidung zwischen Querschnitts- und Längsschnittsmessungen zu treffen.

Fragestellungen in *Querschnittsdiagnosen* betreffen die Position einer Person innerhalb einer Gruppe hinsichtlich eines Merkmals oder Unterschiede in der Merkmalsausprägung zwischen Personen oder Gruppen. Querschnittsmessungen beziehen die Daten von Personen zu einem Zeitpunkt ein und ermöglichen zudem, individuelle Merkmalskombinationen festzustellen (z. B. Persönlichkeitsprofil, vgl. **Abb. 2.4**) und darüber zu entscheiden, ob ein Kriterium erreicht wurde. Ein Vergleich der querschnittsspezifischen Fragestellungen findet sich in der **Abbildung 2.4**.

Längsschnittdiagnosen erfassen Merkmalsänderungen über die Zeit hinweg für Individuen oder für Gruppen (Verlaufsprofil). So könnte man z. B. die schulische Entwicklung eines Kindes mit ADHS von Beginn einer Förderungsmaßnahme bis zu deren Ende betrachten. Erwartet würde hier eine Verbesserung der schulischen Leistungen und des Sozialverhaltens.

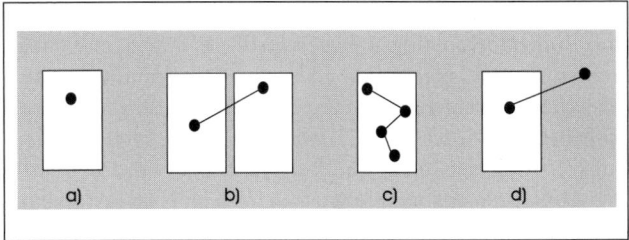

Abb. 2.4: a) Position einer Person innerhalb einer Gruppe, b) Unterschiede in der Merkmalsausprägung zwischen Personen oder Gruppen, c) Persönlichkeitsprofil, d) Vergleich mit einem Kriterium

Merke
▶ *Querschnittsstudien:* Erfassung von Merkmalsausprägungen zum gleichen Zeitpunkt
Längsschnittstudien: Erfassung von Merkmalsänderungen im zeitlichen Verlauf ◀◀

Zusammenfassung

Der diagnostische Prozess umfasst die folgenden Phasen:

1. Eingrenzung der Frage, gestellt durch den Auftraggeber
2. Übersetzung dieser Fragestellung in psychologische Fachtermini
3. Generieren von Hypothesen über Persönlichkeit, Fähigkeiten und Verhaltensweisen der zu untersuchenden Person, wobei Ziele des Auftraggebers und Zusatzinformationen über die zu untersuchende Person integriert werden
4. Planung und Durchführung der Untersuchung (u. a. Störvariablen ausschalten)
5. Datenauswertung (einzelne Informationen zu einer Gesamteinschätzung modellieren) und Datenintegration/-interpretation (klinische vs. statistische Urteilsbildung)
6. Übersetzung der Ergebnisse in Begrifflichkeiten des Auftraggebers und Beantwortung der Fragestellung

Mit psychologischer Diagnostik können je nach Fragestellung und Kontextbedingungen unterschiedliche Strategien verfolgt werden. So lässt sich insbesondere im arbeits- und organisationspsychologischen Bereich die institutionelle Diagnostik hervorheben, die wiederum Selektionsstrategien verfolgt: Personen- oder Bedingungsselektion. Beispielsweise werden in der Eignungsdiagnostik nur geeignete Bewerber für eine Anstellung ausgewählt (Personenselektion). Zur Beantwortung klinisch-psychologischer Fragestellungen wird meist Modifikationsstrategien im Sinne der individuellen Diagnostik nachgegangen, um das Verhalten von Personen oder die sie umgebenden Bedingungen zu verändern (Personen-, Bedingungsmodifikation). Bei vielen Fragestellungen empfiehlt sich aber, eine Kombination dieser Strategien zu verfolgen.

Abhängig vom konkreten Ziel der diagnostischen Untersuchung werden verschiedene Herangehensweisen unterschieden:

- Status- vs. Prozessdiagnostik,
- norm- vs. kriterienorientierte Diagnostik,
- Testen vs. Inventarisieren,
- Diagnostik als Messung vs. Diagnostik als Information für Behandlung.

Weiterhin können Querschnitt- und Längsschnittmessungen unterschieden werden.

Literaturempfehlungen

Amelang, M. & Zielinski, W. (2004). *Psychologische Diagnostik und Intervention* (3. Aufl.). Berlin, Heidelberg: Springer.

Fisseni, H.-J. (2004). *Lehrbuch der psychologischen Diagnostik* (3. Aufl.). Göttingen. Hogrefe.

Fisseni, H.-J. & Preusser, I. (2007). *Assessment-Center. Eine Einführung in Theorie und Praxis.* Göttingen: Hogrefe.

Laux, L. (2008). *Persönlichkeitspsychologie* (2. Aufl.). Stuttgart: Kohlhammer.

Fragen zur Selbstüberprüfung

1. Welche Schritte kennzeichnen den diagnostischen Prozess?
2. Wie unterscheiden sich institutionelle und individuelle Diagnostik? In welchen Gebieten der Psychologie sind sie jeweils vorherrschend?
3. Was sind typische Merkmale eines Assessment Centers?
4. Wodurch unterscheidet sich Status- von Prozessdiagnostik?
5. Was ist der Unterschied zwischen Testen und Inventarisieren?
6. Überlegen Sie sich je ein Beispiel für querschnittliche und längsschnittliche Fragestellungen!

3 Zur Klassifikation diagnostischer Verfahren

Das folgende Kapitel gibt einen Überblick über verschiedene Arten der Einteilung von diagnostischen Verfahren. Dabei werden drei ausgewählte Einteilungsarten vorgestellt. Für einen umfassenderen Überblick über einzelne Verfahren sei auf das Brickenkamp Handbuch psychologischer Tests (Brähler, Holling, Leutner & Petermann, 2002) verwiesen. Kapitel 3.1 behandelt die grundlegende Differenzierung zwischen *Leistungs-* und *Persönlichkeitsdiagnostik*. Die Unterscheidung zwischen Leistungs- und Persönlichkeitstests soll aber nicht darüber hinwegtäuschen, dass auch Intelligenz- und Leistungsindikatoren – welche meist mittels Leistungstests erfasst werden – Teil der Gesamtpersönlichkeit sind (vgl. Kap. 1.3 zur Differentiellen- und Persönlichkeitsdiagnostik). Darüber hinaus kann man diagnostische Verfahren in *psychometrische* vs. *projektive Tests* differenzieren, die in Kapitel 3.2 näher vorgestellt werden. Kapitel 3.3 beschäftigt sich mit der Unterscheidung von *quantitativen* und *qualitativen* Verfahren. Eine weitere gängige Unterteilung in *normorientierte* vs. *kriteriumsorientierte* Diagnostik wurde bereits in Kapitel 2.2 besprochen.

3.1 Unterschiede zwischen Leistungs- und Persönlichkeitstests

Leistungstests erfassen ein Personenmerkmal durch die Bewältigung von Aufgaben, die ein Proband während einer Testung bearbeitet. Der Proband wird dazu instruiert, bestimmte Aufgaben bestmöglich auszuführen. Das Personenmerkmal wird somit realisiert (Performanz) und nicht nur beschrieben. Persönlichkeitstests hingegen erfassen Personenmerkmale durch den Abruf kognitiv repräsentierter Eigenschaften (siehe **Tab. 3.1**). Beispielsweise gilt eine Testperson als besonders extravertiert, wenn sie das Item »Ich bin ein geselliger Mensch« mit »trifft vollkommen zu« beantwortet. Das Merkmal wird lediglich beschrieben.

Leistungs- und Persönlichkeitstests unterscheiden sich auch dadurch, dass bei Leistungstests die Aufgaben so lange bearbeitet werden, bis keine Lösung mehr möglich ist (d. h. entweder die Zeit abgelaufen ist oder die Fähigkeit nicht mehr ausreicht). Bei Persönlichkeitstests hingegen sollen alle Aufgaben bearbeitet werden. Leistungstests umfassen ferner richtige und falsche Antworten – bei Persönlichkeitstests sind die Antworten im Sinne einer Schlüsselrichtung (z. B. hoher Selbstwert) gepolt und stehen für Ausprägungen eines Merkmals. Eine Antwort ist nur hoch oder niedrig im Sinne des gemessenen Merkmals, nicht aber richtig oder falsch. Beide Arten diagnostischer Verfahren können durch das Antwortverhalten der Testperson verfälscht werden. Man spricht vom *Faking Good* oder *Faking Bad* (Merydith & Wallbrown, 1991, p. 902), wenn sich die Testperson absichtlich als besonders gut oder besonders schlecht darstellt. In der Leistungsdiagnostik kommt vor allem das Faking Bad zum Tragen, da eine Verfälschung in positive Richtung aufgrund der Leistungsanforderungen normalerweise nicht möglich ist. Eine Ausnahme bildet das absichtliche Betrügen, z. B. durch Abschreiben vom Nachbarn bei Gruppentestungen. Derartige Verzerrungen sind besonders in Bewerbungssituationen problematisch (vgl. Kap. 10.3).

Leistungstests lassen sich weiterhin in allgemeine Leistungstests, Intelligenz- und spezielle Fähigkeitstests, Eignungstests, Entwicklungstests und Schultests unterscheiden (Brähler et al., 2002). Darüber hinaus werden sie in Speed- und Powertests untergliedert. Bei *Speedtests* erfasst man, wie viele Aufgaben die Person in einer vorgegebenen Zeit lösen kann. Es kommt also auf schnelles Lösen an. Bei den *Powertests* ist keine strikte Zeitbegrenzung gegeben. Die zur Verfügung stehende Zeit reicht in der Regel aus, die Aufgabe zu lösen – wenn man dazu prinzipiell in der Lage ist. Bei Powertests steigen die Aufgaben in ihrer Schwierigkeit an. Geprüft wird, bis zu welchem Niveau die Person Aufgaben zu lösen vermag. Relevant ist also das individuelle Leistungsniveau der Person. Ein Überblick über die beiden Testarten findet sich in **Tabelle 3.2.**

Tab. 3.1: Unterschiede zwischen Leistungs- und Persönlichkeitstests (nach Amelang & Bartussek, 1990, S. 540)

	Leistungstests	Persönlichkeitstests
Instruktionen	den Probanden wird aufgetragen, ihr Bestes zu geben	die Probanden werden gebeten, aufrichtig zu antworten
Aufgaben	gewöhnlich eindeutig	zwischen mehr- und eindeutig
Antworten	Richtig und Falsch im logisch eindeutigen Sinne	kein Richtig und Falsch im logisch eindeutigen Sinne
Einstellung	die Probanden wissen, was von ihnen erwartet wird	die Probanden kennen häufig nicht die Erwartung des Testleiters
Motivation der Probanden	gewöhnlich hoch	Unterschiede je nach Untersuchungsbereich, Probanden und Situation
Ziele	Interesse an *maximaler* Leistung der Probanden	Interesse am *typischen* Verhalten der Probanden
Erfassung	Realisation eines Personenmerkmals	Beschreibung eines Personenmerkmals
Vorgehen	Beantwortung soweit die Fähigkeit reicht	Beantwortung aller Items
Verfälschbarkeit	Faking Bad möglich (sich schlechter darstellen, als es den Fähigkeiten entspricht)	Faking Bad und Faking Good möglich (sich schlechter oder besser darstellen)

Tab. 3.2: Die Unterteilung von Leistungstests in Speed- und Powertests

Speedtests	Powertests (Niveautests)
leichte oder mittelschwere Aufgaben	Aufgaben, die im Schwierigkeitsgrad ansteigen
Zeitbegrenzung	keine oder großzügige Zeitbegrenzung
Ermittlung der Anzahl gelöster Aufgaben	Ermittlung des intellektuellen Leistungsniveaus

In der Persönlichkeitsdiagnostik kommen insbesondere Selbstbeschreibungsfragebogen, wie Persönlichkeitsinventare, als Er-
hebungsinstrument zum Einsatz. Im Folgenden werden dieses
und weitere Verfahren überblicksartig erläutert:

Persönlichkeitsinventare geben einen Überblick über die Persönlichkeit eines Menschen. Sie beurteilen die Ausprägung verschiedener Merkmale der Persönlichkeit, z. B. die Ausprägung der
»Big Five« (Neurotizismus, Extraversion, Offenheit, Gewissenhaftigkeit, Verträglichkeit), und ermöglichen damit eine Gesamt-
beschreibung der Persönlichkeit einer Person.

In *Persönlichkeitsfragebogen zu einzelnen Konstrukten* soll sich
der Proband hinsichtlich eines bestimmten Merkmals einschätzen. Sie erfassen z. B. Angst, Ärger, Stress, Lern- und Leistungsmotivation von Personen.

Situationsspezifische Verfahren beziehen sich auf konkrete
Situationen, die im Fragebogen beschrieben werden. Der Proband soll angeben, wie er sich in einer bestimmten Situation
fühlt. Man kann in einer Situation, z. B. beim Besteigen eines
hohen Turmes, ängstlich sein, in einer anderen, z. B. beim Fahren mit einem Motorrad, dagegen überhaupt nicht.

Fragebogen zur Zustandsdiagnostik erheben das aktuelle Befinden. Angst ist hier demnach ein Zustand, der momentan
auftritt und keine generelle Eigenschaft der Person, wie Ängstlichkeit, darstellt.

Mittels *Fragebogen zu Interessen* werden spezifische Interessen
und Neigungen erfasst. Die Testperson gibt dabei an, wie gern
sie sich mit bestimmten Themen oder Tätigkeiten beschäftigt
(z. B. berufliche Interessen bezüglich Technik, Kunst, sozialem
Engagement etc.). Fragebogen zu Interessen werden häufig in
der Berufsberatung eingesetzt.

Fragebogen zu Motivation zielen darauf ab, die Motivation des
Individuums, bestimmte Dinge auszuführen, zu messen (z. B.
Lern- und Leistungsmotivation).

Objektive und indirekte Persönlichkeitstests wurden mit dem
Ziel entwickelt, Merkmale der Person unabhängig von der Fä-
higkeit zur Introspektion, Effekten sozialer Erwünschtheit und
Verfälschungstendenzen zu messen. Kennwerte, die sonst in

Leistungstests erfasst werden, z. B. Reaktionszeiten, geben hier indirekt Aufschluss über die zugrundeliegenden Persönlichkeitseigenschaften. Persönlichkeitseigenschaften werden hier also nicht über Selbstbeschreibung erfasst, sondern über das Lösen von Leistungsaufgaben. Weitere Erläuterungen und Beispiele zu diesen Verfahren finden sich in Kapitel 10.3.

Nicht-sprachliche Persönlichkeitstests dienen der Erfassung von Persönlichkeitsmerkmalen jenseits sprachlicher Fähigkeiten. Das ist besonders hilfreich bei der Diagnostik von Menschen, die z. B. die Landessprache nicht richtig verstehen können oder bei denen eine Sprachbehinderung vorliegt. Anhand von Bildern, Zeichnungen oder Darstellungen bestimmter Formen und Zeichen werden Neigungen und Selbsteinschätzungen erfasst.

Projektive Verfahren gehen auf tiefenpsychologische Theorien zurück. Sie bedienen sich mehrdeutigen Stimulusmaterials, um in den Testteilnehmern eine Reaktion hervorzurufen, die Ausdruck ihrer zugrundeliegenden Motive oder Bedürfnisse ist. Unter einer Reaktion ist zu verstehen, dass die Testteilnehmer das Stimulusmaterial in bestimmter Art und Weise interpretieren. Der nächste Abschnitt stellt diese Verfahren näher vor.

Die Erfassung von Persönlichkeitsmerkmalen kann aber auch über die Beobachtung, Protokollierung und Auswertung des Verhaltens einer Testperson erfolgen (*Verhaltensbeobachtung*) oder über eine Form der mündlichen Befragung, in der die Diagnostikerin der diagnostizierten Person gezielt Fragen stellt, die Antworten notiert und nach einem vorgegebenen Schlüssel auswertet (*Interview*).

3.2 Unterschiede zwischen psychometrischen Tests und projektiven Verfahren

Psychometrische und projektive Verfahren unterscheiden sich insbesondere hinsichtlich der verwendeten Stimuli. Die Stimuli in psychometrischen Verfahren (i. d. R. Fragen oder Aussagen, die von den Teilnehmern beurteilt werden, ob sie richtig oder falsch, zutreffend oder weniger zutreffend sind etc.) sind möglichst eindeutig formuliert. Bei projektiven Verfahren werden hingegen sogenannte *offene Gestalten* verwendet, d. h. die Bedeutung der Reizmuster ist unklar oder mehrdeutig. Die von der Testperson gewählte Interpretation lässt dann auf die zugrundeliegende Eigenschaft oder ein Motiv schließen. Die Auswertung ist bei psychometrischen Leistungs- und Persönlichkeitstests ökonomisch und häufig auch objektiv. Projektive Tests sind meist sehr zeitaufwändig und enthalten subjektive Elemente, die die Objektivität in der Auswertung und Interpretation der Testergebnisse schmälern können. Anwender und Auswerter können bei psychometrischen Tests im Allgemeinen relativ schnell für die Durchführung trainiert werden. Bei projektiven Verfahren ist hingegen ein intensives Training vorgesehen.

Projektive Verfahren

Der Begriff »Projektion« geht ursprünglich auf Freud zurück. Unter einer Projektion ist zu verstehen, dass eigene Gefühle, Eigenschaften und Wünsche, die das Ich bedrohen, nicht an sich selbst wahrgenommen werden, sondern bei anderen gesehen werden. Nach dieser Annahme würde eine aggressive Person ihre aggressiven Impulse abwehren und stattdessen derartige Impulse in anderen Personen »entdecken«: »Herr X war heute besonders aggressiv.«. Die fraglichen Persönlichkeitsaspekte sind der Person nicht notwendigerweise bewusst und sollen daher mittels Projektion erfasst werden. Vertreter projektiver Verfahren gehen davon aus, dass mehrdeutige Reize im besonderen Maße dazu geeignet sind, dass die Person unbewusste Motive in sie hineininterpretiert (vgl. folgender Exkurs). **Abbildung 3.1** zeigt beispielhaft solche mehrdeutigen Stimuli aus dem Thematischen Apperzeptionstest (TAT; aus Murray, 1938).

Schwache vs. starke Situationen
Die Ambiguität der Reize lässt sich mit dem Konzept der »schwachen Situation« nach Mischel (1977) vergleichen. Es handelt sich dabei um Situationen oder Reize, auf die unterschiedliche Personen auch unterschiedlich reagieren. Im Gegensatz zu »starken Situationen«, auf die die meisten Men-

schen relativ einheitlich reagieren (z. B. das Warten an einer roten Ampel bei starkem Verkehr), sind insbesondere schwache Situationen geeignet, interindividuelle Unterschiede zu erfassen (vgl. auch Laux, 2008, S. 209).

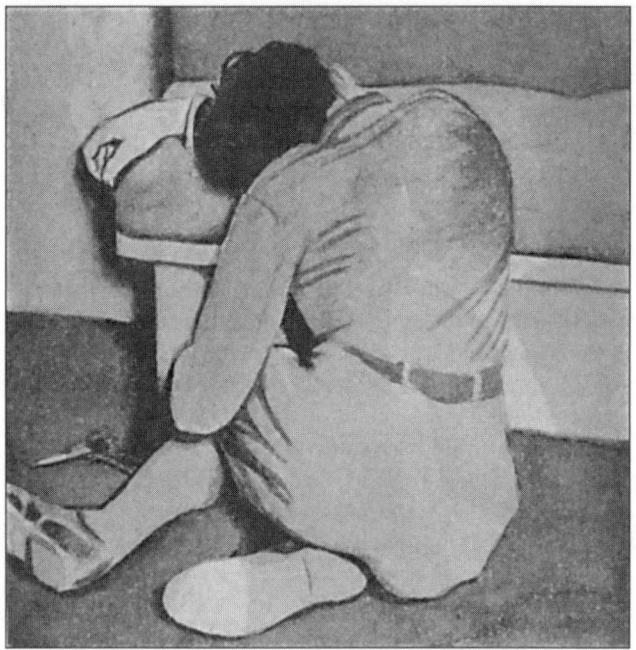

Abb. 3.1: Bildvorlage aus dem TAT (aus Murray, 1938, S. 537)

Projektive Verfahren unterscheiden sich stark in der jeweils verwendeten Methode voneinander. Man unterscheidet verschiedene Arten von projektiven Verfahren: Formdeuteverfahren, verbal-thematische Verfahren und zeichnerisch-gestalterische Verfahren. Beispielsweise ist es im *Rorschach-Test* (Rorschach, 1992) – dem wohl bekanntesten Formdeuteverfahren – Aufgabe des Probanden, Tintenkleckse zu interpretieren. Bei zeichnerisch-gestalterischen Verfahren sollen die Testpersonen selbst gestalterisch tätig werden. Beispielsweise werden Kinder gebeten, ihre Familie als Tiere zu zeichnen (Familie in Tieren, Brem-Gräser, 2006), um die familiären Beziehungen nachzuvollziehen. Insbesondere bei letzterem Verfahren ist es empfehlenswert, den Zeichnungen im Gespräch noch vertieft nachzugehen. Verbal-thematische Verfahren verwenden mehrdeutige Bildreize, zu denen sich die Probanden Geschichten ausdenken müssen. Für den Testleiter kristallisieren sich aus den Geschichten Themen heraus, die über die zugrundeliegende Persönlichkeit der Probanden Aufschluss geben. Ein verbal-thematischer Test, nämlich der Thematische Apperzeptionstest, wird im Folgenden vorgestellt.

Erklärung

▶ *Der Thematische Apperzeptionstest (TAT)*

Bei diesem projektiven Testverfahren nach Henry Murray (1936, 1938) werden dem Probanden mehrdeutige Bilder vorgelegt. Er wird gebeten, zu jedem Bild eine Geschichte zu erzählen. Die Testleiterin formuliert entsprechende Fragen vor: *»Was ist passiert?«, »Wer sind die Personen?«, »Was geschah vorher?«, »Woran denken die Personen gerade?«, »Was wird noch geschehen?«*. Verborgene und unbewusste Bedürfnisse (Motive) der Probanden sollen so in die Geschichte hinein-projiziert werden. Laut Murray soll die Testperson durch dieses Verfahren angeregt werden, sich offener, kreativer und weniger zurückhaltend zu verhalten bzw. zu erleben, um so ihre verborgenen Komplexe, Motive und Kathexen (unbewusst) zu offenbaren (Kathexis siehe folgende Erklärung). Der TAT ist international ein beliebtes Instrument zur Erfassung des Leistungsmotivs. Erfasst werden soll u. a. das Bedürfnis, Erfolg anzustreben, und die Fähigkeit, Stolz nach Erfolg zu erleben oder zu antizipieren. Problematisch ist aber die recht komplizierte Auswertung. Selbst nach Weiterentwicklungen des TAT durch McClelland, Atkinson, Clark und Lowell (1953) konnte einigen weiteren Kritikpunkten nicht vollständig begegnet werden:

1. *Geringe Homogenität* der Antworten, d. h. der leistungsthematische Bezug variiert von Bild zu Bild, obwohl er, bezogen auf den ganzen Test, eigentlich homogen sein sollte.

2. *Geringe Split-Half-Reliabilität*, d. h. die Antworten eines Probanden in der ersten Hälfte des Tests unterscheiden sich von den Antworten in der zweiten Hälfte des Tests, obwohl beiden Teilen dasselbe Leistungsmotiv zugrundeliegen soll.
3. *Geringe Retest-Reliabilität*, d. h. die relative Ähnlichkeit der Antworten einer Gruppe von Personen über zwei Messzeitpunkte fällt relativ gering aus.

Weiterentwicklungen des TAT finden sich z. B. bei Bellak und Bellak (1955), die einen TAT speziell für Kinder konstruierten (CAT, erweiterte Fassung, CAT-H; Bellak & Bellak, 1994). Dem CAT liegt die Annahme zugrunde, dass sich bei Kindern unbewusste Motive leichter identifizieren lassen. Eine empirische Bestätigung steht allerdings noch aus. Die kritischen Einwände gegen den TAT treffen auch auf den CAT zu. ◄◄

Erklärung

► Der Begriff *Kathexis* stammt aus der Freud'schen Psychoanalytischen Theorie und bezeichnet den aktuellen Zustand der Bindung von Energie. Freud baute seine Annahmen zum Energiesystem des Menschen auf dem Energieerhaltungssatz des Physikers Helmholtz auf. Danach bleibt Energie erhalten, auch wenn sie zwischen Energieformen umgewandelt wird. Sie kann weder vernichtet werden noch aus »nichts« erzeugt werden. In der Kathexis ist die psychische Energie einer Person an ein bestimmtes Objekt derart gebunden, dass kaum noch Energie oder Aufmerksamkeit auf weitere Objekte gerichtet werden kann. Das gilt z. B., wenn man großen Hunger hat und fast nur noch an Nahrungsmittel denken kann. Wird die Kathexis aufgelöst (in diesem Fall durch Nahrungsaufnahme), wird Energie freigesetzt und kann auf andere Objekte gerichtet werden. Ähnliche Phänomene untersuchten Baumeister und Kollegen unter dem Stichwort »ego depletion« (Baumeister, Bratslavsky, Muraven & Tice, 1998): Personen, die im Experiment zur Kontrolle von Impulsen (z. B. auf Schokolade verzichten) viel Energie aufbringen mussten, zeigten weniger Ausdauer bei der Lösung bestimmter Aufgaben (z. B. Puzzle bearbeiten). ◄◄

Befunde zur Verfälschbarkeit des TAT finden sich z. B. in der klassischen Studie von Holmes (1974). Ablauf und Ergebnisse der Untersuchung sind im nachfolgenden Beispiel abgetragen.

Beispiel
▶ *The conscious control of thematic projection*
Sechzig Studienanfänger der University of Kansas, die bis dato noch keine Erfahrungen mit dem TAT gemacht hatten, nahmen an dem Experiment von Holmes (1974) teil. Ohne ihr Wissen wurden sie einer von zwei Untersuchungsbedingungen zugeteilt: einer »ehrlichen« und einer »Faking«-Bedingung. In der ehrlichen Bedingung bat man sie darum, zu drei Bildern aus dem TAT jeweils eine Geschichte zu schreiben, die das dargestellte Geschehen erklären könnte. In der Faking-Bedingung sollten sie Geschichten schreiben, die sie als eine hoch motivierte Person nahelegten. Um die Aufgabe zu erleichtern, sollten sie sich in eine Bewerbungssituation hineinversetzen, bei der Motiviertheit und Leistungsstreben eine besondere Rolle spielen. Außerdem sollten die Geschichten glaubhaft formuliert sein. Drei Wochen später bearbeiteten die Versuchspersonen den TAT erneut, obwohl sie diesmal in der anderen Untersuchungsbedingung waren, d. h. nachdem sie zunächst den TAT ehrlich bearbeitet hatten, sollten sie ihn nun verzerrt bearbeiten (Faking) und umgekehrt. Die Ergebnisse zeigten, dass die Leistungsmotivwerte in der Faking-Bedingung höher ausfielen als in der ehrlichen Bedingung. Selbst Probanden, die in der Bearbeitung projektiver Tests unerfahren waren, konnten dessen Ergebnisse also positiv verzerren. In einem weiteren Experiment wurden die Probanden zum zweiten Messzeitpunkt gebeten, Geschichten zu schreiben, die keinen Aufschluss über ihre Persönlichkeit liefern (nachdem sie zum ersten Zeitpunkt »ehrlich« geantwortet hatten). Es zeigte sich, dass die Auswertung des zweiten Messzeitpunktes nicht mit der des ersten Zeitpunktes übereinstimmte. Aus den Ergebnissen beider Experimente konnte abgeleitet werden, dass Personen ihre Projektionen im TAT bewusst kontrollieren können; im Falle des ersten Experimentes lieferten sie unzutreffende Projektionen und im zweiten Experiment unterdrückten sie etwa vorhande-

ne Projektionen (oder haben ebenfalls unzutreffende Projektionen geliefert, um keinen Aufschluss über ihre Persönlichkeit zu ermöglichen). Dieser Befund steht im Gegensatz zu den psychodynamischen Grundannahmen des TAT bezüglich der Projektion unbewusster Motive. Wurden die Probanden gebeten, zu beiden Messzeitpunkten ehrlich zu antworten, so zeigte sich, dass die Interpretationen ihrer Geschichten unterschiedlich ausfielen, d. h. zu Messzeitpunkt 1 stufte man das Leistungsmotiv einer Person anders ein als zu Messzeitpunkt 2. Dieses Ergebnis widerspricht dem Anspruch des TAT, eine stabile Persönlichkeitseigenschaft, nämlich das Leistungsmotiv, so genau wie möglich zu erfassen bzw. stellt die Objektivität der Auswertung in Frage. ◄◄

Projektive Verfahren werden also in der aktuellen psychologischen Diagnostik relativ kritisch gesehen, weil sie in Bezug auf die klassischen Gütekriterien Objektivität, Reliabilität und Validität entweder kaum untersucht sind oder schlecht abschneiden (vgl. Kap. 8). Vertreter dieser Verfahrensgruppe betonen allerdings, dass die Verfahren nicht an diesen Kriterien zu messen sind. Häufig kritisiert wurde die projektive Technik auch deswegen, weil sie bisher keine oder nur wenige alternative Gütekriterien vorschlug.

Insgesamt ist die projektive Technik eher als eine »kommunikative Technik« denn als psychometrisch fundierte Testung zu verstehen. Sie bietet sich z. B. als Möglichkeit des Einstieges in ein Gespräch an. Ein Vorteil projektiver Techniken liegt auch darin, dass sich Probanden sowohl verbal als auch nonverbal mitteilen können. Durch die Komplexität der Aufgaben besteht relativ großer Spielraum sich auszudrücken, was für wenig eloquente Personen hilfreich sein kann – z. B. bei zeichnerischen Verfahren. Diagnostisch Tätige können die (allerdings nicht voll standardisierte und objektive) diagnostische Situation zudem für differenzierte Beobachtungen nutzen. Festzuhalten ist, dass sich projektive Verfahren als Kommunikationstechniken gut eignen, jedoch nicht zur Persönlichkeits- oder Merkmalsdiagnostik im engeren Sinne verwendet werden sollten.

Abb. 3.2: Zum Rorschach-Test (aus Huber, 1999).
© by Hogrefe AG, Verlag Hans Huber

Semiprojektive Verfahren

Eine Mittelstellung nehmen sogenannte semiprojektive Verfahren ein, die die Vorteile psychometrischer und projektiver Verfahren vereinigen. Sie können jenseits rational gesteuerter Selbstbeschreibung ansetzen und genügen doch den Gütekriterien.

Semiprojektive Verfahren entsprechen nur teilweise dem Prinzip projektiver Verfahren. Sie verwenden gering strukturierte Stimuli, meist aber strukturierte Antwortvorgaben. Die Testverfahren, oft mit figuralem Stimulusmaterial, sind an das Konzept projektiver Verfahren angelehnt, orientieren sich aber an den klassischen Testgütekriterien Objektivität, Reliabilität und Validität. Beispielsweise sollen im Multimotivgitter von Schmalt, Sokolowski und Langens (MMG; 2000) mehrdeutige Bildreize unbewusste Bewertungen der Probanden hervorrufen, die dann in standardisierten vorgegebenen Aussagen zum Ausdruck kommen können. Die Aussagen unter dem Bild in **Abbildung 3.3** sollen auf das Bild bezogen werden und von den Probanden danach eingestuft werden, ob sie zutreffen oder nicht.

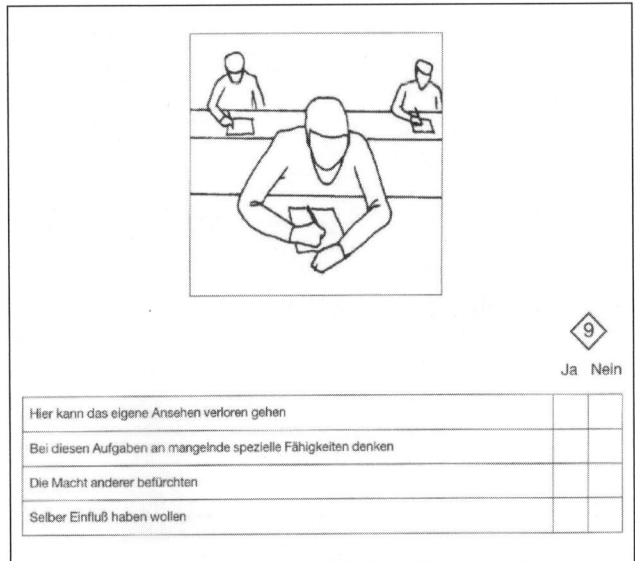

Abb. 3.3: Testvorlage aus dem MMG (Schmalt et al., 2000).
© Swets Test Services, Frankfurt

3.3   Unterschiede zwischen quantitativen und qualitativen Verfahren

Diagnostische Instrumente werden auch im Hinblick darauf unterschieden, ob sie mit quantitativen oder mit qualitativen Informationen arbeiten. Grundsätzlich können die Daten, die man mittels diagnostischer Verfahren erhebt, qualitativer oder quantitativer Natur sein. Qualitative Informationen betreffen charakteristische Eigenschaften einer Person oder einer Sache. Quantitativ bezieht sich auf die Anzahl oder Ausprägung von Merkmalen. Daten sind quantitativ, wenn man ihnen numerische Werte zuordnen kann. Beispielsweise erhalten Probanden, die einen Konzentrationstest bearbeitet haben, einen numerischen Wert für ihre Konzentrationsleistung, der u. a. auf die Zahl bearbeiteter Aufgaben und die Fehlerzahl zurückgeht. Anhand dieser Werte wird die Konzentrationsfähigkeit der Person z. B. als durchschnittlich oder als über- bzw. unterdurchschnittlich bewertet. Qualitative Verfahren hingegen messen den erfassten Werten per se relativ geringe Bedeutung zu. Eine Interpretation der Daten geschieht im Nachhinein, z. B. wenn die Diagnostikerin sich (intuitiv) ein Urteil bildet oder wenn sie Daten im Rahmen einer Inhaltsanalyse auswertet. Beispielsweise stellt das Erstgespräch einer Psychotherapeutin mit einem Patienten eine qualitative Erhebung dar. Die Therapeutin registriert und notiert die Aussagen des Patienten, ordnet sie aber nicht vorgegebenen numerischen Werten zu. Bereits während der »Datenerhebung«, aber vor allem nach dem Gespräch bildet sich die Therapeutin ein Urteil darüber, welche psychische Störung beim Patienten vorliegen könnte. An diesem Beispiel wird die Subjektivität der Interpretation qualitativer Daten deutlich. Ergänzt werden könnte diese Form der Informationsgewinnung durch einen quantitativen klinischen Test, in dem die Cut-Off-Werte (vgl. S. 24, S. 301) für einzelne Störungsbilder definiert sind, um so einen weiteren Anhaltspunkt zur Diagnoseerstellung zu haben. Außerdem kann die Subjektivität durch eine quantitative Auswertung des qualitativen Materials umgangen werden. Beispielsweise werden häufig quantitativ orientierte Inhaltsanalysen zur Auswertung und Interpretation qualitativer Interviews genutzt (vgl. Kap. 9.1.4). In diesem Fall wird der Text aus dem Interview in mehrere Sinneinheiten zerlegt und vorgegebenen Kategorien zugeordnet, um schließlich eine quantitative Aussage über die Auftretensrate bestimmter inhaltlicher Passagen zu treffen (z. B. »Die interviewte Person verwendete häufig aggressive Ausdrücke, was auf aggressive Tendenzen schließen lässt.«). Quantitative Verfahren umfassen vor allem standardisierte Tests. Diagnostische Gespräche, wie Anamnese, Exploration und Interview, gehören der Gruppe der qualitativen Verfahren an (sofern es sich nicht um ein voll standardisiertes Verfahren handelt, bei dem mündlich die Zustimmung oder Ablehnung zu Antwortalternativen abgefragt wird).

Beide Varianten haben Vor- und Nachteile. Qualitative Verfahren zeichnen sich vor allem dadurch aus, dass man mit ihrer Hilfe auf die Besonderheit und Komplexität eines Individuums eingehen kann. Die Diagnostikerin nimmt eine individuen- oder fallorientierte Perspektive ein. Die Verfechter der quantitativen Sichtweise kritisierten aber an qualitativen klinischen Urteilen, dass sie subjektiv verzerrt seien. Außerdem werden die klassischen Gütekriterien anders als in der quantitativen Diagnostik bestimmt (z. B. wird zur Bestimmung von Objektivität und Reliabilität die Übereinstimmung zwischen unterschiedlichen Beurteilern herangezogen) und fallen meist geringer aus. Auf der anderen Seite kritisieren die Befürworter der qualitativen Verfahren an quantitativ orientierter Diagnostik, dass diese Daten menschliches Erleben nicht in angemessener Komplexität wiedergeben können. Die Auseinandersetzung ist eng mit derjenigen um *Nomothetik* vs. *Idiographie* (siehe folgender Kasten) und der um statistische vs. klinische Urteilsbildung verbunden (vgl. S. 38).

Nomothetik vs. Idiographie

Nomothetik kommt aus dem Griechischen (*nomothetikos*) und meint »was Gesetze stiftet«. Es handelt sich dabei um eine wissenschaftliche Strömung z. B. innerhalb der Persönlichkeitspsychologie, die versucht, Gesetzmäßigkeiten im menschlichen Erleben und Verhalten zu entdecken. Idiographie hingegen (griech. *idios*) bezeichnet das Besondere und Einzigartige. Eine idiographisch orientierte Persönlichkeitspsychologie betrachtet also die Eigenheiten von Individuen. Die beiden Strömungen verkörpern gegensätzliche wissenschaftliche Ansätze, die sehr kontrovers diskutiert wurden (vgl. Laux, 2008). Lange Zeit stellte sich also die Frage, inwieweit Persönlichkeitspsychologie nur die Besonderheiten von Individuen betrachten darf, diese aber nicht zur Generalisierung über alle oder eine Gruppe von Menschen heranziehen kann. Einen Ausweg aus der Kontroverse bietet z. B. die Kombination idiographischer und nomothetischer Strategien (siehe Asendorpf, 2000; Jaccard & Dittus, 1990; Rentzsch & Schütz, in Druck; Schmitz, 2000): Aus der Betrachtung von Einzelfällen und intraindividuellen Gesetzmäßigkeiten im ersten Schritt erfolgt im zweiten die Aggregation über Personen oder Phänomene, um so zu allgemeingültigen Gesetzmäßigkeiten zu gelangen.

Zielführender, als die Überlegenheit einer Strategie nachweisen zu wollen, scheint es allerdings, die Vorzüge beider Strategien zu kombinieren. Beispielsweise sichert ein Psychotherapeut in diesem Sinne sein klinisches Urteil durch die Verwendung eines psychometrischen Verfahrens ab. Eine solche Kombination kann auch als *multimethodale* Herangehensweise bezeichnet werden (siehe folgende Erklärung).

Erklärung

▶ *Multimethodal* bedeutet, dass mehrere Methoden (bzw. Verfahren) herangezogen werden, um einen Sachverhalt aus unterschiedlicher Perspektive zu erfassen. Manchmal wird der Begriff multimethodal mit dem Begriff multimodal gleichgesetzt. Jedoch muss auf Unterschiede hingewiesen werden. Denn *multimodale* Diagnostik zeichnet sich dadurch aus, dass die Datenerhebung aus verschiedenen Datenquellen oder Modi (Erleben, Verhalten oder physiologischen Quellen) erfolgt. Zwar sind dafür meist auch unterschiedliche Verfahren notwendig, aber nicht jede multimethodale Herangehensweise ist gleichzeitig auch multimodal. ◄◄

Es kann also festgehalten werden, dass sich quantitative Verfahren durch ihre psychometrische Fundierung auszeichnen und somit objektiver und zuverlässiger messen, was allerdings auf Kosten der individuumszentierten Betrachtungsweise gehen kann. Qualitative Verfahren beachten insbesondere die Einzigartigkeit von Personen, können aber keinen statistisch abgesicherten Vergleich des Individuums mit einer Normpopulation bieten. Durch Kombination der beiden Strategien können die Mangel der einen mit den Vorteilen der anderen kompensiert werden.

Merke

▶ *Qualitative* Verfahren untersuchen charakteristische Eigenschaften einer Sache oder einer Person.

Quantitative Verfahren beziehen sich auf Anzahl oder Ausprägung von Merkmalen. ◄◄

Zusammenfassend kann dem folgenden Kasten eine Übersicht über wichtige und gut erprobte diagnostische Verfahren entnommen werden.

Übersicht über einige in der Praxis häufig angewandte Verfahren

- 16 PF-R (16-Persönlichkeits-Faktoren-Test. Revidierte Fassung; Schneewind & Graf, 1998)
- AID 2 (Adaptives Intelligenz Diagnostikum 2; Kubinger, 2009)
- BDI-II (Beck Depressions-Inventar Revision; Hautzinger et al., 2006)
- BET (Berufseignungstest; Schmale & Schmidtke, 2001, 4. Aufl.)
- CFT 20-R (Culture-Fair-Test 20 Revision; Weiß, 2008)
- d2 (Aufmerksamkeits-Belastungs-Test; Brickenkamp, 2002, 9. Aufl.)
- DIT (Differentieller Interessentest; Todt, 1967)
- FPI-R (Freiburger Persönlichkeitsinventar; Fahrenberg, Hampel & Selg, 2001)
- GT (Gießen-Test; Beckmann, Brähler & Richter, 1990, 4. Aufl.)
- I-S-T 2000 R (Intelligenz-Struktur-Test 2000 R; Liepmann et al., 2007)
- LGT 3 (Lern- und Gedächtnistest; Bäumler, 1974)
- LPS (Leistungs-Prüf-System; Horn, 1983)
- MMPI-2 (Minnesota-Multiphasic Personality Inventory-2; Hathaway, McKinley & Engel, 2000)
- NEO-FFI (NEO-Fünf-Faktoren Inventar; Borkenau & Ostendorf, 2008)
- NEO-PI-R (NEO-Persönlichkeitsinventar revidierte Form; Ostendorf & Angleitner, 2004)
- Rorschach-Test (Rorschach, 1921, 1992)
- STAI (State-Trait-Angst-Inventar; Laux, Glanzmann, Schaffner & Spielberger, 1981)
- STAXI (State-Trait-Ärgerausdrucks-Inventar; Schwenkmezger, Hodapp & Spielberger, 1992)
- SCL-90-R (Symptom-Checkliste von Derogatis; Franke, 2002, 2. Aufl.)
- TAT (Thematischer Apperzeptionstest; Murray, 1936, 1991)

- TIPI (Trierer Integriertes Persönlichkeitsinventar; Becker, 2003)
- TPF (Trier Persönlichkeitsfragebogen; Becker, 1989)
- Wechsler-Intelligenztests:
  - HAWIE-R (Hamburg-Wechsler-Intelligenztest für Erwachsene; Tewes, 1991)
  - HAWIK-IV (Hamburg-Wechsler-Intelligenztest für Kinder IV; Petermann & Petermann, 2008)
  - HAWIVA-III (Hannover-Wechsler-Intelligenztest für das Vorschulalter III; Ricken, Fritz, Preuss & Schuck, 2007)
  - WIE (Wechsler Intelligenztest für Erwachsene; Aster, Neubauer & Horn, 2006)
  - WIT-2 (Wilde-Intelligenztest; Kersting, Althoff & Jäger, 2008)

Zusammenfassung

Diagnostische Verfahren lassen sich u. a. in Leistungs- vs. Persönlichkeitsdiagnostik, psychometrische vs. projektive Verfahren oder quantitative vs. qualitative Verfahren einteilen. Leistungstests (z. B. Intelligenztests, Eignungstests) erfassen ein Personenmerkmal auf der Basis der Lösung oder Nicht-Lösung von Aufgaben durch Performanz. Persönlichkeitstests sind in der Regel als Selbstbeschreibungsfragebogen konzipiert und erfassen Repräsentationen eigener Personenmerkmale. Psychometrische Tests orientieren sich an Testgütekriterien und sind meist ökonomisch und objektiv. Projektive Tests erfassen unbewusste Motive oder Einstellungen der Testperson, die in ihrer Interpretation von mehrdeutigen Reizen zum Ausdruck kommen. Aus diesem Grund werden als Testmaterial »offene Gestalten« verwendet, die die Testperson zu freien, kreativen Interpretationen anregen sollen. Dadurch ist aber auch die Objektivität von Auswertung und Interpretation reduziert. Ein typischer Vertreter projektiver Verfahren ist der TAT, bei dem zu mehrdeutigen Bildern Geschichten erzählt werden sollen. Tests, die sich an den psychometrischen Testgütekriterien orientieren, als Testmaterial aber mehrdeutige Bildreize verwenden, um Projektionen anzuregen, werden semiprojektiv genannt. Mittels quantitativer Verfahren wird die Ausprägung von Merkmalen der Testperson numerisch festgehalten, während qualitative Verfahren auf das Vorhandensein bzw. Nichtvorhandensein von Eigenschaften orientiert sind.

Literaturempfehlungen

Laux, L. (2008). *Persönlichkeitspsychologie* (Kap. 7–9). Stuttgart: Kohlhammer.
Schaipp, C. & Plaum, E. (1995). *Projektive Techniken. Unseriöse Tests oder wertvolle qualitative Methoden?* Bonn: Deutscher Psychologen-Verlag.

Fragen zur Selbstüberprüfung

1. Unterscheiden Sie zwischen Speed- und Powertests!
2. Nennen Sie drei in der Praxis häufig angewendete diagnostische Verfahren!
3. Was sind die wesentlichen Unterschiede zwischen Leistungs- und Persönlichkeitstests?
4. Was ist problematisch an projektiven Testverfahren?
5. Beschreiben Sie das allgemeine Vorgehen beim Thematischen Apperzeptionstest (TAT) und nennen Sie einige Kritikpunkte!
6. Was sind jeweils Vor- und Nachteile von qualitativen bzw. quantitativen diagnostischen Verfahren?

4 Psychometrische Verfahren: Grundbegriffe, Beispiele und Anwendung

Der Umgang mit Testverfahren kann als Schlüsselqualifikation innerhalb der Psychologie betrachtet werden (vgl. Schneider, 2005). Zum einen muss die Kompetenz, Tests zu konstruieren, erworben werden, zum anderen müssen existierende Testverfahren hinsichtlich ihrer Qualität beurteilt werden können. Bereits von Berufspraktikanten in klinisch-psychologischen Tätigkeitsfeldern werden diese Kompetenzen erwartet. In einer Befragung von tätigen Psychologen zeigten Winckelmann und Redlich (1997), dass u. a. Grundkenntnisse in der Gesprächsführung, Kenntnisse in der Anwendung diagnostischer Verfahren und eine offen-annehmende Grundhaltung gegenüber Patienten oder Klienten von den Praktikanten vorausgesetzt werden. Wie wichtig eine gute Ausbildung in psychologischer Diagnostik ist, zeigen auch die Ergebnisse einer Befragung von Psychologen zum Umgang mit Testverfahren (Schorr, 1995): Mehr als 28 % der beruflichen Tätigkeit werden nach den Ergebnissen der Umfrage mit psychologischer Diagnostik ausgefüllt. Darüber hinaus wurde in der Studie ersichtlich, dass viele Psychologen mit den von Testverlagen angebotenen Verfahren unzufrieden sind und selbst konstruierte Testverfahren einsetzen. Das Wissen über die Konstruktion psychodiagnostischer Verfahren stellt demzufolge eine Grundvoraussetzung für die Anstellung als Diagnostiker sowie für den adäquaten Einsatz dieser Verfahren dar (vgl. Schütz, Selg & Lautenbacher, 2005). Das folgende Kapitel gibt einen Überblick über zentrale Begriffe der Testkonstruktion und des Testens und geht näher auf den Anwendungsbereich psychologischer Testverfahren ein.

4.1   Grundbegriffe

Definition
▶ Ein *psychometrischer Test* ist definiert als »wissenschaftliches Routineverfahren zur Untersuchung eines oder mehrerer empirisch abgrenzbarer Persönlichkeitsmerkmale mit dem Ziel einer möglichst quantitativen Aussage über den relativen Grad der individuellen Merkmalsausprägung« (Lienert & Raatz, 1998, S. 1). ◀◀

Wenn psychometrische Tests die Ausprägungen von individuellen Merkmalen erfassen sollen, spricht man vom *Messen* (vgl. Kap. 2.2). Unter dem Vorgang des Messens ist die Zuordnung von numerischen Werten zu Objekten oder Personen zu verstehen (z. B. werden einer Person Werte für die Anzahl erreichter Punkte im verbalen, numerischen und figuralen Teil eines Intelligenztests zugeordnet, um daraus die entsprechenden Intelligenzquotienten abzuleiten). Abzugrenzen ist dieser Begriff vom *Kategorisieren,* bei dem Personen oder Merkmale Kategorien zugeordnet werden. Das kann anhand der beobachtbaren Merkmale geschehen (z. B. Unterscheidung von Personen in Links- und Rechtshänder), ohne dass diese Merkmale vorher numerisch fixiert worden sind.

Natürlich kann das Kategorisieren auch nach dem Messvorgang geschehen, d. h. Personen oder Objekte werden anhand ihrer gemessenen Merkmale in Kategorien geordnet (z. B. Personen mit hohen Werten im Bereich figuraler Intelligenz in die eine Kategorie und Personen mit niedrigen Werten in die andere Kategorie). Innerhalb einer Kategorie herrscht in Bezug auf die darin enthaltenen Einheiten (Personen etc.) relative Homogenität, zwischen den Kategorien Heterogenität. Dieser Sachverhalt wird in **Abbildung 4.1** verdeutlicht.

  Ein weiterer wichtiger Begriff innerhalb der Testtheorie ist das *Item.* Es bezeichnet die einzelnen Bestandteile des Tests.

Definition
▶ »Als *Item* (…) bezeichnet man die Bestandteile eines Tests, die eine Reaktion oder Antwort hervorrufen sollen, also die

Fragen, Aufgaben, Bilder etc. Wenn auch die Items von Test zu Test sehr unterschiedlich aussehen können, sind sie innerhalb der Tests sehr ähnlich (homogen), da sie dasselbe Merkmal der Personen ansprechen.« (Rost, 1996, S. 18) ◄◄

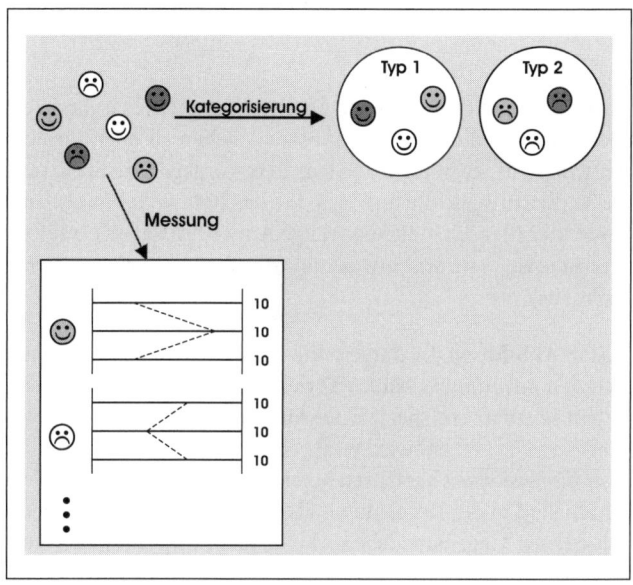

Abb. 4.1: Messen und Kategorisieren

Der Aufbau eines psychometrischen Tests ist in **Abbildung 4.2** am Beispiel eines Persönlichkeitsinventars abgetragen. Hier ist zu beachten, dass den Testteilnehmern der links stehende Gesamttest ausgehändigt wird, wobei sie die grau unterlegten Markierungen nicht sehen können. Jedes Item soll der Reihe nach beantwortet bzw. bearbeitet werden. Auf der rechten Seite ist der Test abgetragen, wie ihn ein Testkonstrukteur ursprünglich konzipiert hat. Da Persönlichkeitsinventare verschiedene Facetten der Persönlichkeit erfassen, wie z. B. Extraversion und Gewissenhaftigkeit, werden einzelne Items inhaltlich ganz bestimmten Subskalen (manchmal auch nur Skalen genannt) zugeordnet. Jede Subskala steht für eine Dimension (in der Abbildung durch

weiße und graue Markierung hervorgehoben), die wiederum die
zu erfassende Persönlichkeitseigenschaft darstellt. Erst die Antworten auf mehrere Items lassen einen exakten Schluss auf eine
Persönlichkeitseigenschaft zu. Es sollte in diesem Kontext hervorgehoben werden, dass der Begriff Skala in unterschiedlicher
Bedeutung verwendet wird.

Merke

► Eine *Skala* kann sowohl für einen psychometrischen Test
(oder einen Teil des Tests = Subskala) stehen als auch für eine
Antwortskala, d. h. das zu jedem Item vorgegebene Spektrum
an Antwortmöglichkeiten (z. B. für das Item »Ich bin ein auf-
geweckter Mensch.« die vierstufige Antwortskala »stimme voll
und ganz zu«, »stimme etwas zu«, »stimme wenig zu«, »stimme
nicht zu«). ◄◄

Das in **Abbildung 4.2** dargestellte Persönlichkeitsinventar lässt
sich den *mehrdimensionalen* Verfahren zuordnen. Je nachdem,
ob ein Inventar ein spezifisches Merkmal oder mehrere Merkmalsbereiche erfasst, wird es als ein *eindimensionales* oder ein
mehrdimensionales Verfahren bezeichnet. Eindimensionale Verfahren sind in der Regel kürzer als mehrdimensionale. Die verschiedenen Gegenstandsbereiche in mehrdimensionalen Verfahren werden also »Skalen« oder »Dimensionen« genannt und
ergeben in ihrer Gesamtheit das »Inventar«.

Bei psychometrischen Tests handelt es sich um wissenschaftlich
fundierte Verfahren, die bestimmten Gütekriterien genügen.
Amelang und Schmidt-Atzert (2006) schlüsseln diese Voraussetzungen in vier Punkte auf: *Standardisierung, Differenzierung,
Charakteristik der Messung* und *Brauchbarkeit der Messung.*

Standardisierung der Untersuchung bedeutet, dass alle Bedingungen genau definiert und konstant gehalten werden müssen,
d. h. Inhalt und Form der Instruktion sowie Arbeitsmittel sollen
bei allen Probanden in gleicher Weise gestaltet sein und somit
keine unterschiedlichen Einflüsse haben. So sollen alle Personen
unter gleichen Bedingungen untersucht werden und nur das
interessierende Merkmal, nicht aber Störeinflüsse (wie Lärm,

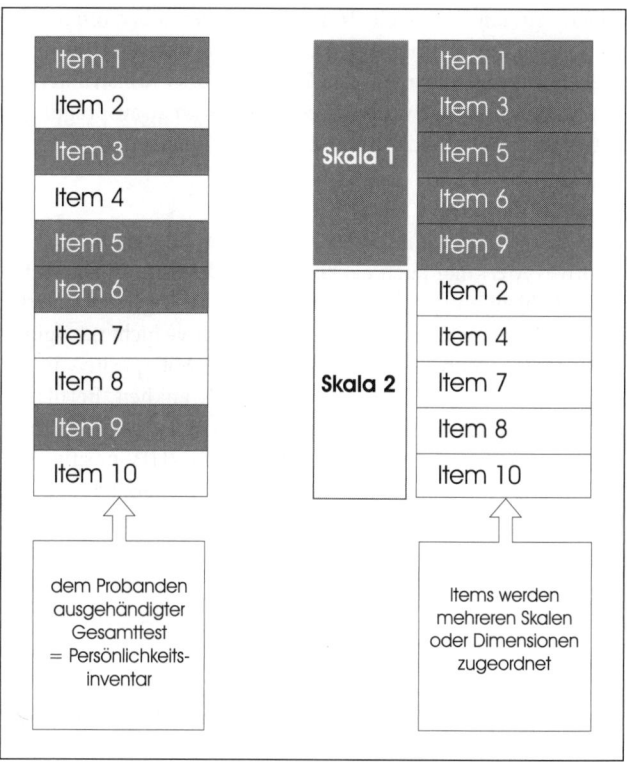

Abb. 4.2: Aufbau eines psychometrischen Tests am Beispiel eines Persönlichkeitsinventars

Tageszeit, Temperatur etc.) zur Variation beitragen. Das entspricht dem Prozedere bei der Durchführung von Experimenten (vgl. Kap. 1.3 Experimentalpsychologie). Die Personen sind dadurch direkt vergleichbar: Unterschiede im Messergebnis sollen lediglich auf Merkmalsunterschiede zwischen Personen zurückgehen. Durch die Instruktion und die Testvorgabe soll das diagnostisch relevante Verhalten bei allen Probanden in gleicher Weise ausgelöst werden. Eine Selbstwertskala regt beispielsweise zur Reflexion über sich selbst und entsprechende Selbstbeurteilungen an.

Differenzierung: Wenn ein Test differenzieren soll, dann bedeutet das, dass er die interessierenden Konstrukte sensitiv misst, aber robust gegenüber anderen Einflüssen oder Konstrukten ist. Er soll Personen, die unterschiedliche Merkmalsausprägungen aufweisen, voneinander unterscheiden können.

Definition

► *Sensitivität* ist die Wahrscheinlichkeit, mit der der Test ein positives Merkmal auch als ein solches erkennt. Diese Wahrscheinlichkeit entspricht z. B. dem Anteil richtig identifizierter Kranker an allen Kranken. Dabei darf »positiv« nicht mit »günstig« oder »vorteilhaft« verwechselt werden. Mit »positiv« ist gemeint, dass das gesuchte Merkmal (z. B. Krankheit, Berufseignung) auf die Testperson zutrifft. In der Medizin findet sich diese Bezeichnung beispielsweise bei der Diagnose »HIV positiv«.

Spezifität hingegen entspricht der Wahrscheinlichkeit, mit der der Test ein negatives Merkmal als solches erkennt, d. h. Personen oder Objekte identifiziert, die das gesuchte Merkmal *nicht* aufweisen. Es geht hier also um gesunde oder ungeeignete Personen. Die Spezifität gibt z. B. den Anteil richtig identifizierter Gesunder an allen Gesunden an. ◄◄

Charakteristik der Messung: Damit eine Merkmalsausprägung als charakteristisch gesehen werden kann, sind folgende Bedingungen einzuhalten:

- *Objektivität*: Unabhängigkeit vom Untersucher
- *Reliabilität*: Genauigkeit der Messung

Ein spezieller Aspekt der Reliabilität ist die Stabilität. Ein Test, der das Kriterium Stabilität erfüllt, misst auch bei wiederholter Messung die Merkmalsausprägung konstant. Auf diese Gütekriterien wird in Kapitel 8 genauer eingegangen.

Die *Brauchbarkeit der Messung* oder Validität gibt an, inwieweit der Test überhaupt das misst, was er zu messen vorgibt. Eine Frage nach der Brauchbarkeit des Tests könnte z. B. lauten, ob Test X wirklich Depressivität oder lediglich negative Stimmung misst und ob er insofern zum Screening von Depression ver-

wendet werden kann. Auf das Gütekriterium Validität wird
ebenfalls in Kapitel 8.1 genauer eingegangen.

4.2   Leistungsdiagnostik

Nachdem wir im Kapitel 3 die Klassifikation psychologischer
Testverfahren vorgestellt haben, wollen wir nun genauer auf die
drei großen Bereiche *Leistungsdiagnostik*, *Persönlichkeitsdia-*
gnostik und *Beziehungsdiagnostik* eingehen. Es werden charakteristische Merkmale aufgezeigt und besonders typische oder
interessante Verfahren exemplarisch vorgestellt.

4.2.1   Wozu dient die Intelligenz- und Leistungs-
diagnostik?

Bei der Intelligenz- und Leistungsdiagnostik – manchmal auch
unter dem Oberbegriff Leistungsdiagnostik zusammengefasst
– werden Fähigkeiten unter kontrollierten Bedingungen, d. h.
in einer standardisierten Testsituation, geprüft. Hier werden die
Merkmale auf der Verhaltensebene erfasst. Das soll an einem
Beispiel zur Intelligenztestung verdeutlicht werden: Um Intelligenz zu messen, befragt man nicht den Probanden, ob er sich
als intelligent einschätzt, sondern beobachtet das Verhalten des
Probanden in der Testsituation, das einen Indikator für das
Merkmal Intelligenz darstellt. Es geht beispielsweise darum, wie
schnell und wie erfolgreich der Proband Textaufgaben bearbeitet. Daraus wird auf das zugrundeliegende Merkmal Intelligenz
geschlossen.

Intelligenz- und Leistungstests sind für viele angewandte Fragen von großer Bedeutung. Gerade in der Personalauswahl werden derartige Tests häufig verwendet. Intelligenz gehört zu den
bedeutendsten Prädiktoren von Berufserfolg (Neisser et al., 1996;
Schmidt & Hunter, 1998; Schuler & Funke, 1989). Konzentrationstests werden u. a. bei der Auswahl von Personen für die Über-
wachung technischer Details an Monitoren eingesetzt.

Neben diesen Anwendungszwecken sind Intelligenz- und
Leistungstests auch *präskriptiv*, d. h. bestimmte Konstrukte eines
Tests definieren sich nur über den Test:

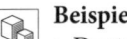

Beispiel
► Das typische Beispiel zur Präskription stammt von Boring (1923) in seiner Definition von Intelligenz:
»Frage: Was ist Intelligenz?
Antwort: Intelligenz ist das, was der Intelligenztest misst.« ◄◄

Demzufolge sind Intelligenz- und Leistungstests auch meist operational definiert. Der Name eines Tests zeigt, welches psychologische Konstrukt mit ihm gemessen (und somit definiert) werden soll.

Die Intelligenz- und Leistungsdiagnostik wird vor allem eingesetzt, um Personen (z. B. in der Personalauswahl) zu selegieren bzw. zu platzieren oder um Interventionsbedarf in einem bestimmten Bereich festzustellen bzw. den Erfolg der Intervention zu beurteilen (z. B. ob ein Training zu einer erhöhten Konzentrationsfähigkeit führte). Im Kontext von Trainingsmaßnahmen geht die Intelligenz- und Leistungsdiagnostik aber auch häufig in die Intervention über. Beispielsweise kann die wiederholte Bearbeitung von Gedächtnistests bei Schlaganfallpatienten ähnliche Wirkungen wie ein gezieltes Gedächtnistraining haben.

Eingeschränkt sind diese Verfahren jedoch dadurch, dass sie häufig lediglich Ergebnisse erfassen, nicht aber den Prozess, der zu diesem Ergebnis führte (vgl. Kap. 2.2 Status- vs. Prozessdiagnostik). Innerhalb der Intelligenz- und Leistungsdiagnostik gab es diesbezüglich aber Erweiterungen. Beispielsweise messen Lerntests zur Potenzialerfassung, wie gut eine Person trotz möglicher Benachteiligung (niedriger sozialer Status, kaum elterliche Unterstützung etc.) von aktuellen Lerngelegenheiten profitiert, d. h. wie viel die Person innerhalb einer vorgegebenen Zeit durch ein entsprechendes Lernangebot hinzulernt (z. B. Guthke, Wolschke, Willmes & Huber, 2000). Eine weitere Einschränkung der Intelligenz- und Leistungstests liegt darin, dass Probanden an bereits konstruierten Items und ihrer inhaltlichen wie auch formalen Zuordnung zu Skalen beurteilt werden. Spontanes oder theoretisch nicht begründetes Verhalten wird somit kaum registriert oder in die Auswertung der Testung einbezogen. Weiterhin muss in der Intelligenz- und Leistungsdiagnostik bestimmten Einschränkungen der normorientierten Diagnostik Aufmerksamkeit geschenkt werden. Wie bereits in Kapitel 2.2 erwähnt, versucht man mit normorientierter Diagnostik das individuelle Ergebnis eines Leistungs- oder Intelligenztests an bereits existierenden Testnormen zu relativieren. Dabei muss beachtet werden, dass die Testnormen aus der Referenzpopulation des Probanden stammen, also der Population, die in allen relevanten Merkmalen (wie Geschlecht, Alter, Bildungsstand) mit dem Probanden übereinstimmt. Zusätzlich sind Testnormen in ihrer Gültigkeit insofern eingeschränkt, als sie relativ schnell veralten, so dass ältere Tests allenfalls mit Vorsicht einzusetzen sind (*Flynn-Effekt*, siehe Kasten). Trotz einiger Einschränkungen muss abschließend hervorgehoben werden, dass sich die intelligenz- und leistungsdiagnostischen Verfahren meist durch sehr gute Testgütekriterien von anderen Gruppen diagnostischer Instrumente abheben. Häufig sind sie ökonomisch, objektiv, besitzen gute Reliabilitäten und Validitäten und sind zudem in der Praxis stark nachgefragt.

Der Flynn-Effekt

Der Flynn-Effekt geht auf die Entdeckung zurück, dass der Intelligenzquotient (IQ) bis in die 90er Jahre besonders in den westlichen Industrieländern beträchtlich anstieg (vgl. Flynn, 1987, 2007). Dieser Effekt zeigte sich insbesondere in Subtests zu schlussfolgerndem Denken (Anstieg um drei bis sieben IQ-Punkte pro Jahrzehnt) im Gegensatz zu Subtests, die Wissen oder andere »kristalline« Fähigkeiten (siehe Definition unten) erfassen (Anstieg um ca. 0.5 IQ-Punkte pro Jahrzehnt). Ursprünglich wurde dieser Anstieg auf verbesserte Umweltbedingungen wie Bildung oder Ernährung zurückgeführt, da genetische Veränderungen kaum in dieser kurzen Zeit zum Tragen kommen können. Gegner der Bildungshypothese argumentierten, dass der Anstieg in den IQ-Punkten ebenso in Kleinkindern und Säuglingen verzeichnet werden konnte, obwohl dort das Bildungsniveau kaum eine Rolle spielt (vgl. Lynn, 2007). Eine Alternativerklärung stellten verbesserte Ernährungsbedingungen dar. Der veränderte Ernährungsstand wird über den Anstieg in der Körpergröße

gemessen (die Körpergröße steigt in westlichen Industrieländern ebenfalls stetig an, so dass z. B. DIN-Normen für an-
thropometrische Größen entsprechend angepasst werden).
Zudem könnten Ernährungsbedingungen erklären, dass nur
ein gewisser Teil der Intelligenz Veränderungen unterworfen
ist. So geht Mangelernährung mit verringerter »fluider« Intelligenz einher (siehe Definition). Paradox zu der Umwelt-
Argumentation ist jedoch der Befund, dass Intelligenzunter-
schiede zu großen Teilen auf genetische Faktoren zurückgehen.
Eine Erklärung für dieses Paradoxon lieferten Dickens und
Flynn (2001). Sie argumentieren, dass eine Interaktion zwischen günstigen Umweltbedingungen und dem genetisch
bedingten Intelligenzniveau für den rasanten Anstieg in IQ-
Punkten verantwortlich sei. Dieser Multiplikationseffekt zeigt
sich darin, dass nur ganz bestimmte Umweltangebote für die
Intelligenzentwicklung eines jeden Menschen förderlich sind,
und zwar in Abhängigkeit seines Intelligenzniveaus. Beispielsweise suchen sich begabte Kinder eine für sie besonders förderliche Umwelt und können davon besonders stark profitieren. Es muss aber festgehalten werden, dass diese
Argumentation in der wissenschaftlichen Literatur kontrovers
diskutiert wird und kein Konsens über die Ursachen des
Flynn-Effekts besteht (vgl. Lynn, 2007).

Konsequenz der Befunde ist, dass Testnormen nur für einen bestimmten Zeitraum gelten. Misst man Probanden an
veralteten Normen, so verfälscht das die Interpretation. Von
daher ist an psychometrische Leistungs- und Intelligenztests
der Anspruch zu stellen, aktuelle Normen zu präsentieren.

Definition

▶ Nach Cattell (1963) lässt sich die *fluide Intelligenz* von der
kristallinen Intelligenz abgrenzen. Unter fluider Intelligenz ist
eine hauptsächlich angeborene Fähigkeit zu verstehen, logisch
zu denken oder sich neuen Gegebenheiten anpassen zu können.
Im Verlauf über die Lebensspanne steigt sie bis zu einem Alter
von ca. 15 Jahren an, stagniert dann und fällt ab dem Alter von
ca. 22 Jahren wieder leicht ab. Neue Befunde zur Veränderbar-

keit der fluiden Intelligenz weisen allerdings darauf hin, dass diese durch Trainings veränderbar ist und demnach nicht allein auf biologische Grundlagen zurückzuführen ist (Jaeggi, Buschkühl, Jonides & Perrig, 2008). Die kristalline Intelligenz hingegen basiert stärker auf Kultur und Bildung. Sie bezieht sich meist auf Wissen, welches u. a. von Lernen beeinflusst wird. Die kristalline Intelligenz verzeichnet in der Individualentwicklung bis zum Alter von ca. 20 Jahren einen Anstieg und bleibt dann relativ konstant. ◄◄

4.2.2 Anwendung und Beispiele aus der Leistungs- und Intelligenzdiagnostik

Die verschiedenen Arten von Tests der Leistungs- und Intelligenzdiagnostik werden überblicksartig im folgenden Kasten aufgezeigt:

- Allgemeine Leistungstests
- Intelligenz- und spezielle Fähigkeitstests
- Eignungstests und Verfahren zur Tätigkeitsbeurteilung
- Verfahren zur Erfassung von Kreativität bzw. divergentem Denken
- Erfassung sozialer Intelligenz
- Erfassung emotionaler Intelligenz
- Entwicklungs- und Schultests

Neben dem Einsatz in der Forschung werden Leistungs- und Intelligenztests häufig in Bereichen wie der Berufsberatung, z. B. bei der Bundesagentur für Arbeit, angewendet. Firmen nutzen sie zur Personalauslese und zur Personalentwicklung (z. B. zur Entscheidung, ob Abteilung Y ein Training braucht). Verkehrspsychologen wenden Konzentrationstests an, um z. B. nach einem Führerscheinentzug zu prüfen, ob die betroffene Person über ausreichende Konzentrationsfähigkeit verfügt oder nicht. Im schulpsychologischen Bereich stellen sie Entscheidungshilfen dar, um z. B. die Frage zu beantworten, ob ein Schüler für den Besuch einer weiterführenden Schule geeignet ist. Leistungsdiagnostik findet auch im Rehabilitationsbereich ihre Anwendung.

Hier ist nicht nur die Feststellung eines aktuellen Leistungszustandes interessant, sondern ebenfalls das durch die Testanwendung resultierende Training bestimmter Leistungen.

In den Bereich der allgemeinen Leistungstests fallen Aufmerksamkeits- und Konzentrationstests, wobei der d2 (Aufmerksamkeits-Belastungs-Test; Brickenkamp, 2002) das am häufigsten verwendete Verfahren zur Erfassung der Konzentrationsleistung darstellt. Im Folgenden werden einige Verfahren aus der Leistungs- und Intelligenzdiagnostik vorgestellt. Im ersten Abschnitt gehen wir exemplarisch auf zwei allgemeine Intelligenztests ein und nehmen im darauffolgenden Abschnitt einen Exkurs zur Erfassung der sozialen und emotionalen Intelligenz vor.

Allgemeine Intelligenztests

In diesem Abschnitt werden folgende Intelligenztests genauer beschrieben:

- Hamburg-Wechsler-Intelligenztest für Erwachsene (HAWIE-R)
- Wechsler-Intelligenztest für Erwachsene (WIE)
- Intelligenz-Struktur-Test (I-S-T 2000 R)
- Wilde-Intelligenztest (WIT-2)
- Bochumer Matrizentest (BOMAT advanced-short)

Im Bereich der Intelligenzdiagnostik sind als bekannteste Verfahren die Wechsler-Intelligenztests zu nennen. Aus dieser Gruppe liegen Verfahren für das Vorschulalter (neueste Version: HAWIVA-III; Ricken et al., 2007), für das Kindesalter (HAWIK-IV; Petermann & Petermann, 2008) und für das Erwachsenenalter (HAWIE-R; Tewes, 1991; neueste Version, WIE; Aster et al., 2006) vor. Diesen Tests liegt die Generalfaktorentheorie von Spearman (1904) zugrunde. Diese besagt, dass an der Lösung einer Problemaufgabe jeweils ein globaler Intelligenzfaktor, der g-Faktor, plus – je nach Art des Problems – spezifische Aufgabenfaktoren beteiligt sind. So unterscheidet z. B. der HAWIE-R einen Verbalteil von einem Handlungsteil, wobei der Summenwert aus beiden Teilen zum Gesamt-Intelligenzquotienten verrechnet wird (siehe **Abb. 4.3**).

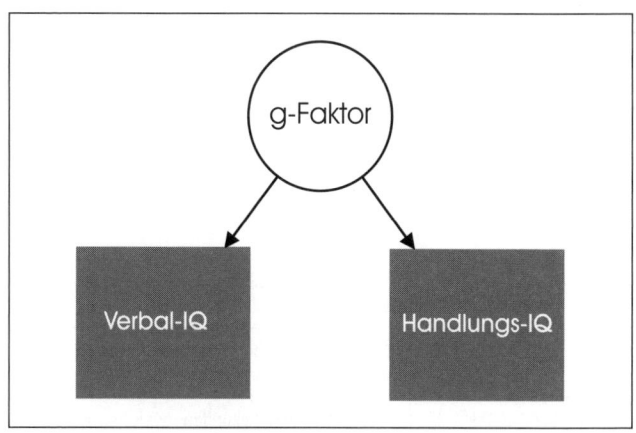

Abb. 4.3: Das g-Faktoren-Modell nach Spearman (1904)

Ein häufig verwendetes Verfahren aus der Gruppe der Wechsler-Intelligenztests ist der HAWIE-R. Der Verbalteil enthält verschiedene Aufgabentypen, die als Übersicht in **Tabelle 4.1** abgebildet sind.

Tab. 4.1: Verbalteil HAWIE-R

Skala	Beispiel einer mittelschweren Aufgabe
Allgemeines Wissen	Was ist der Koran?
Zahlen nachsprechen	Die Zahlen 6–1–9–4–7–3 vorwärts und rückwärts nachsprechen.
Wortschatztest	Die Bedeutung des Wortes »Parlament« erklären.
Rechnerisches Denken	Zwei Bananen kosten 70 Cent. Wie viel müssen Sie für ein Dutzend Bananen bezahlen?
Allgemeines Verständnis	Zwei Begründungen für das gesetzliche Arbeitsverbot für Kinder geben.
Gemeinsamkeiten finden	Was haben Auge und Ohr gemeinsam?
Bilder ergänzen	Herausfinden, dass bei einer abgebildeten Brille der Nasenbügel fehlt.

Beispielaufgaben aus dem Handlungsteil sind **Tabelle 4.2** zu entnehmen.

Tab. 4.2: Handlungsteil HAWIE-R

Skala	Beispiel einer mittelschweren Aufgabe
Bilderordnen	Bilder so ordnen, dass sich daraus eine sinnvolle Geschichte ergibt.
Mosaiktest	Die Teile eines Mosaiks nach einem Vorbild richtig anordnen.
Figurenlegen	Ein Puzzle aus sieben Teilen innerhalb von 35 Sekunden zusammensetzen.
Zahlen-Symbol-Test	Innerhalb von 90 Sekunden möglichst viele Symbole zu Zahlen nach einer Zahlen-Symbol-Liste zuordnen.

Die Testdurchführung des HAWIE-R ist nicht einfach. Sie erfordert auf Seiten der Testleiterin gewisse Übung. Für jede Teilaufgabe sind Antwortbewertungen bereits vorgegeben, jedoch so, dass beim Bewerten ein gewisser Ermessensspielraum bleibt. Bei den verschiedenen Aufgaben geht es meist darum, in einer vorgegebenen Zeit so viele richtige Antworten wie möglich zu geben (Powertests). Im Handlungsteil können Probanden durch Geschwindigkeit aber noch Zusatzpunkte erhalten (Speedtests, siehe **Tab. 3.2**). Die Bearbeitungszeit beträgt 60 bis 90 Minuten.

Der neueste Wechsler-Intelligenztest ist der WIE, der die deutschsprachige Bearbeitung des WAIS III von David Wechsler (1997) darstellt. Im Vergleich zum HAWIE-R wurde der Altersbereich von 16–74 Jahre auf 16–89 Jahre erhöht. Außerdem kamen drei neue Untertests hinzu, so dass der WIE 14 Untertests umfasst. Neben einer Aktualisierung der Iteminhalte wurde auch die Gestaltung nutzerfreundlicher modifiziert. Während man beim HAWIE-R Summenwerte für den Verbal-, Handlungs- und Gesamt-IQ berechnen konnte, erhält man beim WIE zusätzlich die Möglichkeit, vier sogenannte Index-Werte zu berechnen: sprachliches Verständnis, Wahrnehmungsorganisation, Arbeitsgedächtnis und Arbeitsgeschwindigkeit. Anhand dieser Index-

Werte können differenziertere Interpretationen des Testergebnisses vorgenommen werden.

Bei der Auswertung erhält man Rohwerte, die in Wertepunkte umgerechnet werden. Inhaltlich gibt der Gesamt-IQ-Wert eines Intelligenztests das allgemeine kognitive Leistungsvermögen einer Person an. Der Mittelwert des IQ liegt bei 100 Punkten und die Standardabweichung beträgt 15 Punkte. Somit liegt die durchschnittliche Intelligenz zwischen 85 und 115 IQ-Punkten. Leistungsbeeinträchtigungen (z. B. IQ < 85) können z. B. vor dem Hintergrund milieuspezifischer Einflüsse und krankheits- oder verletzungsbedingter Behinderungen interpretiert werden. Problematisch ist jedoch, dass die Beantwortung des Verbalteils, insbesondere des Wortschatztests, sozialisationsabhängig ist. Personen, die im Elternhaus sehr gefördert wurden, schneiden in diesem Aufgabenteil besser ab als andere. Kritiker argumentieren, dass solche Aufgaben nicht fair sind, da sie bestimmte soziale Gruppen begünstigen. Trotz der Kritik sind die Wechsler-Tests besonders im klinischen Bereich sehr beliebt, weil sie es einer Testleiterin z. B. ermöglichen, das Verhalten der getesteten Person während der Testung zu beobachten. Solche Beobachtungen gehen häufig in klinische Diagnosen ein. Außerdem haben der HAWIE-R und der WIE den Vorteil, dass sie auch bei älteren Patienten eingesetzt werden können und im unteren Leistungsbereich zufriedenstellend differenzieren.

Um jedoch auch im nicht-klinischen Bereich, z. B. in der berufsbezogenen Eignungsdiagnostik, oder im oberen Leistungsbereich Intelligenz zu messen, sollten andere Intelligenztests herangezogen werden. Ein Intelligenztest, der im oberen Leistungsbereich besonders gut differenziert, ist der I-S-T 2000-R (Intelligenz-Struktur-Test 2000 R; Liepmann et al., 2007). Sein Einsatz lohnt sich besonders, wenn es um die Diagnostik von Hochbegabung geht. Soll dagegen eine mögliche Minderbegabung festgestellt werden, besteht bei diesem Verfahren die Gefahr der Überforderung. Auch differenziert er im unteren Bereich wenig. Der I-S-T 2000 R zeichnet sich durch einen modularen Aufbau aus und erfasst anhand mehrerer Aufgabentypen die verbale, numerische und figurale Intelligenz, das Wissen, die Merkfähigkeit und das schlussfolgernde Denken.

Zur Vorhersage von Berufserfolg auf der Basis kognitiver Fähigkeiten ist besonders der Wilde-Intelligenz-Test 2 (WIT-2; Kersting et al., 2008) geeignet, da er weniger abstraktes Denkvermögen erfasst, sondern auf berufliche Schlüsselqualifikationen hin orientiert ist. Auch sind die Testaufgaben teilweise an den Kontext des Berufs- und Arbeitslebens angelehnt und ein Teil der Daten aus der Normstichprobe wurde in realen Bewerbungssituationen erhoben. Bei Erhebungen mit begrenztem Zeitrahmen ist die Kurzversion zu empfehlen, da die Durchführung der Langversion bis zu vier Stunden in Anspruch nehmen kann.

Im Bereich der sprachfreien Intelligenztests ist u. a. der Bochumer Matrizentest (BOMAT advanced-short; Hossiep, Turck & Hasella, 2001) zu nennen. Er erfasst Intelligenz unabhängig von den sprachlichen Fähigkeiten der Testperson. Wie vorhin erwähnt, wurde bei anderen Tests wie den Wechsler-Intelligenztests kritisiert, dass die Lösungswahrscheinlichkeit auch durch kulturspezifisches Wissen beeinflusst ist. Dieser Problematik begegnen sprachfreie Tests wie der BOMAT, die daher z. B. in Migrantenpopulationen hilfreich sind, um kognitive Fähigkeiten unabhängig von Sprach- und Kulturkenntnissen festzustellen. Der Testperson liegt beim BOMAT jeweils eine Anordnung von 15 Feldern mit Symbolen vor. Sie ist gefordert, aufgrund logischer Überlegungen ein leeres Feld mit einem passenden Symbol zu versehen. Dies gelingt ihr jedoch nur dann, wenn sie die Regel hinter der Musteranordnung verstanden und das entsprechende Symbol ausgewählt hat. Zu den Pluspunkten des BOMAT zählt auch die Bearbeitungsökonomie (ca. 45 Minuten Testzeit).

Nachdem soeben Vertreter der allgemeinen Intelligenztests vorgestellt wurden, folgt nun die Darstellung von Verfahren zur Messung der sozialen und emotionalen Intelligenz.

Soziale und emotionale Intelligenz

Ein Überblick der in diesem Abschnitt erläuterten Verfahren:

• Magdeburger Test zur Sozialen Intelligenz (SIM)
• Mayer, Salovey, Caruso Emotional Intelligence Test (MSCEIT)
• Test zur Emotionalen Intelligenzmessung (TEMINT)

- Wong & Law Emotional Intelligence Scale (WLEIS)
- Trait Meta-Mood Scale (TMMS)
- Skalen zum Erleben von Emotionen (SEE)
- Szenario-basierter Performanztest emotionaler Kompetenzen (TEK)

Das Gebiet der *sozialen Intelligenz* ist vielschichtig. Es umfasst Bereiche wie Einsicht in soziale Situationen, Menschenkenntnis oder auch Konfliktbewältigung in zwischenmenschlichen Beziehungen. Insbesondere im Personalmanagement wird der sozialen Intelligenz derzeit intensive Beachtung geschenkt. Beispielsweise ist soziale Kompetenz eine der Hauptdimensionen im Assessment Center (vgl. Kap. 2.1) und wird in vielen Stellenanzeigen gefordert. Ob soziale Intelligenz als ein eigener Teil der Gesamtintelligenz oder als ein Bündel von Teilfähigkeiten zu betrachten ist, wird kontrovers diskutiert. Die Intelligenzmodelle nach Thorndike oder Guilford würden soziale Intelligenz als eine Fähigkeit sehen, die unterscheidbare Teilfähigkeiten zusammenfasst. Wechsler bzw. Spearman würden die soziale Intelligenz dagegen eher als eine Anwendung der allgemeinen Intelligenz beschreiben. Thorndike (1920, p. 28) definiert soziale Intelligenz als »the ability to understand and manage men and women, boys and girls – to act wisely in human relations«. Hier werden Wahrnehmungsaspekte einerseits und Handlungsaspekte andererseits angesprochen: Die Wahrnehmungskomponente umfasst die Konzepte kognitiver und emotionaler Empathie. Die Handlungskomponente beinhaltet Konzepte wie Flexibilität, Kontrolle und Modifikation des Ausdrucks, Rollenspielfähigkeit, aber auch verbale Kompetenz. Testverfahren zur sozialen Intelligenz arbeiten häufig mit verbalem Material oder mit Bildern, seltener werden Situationen in Filmsequenzen präsentiert oder in vivo (im Lebendigen) beobachtet bzw. nachgestellt (Filmansatz bzw. Realsituationsansatz). Ein aktueller Test, der Magdeburger Test zur Sozialen Intelligenz (SIM; Süß, Seidel & Weis, 2007; Süß, Seidel & Weis, 2008), differenziert soziales Verständnis, soziales Gedächtnis und soziale Wahrnehmung. Erste Studien unterstützen diese Modellstruktur (Süß et al., 2008), weisen aber darauf hin, dass der Materialfaktor (schriftlich, auditiv oder bildlich) bei der Wahrnehmungskomponente eine bedeutsame Rolle spielt.

In Selbstbeschreibungsverfahren zur Erfassung sozialer Kompetenzen werden Teilbereiche erfasst wie die Selbstdarstellungskompetenz (z. B. deutsche Version der Revised-Self-Monitoring-Scale und Concern-for-Appropriateness-Scale von Laux & Renner, 2002), Konfliktverhalten (z. B. Konfliktverhalten situativ; Klemm, 2002) oder soziale Aktivität (z. B. Soziale Aktivität Selbstbeurteilungsskala; Duschek, Schandry & Hege, 2003).

Eng verbunden mit dem Konzept der sozialen Intelligenz ist das der *emotionalen Intelligenz*. Das von Salovey und Mayer (1990) formulierte Konzept wurde von Goleman (1995) populär gemacht. Goleman sah emotionale Intelligenz als den entscheidenden Faktor für Berufserfolg, jedoch ließ sich diese Annahme bislang nicht bestätigen. Erfasst wird emotionale Intelligenz per Test oder per Selbstbeschreibungsfragebogen. Der MSCEIT (Mayer, Salovey, Caruso Emotional Intelligence Test, 2002; deutsche Fassung von Steinmayr, Schütz, Hertel & Schröder-Abé, 2010) ist ein Leistungstest, der jede der vier angenommenen Komponenten emotionaler Intelligenz mit je zwei Aufgabenbereichen erfasst (siehe **Abb. 4.4**).

Um die Komponente »Emotionen wahrnehmen« zu erfassen, werden dem Probanden z. B. Fotografien vorgelegt. Beurteilt werden soll, wie stark bestimmte Emotionen bei der abgelichteten Person vorliegen. Salovey, Mayer, Caruso und Lopes (2001) zeigten, dass die Gesamtwerte des MSCEIT relativ unabhängig von den Konstrukten Selbstwert, soziale Erwünschtheit, soziale Ängstlichkeit, Offenheit und Extraversion sind. Jedoch bleibt bei der Auswertung von Leistungstests, die emotionale Intelligenz erfassen, die Frage offen, ob es wirklich nur eine einzige richtige Lösung gibt. Mit anderen Worten: Es ist unklar, ob emotional intelligentes Handeln eindeutig richtig oder falsch sein kann oder inwieweit diese Einschätzung notwendigerweise subjektiv ist.

Im deutschsprachigen Raum liegt weiterhin der Test zur Emotionalen Intelligenzmessung vor (TEMINT; Schmidt-Atzert & Bühner, 2002). Dabei werden den Probanden Situationen vorgegeben, die von anderen Personen tatsächlich erlebt wurden.

Probanden sollen anhand der Situationen einschätzen, wie stark
bestimmte Emotionen bei den betroffenen Personen vorlagen.
Die Einschätzung wird mit den Aussagen dieser Betroffenen
verglichen und bildet einen Indikator für die Genauigkeit der
Emotionswahrnehmung.

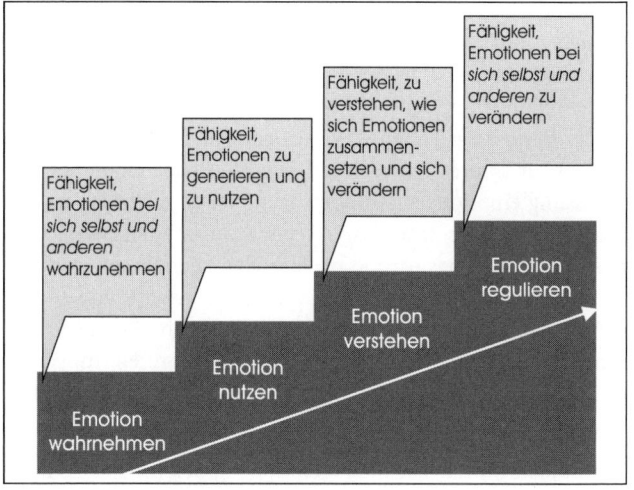

Abb. 4.4: Die vier Teilkomponenten emotionaler Intelligenz (nach
Mayer & Salovey, 1997)

Alternativ dazu gibt es aber auch Selbstbeschreibungsverfahren,
die mittels Fragebogen die wahrgenommenen emotionalen Fähigkeiten von Personen erfragen (z. B. Lopes, Hertel & Schütz,
2009 als deutsche Version der Wong & Law Emotional Intelligence Scale, 2002). Hier kann aus den Antworten also nur eine
Schlüsselrichtung zu emotionaler Intelligenz abgeleitet werden
und kein richtiges oder falsches Verhalten, da es sich um eine
Selbsteinschätzung handelt (für einen Überblick über beide Arten von Verfahren siehe auch Schulze, Freund & Roberts, 2006).
Ein weiteres Beispiel für einen Selbstbeschreibungsfragebogen
zur Erfassung der emotionalen Intelligenz ist die Trait Meta-
Mood Scale (TMMS; Salovey, Mayer, Goldman, Turvey & Palfai,
1995; dt. Adaptation von Otto, Döring-Seipel, Grebe & Lanter-

mann, 2001). Die TMMS erfasst die »Aufmerksamkeit auf, Klarheit und Beeinflussbarkeit von Emotionen«. Otto et al. (2001) konnten u. a. zeigen, dass Personen, die ihre Emotionen aufmerksam verfolgen, auch die Emotionen anderer sehr gut wahrnehmen können. Die SEE-Skalen zum Erleben von Emotionen nach Behr und Becker (2004) erfassen ebenso ökonomisch über Selbsteinschätzung, wie die eigenen Gefühle wahrgenommen, bewertet und reguliert werden. Diese Selbsteinschätzungsverfahren können z. B. in der Personalförderung, aber auch bei Fragestellungen in der Psychotherapie eingesetzt werden (z. B. ist der Verlust der Fähigkeit, Emotionen zu empfinden, ein Indikator für Depression). Weiterhin gibt es auch einen Test zur Erfassung emotionaler Kompetenzen, bei dem ähnlich zu den Selbstbeschreibungsfragebogen typisches Verhalten erfasst wird, aber keine Leistungsinstruktion zur maximalen Leistung erfolgt. Der szenario-basierte Performanztest emotionaler Kompetenzen (TEK; Freudenthaler & Neubauer, 2008) gibt emotionale Szenarien vor, zu denen die Testperson eine aus mehreren Antworten auswählen soll, die am besten ihr eigenes Verhalten in der Situation widerspiegelt.

Emotionale und soziale Intelligenz überlappen in verschiedener Hinsicht. So ist das Wahrnehmen, Verstehen und der Umgang mit Emotionen bei Interaktionspartnern auch Teil sozialer Intelligenz. Der Umgang mit eigenen Emotionen außerhalb von sozialen Interaktionen ist dagegen nicht Bestandteil sozialer Intelligenz. Umgekehrt sind Aspekte sozialer Wahrnehmung oder Beeinflussung, bei denen Emotionen keine Rolle spielen, nicht Bestandteil der emotionalen Intelligenz. Abschließend sollte aber erwähnt werden, dass die Forschung zur emotionalen Intelligenz stark voranschreitet und mit weiteren neuen Erkenntnissen zu rechnen ist.

4.3   Persönlichkeitsdiagnostik

Nachdem wir ausführlich auf die Intelligenz- und Leistungsdiagnostik eingegangen sind, wollen wir im Folgenden Verfahren vorstellen, die Persönlichkeitsaspekte messen. Die Persönlichkeitsdiagnostik ist auf die Erfassung von Persönlichkeitseigenschaften im engeren Sinne gerichtet. Wenngleich auch Intelligenz und andere Leistungskomponenten Teil der Persönlichkeit sind, fällt dieser Bereich der Diagnostik nicht in die hier gemeinte Kategorie (vgl. Kap. 3.1). Eine *Persönlichkeitseigenschaft* ist definiert als ein »überdauerndes Merkmal, in dem sich Menschen unterscheiden« (Asendorpf, 2007, S. 475).

Amelang und Schmidtz-Atzert (2006) untergliedern die Verfahren der Persönlichkeitsdiagnostik wie folgt:

Klassifikation von Verfahren der Persönlichkeitsdiagnostik

- psychometrische Selbstbeschreibungsverfahren
  - Persönlichkeitsinventare
  - Fragebogen zur Erfassung einzelner Persönlichkeitskonstrukte, Einstellungen, Neigungen oder Interessen
- nicht-sprachliche Persönlichkeitstests
- objektive und indirekte Persönlichkeitstests
- projektive Verfahren
- Verhaltensbeobachtung
- diagnostisches Interview

Die Merkmale von Selbstbeschreibungsverfahren aus dem Bereich der Persönlichkeitsdiagnostik werden im Folgenden anhand der bereits in Kapitel 3.1 vorgestellten Unterschiede zwischen Leistungs- und Persönlichkeitstests ausführlich erläutert. Persönlichkeits- und Leistungsdiagnostik unterscheiden sich in den Forderungen an Probanden. So soll der Proband bei der Leistungsdiagnostik ein Zielmerkmal realisieren (z. B. je schneller und genauer ein Proband einen Konzentrationstest bearbeitet, desto höher ist die ihm attestierte Konzentrationsleistung). In der Persönlichkeitsdiagnostik hingegen soll er das Merkmal beschreiben (z. B. schätzt er ein, inwiefern er Aufgaben üblicherweise konzentriert bearbeitet). Außerdem:

- Die Antworten fallen auf Fragebogen-Items in eine Schlüsselrichtung (z. B. Extraversion) oder entgegen einer Schlüsselrichtung aus (z. B. Introversion). In der Leistungsdiagnostik hingegen werden Antworten meist als richtig oder falsch gewertet. Da die meisten Probanden mit psychologischen Tests einen Intelligenz- oder Leistungstest verbinden und glauben, richtige Antworten liefern zu müssen, wird vor dem Ausfüllen eines Persönlichkeitsfragebogens immer darauf hingewiesen, dass es keine falschen Antworten gibt.

• In der Persönlichkeitsdiagnostik geht es im Allgemeinen nicht darum, maximal mögliches Verhalten zu zeigen, sondern typisches Verhalten zu beschreiben. Es geht also darum, wie sich die Person typischerweise verhält oder erlebt. Ausnahmen stellen einige klinische Fragebogen dar, mittels derer Extremverhalten der Probanden identifiziert werden soll. Im Interaktions-Angst-Fragebogen (IAF; Becker, 1997) werden die Patienten z. B. gebeten, für ganz spezifische Situationen das Ausmaß ihrer Angst anzugeben. Dieses Verfahren ist beispielsweise für Verhaltenstherapeuten sehr wichtig, um Situationen zu identifizieren, in denen die Angst am stärksten ausgeprägt ist, und damit die Diagnose einer spezifischen Angststörung abzusichern.

Persönlichkeitstestung findet aber ebenso wie Leistungstestung unter standardisierten Bedingungen statt. Dabei wird eine Verhaltensstichprobe des Probanden gezogen, die einen Indikator für ein Persönlichkeitsmerkmal darstellt. Beispielsweise wird durch das Ausfüllen eines Fragebogens die Antwort »trifft zu« auf das Item »Ich bin öfters launisch« gegeben, was wiederum einen Indikator für das Persönlichkeitsmerkmal »Reizbarkeit« darstellt. Auch in der Persönlichkeitsdiagnostik wird normorientiert oder kriterienorientiert vorgegangen, wobei mit ersterem Vorgehen die relative Position des Probanden hinsichtlich eines Merkmals im Vergleich mit einer Normstichprobe bestimmt wird. Probanden können beispielsweise als überdurchschnittlich reizbar diagnostiziert werden.

Trotz verschiedener Probleme, die mit Selbstbeschreibungsverfahren in Verbindung stehen (z. B. Verzerrung durch unzureichende Selbsteinsicht oder durch sozial erwünschtes Verhalten, vgl. Kap. 10.3), sind Persönlichkeitsfragebogen sehr verbreitet und akzeptiert. In manchen Bereichen versucht man in letzter Zeit verstärkt, die Probleme von Selbstberichtsverfahren durch den Einsatz objektiver Tests oder indirekter Verfahren in der Persönlichkeitsdiagnostik zu umgehen. Allerdings scheint es für viele diagnostisch relevante Aspekte menschlichen Erlebens und Verhaltens keine sinnvolle oder praktikable Alternative zur Selbstbeschreibung zu geben. Das gilt insbesondere für individuelle Erfahrungen, psychische Zustände und Themen aus der Intimsphäre. Außerdem besitzen Fragebogen eine hohe Augenscheinvalidität, d. h. für die Befragten ist relativ transparent, was erfasst werden soll. Aufgrund der Augenscheinvalidität erhöht sich wiederum die Akzeptanz der Verfahren durch die Testteilnehmer (Marcus, 2004). Im Vergleich zu Tests, aber auch im Vergleich zu Interviews sind Fragebogen äußerst ökonomisch. Man kann relativ kostengünstig eine große Anzahl an Fragebogen einsetzen. Dieser Vorteil ist vor allem in der Forschung bedeutsam. Im Gegensatz zu Interviews ist relativ hohe Standardisierung gegeben, was sich positiv auf das Gütekriterium Objektivität auswirkt. Die Durchführung der Befragung ist allerdings nur dann als objektiv zu bezeichnen, wenn die Befragten den Fragebogen unter Aufsicht und unter jeweils gleichen Bedingungen ausfüllen. Wird der Fragebogen z. B. mit nach Hause gegeben, ist nicht kontrollierbar, ob die Person ihn allein oder gemeinsam mit anderen ausfüllt, ob sie sich in lauter oder leiser Umgebung befindet oder auch ob sie den Fragebogen nach einigen Gläsern Wein oder nüchtern ausgefüllt hat. Insgesamt gilt, dass Selbstbeschreibungsverfahren viele Vorteile haben und gern eingesetzt werden, solange keine begründeten Zweifel an der Fähigkeit und Motivation der Befragten bestehen, die Fragen möglichst unverzerrt zu beantworten. Einen Überblick zu den Vor- und Nachteilen von Fragebogen sowie deren Anwendung findet sich auch bei Mummendey (2003).

4.3.1 Grundsätzliche Fragen

Im vergangenen Abschnitt haben wir einige Vor- und Nachteile von Persönlichkeitsdiagnostik besprochen und Unterschiede zur Leistungsdiagnostik herausgearbeitet. Dieser Abschnitt fokus-

siert spezifischere Fragen, die im Rahmen der Bewertung von
Verfahren zur Persönlichkeitsdiagnostik diskutiert werden.

Die Güte von psychometrischen Verfahren wird in erster Linie daran gemessen, inwieweit die *Hauptgütekriterien* erfüllt sind
(vgl. Kap. 8). Generell orientiert sich die Persönlichkeitsdiagnostik wie auch die Leistungsdiagnostik an den Hauptgütekriterien
der klassischen Testtheorie: Objektivität, Reliabilität und Validität. Die entsprechenden Werte bei Persönlichkeitsfragebogen
fallen meist ein wenig geringer aus als in der Leistungsdiagnostik.

Neben der psychometrischen Güte geht auch häufig die Frage nach der Konzeption von Persönlichkeitsdiagnostik als *Selbst-
und/oder Fremdbeschreibung* in die Diskussion um die Ange-
messenheit von Persönlichkeitsdiagnostik ein. Grundsätzlich
kann die Persönlichkeitsdiagnostik als Selbst- oder als Fremdbeschreibung durchgeführt werden, d. h. eine Person beschreibt
sich selbst oder sie beschreibt die Persönlichkeit eines anderen
Menschen. Resultierende Selbst- und Fremdbeschreibungen sind
nicht notwendigerweise deckungsgleich. Eine Diskrepanz zwischen Selbst- und Fremdbeschreibung muss dabei nicht auf
mangelnde Zuverlässigkeit des Fragebogens zurückgehen. Mögliche Gründe für solche Diskrepanzen sind im folgenden Kasten
aufgeführt.

Erklärung

► Wenn sich *Selbst- und Fremdbeurteilungen* unterscheiden,
dann kann das z. B. Gründe in der unterschiedlichen Informa-
tionsbasis dieser Einschätzungen haben. Wenn Menschen sich
selbst mittels Fragebogen beschreiben, dann ziehen sie andere
Quellen oder Verhaltensstichproben als Grundlage heran, als
andere Personen das tun. So kennen Bekannte oder Kollegen die
Person zwangsläufig nur aus bestimmten Kontexten. Die Person
selbst hat privilegiertes Wissen über ihr Verhalten in sämtlichen
Situationen (einschließlich der Situationen, in denen sie allein
ist). Viele Bekannte kennen die Person aber nur aus bestimmten,
meist sogar gleichartigen Situationen (homogene Stichprobe),
z. B. entweder am Arbeitsplatz oder im Sportverein oder zu Hause. Die Person selbst kennt sich aus vielen verschiedenen Situa-

tionen (heterogene Stichprobe). Durch die Selektivität der Situationen, die zur Einschätzung einer Person herangezogen werden, können Diskrepanzen zwischen Selbst- und Fremdurteil einerseits, aber auch zwischen unterschiedlichen Fremdurteilen andererseits erklärt werden (verschiedene Bekannte kennen die Person aus unterschiedlichen Kontexten). Hinzu kommt, dass Beobachtern bestimmte Dinge nicht zugänglich sind (z. B. ob die Person nervös ist, ohne dass ihr das von außen anzumerken ist). Interessante Studien zum Vergleich von Selbst- und Fremdbeurteilungen zu Persönlichkeitseigenschaften finden sich z. B. bei Borkenau und Liebler (1992), Gosling, Ko, Mannarelli und Morris (2002), Marcus, Machilek und Schütz (2006).

Neben dieser relativ objektiven Erklärung für mögliche Diskrepanzen zwischen Selbst- und Fremdbeschreibungen gibt es aber auch Erklärungen, die die subjektive Seite von Beurteilungen betonen. Dabei spielen systematische Differenzen zwischen Akteur und Beobachter eine Rolle und das Motiv nach Selbstwertschutz und -erhöhung (*selbstwertdienliche Verzerrung*). In einer klassischen Arbeit wiesen Jones und Nisbett (1971) darauf hin, dass Akteure und Beobachter unterschiedliche Akzente bei der Erklärung von Verhalten (*Attribution*) setzen. Der handelnde Akteur sieht eigenes Verhalten häufig in situationalen Faktoren begründet (Attribution auf die Situation), während Beobachter stabile Eigenschaften als Ursachen des Verhaltens in den Vordergrund rücken (Attribution auf die Person). Beispielsweise sieht ein Beobachter den schlechten Fahrstil einer Person in ihrer Unfähigkeit begründet, während der Fahrer selbst es als Folge der schwierigen Verkehrslage wahrnimmt. Darüber hinaus spielt die Tendenz zu Selbstwertschutz und -erhöhung eine Rolle. So neigen Menschen dazu, sich positiver einzuschätzen als sie andere einschätzen (Epley & Dunning, 2000). Die Tendenz, sich selbst günstig einzuschätzen, kann von relativ unbewussten Formen der Selbsttäuschung bis hin zu aktiv-täuschender Selbstdarstellung reichen (vgl. auch Kap. 10.3). ◄◄

Eine weitere, bedeutende Frage im Rahmen der Persönlichkeitsdiagnostik betrifft die *Reaktivität* von Messungen. Reaktivität bedeutet, dass die Messung auch dadurch beeinflusst wird, dass sich Personen in der Testsituation häufig anders verhalten, als sie dies unter »normalen« Umständen tun würden. Dieses Phänomen ist vor allem in der Persönlichkeitsdiagnostik relevant, kann aber auch in der Leistungsdiagnostik unter Umständen auftreten.

 **Merke**
► *Reaktivität* bedeutet, dass die Messung durch die Tatsache beeinflusst wird, dass gemessen wird. ◄◄

Reaktivität spielt in den meisten diagnostischen Situationen eine Rolle, z. B. weil die Person durch vorgegebene Antwortalternativen in einem Fragebogen zu neuen Interpretationen des eigenen Erlebens und Verhaltens kommt oder weil sie sich während der Messung nicht spontan verhält. Als non-reaktiv können vor allem Verfahren gelten, bei denen Aufzeichnungen erst im Nachhinein ausgewertet werden. Das ist z. B. dann der Fall, wenn Briefe, Tagebuchaufzeichnungen oder Videoaufnahmen entstehen, ohne dass die Akteure eine Auswertung erwarten, die später schließlich (mit Einwilligung der Betroffenen) erfolgt. Wenn hingegen beispielsweise die Redeängstlichkeit einer Person über das Halten eines Vortrages erfasst wird und die Testperson von der Messung weiß, dann kann das Wissen über die Messung erhöhte Angst bei der Testperson bewirken.

4.3.2   Anwendung und Beispiele aus der Persönlichkeitsdiagnostik

Eine große Gruppe an Verfahren in der Persönlichkeitsdiagnostik bilden Selbstbeschreibungsfragebogen. Diese untergliedern sich wiederum in Persönlichkeitsinventare, Skalen zur Erfassung spezifischer Konstrukte, situationsspezifische Verfahren und Verfahren der Zustandsdiagnostik. Im Folgenden werden wir diese näher vorstellen und mithilfe folgender Verfahren illustrieren.

- NEO-Fünf-Faktoren Inventar (NEO-FFI)
- NEO-Persönlichkeitsinventar (NEO-PI-R)
- Multidimensionale Selbstwertskala (MSWS)

- Inventar zur Persönlichkeitsdiagnostik in Situationen (IPS)
- State-Trait-Angst-Inventar (STAI)

Persönlichkeitsinventare

Eines der bekanntesten Beispiele für Persönlichkeitsinventare sind Inventare zur Erfassung der *Big Five* – der fünf als grundlegend angenommenen Eigenschaften der Persönlichkeit: Neurotizismus, Extraversion, Offenheit für Erfahrungen, Verträglichkeit und Gewissenhaftigkeit.

Merke

▶ Als *Merkhilfe für die fünf Eigenschaften* bieten sich die Akronyme VOGEL (für **V**erträglichkeit, **O**ffenheit, **G**ewissenhaftigkeit, **E**xtraversion, emotionale **L**abilität) und OCEAN (für **O**penness, **C**onscientiousness, **E**xtraversion, **A**greeableness, **N**euroticism) an. ◀◀

Das Fünf-Faktoren-Modell der Persönlichkeit basiert auf dem lexikalischen Ansatz (John, Angleitner & Ostendorf, 1988), der auf die sogenannte *Sedimentationshypothese* zurückgeht. Im Sinne der Sedimentationshypothese (Cattell, 1943; Goldberg, 1981) wird davon ausgegangen, dass sich wichtige Eigenschaften in unserer Sprache zur Beschreibung individueller Differenzen niedergeschlagen haben. Folglich sollten die in Lexika vorhandenen Eigenschaftsbegriffe das Spektrum an Persönlichkeitseigenschaften widerspiegeln. Die Identifikation der Basisdimensionen der Persönlichkeit erfolgte somit über das Gruppieren personenbezogener Begriffe aus Wörterbüchern. Nach einigen Schritten der Vorselektion wurden Probanden mehrere hundert Begriffe vorgelegt, um einzustufen, inwieweit die Begriffe auf sie selbst und auf bestimmte Bekannte zutreffen. Die Antwortmuster wurden per Faktorenanalyse ausgewertet, woraus fünf Faktoren resultierten (vgl. z. B. Angleitner, Ostendorf & John, 1990).

Ein bekanntes deutsches Persönlichkeitsinventar zur Erfassung der Big Five ist das NEO-FFI (Borkenau & Ostendorf, 2008). Das Akronym steht für Neurotizismus, Extraversion und Offenheit für Erfahrung sowie das Fünf-Faktoren-Inventar.

Beispiel-Items der jeweiligen Skalen sind **Tabelle 4.3** zu entnehmen. Das NEO-FFI ist relativ ökonomisch, weil es jede der fünf
Skalen mit jeweils zwölf Items erfasst und damit relativ schnell
zu bearbeiten ist. Es liegen Normen aus einer bevölkerungsre-
präsentativen Stichprobe von 11 724 Personen für verschiedene
Alters- und Geschlechtsgruppen vor.

Tab. 4.3: Item-Beispiele der fünf Skalen des NEO-FFI (Borkenau &
Ostendorf, 2008),
(−) = negativ formuliertes (invertiertes) Item

Neuro-tizismus	Ich fühle mich oft angespannt und nervös. Ich empfinde selten Furcht oder Angst. (−)
Extraversion	Ich habe gern viele Leute um mich herum. Ich ziehe es gewöhnlich vor, Dinge allein zu tun. (−)
Offenheit für Erfahrung	Ich probiere oft neue und fremde Speisen aus. Poesie beeindruckt mich wenig oder gar nicht. (−)
Verträglich-keit	Ich versuche zu jedem, dem ich begegne, freundlich zu sein. Manche Leute halten mich für kalt und berechnend. (−)
Gewissen-haftigkeit	Ich bin eine tüchtige Person, die ihre Arbeit immer erledigt. Ich bin kein sehr systematisch vorgehender Mensch. (−)

Eine differenziertere Persönlichkeitsmessung auf der Basis des
Fünf-Faktoren-Modells erfolgt mit dem NEO-PI-R (Ostendorf
& Angleitner, 2004), bei dem einzelne Teilfacetten der fünf Faktoren differenziert werden. Mit 240 Items kann mit diesem Instrument eine relativ große Bandbreite von Verhaltenstendenzen
ermittelt werden. Das Inventar wurde an Personen im Altersbereich zwischen 16 und 50 Jahren normiert. Die Normtabellen
liegen nach Bildungsstatus und Geschlecht getrennt vor. **Tabelle 4.4** gibt einen Überblick über die Struktur des NEO-PI-R.

Einige neue Bemühungen gehen in die Richtung, die fünf
Faktoren mit ultrakurzen Instrumenten, z. B. für Zwecke der
Marktforschung, zu erfassen. Ein sinnvoller Kompromiss zwi-
schen Ökonomie und psychometrischer Qualität scheint die
Erfassung mit acht bis zehn Items je Faktor zu sein (vgl. Lang,
Lüdtke & Asendorpf, 2001; Rammstedt, 1997).

Tab. 4.4: Die fünf Dimensionen des NEO-PI-R und ihre Facetten

Neurotizismus	Ängstlichkeit Reizbarkeit Depression Soziale Befangenheit Impulsivität Verletzlichkeit
Extraversion	Herzlichkeit Geselligkeit Durchsetzungsfähigkeit Aktivität Erlebnishunger Frohsinn
Offenheit für Erfahrungen	Offenheit für Fantasie Offenheit für Ästhetik Offenheit für Gefühle Offenheit für Handlungen Offenheit für Ideen Offenheit des Normen- und Wertesystems
Verträglichkeit	Vertrauen Freimütigkeit Altruismus Entgegenkommen Bescheidenheit Gutherzigkeit
Gewissenhaftigkeit	Kompetenz Ordnungsliebe Pflichtbewusstsein Leistungsstreben Selbstdisziplin Besonnenheit

Skalen zur Erfassung spezifischer Konstrukte

Neben den Inventaren zur Erfassung der Persönlichkeit im Überblick liegen zahlreiche psychometrische Persönlichkeitsfragebogen vor, die darauf zielen, spezifische Persönlichkeitskonstrukte genauer zu erfassen. Aus der Vielzahl von Verfahren soll hier nur exemplarisch auf die Selbstwertmessung eingegangen werden.

Selbstwertschätzung bzw. Selbstwert beschreibt die evaluative Komponente des Selbstkonzeptes – also die Bewertung des Bil-

des, das eine Person von sich hat (Schütz, 2005). Eine aktuelle
Skala zur mehrdimensionalen Erfassung von Selbstwertfacetten
ist die Multidimensionale Selbstwertskala (MSWS; Schütz &
Sellin, 2006). Die MSWS ist eine deutschsprachige Adaptation
und Erweiterung der Multidimensional Self-Concept Scale
(MSCS; Fleming & Courtney, 1984), die wiederum auf der Fee-
lings of Inadequacy Scale (FIS; Janis & Field, 1959) beruht. Der
Aufbau der MSWS (siehe **Abb. 4.5**) beruht auf dem hierarchi-
schen Mehr-Facetten-Modell von Shavelson, Hubner und Stanton (1976).

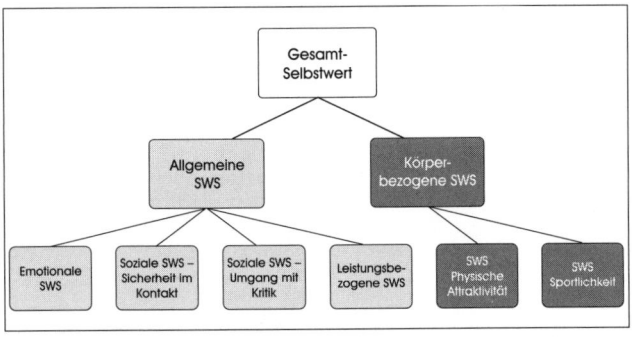

Abb. 4.5: Die hierarchische Struktur der MSWS (Schütz & Sellin,
2006), SWS = Selbstwertschätzung

In aktuellen Untersuchungen geht man davon aus, dass die
Selbstwertschätzung bereichsspezifisch variiert. So mag sich eine
Person beispielsweise hinsichtlich ihrer allgemeinen schulischen
Leistungen sehr positiv einschätzen, bezüglich ihres Aussehens
aber sehr selbstkritisch. Auf der Basis einer umfangreichen Re-
cherche unterschieden Shavelson et al. (1976) in akademische
und nicht-akademische Anteile der Selbstwahrnehmung bzw.
-beschreibung. Die nicht-akademische Komponente wurde weiter unterteilt in eine emotionale, eine soziale und eine physische
Facette. Gemeinsam bilden alle Facetten den globalen Selbstwert.
Auf der Basis umfangreicher Voruntersuchungen werden in der
MSWS insgesamt sechs Facetten mit fünf bis sieben Items unterschieden. Die Gesamtskala umfasst 32 Items, die teils als

Häufigkeits-Items (nie bis oft) und teils als Intensitäts-Items (gar nicht bis sehr) formuliert sind (vgl. **Tab. 4.5**).

Tab. 4.5: Beispiel-Items aus den Subskalen der MSWS (Schütz & Sellin, 2006),
SWS = Selbstwertschätzung, (–) = negativ formuliertes (invertiertes) Item

Subskalen	Beispiel-Items
Emotionale SWS	Wie häufig sind Sie mit sich zufrieden?
Soziale SWS – Sicherheit im Kontakt	Haben Sie im Kontakt mit anderen Schwierigkeiten, den passenden Gesprächsstoff zu finden? (–)
Soziale SWS – Umgang mit Kritik	Wie sehr machen Sie sich Gedanken darüber, ob andere Leute Sie als Versager ansehen? (–)
Leistungsbezogene SWS	Wie häufig haben Sie das Gefühl, dass Sie anspruchsvollen Aufgaben nicht gewachsen sind? (–)
SWS Physische Attraktivität	Wie häufig wünschen Sie sich, besser auszusehen? (–)
SWS Sportlichkeit	Sind Sie zufrieden mit Ihren sportlichen Fähigkeiten?

Aufgrund ihrer multidimensionalen Beschaffenheit kann die MSWS in unterschiedlichen Anwendungsbereichen eingesetzt werden. Im klinischen Bereich kann durch den Einsatz eines mehrdimensionalen Selbstwertinventars die Diagnose des jeweiligen Störungsbildes abgesichert werden. Zudem könnten sich Hinweise für therapeutische Ansatzpunkte ergeben. Die MSWS ist aber auch für nicht-klinische Anwendungen wie die schulpsychologische Beratung vorgesehen und beinhaltet geschlechtergetrennte Normtabellen für den Altersbereich von 14 bis 92 Jahren. Für Jugendliche im Alter von 14 Jahren liegen zudem neue Befunde vor (Rentzsch & Schütz, 2009). Für jüngere Kinder zur Erfassung des bereichsspezifischen Selbstkonzeptes eignet sich auch die deutschsprachige Adaptation der Harter-Skalen (Asendorpf & van Aken, 1993).

Situationsspezifische Verfahren

Die bisher vorgestellten Verfahren zur Erfassung spezifischer Konstrukte gehen explizit oder implizit von der Annahme aus, dass die erfassten Merkmale über verschiedene Situationen hinweg konsistent sind. Eine Alternative zu diesen Verfahren stellen situationsspezifische Instrumente dar. Hier wird von einer interaktionistischen Sichtweise ausgegangen, d. h. man nimmt gegenseitige Wechselwirkungen zwischen Person und Situation an und führt das aktuelle Erleben und Verhalten auf diese zurück (vgl. Exkurs Eigenschaftsansatz S. 42). Konsequenterweise erfasst man Erleben und Verhalten in Bezug auf konkrete Situationsbeschreibungen. Situationsspezifische Verfahren erfassen somit die habituelle Tendenz von Menschen, auf bestimmte Situationen in einer bestimmten Art und Weise zu reagieren. Ein Beispiel ist das Inventar zur Persönlichkeitsdiagnostik in Situationen (IPS; Schaarschmidt & Fischer, 1999). Mit dem IPS werden den Probanden 18 Situationsbeschreibungen aus folgenden Bereichen vorgelegt: Sozial- und Kommunikationsverhalten, Leistungsverhalten, Gesundheits- und Erholungsverhalten. Die Probanden stellen sich vor, wie sie in der jeweiligen Situation reagieren würden, und beantworten zu jeder Situation 10 bis 15 Items. Zusätzlich werden drei Zufriedenheitsskalen ausgefüllt. Somit versucht das Inventar in relativ innovativer Weise, der situativen Bedingtheit von Erleben und Verhalten Rechnung zu tragen. Allerdings liegen bislang erst wenige Angaben zur Validität vor.

Zustandsdiagnostik

Die Unterscheidung in *State* (Zustand) und *Trait* (Eigenschaft) wurde ebenfalls im Rahmen der Eigenschaftsdebatte der Persönlichkeitspsychologie diskutiert (vgl. Kap. 2.1). Im Gegensatz zu situationsspezifischen Verfahren, bei denen die Frage nach der *transsituativen Konsistenz* eine Rolle spielt, ist im Bereich der Zustandsdiagnostik die Frage bedeutsam, wie stabil ein Merkmal über die Zeit ist (*temporäre Konsistenz*). Als Ergänzung zu eigenschaftsorientierten, d. h. zeitlich stabilen (Trait) Instrumenten wurden zustandsorientierte (State) Instrumente entwickelt, die das aktuelle Erleben und Befinden erfassen und sensibel im Hinblick auf Veränderungen sind.

Zu Zwecken der Zustandsdiagnostik werden häufig Befindlichkeitsskalen eingesetzt, z. B.:

- Befindlichkeitsfragebogen nach Becker (BF; 1988)
- Eigenschaftswörterliste nach Janke und Debus (EWL; 1978)
- Eigenschaftswörterliste für Kinder und Jugendliche (EWL40-KJ; Janke & Janke, 2005)
- dt. Version der Positive and Negative Affect Schedule (PA-NAS; nach Krohne, Egloff, Kohlmann & Tausch, 1996)
- Befindlichkeits-Skala nach Zerssen (Bf-S; 1975)
- Mehrdimensionaler Befindlichkeitsfragebogen (MDBF; Steyer, Schwenkmezger, Notz & Eid, 1997).

Außerdem liegen Verfahren vor, mit deren Hilfe sowohl Eigenschafts- als auch Zustandsaspekte eines Konstruktes erfasst werden können, so das State-Trait-Ärgerausdrucks-Inventar (STAXI; Schwenkmezger et al., 1992) und das State-Trait-Angstinventar (STAI; Laux et al., 1981).

Nach Spielberger, Gorsuch und Lushene (1970) ist Angst danach zu differenzieren, ob damit ein stabiles situationsunabhängiges Allgemeinbefinden (Trait) oder die Angst als ein Zustand in der aktuellen Situation (State) gemeint ist. Der STAI besteht aus der State-Angstskala und der Trait-Ängstlichkeitsskala mit jeweils 20 Items. Es konnte gezeigt werden, dass die Zustandsangst relativ zeit- und situationsabhängig variiert, während die Ängstlichkeit als Neigung, in unterschiedlichen Situationen Angst zu empfinden, eine relativ stabile Eigenschaft ist (siehe **Tab. 4.6**).

Tab. 4.6: Instruktionen und Item-Beispiele aus dem STAI (Laux et al., 1981)

Instruktion	Item-Beispiele
State-Angstskala: »…wie Sie sich jetzt, d. h. in diesem Moment, fühlen«	Item 10: Ich fühle mich wohl Item 12: Ich bin nervös
Trait-Angstskala: »… wie Sie sich im allgemeinen fühlen«	Item 31: Ich neige dazu, alles schwer zu nehmen Item 37: Unwichtige Gedanken gehen mir durch den Kopf und bedrücken mich

4.4   Interaktions- und Beziehungsdiagnostik

Neben der Feststellung von Merkmalen beim Individuum ist es häufig relevant, Qualität und Quantität zwischenmenschlicher Interaktionen bzw. Beziehungsindikatoren zu erfassen. Das gilt insbesondere für die Paar- und Familienberatung.

Qualitative Verfahren der Interaktions- und Beziehungsdiagnostik

Im Bereich qualitativer Beziehungsdiagnostik sind Interviewtechniken und -leitfäden, Kategoriensysteme und Skulpturverfahren zu nennen. Im Folgenden gehen wir zunächst auf Verfahren zur Paardiagnostik, dann auf Verfahren zur Gruppendiagnostik ein:

- Kategoriensystem für Partnerschaftliche Interaktion (KPI)
- Plananalyse
- System for the Multiple Level Observation of Groups (SYM-LOG)
- Skulpturverfahren
- Familienbrett

Analyse von Paarbeziehungen. Ein bekanntes *Kategoriensystem* ist das Kategoriensystem für Partnerschaftliche Interaktion (KPI; Hahlweg, 1986). Das Beobachtungssystem wurde im deutschsprachigen Raum entwickelt und ist international anerkannt. Es dient dazu, dyadische Interaktionen (wie Kommunikations- und Problemlöseprozesse) systematisch zu beobachten und zu analysieren. Dazu werden Gespräche eines Paares (ca. zehn Minuten) per Video aufgezeichnet. Zwei unabhängige Beurteiler werten diese Sequenz mit den Kategorien des KPI aus (siehe folgendes Beispiel). Neben verbalem Verhalten wird auch nonverbales Verhalten (z. B. Stirnrunzeln) erfasst.

 Beispiel
▶ *Positive Verbalkategorien*

Sprecher/-in	**Zuhörer/-in**
• Selbstöffnung	• Akzeptanz
• Positive Lösung	• Zustimmung

Negative Verbalkategorien

Sprecher/-in	**Zuhörer/-in**
• Kritik	• Nichtübereinstimmung
• Negative Lösung	• Rechtfertigung ◄◄

Die Kodierung des nonverbalen Verhaltens erfolgt hierarchisch. Positive, negative und neutrale (nonverbale) Verhaltensweisen werden nach Gesichtsausdruck, Tonfall und Körperhaltung beurteilt. Für jeden Aspekt sind jeweils positive und negative Ankerreize vorgegeben, an denen sich die Beurteiler orientieren können. Das KPI hat den Anspruch, bestimmte Fertigkeiten zu erfassen, die auf der Basis empirischer Untersuchungen als günstig oder ungünstig für die Kommunikation und Problemlösung in der Partnerschaft klassifiziert wurden. Hilfreiche Fähigkeiten sind beispielsweise Selbstöffnung, gegenseitige Akzeptanz, aktives Zuhören und positives Feedback. In einer Paartherapie kann das KPI z. B. eingesetzt werden, um zu Beginn die Kommunikationsstruktur des Paares zu untersuchen und im Laufe der Therapie die Veränderung der Kommunikation zu messen.

Eine weitere wichtige Art von dyadischen Beziehungen ist die therapeutische Beziehung. Die Beziehung zwischen Patient und Therapeutin gilt als einer der wichtigsten unspezifischen Wirkfaktoren in der Psychotherapie (Grawe, 2000). Caspar und Grawe (1982) entwickelten die Methode der *Plananalyse* (siehe auch Caspar, 2007), um der Therapeutin ein Werkzeug zu reichen, mit dem sie das interaktionale Verhalten des Patienten besser verstehen und gezielt zur Optimierung des therapeutischen Prozesses einsetzen kann. Das Beziehungsverhalten zur Therapeutin ist häufig problematisch ausgeprägt und kann sich hinderlich auf die weitere Therapiegestaltung auswirken. Mittels Plananalyse sollen diese problematischen Verhaltensweisen analysiert werden, um die Beziehungsgestaltung in der Therapie zu optimieren. Der Plananalyse liegt die Annahme zugrunde, dass das Verhalten instrumentell unterlegt ist. Also sollen im Rahmen der Plananalyse Antworten auf die Frage gefunden werden, was dem Verhalten des Patienten zugrundeliegt bzw. welchen Zweck der Patient damit verfolgt. Dazu muss das verbale oder nonverbale Verhalten zuerst detailliert dokumentiert werden, um anschließend Pläne daraus abzuleiten.

Auch wenn es die Begrifflichkeit von *Plan* nahelegen würde, muss ein Plan nicht bewusst oder rational sein. Es handelt sich hierbei um erschlossene Zusammenhänge zwischen dem Verhalten und den Zielen des Patienten, die von der Therapeutin aufgezeigt werden und dem Patienten nicht notwendigerweise bewusst sind. Pläne können folglich hinsichtlich dieser Dimensionen von bewusst bis unbewusst und von rational bis irrational variieren. Ein Plan besteht immer aus einer Zielkomponente (das, was erreicht werden soll) und einer Operatorenkomponente (Mittel, meist mehrere, zur Erreichung des Ziels), wobei die Operatoren als konkrete Verhaltensweisen auch unbewusst sein können (z. B. muss nervöses Zupfen an der Kleidung dem Patienten nicht bewusst sein). Um die Handlungsrelevanz von Plänen zu verdeutlichen, werden sie, ähnlich wie eine Selbstinstruktion, im Imperativ (z. B. »Mache dich beliebt!«) formuliert. Im Gegensatz dazu sind Operatoren im Indikativ formuliert (z. B. »Lächelt«, »Beantwortet die Fragen detailliert.«). Der Theorie der Plananalyse liegt zugrunde, dass Pläne hierarchisch organisiert sind, d. h. Pläne können anderen Plänen übergeordnet sein und stellen damit das Ziel eines untergeordneten Planes dar. Zudem unterscheidet man in interaktionelle Pläne (wenn es um zwischenmenschliche Beziehungen geht) und intrapsychische Pläne (wenn es um innere Zustände geht). Das Produkt einer Plananalyse ist eine schematische Planstruktur, in der die erschlossenen Zusammenhänge (zwischen Operatoren und Zielen) grafisch visualisiert vorliegen (vgl. **Abb. 4.6**). In Planstrukturen stehen auf unterster Ebene konkrete Verhaltensweisen (Operatoren), darüber aufsteigend immer abstraktere Pläne bis hin zu allgemeinen Bedürfnissen. Nach Caspar (1989) sind Plananalysen »Versuche, durch genaues Beobachten und Hinhören relevante Hinweise über Besonderheiten im Verhalten und Erleben von Menschen zu bekommen und diese nach bestimmten Regeln zusammenzufügen zu einem Bild« (S. 8).

Analyse von Gruppenbeziehungen. Ein weiteres wichtiges Kategoriensystem ist das System for the Multiple Level Observation of Groups (SYMLOG; Bales & Cohen, 1979, 1982; dt. Version

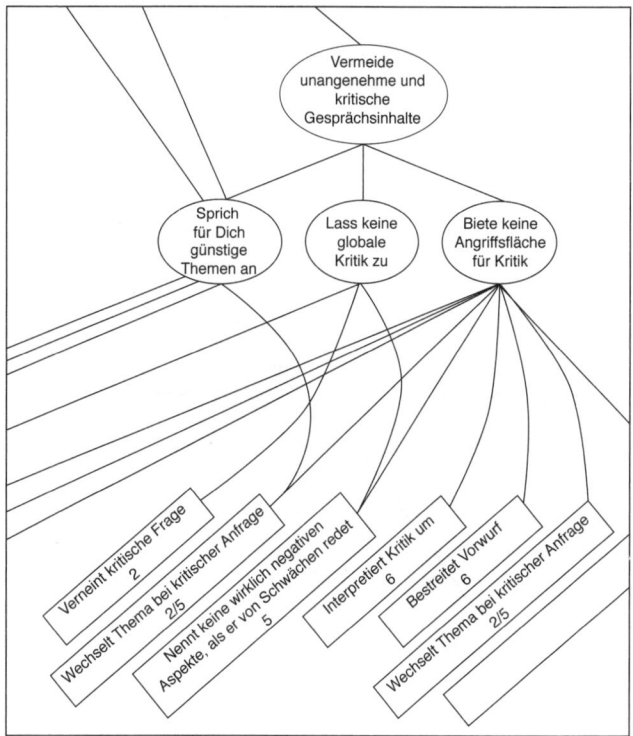

Abb. 4.6: Ausschnitt einer Plananalyse von Helmut Kohl (nach Schütz, 1992)

von Nowack, 1987, 1989) zur Analyse von Gruppenkonstellationen. SYMLOG ist ein Instrument in der Interaktionsdiagnostik, das sowohl in der Forschung als auch in der Praxis zur Optimierung der Arbeit bzw. Kommunikation in Gruppen (z. B. in Firmenteams, Familien) eingesetzt wird. Das SYMLOG-System unterteilt sich in drei Dimensionen oder Verhaltensbereiche, die jeweils zwei Richtungen aufweisen: Aufwärts-Abwärts (von »Einfluss nehmend« bis »auf Einfluss verzichtend«), Negativ-Positiv (von »unfreundlich« bis »freundlich«) und Vorwärts-Rückwärts (von »zielgerichtet/kontrolliert« bis »gefühlsbestimmt/ausdrucksvoll«). Wie **Abbildung 4.7** zu entnehmen ist, werden diese Dimensionen in einem Würfelmodell dargestellt. Die daraus resultierenden 26 Koordinaten (sogenannte »Positionen«, Nowack, 1989) entsprechen typischen Verhaltensweisen von Gruppenmitgliedern.

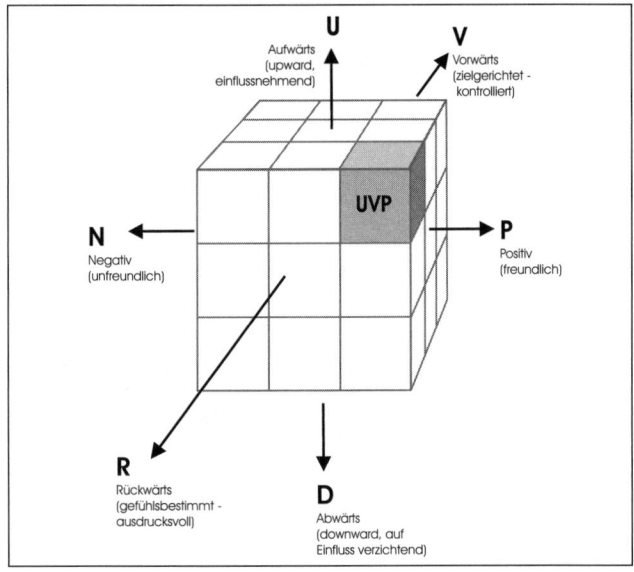

Abb. 4.7: SYMLOG Dimensionen

Das SYMLOG-System kann u. a. mit dem *Adjektiv-Ratingbogen* umgesetzt werden. Auf einer Liste sind 26 verhaltensrelevante Adjektive (z. B. dominant) abgetragen, die jeweils einer der Koordinaten des Würfelmodells entsprechen. Beobachter beurteilen, wie häufig diese Adjektive bei den beobachteten Gruppenmitgliedern zum Ausdruck kamen. Diese Ratings sind als Selbst- oder Fremdeinschätzungen konzipiert, d. h. jedes Gruppenmitglied gibt an, wie es jeden anderen Teilnehmer einschätzt und wie es sich selbst innerhalb der Gruppe wahrnimmt. Jedes Gruppenmitglied ist bei dieser Prozedur sowohl Beurteiler als auch Beurteilter. Nach Bales und Cohen (1982) sollten optimalerweise vier Perspektiven erhoben werden: 1) Fremdeinschät-

zung der anderen Gruppenmitglieder, 2) momentane Selbst-
wahrnehmung, 3) wahrgenommener Eindruck, den man in der
Gruppe hinterlässt, 4) erwünschter Eindruck, den man in der
Gruppe hinterlassen möchte.

Je nach erfasster Perspektive erhält jede Person für jede der
drei Dimensionen einen Wert, der wiederum in einem *Felddiagramm* abgetragen wird. Im Felddiagramm sind die Dimensionen des Würfelmodells zweidimensional ausgerichtet, d. h. auf
der X-Achse befindet sich die Dimension Positiv-Negativ und
auf der Y-Achse die Dimension Vorwärts-Rückwärts. Die beurteilten Personen werden als Kreise im Diagramm abgetragen,
wobei die Größe der Kreise die Ausprägung auf der dritten Dimension (Aufwärts-Abwärts) kennzeichnet. Je größer die Kreise, desto stärker der wahrgenommene Einfluss der Person. Das
Felddiagramm eignet sich besonders dafür zu veranschaulichen,
wie sich Selbst- und Fremdwahrnehmungen unterscheiden und
wie sich die einzelnen Konstellationen innerhalb einer Gruppe
darstellen. Somit kann die Methode zur Rückmeldung von möglichen Fehlwahrnehmungen oder Diskrepanzen zwischen den
Wahrnehmungen von Gruppenmitgliedern genutzt werden.

Weiterhin werden in der qualitativen Beziehungsdiagnostik häufig *Skulpturverfahren* eingesetzt. Skulpturverfahren gehen auf
den systemischen Ansatz der Familientherapeutin Virginia Satir
zurück (vgl. Satir, 2000). Mittels Skulpturverfahren werden Familienmitglieder im Raum aufgestellt, um Beziehungsaspekte
wie Nähe und Distanz, Haltung, Zuwendung und Abwendung
auszuwerten. Unter einer *Skulptur* ist das Standbild zu verstehen,
das sich aus der Aufstellung dieser Personen oder symbolisch
anhand von Figuren ergibt. Beispielsweise stellen Kinder Nähe
und Distanz der Mitglieder ihrer Familie mithilfe von Figuren
auf einer Art von Schachbrett dar (Familienbrett; Ludewig &
Wilken, 1999; siehe auch http://www.familienbrett.at/, vgl.
Abb. 4.8). Im Gegensatz zu solchen Skulpturverfahren, bei denen Familienangehörige selbst im Raum positioniert werden,
erfolgt die Anordnung auf dem Familienbrett symbolisch mithilfe von Figuren. Die Auswertung ist bei der symbolischen
Darstellung klar geregelt und erfolgt in relativ objektiver Weise
(z. B. Messung von Distanzen).

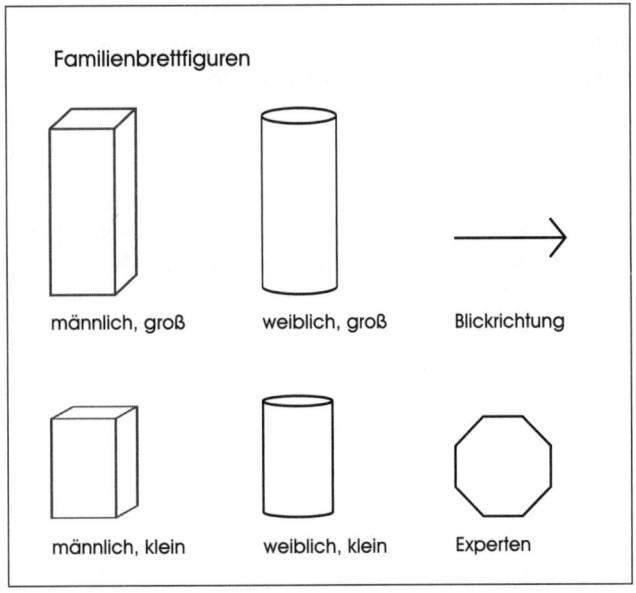

Abb. 4.8: Familienbrettfiguren (Quelle: http://www.familienbrett.at/)

Skulpturverfahren heben sich von anderen Verfahren der Beziehungs- und Interaktionsdiagnostik, wie Fragebogen oder Kategoriensystemen, insofern ab, als Testpersonen die Qualität und Quantität ihrer Beziehungen hier nicht verbal ausdrücken, sondern räumlich. Skulpturverfahren sind insbesondere für kleine Kinder geeignet, die über weniger ausgereifte verbale Ausdrucksfähigkeiten verfügen. Insgesamt sind Skulpturverfahren interessante Instrumente zur Visualisierung der familiären Beziehungen. Leider sind viele der Verfahren wenig theoretisch fundiert und im Hinblick auf die Gütekriterien ungenügend abgesichert. Außerdem sollte betont werden, dass mit derartigen Verfahren nicht leichtfertig umgegangen werden darf. Häufig reagieren die Beteiligten sehr emotional und es sollte reflektiert werden, inwieweit ein derart intensiver Prozess angestoßen werden soll und aufgefangen werden kann.

Quantitative Verfahren der Interaktions- und Beziehungsdiagnostik

- Familienklimaskalen (FKS)
- Familiendiagnostisches Testsystem (FDTS)
- Partnerschaftsfragebogen (PFB)

Bekannte Fragebogen zur Beziehungsdiagnostik sind die Familienklimaskalen (FKS; Schneewind, 1988a) und das Familiendiagnostische Testsystem (FDTS; Schneewind, 1988b). Mit dem
FDTS können Aussagen über das System Familie, einzelne Dya-
den und einzelne Mitglieder getroffen werden. Erfasst werden der
elterliche Erziehungsstil, die Paarbeziehung und die Qualität des
innerfamiliären Beziehungsgefüges. Der elterliche Erziehungsstil
wird dabei sowohl aus Kinder- als auch Elternperspektive erfasst,
wodurch Diskrepanzen in der Wahrnehmung deutlich gemacht
werden können. Unterschieden werden Erziehungseinstellungen,
Erziehungsziele und Erziehungspraktiken.

Ein Fragebogen, der Paarbeziehung differenziert analysiert, ist
der Partnerschaftsfragebogen (PFB) aus dem Inventar zur Partnerschaftsdiagnostik nach Hahlweg (1996). Der PFB wurde zur
differenziellen Einschätzung der Partnerschaftsqualität entwickelt. Er beinhaltet die Skalen Streitverhalten, Zärtlichkeit und
Gemeinsamkeit/Kommunikation sowie ein Item zur Globalein-
schätzung der Beziehung: »Wie glücklich schätzen Sie Ihre Partnerschaft ein?«. Neben dem PFB beinhaltet das Inventar zur
Partnerschaftsdiagnostik auch eine Problemliste und den Fragebogen zur Lebensgeschichte und Partnerschaft. Mit der Pro
blemliste wird das Ziel verfolgt, partnerschaftliche Konfliktbe-
reiche durch Selbsteinschätzungen von 23 Bereichen zu
identifizieren. Ebenfalls kann sie zur Veränderungsmessung im
Verlauf der Therapie eingesetzt werden (z. B. haben die Konflikte zwischen beiden Partnern nach der Therapie abgenommen).
Der Fragebogen zur Lebensgeschichte und Partnerschaft deckt
verschiedene Bereiche ab (z. B. Sexualität, Konfliktverhalten).
Im Gegensatz zum PFB wird der Fragebogen zur Lebensgeschichte und Partnerschaft qualitativ ausgewertet und dient
vorrangig zur Eingangsdiagnostik (d. h. zur Abklärung, welche
Probleme bei dem Paar überhaupt vorliegen).

Zusammenfassung

Psychometrische Tests dienen der Erfassung nicht direkt beobachtbarer Merkmale von Personen. Das Ergebnis ermöglicht eine quantitative Aussage über die Ausprägung dieser Merkmale. Voraussetzungen psychometrischer Tests sind Standardisierung, Differenzierbarkeit, Charakteristik und Brauchbarkeit der Messung. Dabei bedeutet Standardisierung, dass alle Personen unter konstanten Bedingungen untersucht werden. Im Hinblick auf Differenzierbarkeit wird von Testverfahren gefordert, dass sie Personen unterschiedlicher Merkmalsausprägungen voneinander trennen können und die Merkmalsausprägungen unabhängig von weiteren Einflüssen erfassen. Messungen gelten als charakteristisch, wenn sie unabhängig vom Untersucher erfolgen und das Merkmal sehr genau erfassen. Ein Testverfahren gilt schließlich als brauchbar, wenn es tatsächlich das zu erfassende Merkmal misst.

Psychometrische Tests werden in folgenden Bereichen eingesetzt: Intelligenz- und Leistungsdiagnostik, Persönlichkeitsdiagnostik sowie Interaktions- und Beziehungsdiagnostik. Bei der Leistungsdiagnostik bearbeiten Testpersonen Aufgaben, die sie möglichst schnell und erfolgreich lösen sollen. Anhand des Ergebnisses wird auf das zugrundeliegende Merkmal geschlossen. Zur Interpretation individueller Testergebnisse werden Testnormen herangezogen, die aktuell sein sollen und sich auf eine Normpopulation beziehen, die hinsichtlich relevanter Charakteristika wie Geschlecht, Alter und Bildungsstand der Zielperson entspricht. Im Intelligenzbereich ist der Flynn-Effekt zu berücksichtigen: Intelligenztestergebnisse haben sich über die Jahrzehnte verändert, so dass sich die Normwerte verschoben haben. Leistungstests zeichnen sich meist durch gute bis sehr gute Testgütekriterien aus.

In der Persönlichkeitsdiagnostik liegt das Augenmerk meist auf der Erfassung von zeitlich und situational stabilen Persönlichkeitseigenschaften (Traits) – bisweilen aber auch auf momentan auftretenden Zuständen (States). Auf einer interaktionistischen Sichtweise basieren Verfahren, die die situationale Abhängigkeit von Verhaltenstendenzen beachten und durch die

Vorgabe spezifischer Situationen das Erleben oder Verhalten kontextabhängig erfassen. Meist kommen in der Persönlichkeitsdiagnostik Selbstbeschreibungsfragebogen zum Einsatz. Bei diesen Verfahren gibt eine Testperson unter standardisierten Bedingungen an, inwieweit bestimmte Aussagen auf sie zutreffen. Die Beantwortung kann durch mangelnde Selbsteinsicht oder sozial erwünschtes Verhalten beeinträchtigt sein.

Bei der Interaktions- und Beziehungsdiagnostik werden die Qualität und Quantität zwischenmenschlicher Interaktionen und Beziehungen analysiert. Diese Verfahren kommen in der Paar- und Familientherapie, aber auch im organisationspsychologischen Kontext zum Einsatz. Qualitative Verfahren der Beziehungsdiagnostik wie Skulpturverfahren, Interviews oder Kategoriensysteme sind meist durch geringe Standardisierung und Objektivität gekennzeichnet, geben dafür aber einen differenzierten Einblick in unterschiedlichste Aspekte des Beziehungsgefüges. Quantitativ orientierte standardisierte Verfahren haben den Vorteil größerer Objektivität. Sie erfassen in der Regel wahrgenommene Beziehungsmerkmale über Selbstbeschreibungen.

Literaturempfehlungen

Amelang, M. & Hornke, L. (Hrsg.). (in Druck). *Enzyklopädie der Psychologie, Serie Psychologische Diagnostik, Band 4: Verfahren zur Persönlichkeitsdiagnostik.* Göttingen: Hogrefe.

Brähler, E., Holling, H., Leutner, D. & Petermann, F. (Hrsg.). (2002). *Brickenkamp Handbuch psychologischer und pädagogischer Tests* (3. Aufl., Band 1 und 2). Göttingen: Hogrefe.

Caspar, F. (2007). *Beziehungen und Probleme verstehen. Eine Einführung in die psychotherapeutische Plananalyse* (3. Aufl.). Bern: Huber.

Cierpka, M. (Hrsg.). (2003). *Handbuch der Familiendiagnostik* (2. Aufl.). Berlin: Springer.

Mummendey, H. D. (2003). *Die Fragebogen-Methode. Grundlagen und Anwendungen in Persönlichkeits-, Einstellungs- und Selbstkonzeptforschung* (4. Aufl.). Göttingen: Hogrefe.

Schulze, R., Freund, P. A. & Roberts, R. D. (Hrsg.). (2006). *Emotionale Intelligenz. Ein internationales Handbuch.* Göttingen: Hogrefe.

Schweizer, K. (Hrsg.). (2006). *Leistung und Leistungsdiagnostik.* Heidelberg: Springer.

Fragen zur Selbstüberprüfung

1. Warum sind Kenntnisse über psychodiagnostische Testverfahren für die Arbeit von Psychologen von Bedeutung?

2. Definieren Sie die Begriffe psychometrischer Test und
   Item!

3. Was versteht man unter dem Flynn-Effekt?

4. Erläutern Sie die Konzepte kristalline und fluide Intelligenz!

5. Worin unterscheidet sich Persönlichkeitsdiagnostik von
   Leistungs- und Intelligenzdiagnostik?

6. Warum weisen Leistungstests im Vergleich zu Persönlichkeitstests höhere Reliabilitäten auf? Was sind Vor-
   und Nachteile von Persönlichkeitsfragebogen?

7. Wodurch kann es zu Diskrepanzen zwischen Selbst- und
   Fremdbeschreibung kommen?

8. Was versteht man unter Reaktivität von Messungen?

9. Worin unterscheiden sich situationsspezifische Persönlichkeitstests von anderen Verfahren der Persönlichkeitsdiagnostik?

10. Nennen Sie je zwei quantitative und qualitative Verfahren
    der Interaktions- und Beziehungsdiagnostik!

5   Testtheoretische Grundlagen

Wenn wir uns im Folgenden mit den Grundlagen der *Klassischen Testtheorie* beschäftigen, muss dieser Begriff zunächst genauer erläutert werden. Eine Testtheorie über diagnostische Tests und Fragebogen betrifft Fragen der Erfassung von psychischen Eigenschaften, Fähigkeiten oder Zuständen. Da diese psychologischen Konstrukte nicht direkt beobachtbar sind, werden spezifische Testverfahren konstruiert, um die Konstrukte über das Testergebnis zu erschließen, z. B. durch psychometrische Leistungstests, Fragebogen zur Selbstbeschreibung und qualitative Methoden wie Beobachtung und Interview. Eine Testtheorie beinhaltet Annahmen, wie ein Merkmal das Testergebnis beeinflusst. Als testtheoretische Strömungen lassen sich die Klassische Testtheorie und die Item-Response-Theorie, der wir uns in Kapitel 6 widmen, nennen.

Die Klassische Testtheorie (KTT) ist die Grundlage der meisten psychologischen Testverfahren. Das Attribut »klassisch« basiert auf der Tatsache, dass sie die erste Theorie war, die zur Konstruktion von Testverfahren entwickelt wurde. Die Klassische Testtheorie besagt, dass die Testergebnisse einzelner Personen zwischen mehreren Messzeitpunkten variieren. Diese Varianz geht nach der KTT allein auf den Messfehler zurück. Das lässt sich am besten anhand eines Beispiels verdeutlichen. Stellen wir uns dazu folgendes Szenario vor: Ein Klassenlehrer lässt pro Schuljahr sechs Mathematikarbeiten schreiben, um auf dieser Basis die Mathematiknote der Schüler festzulegen. Die einzelnen Mathematikaufgaben einer Arbeit sind unterschiedlich anspruchsvoll. Aus der Sicht einer Testtheorie ist jede Aufgabe ein Item. Der beste Schüler löst demzufolge auch das schwierigste Item (die schwierigste Aufgabe). Allerdings schwankt die Leistung dieses Schülers – der eigentlich alle Aufgaben lösen kann – zwischen den Mathearbeiten und zwischen den einzelnen Aufgaben einer Arbeit. Gründe für eine derartige Variation können darin liegen, dass unsystematische innere

Einflüsse (z. B. Motivation, Ermüdung) oder äußere Einflüsse (z. B. Tageszeit) die Ergebnisse verzerren. Bei konstanten Bedingungen folgt die Leistung des Schülers einer bestimmten Verteilung (z. B. einer Normalverteilung), wobei extrem gute oder extrem schlechte Leistungen weniger häufig auftreten und Leistungen, die der »wahren« mathematischen Fähigkeit des Schülers am besten entsprechen, besonders häufig sind (siehe **Abb. 5.1**). Demzufolge ist es möglich, dass bei einer Mathearbeit, die aus nur einer einzigen Aufgabe besteht, ein Schüler mit objektiv geringerem Leistungsniveau aufgrund einer (zufallsbedingten) guten Lösung besser abschneidet als ein anderer Schüler mit objektiv höherem Leistungsniveau. Die einzelne Aufgabenlösung spiegelt hier also nicht die wirkliche Leistungsfähigkeit wider. Es ist daher testtheoretisch sinnvoll, mehrere »Messungen« durchzuführen. Durch die Verwendung mehrer Mathearbeiten, die aus mehreren Aufgaben bestehen, wird es also möglich, die wahre Leistungsfähigkeit der Schüler zu ermitteln, da Fehlereinflüsse »ausgemittelt« werden.

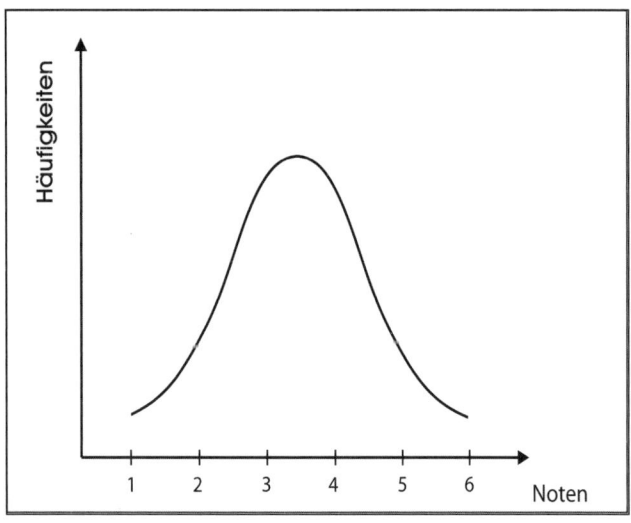

Abb. 5.1: Eine Normalverteilung, die sich aus den Häufigkeiten der Mathematiknoten ergibt

5.1 Grundannahmen der Klassischen Testtheorie

Die KTT ist eine reine *Messfehlertheorie*: Angenommen wird, dass das jeweilige Testergebnis den wahren Ausprägungsgrad des untersuchten Merkmals widerspiegelt, aber zusätzlich von einem zufallsbedingten Fehlerwert überlagert wird.

Merke
▸ *Klassische Testtheorie*: Die Testergebnisse eines Probanden variieren über mehrere Erhebungen. ◂◂

Das Ziel einer Messung ist also, die wahre Merkmalsausprägung von dem Fehleranteil zu trennen, um möglichst genaue Einschätzungen oder Prognosen abgeben zu können. Rein theoretisch könnte dieses Ziel dadurch erreicht werden, dass ein Test unendlich oft den Probanden vorgelegt wird. Dann würde sich der zufällig variierende Fehler ausmitteln und der Mittelwert der Messungen dem wahren Wert entsprechen. Da vielfache Wiederholungen aus ökonomischen Gründen kaum möglich sind und zudem Effekte wie Lernen oder Ermüdung auftreten können (Reaktivität der Messung, vgl. Kap. 4.3.1), müssen andere Wege gefunden werden. Daher findet die Messwiederholung quasi innerhalb eines Tests statt, indem mehrere Items vorgegeben werden. Die im Folgenden aufgeführten mathematischen Terme wurden formuliert, um die Messgenauigkeit eines Tests zu bestimmen und die wahre Merkmalsausprägung abschätzen zu können (vgl. Gulliksen, 1950):

Grundaxiom

Der beobachtete Messwert (X) einer Person setzt sich additiv zusammen aus einem konstanten wahren Wert (T, abgeleitet von engl. *true score*) und einem Messfehler (e, abgeleitet von engl. *error*):

$$X = T + e$$

In Bezug auf den wahren Wert (T) wird in der KTT auch von »Merkmalskonstanz« gesprochen, d. h. die Ausprägung des wahren Wertes einer Person bleibt über verschiedene Situationen und die Zeit hinweg immer gleich. Der Messfehler (e) ist die Differenz zwischen beobachtetem (X) und wahrem Wert (T) und repräsentiert alle unkontrollierten, unsystematischen Störeinflüsse:

$$e = X - T$$

Dieser Definition kann bereits entnommen werden, dass die Klassische Testtheorie lediglich die unsystematischen Störeinflüsse einbezieht, aber den systematischen Einflüssen keine Beachtung schenkt. Auch wenn im Allgemeinen von Axiomen der Klassischen Testtheorie die Rede ist, so muss doch erwähnt werden, dass es sich dabei lediglich um mathematische Folgerungen handelt, die sich aus den Definitionen von wahrem Wert T und Messfehler e ableiten.

Weitere Annahmen über Eigenschaften des Messfehlers und den Zusammenhang zwischen wahrem Wert und Fehler

1. Der Fehlerwert (e) ist eine Zufallsvariable mit dem Erwartungswert (E) gleich Null und endlicher Varianz:

   $$E(e) = 0$$

   Mit anderen Worten: Der Messfehler (e) mittelt sich über unendlich viele Messungen einer Person oder einer Population aus.
2. Es besteht kein Zusammenhang zwischen dem Messfehler (e) und dem wahren Wert (T):

   $$r(T, e) = 0$$

   Der Fehlerwert korreliert also nicht mit dem wahren Wert, sie sind unabhängig voneinander.
3. Der Messfehler eines Tests steht nicht in Zusammenhang mit dem wahren Wert eines anderen Tests:

   $$r(T2, e1) = 0$$

   Der Fehlerwert korreliert nicht mit den Ergebnissen anderer Untersuchungen.

4. Der Messfehler eines Tests weist keinen Zusammenhang mit dem Messfehler eines anderen Tests auf:

$$r(e1, e2) = 0$$

Die Fehlerwerte mehrerer Testanwendungen sind unkorreliert.

Nachdem wir nun relativ abstrakt einige von der klassischen Testtheorie postulierte Zusammenhänge beschrieben haben, soll das nachfolgende Beispiel die verschiedenen Annahmen verdeutlichen, wenngleich die Annahmen kritikwürdig sind (vgl. Kap. 5.4). Nehmen wir an, der Patient Herr Mustermann soll in einer verhaltensmedizinischen Klinik einen Gedächtnistest bearbeiten, da er über Vergesslichkeit und Konzentrationsprobleme klagt und von Seiten der behandelnden Psychologin der Verdacht auf eine depressive Störung besteht. Die Auswertung des Gedächtnistests zeigt, dass Herr Mustermann einen Punktwert von 75 erreichte. 75 Punkte entsprechen hier also dem beobachteten Wert X. Nehmen wir weiterhin an, dass die wahre Gedächtnisleistung des Patienten bei 80 liegt (der wahre Wert T). Somit setzt sich die beobachtete Gedächtnisleistung (75) aus dem wahren Wert (80) und einem Messfehler (z. B. aufgrund von Ermüdung und daher ungenauer Beantwortung in genau dieser Situation = –5) zusammen. Betrachten wir nun im Folgenden die einzelnen Annahmen der Testtheorie:

zu 1. E(e) = 0 Angenommen, wir würden Herrn Mustermann unendlich oft auf Gedächtnisleistungen testen, dann würde sich der durchschnittliche Fehler ausmitteln, da Herr Mustermann an einigen Tagen unaufmerksam und erschöpft, an anderen aber besonders aufmerksam ist.

zu 2. r(T, e) = 0 Es wäre ebenso unwahrscheinlich, dass Personen mit einer höheren wahren Gedächtnisleistung auch stärkere Erschöpfung und somit ungenauere Antworten zeigen als Personen mit einer geringeren wahren Gedächtnisleistung. Es bestünde demzufolge kein Zusammenhang zwischen wahrem Wert und Messfehler.

zu 3. r(T2, e1) = 0 Angenommen, wir würden Herrn Mustermann und weitere Testpersonen zusätzlich auf Intelligenz testen.

Dann stünden auch die wahren Intelligenzquotienten der Patienten nicht mit der Ermüdung und daraus resultierenden ungenauen Testbearbeitung in Zusammenhang.

zu 4. r(e1, e2) = 0 Zur Intelligenztestung vergaß Herr Mustermann seine Brille, was zu einer kleinen Abweichung des aktuell gemessenen Wertes von seinem wahren IQ führte (e2). Der Fehler, der beim Gedächtnistest durch Ermüdung verursacht wurde (e1), sollte laut KTT nicht mit dem Fehler, der mit dem Vergessen der Brille beim Intelligenztest einherging (e2), zusammenhängen.

5.2   Wichtige Beziehungen in der KTT

Im Folgenden werden die Zusammenhänge zwischen den bereits beschriebenen Werten betrachtet. Wir werden den folgenden Abschnitt ähnlich dem vorangegangenen aufbauen, indem die entsprechenden Beziehungen zunächst kurz aufgelistet und dann genauer erläutert werden.

1. Der Erwartungswert der wahren Werte E(T) entspricht dem Erwartungswert der beobachteten Werte E(X):

$$E(T) = E(X) \qquad (1)$$

Das Grundaxiom der KTT besagt, dass sich der beobachtete Wert aus dem wahren Wert und einem Fehler zusammensetzt: X = T + e. Bildet man nun den Erwartungswert von X, folgt E(X) = E(T) + E(e). Wie wir jedoch bereits erwähnt haben, ist der Erwartungswert der Messfehler gleich Null (meist bestehen keine störenden Einflüsse und bisweilen gibt es sogar förderliche Zufallseffekte, z. B. durch besondere Wachheit oder Raten). Also steht in dieser Gleichung nur noch E(X) = E(T) + 0. Bei mehrfacher Testanwendung wäre zu *erwarten,* dass der Mittelwert der wahren Werte (T) dem der beobachteten Werte (X) entspricht. Mit anderen Worten: Wiederholte man unendlich oft die Gedächtnismessung an Herrn Mustermann, so würde die durchschnittliche Gedächtnisleistung seine wahre Gedächtnisleistung abbilden, weil sich der bei einzelnen Messungen zu erwartende Messfehler ausgleicht. Erwähnt werden sollte in diesem Zusammenhang, dass der Erwartungswert einer Konstanten (T) immer dem Wert der Konstanten entspricht, also $E(T) = T$.

2. Die Varianz (VAR) der beobachteten Werte ergibt sich additiv aus der Varianz der wahren Werte und der Fehler:

$$VAR(X) = VAR(T) + VAR(e) \qquad (2)$$

Diese Aussage stammt aus den Gesetzen der Kovarianz-Algebra, die u. a. besagt, dass sich die Varianz der Summe zweier Werte (X, Y) aus der Summe ihrer Varianzen und ihrer gemeinsamen Kovarianz zusammensetzt: $VAR(X + Y) = VAR(X) + VAR(Y) + 2 \cdot COV(X, Y)$.
Die Kovarianz ist dann Null, wenn die beiden Variablen X und Y nicht miteinander korrelieren (was z. B. bei der Korrelation zwischen wahrem Wert T und Messfehler e der Fall ist). Laut Grundaxiom der KTT setzt sich der beobachtete Wert X additiv aus T und e zusammen. Da die Kovarianz zwischen T und e Null ist, setzt sich die Varianz des beobachteten Wertes ebenfalls additiv aus den Varianzen von T und e zusammen.

3. Das Ziel der KTT besteht darin, den Messfehler vom wahren Wert zu trennen, weshalb sie vorrangig Aussagen über die Messgenauigkeit *(Reliabilität)* trifft: Ein Test ist z. B. dann messgenau, wenn die durch den Test vorgegebene Rangreihe der Personen (z. B. von niedriger bis hoher Gedächtnisleistung) auch bei wiederholter Messung möglichst gleich ausfällt. Das folgende Beispiel soll diesen Zusammenhang besser verdeutlichen: Bei der ersten Testung ist Max besser als Ina und Ina besser als Karin. Diese Reihenfolge der Testergebnisse sollte idealerweise auch bei einer zweiten Testung wiedergefunden werden. Die optimale Reliabilität liegt dann bei 1. In diesem Fall ist der Messfehler gleich Null und der beobachtete Testwert bildet den wahren Wert ab. Wenn die aktuellen Testergebnisse mehrerer Testnehmer und ihre wahren Leistungen *gleichsinnig variieren*, dann handelt es sich um einen perfekt reliablen Test: $Rel(X) = 1$.

Die Reliabilität berechnet sich also aus:

$$\text{Rel(X)} = \frac{\text{VAR(T)}}{\text{VAR(X)}} \qquad (3)$$

Die Reliabilität gibt den Anteil wahrer Varianz VAR(T) in den Merkmalsausprägungen von Personen wieder. VAR(T) sagt aus, wie die wahren Werte T_i der getesteten i Personen durchschnittlich vom Gesamtmittelwert $\overline{T}$ aller wahren Werte dieser Personen abweichen. Mit der Varianz der beobachteten Werte X_i ist gemeint, wie die beobachteten Messwerte aller i Personen vom Gesamtmittelwert $\overline{X}$ abweichen.

In dieser Gleichung verbirgt sich ein weiterer wichtiger Aspekt: Die Varianz von X ergibt sich aus VAR(T) + VAR(e), wie in Gleichung 2 beschrieben. In die Reliabilitätsgleichung eingesetzt bedeutet das:

$$\text{Rel(X)} = \frac{\text{VAR(T)}}{\text{VAR(T)} + \text{VAR(e)}} \qquad (4)$$

Ist der Fehler Null und der Test damit perfekt messgenau, dann variieren die beobachteten Werte der Personen allein aufgrund ihrer unterschiedlichen wahren Werte, aber nicht aufgrund eines Messfehlers. Die Reliabilität wird somit 1, da VAR(T)/VAR(T) = 1. Ist der Fehler aber größer als Null (d. h. zusätzlich zu den wahren Werten mehrerer Personen variieren auch die Messfehler), dann wird die Reliabilität kleiner und der Test somit weniger messgenau.

Das Verhältnis der Varianzen zweier Werte zueinander $\frac{\text{VAR(T)}}{\text{VAR(X)}}$ lässt sich auch als quadrierte *Korrelation* zwischen beiden Werten darstellen (Für eine ausführlichere Erklärung von Korrelationen siehe folgender Kasten). Dadurch ergibt sich:

$$\text{Rel(X)} = r^2(X, T) \qquad (5)$$

Mit der Berechnung der Reliabilität (vgl. Gleichungen 3 bis 5) gibt es jedoch ein bedeutsames Problem: Leider ist uns die Varianz des wahren Wertes nicht bekannt, zudem kennen wir nicht einmal den wahren Wert (die wahre Gedächtnisleistung von 80 Punkten bei Herrn Mustermann ist auch uns nicht bekannt). Der folgende Abschnitt geht darauf ein, wie die Klassische Testtheorie dieses Problem zu lösen versucht.

Merke

► *Korrelationen*

In diesem Buch sprechen wir oft von einer »Korrelation zwischen zwei Items« oder einer »Korrelation zwischen einem Test und einem Merkmal«. Häufig besteht bei Studierenden ein Missverständnis darin, dass eine Korrelation auf dem Zusammenhang eines einzigen Testwertes mit einem anderen beruhe. Diese Annahme ist aber falsch. Man kann zwischen zwei einzelnen Werten keine Korrelation berechnen, da pro Variable nur ein Testwert und somit keine Varianz vorliegt. Wenn die Korrelation zwischen zwei Variablen (z. B. Tests oder Items) berechnet werden soll, dann geschieht dies vielmehr anhand der Antworten von i Personen im Hinblick auf Variable 1 und der Antworten derselben Personen im Hinblick auf Variable 2. Die Definition der Korrelation (vgl. S. 48) beinhaltet schließlich, dass die *unterschiedlichen Ausprägungen* von mehreren Personen auf einer Variablen mit ihren Ausprägungen auf der anderen Variablen einhergehen sollen bzw. dass die *Rangfolge* von Personen auf der einen Variablen der Rangfolge dieser Personen auf der anderen Variablen entspricht. Wenn also die Korrelation zwischen zwei Items bestimmt wird, dann bedeutet dies, dass der Zusammenhang zwischen dem Antwortmuster mehrerer Personen auf Item 1 und dem Antwortmuster auf Item 2 berechnet wird. Genauso verhält es sich bei der Korrelation zwischen Tests. Hier werden die Summenwerte mehrerer Personen bei Test 1 und die Summenwerte dieser Personen bei Test 2 einbezogen. ◄◄

Parallele Messungen

Das Problem der nicht bekannten wahren Werte kann dadurch umgangen werden, dass die Reliabilität des Tests aus der Korrelation zu einem weiteren parallelen Test bestimmt wird. Parallele Tests messen dasselbe Konstrukt, unterscheiden sich aber hinsichtlich der verwendeten Items. Im Folgenden kennzeichnen wir den ursprünglichen Test mit X und den dazu parallelen Test mit X'.

X und X' sind definiert als *parallele* Messungen, wenn

$$X = T + e$$

$$X' = T + e' \tag{6}$$

Parallele Tests messen den gleichen wahren Wert mit derselben Genauigkeit (Reliabilität). Eine Testperson kann bei den beiden Messungen allerdings durchaus verschiedene Testergebnisse erhalten, da die Messfehler zufallsbedingt sind und sich unterscheiden können. Da der Messfehler eine Zufallsvariable ist, ist seine Varianz aber bei beiden Tests gleich. Grundsätzlich berechnet man die Korrelation zwischen zwei parallelen Tests, um die *Paralleltest-Reliabilität* zu bestimmen. Dies kann hilfreich sein, wenn a) die Gefahr besteht, dass bei Gruppentestungen, etwa in Schulklassen, die Teilnehmer das Ergebnis des Nachbarn abschreiben, oder b) Veränderungsmessungen durchgeführt werden, beispielsweise bei der Überprüfung von Therapieerfolg. Um Übungs- oder Gedächtniseffekte zu vermeiden, gibt man nicht den gleichen Test zweimal vor, sondern führt zunächst Testform A und später die Parallelform B durch. Für Paralleltests wird also angenommen, dass sich die Varianzen der Fehlerwerte aus parallelen Messungen nicht unterscheiden:

$$VAR(e) = VAR(e') \tag{7}$$

Aus (6) folgt:

$$E(X) = E(X') \tag{8}$$

Das heißt, parallele Messungen haben die gleichen Erwartungswerte (zumal $E(X) = E(T) = T$ und $E(X') = E(T) = T$).

Wenn nun die Varianzen beider Fehlerwerte gleich sind und der wahre Wert (T) derselbe ist, folgt aus (2):

$$VAR(X) = VAR(X') \tag{9}$$

Das heißt, die Varianzen der beobachteten Messwerte sind gleich.

Aus diesen Zusammenhängen und weiteren Umformungsschritten (für eine Herleitung siehe nächste Erklärung) folgt:

$$\text{Rel}(X) = \frac{\text{VAR}(T)}{\text{VAR}(X)} = r(X, X') \qquad (10)$$

Die Reliabilität eines Tests ergibt sich also aus der Korrelation mit einem Paralleltest. Da, wie bereits beschrieben, die tatsächliche Varianz des wahren Wertes T nie bekannt ist, wird bei den meisten Reliabilitätsbestimmungsverfahren versucht, parallele Messungen zu realisieren. Wenn man jedoch die Praxis betrachtet, kommt man nicht umhin zu bemerken, dass sich die Konstruktion von Paralleltests meist sehr schwierig gestaltet. Da es bereits sehr viel Aufwand fordert, einen Test zu entwickeln, ist es meist noch schwieriger, einen zusätzlichen Test zu entwickeln, der genau dasselbe Konstrukt mit derselben Genauigkeit misst, sich aber dennoch im Hinblick auf die Items unterscheidet. Im folgenden Abschnitt wird auf die einzelnen Methoden zur Schätzung der Reliabilität eingegangen (S. 132).

Erklärung
▶ *Reliabilität und Paralleltests*
Nach der Klassischen Testtheorie ist die *Reliabilität* eines Tests definiert als:

- das Verhältnis der Varianz des wahren Wertes (T) zur Varianz des beobachteten Wertes (X), siehe (3),
- das Verhältnis der Varianz des wahren Wertes (T) zur Summe aus wahrer Varianz plus Fehlervarianz, siehe (4),
- die quadrierte Korrelation zwischen beobachteten (X) und wahren Werten (T), siehe (5).

Das impliziert:

- Falls die gesamte Varianz in den beobachteten Werten der Varianz der wahren Werte entspricht, es also keinen Messfehler gibt, dann ist Rel(X) = 1.
- Falls also die gesamte Varianz in den beobachteten Werten durch den wahren Wert erklärt werden kann, dann korrelieren wahrer und beobachteter Wert zu 1, d. h. r(X, T) = 1, da $r^2(X, T) = 1$. Mit anderen Worten: Der wahre Wert sagt den beobachteten Wert ohne Fehler vorher. Hier sollte darauf

hingewiesen werden, dass die quadrierte Korrelation zwischen zwei Variablen das Ausmaß an aufgeklärter Varianz darstellt. Im nächsten Kasten wird dieses Prinzip näher erläutert.

- Nun existiert aber folgendes Problem: Wir können den wahren Wert T nicht wirklich beobachten. Die Lösung dafür sind *parallele Tests*. Zwei Tests heißen dann zueinander parallel, wenn sie folgende Bedingungen erfüllen:
- Sie messen dasselbe Konstrukt (T).
- Sie haben:
  - den gleichen Erwartungswert
  - die gleiche Varianz
  - die gleiche Korrelation mit irgendeiner anderen Variablen (Testwert, Messung etc.)

Zur Ermittlung der Reliabilität wird die *Multiplikationsregel für Korrelationen* verwendet. Betrachten wir dazu die folgende **Abbildung 5.2**:[4]

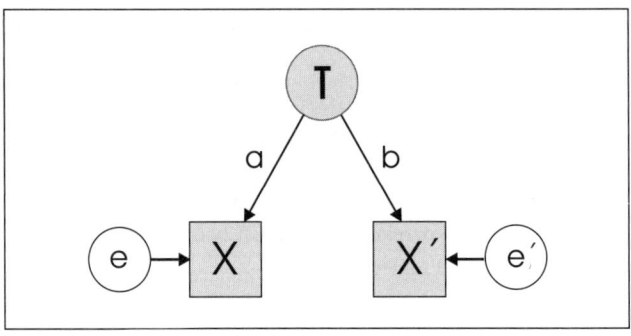

Abb. 5.2: Zwei parallele Tests X und X' gehen auf dasselbe Konstrukt, den wahren Wert T, zurück, die Variablen a und b kennzeichnen den Zusammenhang zwischen T und X bzw. T und X'.

---

4 In solchem Modellen werden Kreise für Variablen verwendet, die *latent* sind, d. h. nicht beobachtbar, und Rechtecke für *manifeste* Variablen, d. h. Indikatoren eines Konstruktes oder beobachtbare Variablen.

Die Multiplikationsregel besagt:

Falls X' und X dem gleichen gemeinsamen Konstrukt T zugrundeliegen, keine anderen Ursachen gemein haben und mit dem gemeinsamen Konstrukt T durch a und b korrelieren, dann gilt:

$$r(X, X') = r(X, T) * r(X', T) = a*b.$$

Die Korrelation zwischen X und X' entspricht also dem Produkt aus ihren Korrelationen mit dem wahren Wert T. Fügt man in diese Gleichung die zentrale Annahme von parallelen Tests ein, dass die Korrelation mit einer anderen Variablen (hier T) stets gleich ist, folgt:

$r(X, T) = r(X', T)$ und somit auch a = b. Daraus ergibt sich:

$$\rightarrow \quad r(X, X') = r(X, T) * r(X', T)$$
$$= r^2(X, T) = r^2(X', T)$$
$$= Rel(X) = Rel(X').$$

Mit anderen Worten: Allein die Korrelation zwischen zwei parallelen Tests (wenn alle Bedingungen für parallele Messungen erfüllt sind) reicht aus, um die Reliabilität eines Tests zu ermitteln und somit auch das Problem des nicht beobachtbaren wahren Wertes (T) zu umgehen. ◄◄

Merke

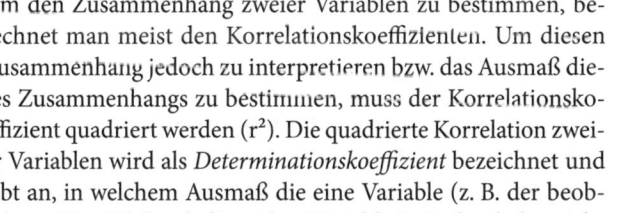

▶ *Aufgeklärte Varianz*

Um den Zusammenhang zweier Variablen zu bestimmen, berechnet man meist den Korrelationskoeffizienten. Um diesen Zusammenhang jedoch zu interpretieren bzw. das Ausmaß dieses Zusammenhangs zu bestimmen, muss der Korrelationskoeffizient quadriert werden (r^2). Die quadrierte Korrelation zweier Variablen wird als *Determinationskoeffizient* bezeichnet und gibt an, in welchem Ausmaß die eine Variable (z. B. der beobachtete Wert X) durch die andere Variable (z. B. durch den wahren Wert T) erklärt werden kann. Das heißt, beträgt die Korrelation zwischen X und T gleich .3, dann entspricht das einem Determinationskoeffizienten von $r^2(X, T) = .09$. Es darf also gefolgert werden, dass in diesem Falle 9 % der Varianz von X durch T erklärt werden. Die restlichen 91 % sind im Sinne der KTT Fehlervarianz, d. h. Varianz, die auf den unsystematischen

Messfehler zurückgeht. Dazu sei zur Erinnerung noch einmal auf die Gleichung (2) verwiesen: VAR(X) = VAR(T) + VAR(e). Wie bereits erwähnt, bedeutet dic Korrelation zwischen zwei Variablen, dass die *unterschiedlichen Ausprägungen von mehreren Personen auf einer Variablen (X) mit ihren Ausprägungen auf der anderen Variablen (T) einhergehen*. Eine Voraussetzung für das Korrelieren zweier Variablen ist also, dass die Variablen variieren, d. h. Varianz besitzen. Je geringer die Varianz dieser Variablen ist, umso niedriger fällt auch die Korrelation aus.

Der Determinationskoeffizient (r^2) gibt also an, wie viel Prozent an Varianz in der einen Variablen (X) durch die Varianz in der anderen Variablen (T) erklärt werden kann. Mit anderen Worten: Quadrierte Korrelationen geben stets das Ausmaß an aufgeklärter Varianz der einen Variablen durch die andere Variable an:

$$\text{Rel}(X) = \frac{\text{VAR(T)}}{\text{VAR(X)}} = r^2(X, T). \; \blacktriangleleft\blacktriangleleft$$

Methoden zur Schätzung der Reliabilität

Wie bereits ausgeführt, in der Praxis sind Paralleltests nicht immer realisierbar. Aus Zeit- bzw. Kostengründen steht häufig nur eine Testversion zur Reliabilitätsbestimmung zur Verfügung. Bei weiteren Verfahren der Reliabilitätsberechnung geht man nun so vor, *als ob* parallele Tests vorliegen würden. Folgende Methoden werden eingesetzt, um die Reliabilität zu bestimmen:

1. *Split-Half-Reliabilität*: Hier wird das Prinzip zweier zueinander paralleler Tests auf die zwei »parallelen« Hälften eines Tests angewendet, die Korrelation zwischen beiden berechnet und somit die Split-Half-Reliabilität bzw. Testhalbierungs-Reliabilität bestimmt. **Abbildung 5.3** veranschaulicht, wie Tests »gesplittet« werden und daraus die Reliabilität bestimmt wird.
2. *Interne Konsistenz (Cronbachs Alpha)*: Zusammenhang zwischen Items eines Tests, die das gleiche Konstrukt messen sollen.[5]

---

5 Zur Vereinfachung gehen wir in diesem Lehrbuch lediglich auf Cronbachs Alpha als eine Möglichkeit der Bestimmung von Konsistenzkoeffizienten ein. Neben dieser gibt es noch viele weitere Methoden (siehe z. B. Bühner, 2006, S. 131).

3. *Paralleltest-Reliabilität*: Zusammenhang zwischen zwei Tests mit unterschiedlichen Items, die das gleiche Konstrukt messen.
4. *Retest-Reliabilität*: Zweimalige Vorgabe eines Tests zur Ermittlung des Zusammenhangs zwischen erster und zweiter Messung.

Merke

▶ Die Methoden Split-Half-Reliabilität, Interne Konsistenz und Paralleltest-Reliabilität gehen von der Annahme aus, dass ein »Universum« an Items existiert, die alle dasselbe Merkmal erfassen. Aus diesem Universum werden dann parallele Item-Stichproben gezogen. Von daher bezeichnet man sie auch als *Item-Sampling-Modelle* der Reliabilitätsschätzung. ◀◀

Bei der *Split-Half-Reliabilität* kann das Splitten eines Tests in eine erste und zweite Hälfte zu einer fehlerbehafteten Reliabilitätsbestimmung führen, wenn folgende Fehlerquellen vorliegen:

• unterschiedliche Schwierigkeiten der Items und somit der Testhälften,
• Ermüdungseffekte,
• bei Speed-Tests ist zudem möglich, dass die letzten Items nicht bearbeitet werden.

Häufig splittet man den Test nach *geraden* und *ungeraden* Items, um derartige Effekte auszuschließen. Dabei sollte man aber auch bedenken, dass die Items vorher zuerst nach Inhalt und dann nach Schwierigkeit im jeweiligen Inhaltsbereich geordnet vorzuliegen haben. Beide Testhälften sollten folglich gleiche Schwierigkeiten, den gleichen Inhalt und vergleichbare Anteile an Ermüdungseffekten aufweisen.

Merke

▶ Die *Interne Konsistenz* stellt eine »Weiterentwicklung des Split-Half-Gedankens« dar, da zu ihrer Bestimmung alle möglichen Split-Half-Paare eines Tests herangezogen werden und aus diesen die durchschnittliche Korrelation gebildet wird (für eine detaillierte Erklärung siehe Kap. 8). Bei der Split-Half-Reliabilität wird hingegen nur ein Split-Half-Paar herangezogen. ◀◀

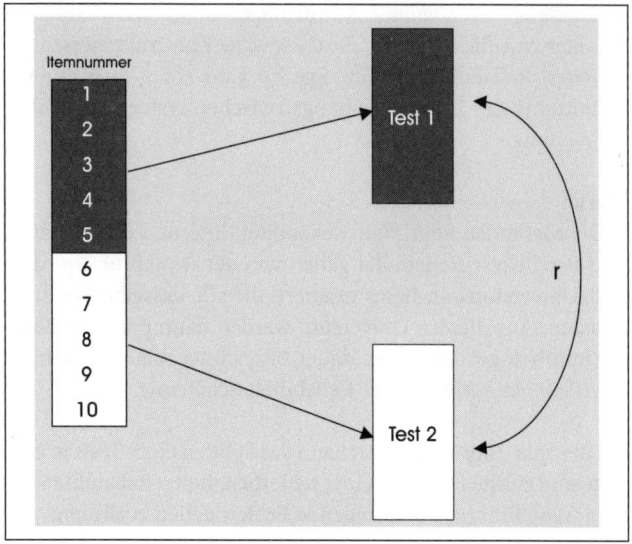

Abb. 5.3: Aufteilung der Items auf zwei Hälften, um daraus die Split-Half-Reliabilität zu bestimmen

Die Einteilung der Reliabilitätsschätzmethoden erfolgte vorrangig danach, welche und wie viele Tests zur Bestimmung der Reliabilität herangezogen werden. Zusätzlich kann man diejenigen Methoden, die auf mehreren Testungen beruhen, wie z. B. die Retest-Reliabilität oder die Paralleltest-Reliabilität, danach unterscheiden, in welchem Zeitintervall der zweite Test dem Probanden zur Bearbeitung vorgegeben wird. Je nach Zeitdifferenz und verwendeten Testformen sind unterschiedliche Fehlerquellen relevant, die einen Einfluss auf die geschätzte Reliabilität haben können. Demzufolge unterscheiden sich die Methoden der Reliabilitätsbestimmung auch danach, wie stark der Fehler die Messung beeinflusst (siehe **Tabelle 5.1**).

Tabelle 5.1 ist zu entnehmen, dass unterschiedliche Fehlerquellen einen mindernden Einfluss auf die Reliabilität ausüben können. Unter zufälliger Fluktuation sind alle unsystematischen Störeinflüsse zu verstehen, wie sie auch von der Klassischen Testtheorie postuliert werden. Da diese Fehler zufallsbedingt sind,

Tab. 5.1: Fehlerquellen für verschiedene Methoden zur Schätzung der Reliabilität. »1 Test« umfasst die Methoden der Internen Konsistenz und Split-Half-Reliabilität, bei denen zur Bestimmung der Reliabilität nur ein Test ausgegeben wird. »Zeit« beschreibt die Länge des Intervalls zwischen der Ausgabe von Tests

Zeit	Retest		Paralleltest		1 Test
	unmittelbar	verzögert	unmittelbar	verzögert	/
1. Zufällige Fluktuation	X	X	X	X	X
2. Veränderungen in der Person		X		X	
3. Unterschiede im Testinhalt			X	X	X
4. Veränderungen in der Bearbeitungsgeschwindigkeit	X	X/2	X	X/2	

treten sie bei allen Methoden zur Reliabilitätsbestimmung gleich auf. Die Fehlerquelle »Veränderungen in der Person« trägt dem Umstand Rechnung, dass sich die wahren Werte von Personen über die Zeit verändern können. In einem Zeitintervall von beispielsweise zwölf Monaten (verzögerte Testdarbietung) kann einiges im Leben der Person geschehen sein. Demnach ist es möglich, dass sich die Merkmalsausprägung verändert hat (z. B. verringerter Selbstwert). Bei einigen Methoden der Reliabilitätsschätzung liegen zudem unterschiedliche Inhalte der Tests oder Testteile vor, anhand derer die Reliabilität schließlich bestimmt wird. Beispielsweise besteht die eine Hälfte des Tests zur Bestimmung der Split-Half-Reliabilität aus anderen Items als die zweite Hälfte. Bei wiederholter Darbietung des gleichen Tests (Retest) werden dieselben Iteminhalte miteinander in Beziehung gesetzt. Aufgrund von Übungs- oder Ermüdungseffekten kann es auch zu einer Veränderung in der Bearbeitungsgeschwindigkeit kommen, die dann wiederum die Reliabilität beeinflusst. Der Tabelle ist zu entnehmen, dass diese Fehlerquelle bei einer verzögerten Testdarbietung nur halb so großen Einfluss hat wie bei einer unmittelbaren Testdarbietung. Das liegt daran, dass bei einer unmittelbaren Bearbeitung zweier Tests sowohl Übungs- als auch Ermüdungseffekte eine Rolle spielen; bei einer verzögerten Testbearbeitung dürfte die Ermüdung hingegen keinen Einfluss mehr haben.

Mancher Leser mag sich wundern, warum bei der Internen Konsistenz oder der Split-Half-Methode die Bearbeitungsgeschwindigkeit keinen Einflussfaktor darstellt. Das lässt sich darauf zurückführen, dass zur Bestimmung der Internen Konsistenz alle möglichen Split-Half-Paare des Tests eingehen und somit die unterschiedliche Bearbeitungsgeschwindigkeit herausgemittelt wird. Ähnlich verhält es sich bei der Split-Half-Methode, nur dass hier zwei Testhälften gewählt werden, die z. B. jeweils alle geraden und ungeraden Items beinhalten. Je nach Untersuchungskontext muss folglich der geeignete Einsatz spezifischer Methoden zur Reliabilitätsbestimmung unter Beachtung der Fehlerquellen abgewogen werden. Kritisch bei dieser Betrachtung sind z. B. die Anzahl potenzieller Probanden oder der zeitliche Rahmen der Untersuchung, der – sofern er nur ganz kurz ausgelegt wird – zu Lerneffekten führen kann und eine Retest-Erhebung unmöglich macht.

5.3   Weitere Konzepte und Zusammenhänge der KTT

Im Folgenden wird ein Überblick über einige Konzepte der Klassischen Testtheorie gegeben, die insbesondere zur kritischen Lektüre von Testhandbüchern bedeutsam sind.

Minderungskorrektur: Testverfahren werden häufig zur Vorhersage bestimmter Merkmale oder Verhaltensweisen herangezogen. Beispielsweise dienen Intelligenztests im Rahmen der Personalauswahl zur Vorhersage des Berufserfolgs (vgl. Schmidt & Hunter, 1998). Wie wir soeben erklärt haben, kann die Messgenauigkeit von Testverfahren aber vermindert sein. Unter dieser Minderung würde dann die Vorhersagequalität (prognostische/prädiktive Validität, für eine ausführlichere Darstellung siehe Kap. 8) des Intelligenztests leiden. Die Vorhersagevalidität wird durch die Korrelation zwischen dem Test und dem vorherzusagenden Merkmal ausgedrückt. Laut Klassischer Testtheorie kann diese Korrelation aber nur maximal so groß sein wie die Korrelation zwischen dem beobachteten Testwert (X) und dem entsprechenden wahren Wert (T). Es ist leicht nachvollziehbar, dass ein Intelligenztestwert stärker mit der »tatsächlichen Intelligenz« des Probanden korrelieren sollte als mit anderen Kriterien, wie dem Berufserfolg. Um diese »Obergrenze« festzustellen, berechnet man den sogenannten *Reliabilitätsindex,* der sich aus der Wurzel der Reliabilität eines Tests ergibt. Dieser Index gibt an, wie stark ein Testergebnis mit seinem wahren Wert bzw. mit einem anderen Merkmal maximal korrelieren kann. Bezieht man diese Gedanken auf die Vorhersage von Berufserfolg durch einen Intelligenztest, dann lässt sich feststellen, dass diese Korrelation in der Regel nicht ihre theoretische Obergrenze von 1 erreichen kann. Besitzen also ein Kriterium (z. B. die Messung von Berufserfolg) oder ein Test eine geringe Reliabilität, dann muss auch die Korrelation relativ gering ausfallen. Wenn beispielsweise Berufserfolg fehlerhaft erfasst wird, dann mindert das die Korrelation zu einem Intelligenztest. Um nun die Fehlerbehaftetheit der Messung zu berücksichtigen, wurde die *Minderungskorrektur* eingeführt. Minderungskorrektur bedeutet, dass man annimmt, die Reliabilität des Kriteriums oder des Tests sei perfekt (r = 1.0), es wird also optimal genau gemessen. Durch diese Korrektur fällt die Korrelation ebenfalls höher aus. Es ist wichtig, in diesem Zusammenhang zu betonen, dass die Korrelation nach Minderungskorrektur nicht den wahren Zusammenhang angibt, sondern eine theoretische Obergrenze des Zusammenhangs.

Die Minderungskorrektur muss sich aber nicht unbedingt auf den Zusammenhang zwischen einem Test und einem Kriterium beziehen. Sie wird ebenfalls dann eingesetzt, wenn die Korrelationen zwischen zwei Tests in verschiedenen Stichproben nicht miteinander vergleichbar sind, weil die Reliabilitäten der Tests in den Stichproben jeweils unterschiedlich ausfallen. Mittels einer Minderungskorrektur wird die Reliabilität aufgewertet und die Korrelationen werden somit vergleichbar gemacht. Angenommen, in einer Stichprobe 1 von 100 Studentinnen fällt die

Korrelation zwischen IQ-Wert und Mathe-Abiturnote geringer
aus als in einer Stichprobe 2 von 100 Studenten. Der IQ-Test
wies bei den Studentinnen aber eine niedrigere Reliabilität auf
als bei den Studenten. In diesem Fall kann nicht geschlussfolgert
werden, dass bei Frauen der Zusammenhang weniger ausgeprägt
ist als bei Männern. Hier muss eine Minderungskorrektur für
die verminderte Reliabilität des IQ-Tests eingeführt werden, um
daraus die Korrelation zwischen IQ-Wert und Mathenote zu
bestimmen. Anschließend können die Korrelationen zwischen
beiden Stichproben verglichen werden.

Standardmessfehler: Insbesondere im klinischen Bereich stellt sich
häufig die Frage, was wir über einen individuellen Testwert eines
Patienten oder Klienten aussagen können. Beispielsweise sollte
sich eine Diagnostikerin fragen, ob der IQ-Wert eines Schülers
von 75 Punkten tatsächlich die Entscheidung zulässt, dem Schüler den Übertritt auf eine Förderschule zu empfehlen. Wie sicher
ist dieser Punktwert also? Um das herauszufinden, berechnet man
den Standardmessfehler (SEM; engl. *standard error of measurement*) eines Tests. Das ist der Messfehler, der aus der mehr oder
weniger mangelnden Reliabilität des Tests resultiert (für eine Erläuterung siehe folgender Kasten). Wie bereits im Kapitel 5.1 erläutert, entspricht der Messfehler e = X – T. Der Standardmess-
fehler hingegen lässt sich durch $\text{SEM} = \text{SD}(X) \cdot \sqrt{1 - \text{Rel}(X)}$
berechnen, wobei SD(X) die Standardabweichung und Rel(X)
die Reliabilität des Tests darstellen. Beide Werte sind in den
meisten Testhandbüchern abzulesen. Den Standardmessfehler
eines Tests berechnet man folgendermaßen: Angenommen, eine
Person, die aufgrund eines Vergehens der Fahrerlaubnisbehör-
de vorgestellt wurde, erzielt in einem Konzentrationsleistungs-
test einen Punktwert von 80. Man kann diesen Wert zwar normorientiert einordnen und feststellen, dass die Person eine
über-, unter- oder durchschnittliche Konzentrationsleistung
erbringt, aber man kann keine Aussagen machen, ob man sich
auf diesen einzelnen Wert überhaupt verlassen kann. Wir wissen
bereits, dass sich der gemessene Wert von 80 Punkten aus dem
wahren Wert der Person und einem Messfehler zusammensetzt. Zur Absicherung des Testergebnisses berechnet man den

Standardmessfehler durch die im Testhandbuch beschriebene Standardabweichung von SD = 10 und einer Internen Konsistenz von Rel(X) = .90. Der Standardmessfehler beträgt also SEM(X) = $10 \cdot \sqrt{1 - .90}$ = 3.2 Punkte. Man kann insofern davon ausgehen, dass der wahre Konzentrationswert zu 68 % um maximal (plus oder minus) 3.2 Punkte von den gemessenen 80 Punkten abweicht. Warum die Wahrscheinlichkeit bei 68 % liegt, wird im Folgenden erklärt.

Nehmen wir nun weiterhin an, dass die Ergebnisse im Konzentrationstest normalverteilt sind. Somit können wir anhand des Standardmessfehlers ein *Konfidenzintervall* berechnen. Das Konfidenzintervall ist ein Vertrauensintervall, innerhalb dessen der wahre Wert erwartet wird. Es bezieht also die Messungenauigkeit des Tests ein und erlaubt eine Einschätzung, in welchem Ausmaß der Messwert fehlerbehaftet sein kann. Das 95 % Konfidenzintervall für unsere Testperson berechnet sich aus dem beobachteten Wert der Person plus/minus 1.96 mal der Standardmessfehler: $80 \pm 1.96 \cdot$ SEM(X) = $80 \pm 1.96 \cdot 3.2$ Punkte.[6] Wenn 100 Personen in einem Konzentrationsleistungstest also 80 Punkte erreichen, dann kann man davon ausgehen, dass der wahre Wert (T) der meisten Personen (95 von 100) zwischen 73.7 und 86.3 liegt. Man könnte sich also zu »95 % sicher sein«, dass dieses Intervall den tatsächlichen Wert der Person beinhaltet. Bei dieser Formulierung handelt es sich um eine informelle Interpretation, die dem Leser hilft, sich besser in die Zusammenhänge hineinzuversetzen. Statistisch genau ausgedrückt wäre die Formulierung wie folgt: Wenn unendlich viele 95 % Konfidenzintervalle konstruiert werden, dann werden 95 % von ihnen den

---

6   Ein 95 % Konfidenzintervall bei einer zweiseitigen Testung und einer Fehlerwahrscheinlichkeit (Signifikanzniveau) von alpha = .05 überdeckt die mittleren 95 % einer Verteilung. Das heißt, die äußeren Grenzen des Konfidenzintervalls befinden sich bei –1.96 Standardabweichungen und +1.96 Standardabweichungen vom erwarteten Mittelwert der geschätzten Stichprobenverteilung. Die Standardabweichung einer Stichprobenverteilung entspricht aber nicht der Standardabweichung der Rohwertverteilung und wird deswegen als Standardmessfehler (vs. Standardabweichung) bezeichnet.

wahren Wert überdecken (vgl. Sedlmeier & Köhlers, 2001). Das
heißt, das Konfidenzintervall bezeichnet den wahrscheinlichen
Bereich des wahren Wertes. Sollte beispielsweise das Intervall
noch im durchschnittlichen Konzentrationsleistungsbereich
liegen, dann könnte der wahre Wert der Person als durchschnittlich klassifiziert werden. Neben 95 % Konfidenzintervallen werden häufig auch *68 %* Konfidenzintervalle berechnet. Ein 68 %
Konfidenzintervall umfasst den beobachteten Wert der Person
plus/minus *1 Standardmessfehler* und nicht 1.96 Standardmessfehler wie beim 95 % Konfidenzintervall. Dieses Konfidenzintervall ist also schmaler und der wahre Wert kann nur in 68 %
aller Fälle innerhalb seiner Grenzen erwartet werden. Die Aussage eines solchen Konfidenzintervalls ist somit »unsicherer« als
die eines 95 % Konfidenzintervalls.

Absicherung von Testergebnissen

Zur Absicherung von individuellen Testergebnissen wird entweder die sogenannte Äquivalenzhypothese oder die Regressionshypothese herangezogen. Die Äquivalenzhypothese
besagt, dass der beobachtete Testwert (X) den wahren Wert
(T) sehr gut abbildet. Ausgehend von dieser Hypothese wird
der Standardmessfehler berechnet, um darauf aufbauend Ver-
trauensintervalle oder kritische Differenzen zu berechnen. Die
Regressionshypothese hingegen besagt, dass der wahre Wert
(T) erst aus dem beobachteten Wert (X) geschätzt werden
muss. Hier berechnet man den sogenannten Standardschätz-
fehler und darauf aufbauend die jeweiligen Vertrauensinter-
valle etc. Da den in den Testhandbüchern veröffentlichten
Konfidenzintervallen aber zumeist die Äquivalenzhypothese
(und somit der Standardmessfehler) zugrundeliegt, werden
wir uns in diesem Buch lediglich auf die erste Methode beschränken. Bei sehr hohen Reliabilitäten der verwendeten
Tests gleichen sich die Ergebnisse beider Methoden außerdem
an. Für eine ausführlichere Beschreibung dieser Hypothesen
ist das entsprechende Kapitel in Bühner (2006) für Studienanfänger zu empfehlen.

Kritische Differenz: Die kritische Differenz gibt an, wie groß der Unterschied zwischen Testergebnissen sein muss, um bedeutsam zu sein. Beispielsweise stellt sich bei einer Person, die in einem Intelligenztest einen verbalen IQ von 110 und einen numerischen IQ von 90 erreichte, die Frage, ob sie tatsächlich verbal begabter ist oder ob die Differenz von 20 IQ-Punkten auf Messungenauigkeiten zurückzuführen ist. In vorgegebenen Tabellen, die häufig in Testhandbüchern veröffentlicht sind, kann man ablesen, ob ein gefundener Unterschied signifikant ist oder ob er auf Zufallseinflüsse zurückgeführt werden sollte. Für das aktuelle Beispiel lässt sich die kritische Differenz wie folgt berechnen:

$$\text{Diff}_{krit} = 1.96 \cdot SD(X) \cdot \sqrt{2 - [\text{Rel}(X_1) + \text{Rel}(X_2)]}$$

Zur Berechnung benötigt man die Standardabweichung des Gesamttests (sofern die Standardabweichungen der Untertests gleich groß ausfallen) und die Reliabilitäten der Untertests, d. h. in diesem Falle die Reliabilitäten des verbalen und des numerischen Tests. Die Formel ähnelt stark der Formel zur Berechnung des Konfidenzintervalls. Das ist nicht weiter verwunderlich, da auch in diesem Fall Aussagen über Unterschiede abgesichert werden müssen und damit die Messungenauigkeiten der Untertests einbezogen werden. Bei der kritischen Differenz handelt es sich also um ein Konfidenzintervall für eine Differenz. Jedoch findet sich hier die Standardabweichung der Rohwerte und nicht der Standardmessfehler der Stichprobenverteilung, da die Messungenauigkeit der Tests bereits durch die Reliabilitäten einbezogen ist (vgl. Formel zur Berechnung des Standardmessfehlers). Ebenso wie bei der Berechnung des Konfidenzintervalls stellt der Faktor 1.96 vor der Standardabweichung (beim Konfidenzintervall der Standardmessfehler) die z-standardisierte Grenze des 95 % Konfidenzintervalls bei zweiseitiger Testung dar. Angenommen, die Standardabweichung unseres Intelligenztests liegt bei $SD(X) = 15$ und die Reliabilitäten der Untertests bei jeweils $\text{Rel}(X_1) = .95$ und $\text{Rel}(X_2) = .90$. Eingesetzt in die Formel zur Berechnung der kritischen Differenz ergibt sich: $Diff_{krit} = 1.96 \cdot 15 \cdot \sqrt{2 - [.95 + .90]} = 11.4$. Es lässt sich also festhalten, dass die Differenz der Leistung in beiden Untertests von 20 Punkten größer als die kritische Differenz von 11.4 Punkten ausfällt. Dadurch »können wir zu 95 % sicher sein«, dass die Testperson tatsächlich verbal begabter ist als numerisch und dieser Unterschied eben nicht auf die Messungenauigkeit der Tests zurückgeht. **Abbildung 5.4** zeigt eine Übersicht aus dem Testhandbuch des WIE, die die kritischen Differenzen zwischen den verschiedenen Untertests des WIE darstellt.

Neben einer kritischen Differenz, die den bedeutsamen Leistungsunterschied einer Testperson zwischen verschiedenen Untertests ausdrückt, kann ebenso eine kritische Differenz für den Leistungsunterschied von zwei Personen angegeben werden. So kann es diagnostisch bedeutsam sein, ob die Person X tatsächlich leistungsstärker ist als die Person Y. Jedoch könnten die unterschiedlichen Testergebnisse beider Personen durch den Messfehler zustandegekommen sein. Die sogenannte *interindividuelle kritische Differenz* berechnet sich wie folgt:

$$\text{Diff}_{krit} = 1.96 \cdot \text{SD(X)} \cdot \sqrt{2 \cdot [1 - \text{Rel(X)}]} \, .$$ Die interindividuelle kritische Differenz bezogen auf das obige Beispiel würde im verbalen Test also 9.3 betragen. Das heißt, sollten sich zwei Personen nach Bearbeitung des verbalen Testteils in ihren verbalen IQ-Werten um mehr als 9.3 Punkte voneinander unterscheiden, kann geschlussfolgert werden, dass sie tatsächlich unterschiedlich stark verbal begabt sind und dieser Unterschied nicht auf die Messungenauigkeit des Tests zurückgeht.

Zusammenhang Testlänge und Reliabilität: Zur kritischen Beurteilung von Testverfahren, die nach der Klassischen Testtheorie konstruiert sind, muss u. a. auch die Testlänge einbezogen werden, da sie die Messgenauigkeit des Tests beeinflusst. Dieses Prinzip ähnelt dem der Stichprobenziehung in Populationen: Je größer die Stichprobe, desto besser die Schätzung eines Parameters. Bei Testverfahren liefern der Test bzw. die Items eine Verhaltensstichprobe. Bei Verdopplung der Länge eines Tests verdoppelt sich auch die Fehlervarianz und führt zu einer Vervierfachung der wahren Varianz. Die Herleitung dieser Aussage ist im nachfolgenden Kasten abgetragen. Dies hat zur Folge, dass die Reliabilität des Tests ebenso ansteigt, obwohl der Test eigentlich nicht viel genauer misst. Um Tests unterschiedlicher Länge aber vergleichen zu können, werden verschiedene Kor-

Subtests	WT	GF	RD	ZN	AW	AV	BZF	BE	ZST	MT	MAT	BO	SS	FL
Wortschatz-Test	-	2,18	1,92	2,42	1,83	2,00	2,17	2,42	2,15	1,94	1,77	2,73	2,43	2,66
Gemeinsamkeitenfinden	2,97	-	2,25	2,70	2,18	2,33	2,47	2,70	2,45	2,27	2,13	2,98	2,71	2,91
Rechnerisches Denken	2,61	3,07	-	2,48	1,92	2,08	2,24	2,48	2,22	2,02	1,86	2,79	2,50	2,71
Zahlennachsprechen	3,30	3,67	3,38	-	2,42	2,55	2,69	2,89	2,67	2,50	2,38	3,16	2,90	3,09
Allgemeines Wissen	2,49	2,97	2,61	3,30	-	2,00	2,17	2,42	2,15	1,94	1,77	2,73	2,43	2,66
Allgemeines Verständnis	2,73	3,17	2,83	3,47	2,73	-	2,32	2,55	2,29	2,10	1,95	2,85	2,56	2,78
Buchstaben-Zahlen-Folgen	2,96	3,37	3,05	3,66	2,96	3,15	-	2,69	2,44	2,26	2,12	2,97	2,70	2,90
Bilderergänzen	3,30	3,67	3,38	3,94	3,30	3,47	3,66	-	2,67	2,50	2,38	3,16	2,90	3,09
Zahlen-Symbol-Test	2,92	3,34	3,02	3,63	2,92	3,12	3,33	3,63	-	2,24	2,10	2,95	2,68	2,88
Mosaik-Test	2,64	3,09	2,74	3,40	2,64	2,86	3,08	3,40	3,05	-	1,88	2,80	2,51	2,73
Matrizen-Test	2,41	2,90	2,53	3,23	2,41	2,65	2,89	3,23	2,85	2,56	-	2,69	2,39	2,61
Bilderordnen	3,72	4,05	3,80	4,30	3,72	3,88	4,04	4,30	4,02	3,82	3,66	-	3,17	3,34
Symbolsuche	3,31	3,68	3,40	3,95	3,31	3,49	3,67	3,95	3,65	3,42	3,25	4,31	-	3,10
Figurenlegen	3,62	3,96	3,69	4,21	3,62	3,78	3,95	4,21	3,92	3,71	3,56	4,55	4,22	-

Abb. 5.4: Kritische Differenzen auf dem 5 %-Signifikanzniveau (unterhalb der Diagonalen) und auf dem 15 %-Signifikanzniveau (oberhalb der Diagonalen) aus dem Handbuch des WIE (aus: Aster et al., 2006. © Swets Test Services, Frankfurt)

rekturformeln verwendet. In Kapitel 8.1 wenden wir uns diesem Thema genauer zu.

Verdopplung der Testlänge

Am Anfang des Abschnittes zu den Grundannahmen der KTT kamen wir zu der Aussage, dass sich die Varianz des beobachteten Wertes aus der Varianz des wahren Wertes plus der Fehlervarianz zusammensetzt. Diese Gleichung (2) lässt sich jedoch nicht unmittelbar aus dem Grundaxiom der KTT ableiten. Es gilt:

1. $X = T + e$
2. $VAR(X) = VAR(T + e)$

Die Kovarianz-Algebra besagt nun, dass sich die Varianz zweier Werte aus der Summe ihrer Varianzen und zweimal ihrer gemeinsamen Kovarianz zusammensetzt. Da sich der beobachtete Wert (X) aus dem wahren und einem Fehlerwert (T + e) zusammensetzt, folgt:

3. $VAR(X) = VAR(T + e) = VAR(T) + VAR(e) + 2 \cdot COV(T, e)$.

Da jedoch angenommen wird, dass der wahre Wert (T) nicht mit dem Messfehler (e) korreliert, ist auch die Kovarianz aus beiden Werten gleich Null. Es folgt also:

4. $VAR(X) = VAR(T) + VAR(e)$, was wiederum mit der anfänglichen Aussage übereinstimmt.

Angenommen, man würde nun die Testlänge verdoppeln bzw. eine parallele Testform hinzufügen (der Test weist somit auch die doppelte Länge auf), dann würde sich die Gesamtvarianz aus den Varianzen der beobachteten Werte beider Testformen und ihrer Kovarianz wie folgt zusammensetzen:

5. $VAR(X_1 + X_2) = VAR(X_1) + VAR(X_2) + 2 \cdot COV(X_1, X_2)$

Da beide Testformen parallel zueinander sind, gelten auch hier die bereits besprochenen Annahmen paralleler Messungen (vgl. Erklärung Kap. 5.2). Außerdem geht der Zusammenhang zweier paralleler Tests (COV) allein auf den gemeinsamen wahren Wert T zurück, so dass COV(X_1, X_2) = VAR(T). Aus diesen Annahmen und der Gleichung 4 in diesem Kasten folgt schließlich:

6. VAR(X_1 + X_2) = VAR(T) + VAR(e) + VAR(T) + VAR(e) + 2 · VAR(T)

7. VAR(X_1 + X_2) = 2 · VAR(e) + 4 · VAR(T)

Eine Verdoppelung der Testlänge (man könnte X_1 + X_2 auch als 2 · X schreiben) führt also zu einer doppelten Fehlervarianz und einer vierfachen wahren Varianz. Dadurch erhöht sich schließlich auch die Reliabilität des Tests:

8. $\text{Rel}(2 \cdot X) = \dfrac{2 \cdot \text{Rel}(X)}{1 + \text{Rel}(X)}$

5.4 Kritik an der KTT

Der entscheidende Vorteil der KTT gegenüber anderen Testtheorien ist ihre einfache Anwendbarkeit. Obwohl die Klassische Testtheorie Grundlage der meisten heute verwendeten Testverfahren ist, bleibt sie nicht von Kritik verschont. So wurde häufig argumentiert, dass einige ihrer (nicht prüfbaren) Axiome anti-intuitiv seien. Das rührt daher, dass es sich bei den meisten Axiomen eigentlich um mathematische Ableitungen handelt, die logisch korrekt sind, solange die Definitionen von wahrem Wert und Fehlerwert gültig sind (Lord & Novick, 1968). Da jedoch der wahre und der Fehlerwert nicht beobachtbar sind, ist das Grundaxiom der KTT empirisch nicht prüfbar. Die Annahme von der Unkorreliertheit der Fehlerwerte verschiedener Tests (oder verschiedener Items) hingegen leitet sich nicht aus den Eigenschaften von wahrem Wert und Messfehler ab. In der Empirie können durchaus Zusammenhänge zwischen den Fehlerwerten unterschiedlicher Tests auftreten (vgl. Zimmerman & Williams, 1977). Novick (1966, p. 13) gibt dazu folgendes Beispiel (freie Übersetzung der Autorinnen):

Beispiel

► Angenommen, man würde einen Test, der aus mehreren Items besteht, einer Testperson vorlegen, die gerade an starken Kopfschmerzen leidet, und angenommen, diese Kopfschmerzen führten zu einem schlechten Abschneiden beim Test. Jedem Item läge jeweils ein wahrer Wert T zugrunde und die Kopfschmerzen entstammten einer Zufallsstichprobe von Kopfschmerz- vs. Kein-Kopfschmerz-Bedingungen. In dieser Testsituation jedoch würde man ein konsistentes Muster aus negativen Fehlerwerten verursacht durch die fixe Kopfschmerz-Bedingung erhalten. Demzufolge sind die Fehlerwerte auch korreliert. ◄◄

Auch die angenommene Nullkorrelation zwischen dem Fehler- und dem wahren Wert muss nicht gegeben sein. So lässt sich z. B. zeigen, dass extrem hohe und extrem niedrige Merkmalsausprägungen im Gegensatz zu mittleren Bereichen weniger genau gemessen werden können und somit eine Korrelation zwischen dem Fehlerwert und der Ausprägung des zu erfassenden Merkmals vorliegt. Außerdem müssen nicht alle Einflüsse auf das Testergebnis Zufallseinflüsse sein, sondern können systematisch entstanden sein. Zum Beispiel kann soziale Erwünschtheit in unterschiedlichen Situationen bei der Bearbeitung von Persönlichkeitstests systematisch auftreten und das Testergebnis beeinflussen (Stumpf, 1996). Auch bezogen auf das Beispiel der Mathearbeiten zu Beginn dieses Kapitels lässt sich argumentieren, dass Schwankungen in den Ergebnissen der Schüler sehr wohl durch systematische Einflüsse zustandekommen, z. B. kann intensives Üben im Nachhilfeunterricht bei der letzten Arbeit des Schuljahres zu einer verbesserten mathematischen Leistungsfähigkeit geführt haben. Die Annahme der KTT, dass die wahren Werte einer Person zeitlich stabil bleiben, ist nur bei kurzen Zeiträumen vertretbar und selbst dann nur für bestimmte Merkmalsbereiche. Hier spielt auch die *Eigenschaftsdebatte* eine Rolle, in der darüber diskutiert wurde, ob Eigenschaften zeitliche und situativ stabile Merkmale von Personen seien (Traits) oder ob diese eher aktuelle Zustände von Personen beschreiben (States). Befunde zeigen, dass besonders bei der Messung von stimmungs-, müdigkeits- und tätigkeitsabhängigen Variablen die Annahme von konstanten wahren Werten fiktiv ist. Außerdem weisen Ergebnisse darauf hin, dass sich Leistungs- und Persönlichkeitsmerkmale während der Kindheit bzw. Jugend ebenso wie im höheren Erwachsenenalter verändern (siehe auch Heatherton & Weinberger, 1994; Srivastava, John, Gosling & Potter, 2003).

Die KTT setzt für die verwendeten Daten ein Intervall-Skalen-Niveau voraus. Jedoch ist das problematisch, da den Daten oftmals lediglich eine Rangskala zugrundeliegt – es kann nicht angenommen werden, dass die Abstände zwischen den Antwortkategorien einer Skala subjektiv als gleich groß gesehen werden. Aus Gründen der Praktikabilität wird aber häufig unterstellt, es handle sich um eine Intervallskala. Problematisch daran ist, dass das Skalenniveau der Testwerte nicht überprüft werden kann. Zudem ist an der KTT problematisch, dass deren Parameter (Itemkennwerte wie z. B. Schwierigkeit) populationsabhängig sind. Je nach verwendeter Stichprobe können sich die Kennwerte ändern, obwohl das gemessene Konstrukt dasselbe sein soll. Beispielsweise weisen homogene und heterogene Populationen unterschiedliche Reliabilitäten auf. Diese Unterschiedlichkeit resultiert aus der Regel, dass Korrelationen dann geringer ausfallen, wenn Extremwerte eliminiert werden, die Stichprobe also homogener wird und die Variablen weniger Varianz aufweisen (vgl. dazu S. 132). Diese Populationsabhängigkeit hat außerdem zur Folge, dass sich innerhalb größerer Stichproben Substichproben (u. a. mit unterschiedlich reliablen Messwerten) ergeben.

Merke
► Klassische Gütekriterien fallen je nach Stichprobe unterschiedlich aus. ◄◄

Kritisch betrachtet wird auch das Problem der Übertragbarkeit von Kennwerten, die über Personen aggregiert wurden, auf den Einzelfall. Das betrifft die Frage, ob man den individuellen Messwert einer Person tatsächlich mit den Durchschnittswerten der zugehörigen Population vergleichen kann (für einen genaueren Einblick in die Idiographie-Nomothetik-Debatte siehe Kap. 3.3). Außerdem handelt es sich bei der KTT um eine reine Messfehlertheorie, die sich allein mit den »formalen« Elementen des beobachteten Testwerts beschäftigt. Sie erlaubt aber *keine* Aussagen darüber, *wie* Items beantwortet wurden bzw. *wie* die Leistung zustandekam. Gerade diesem Punkt widmet sich eine alternative Testtheorie, die Item-Response-Theorie, die auch dem Verhalten der Testpersonen Beachtung schenkt und deren Antwortmuster analysiert. Die Item-Response-Theorie stellt z. B. Zusammenhänge zwischen der Fähigkeit einer Testperson und ihrem beobachtbaren Testwert auf. Im folgenden Kapitel werden wir auf die Item-Response-Theorie genauer eingehen. Es kann zusammengefasst werden, dass die KTT einige Unzulänglichkeiten aufweist, sich in der Praxis jedoch bewährt hat. Beispielsweise erlauben die auf der KTT basierenden Testverfahren eine differenzierte und objektive sowie reliable Beschreibung von Unterschieden innerhalb einer Person und zwischen Personen, aber auch abgesicherte Prognosen z. B. im Bereich der Eignungsdiagnostik.

Zusammenfassung

Testtheorien sind die Grundlage für die Erfassung von psychischen Eigenschaften, Fähigkeiten und Zuständen. Da eine direkte Beobachtung dieser Merkmale nicht möglich ist, werden Testverfahren konstruiert, mit deren Hilfe die Merkmale erschlossen werden. Von dem im Test gezeigten Verhalten wird auf ein nicht direkt beobachtbares Merkmal geschlossen. Den meisten Testverfahren liegt die Klassische Testtheorie zugrunde. Es handelt sich dabei um eine Messfehlertheorie, bei der es darum geht, den wahren Wert einer Testperson vom Messfehler zu trennen. Da der wahre Wert aber nicht beobachtbar ist, wird die Reliabilität verwendet, um zu erschließen, wie groß der Messfehler ist. Ziel ist eine bestmögliche Schätzung des wahren Wertes mit möglichst geringem Fehleranteil. Die meisten Methoden zur Schätzung der Reliabilität nutzen parallele Messungen, um aus der Korrelation zwischen beiden Messungen die Reliabilität zu bestimmen (Paralleltest-Reliabilität, Split-Half-Reliabilität, Interne Konsistenz). Weitere wichtige Konzepte aus der Klassischen Testtheorie, die vor allem bei der kritischen Betrachtung von Testhandbüchern zum Tragen kommen, sind die Minderungskorrektur, Standardmessfehler, Konfidenzintervalle, kritische Differenzen und die Bedeutung der Testlänge zur Beurteilung der Reliabilität. Die KTT ist die am weitesten verbreitete Testtheorie. Allerdings wird kritisiert, dass viele der Axiome unplausibel, aber auch nicht prüfbar sind, dass die KTT keine Aussagen über das Zustandekommen von Testergebnissen macht und dass Itemkennwerte stichprobenabhängig sind.

Literaturempfehlungen

Amelang, M. & Schmidt-Atzert, L. (2006). *Psychologische Diagnostik und Intervention* (4. Aufl., Kap. 2.1.1). Heidelberg: Springer.

Bühner, M. (2006). *Einführung in die Test- und Fragebogenkonstruktion* (2. Aufl., Kap. 2). München: Pearson Studium.

Moosbrugger, H. & Kelava, A. (Hrsg.). (2007). *Testtheorie und Fragebogenkonstruktion* (Kap. 5). Heidelberg: Springer.

Rost, J. (2004). *Lehrbuch Testtheorie – Testkonstruktion* (2. Aufl.). Bern: Huber.

Steyer, R. & Eid, M. (2001). *Messen und Testen* (2. Aufl., Kap. 9–15). Berlin: Springer.

Tent, L. & Stelzl, I. (1993). *Pädagogisch-psychologische Diagnostik* (Band 1 Theoretische und methodische Grundlagen, Kap. 5, 6). Göttingen: Hogrefe.

Walter, P. (1991). Die »Vermessung« des Menschen: Meßtheoretische und methodologische Grundlagen psychologischen Testens. In S. Grubitzsch, *Testtheorie – Testpraxis. Psychologische Tests und Prüfverfahren im kritischen Überblick* (S. 98–127). Reinbek: Rowohlt.

Fragen zur Selbstüberprüfung

1. Warum sollten mehrere Messungen durchgeführt werden, um die wahre Leistungsfähigkeit eines Probanden zu ermitteln?
2. Warum ist die Klassische Testtheorie eine Messfehlertheorie?
3. Beschreiben Sie kurz die zentralen Grundannahmen der Klassischen Testtheorie!
4. Was bedeuten parallele Messungen und welchen Zweck verfolgen sie?
5. Welche verschiedenen Methoden gibt es, um die Reliabilität von Tests zu bestimmen?
6. Wie hängen Testlänge und Reliabilität zusammen?
7. Erläutern Sie einige Kritikpunkte an der Klassischen Testtheorie!

6 Ergänzungen zur KTT: Die Item-Response-Theorie

Die Item-Response-Theorie (IRT) stellt eine wichtige Ergänzung zur KTT dar, die auf strengeren, dafür aber überprüfbaren Annahmen beruht, und als Reaktion auf viele der Kritikpunkte an der KTT verstanden werden kann. Mehr und mehr neuere Verfahren werden nach der IRT konstruiert, insbesondere aus dem Bereich der Intelligenz- und Leistungsdiagnostik. So zum Beispiel basiert die PISA-Studie auf Rasch-skalierten Items (PISA, 2008), aber auch in der Persönlichkeitsdiagnostik finden sich Inventare auf Grundlage der IRT, wie das Trierer Integrierte Persönlichkeitsinventar (TIPI; Becker, 2003). Unter »item response« versteht man die Itembeantwortung. Der Testwert wird aus der Beantwortung eines Items ermittelt (z. B. 1 für richtig, 0 für falsch). Im Gegensatz zur KTT, die einen deskriptiven Ansatz verfolgt, versucht die IRT zu erklären, nicht nur zu beschreiben. Sie geht der Frage nach, welche *Rückschlüsse auf die interessierenden Merkmale* gezogen werden können, wenn lediglich Antworten der Probanden auf den Items vorliegen. Die IRT beschäftigt sich also mit dem Entstehen der »item response« und bearbeitet Fragen wie:

a) Wie kommt der Testwert zustande?
b) Darf der Testwert als Indikator einer zugrundeliegenden Eigenschaft verwendet werden?

Die Fragen sind berechtigt, denn – wie wir im vorhergehenden Kapitel ausführlich behandelt haben – kein Item ist perfekt. Das heißt, alle Items erheben neben einem wahren Wert auch einen Messfehler. Darüber hinaus bedeutet ein reliabler Testwert noch lange nicht, dass tatsächlich die eine zugrundeliegende Eigenschaft gemessen wurde (aus Reliabilität folgt nicht Validität). So besteht z. B. die Möglichkeit, dass mehrere Eigenschaften erfasst wurden, sofern dies nicht explizit überprüft wurde.

Die KTT beschäftigt sich also insbesondere mit dem Messfehler. Mit der Entwicklung der KTT wurde der Frage nachgegangen, ob Tests bestimmte Eigenschaften tatsächlich genau und gut messen. Es folgten die mathematisch hergeleiteten Axiome der KTT mit dem Ziel, den Messfehler so gering wie möglich zu halten, um so z. B. gute Vorhersagen treffen zu können. Mit anderen Worten: Die KTT beschäftigt sich vorrangig mit Fragen der Reliabilität. Ein kurzes Gedankenexperiment veranschaulicht die Vorgehensweise bei Testkonstruktionen nach der KTT: Angenommen, wir wollen einen Persönlichkeitsfragebogen zur Erfassung von Zerstreutheit konstruieren. Dazu werden 10 Items formuliert, z. B. »Ich muss öfters feststellen, einige Dinge zu Hause vergessen zu haben«, und 20 Probanden zur Bearbeitung vorgelegt. Für jedes der 10 Items erhalten wir also 20 Antworten. Daraufhin wird eine Itemanalyse durchgeführt (Genaueres dazu im folgenden Kapitel), d. h. jedes Item wird entsprechend seiner berechneten Parameter bewertet, z. B.:

a) Wie gut passt das Item zu allen anderen?
b) War das Item zu schwierig?
c) Kann das Item zwischen wenig zerstreuten und sehr zerstreuten Leuten differenzieren?

Items, die die vorgegebenen Kriterien nicht erfüllen, werden eliminiert oder umformuliert. Auch wenn die KTT relativ leicht anwendbar ist und Fragen nach der Reliabilität gut beantwortet, so hat sie doch auch Schattenseiten. Einige der Kritikpunkte an der KTT wurden von der IRT aufgegriffen. Es handelt sich bei der KTT um eine *mathematische* Theorie, die das Verhalten und die Fähigkeiten von Personen in den Axiomen nicht explizit berücksichtigt. Insofern muss hinterfragt werden, ob die mittels KTT erhaltenen Testwerte tatsächlich mit der Fähigkeit der Testperson gleichgesetzt werden dürfen. Dafür müsste *Eindimensionalität* bzw. *Itemhomogenität* vorliegen, was aber in der KTT nicht überprüft wird. Ein weiterer Nachteil der KTT ist die *Stichprobenabhängigkeit* der Parameter. Die Kennwerte von Items und Tests (z. B. Reliabilität, Testwerte) fallen je nach untersuchter Stichprobe unterschiedlich aus. Beispielsweise ist der Mittelwert der Verteilung von Depressionswerten eines in Westeuropa für männliche Personen geeichten Tests nicht auf eine Gruppe Südseeinsulaner anwendbar.

Eine innovative Herangehensweise, um diesen Problemen zu begegnen, stellte Rasch (1960) vor. Im Gegensatz zu mathematischen Theorien sollten hier psychologische Theorien die Grundlage sein. Versuchen wir also das soeben vorgestellte Beispiel auf die Gedanken Raschs zu beziehen: Die 10 formulierten Items werden von 20 Personen bearbeitet. Nun stellt sich aber die Frage: Wieso hat Person X das Item genauso beantwortet? Die Antwort Raschs hätte lauten können: Weil sie mit einer bestimmten Fähigkeit auf ein relativ schwieriges Item reagiert hat.

6.1   Grundannahmen der IRT

Die zentrale Annahme im Rahmen der IRT ist, dass die *manifesten* Variablen, also das beobachtbare Antwortverhalten von Probanden auf Testitems, durch *latente* Personenvariablen erklärt werden. Latente Variablen sind nicht beobachtbare, hinter den Antworten der Testperson »verborgene« Fähigkeiten, von denen das manifeste Antwortverhalten abhängig ist. Daraus folgt, dass die Itemantworten systematisch zusammenhängen müssten. Nach der IRT sollen die latenten Variablen diese systematischen Zusammenhänge zwischen Items erklären. Wie bereits in vergangenen Kapiteln erwähnt, werden die latenten Variablen auch *Konstrukte* genannt; das alltagspsychologisch wohl bekannteste Konstrukt ist die Intelligenz. Von den Reaktionen auf bestimmte Items wird auf entsprechende Fähigkeitsmerkmale geschlossen. Während die KTT auf alle Maße anwendbar ist, da sie von vornherein und ohne zu überprüfen annimmt, dass der Summenscore eines Tests intervallskaliert ist und die zugrundeliegende Fähigkeit abbildet, beinhaltet die IRT restriktivere Annahmen über Items und das Zustandekommen von Testwerten.

Die Kernfrage der Item-Response-Theorie lautet: Wie kommen Antworten auf Items zustande? Dabei geht die IRT von folgenden Grundannahmen aus:

- Antworten auf Items sind Indikatoren für latente Fähigkeiten, Merkmale oder Verhaltensdispositionen.

- Die Lösungswahrscheinlichkeit eines Items ist abhängig von
  1. der Fähigkeit einer Person und
  2. der Schwierigkeit des Items.
- Annahme eines *latenten Kontinuums*: Dieses Kontinuum bezieht sich auf Fähigkeiten oder Eigenschaften (die nicht sichtbar, sondern latent sind), auf denen jede Person ihre spezifische Ausprägung hat. Das bedeutet, dass Eigenschaften auf einem Kontinuum in verschiedenen Ausprägungen vorliegen können und jede dieser Ausprägungen durch konkrete Personen besetzt werden kann. Jede Lösung einer Aufgabe in einer Mathearbeit ist also ein Indikator für die mathematische Leistungsfähigkeit des Schülers.

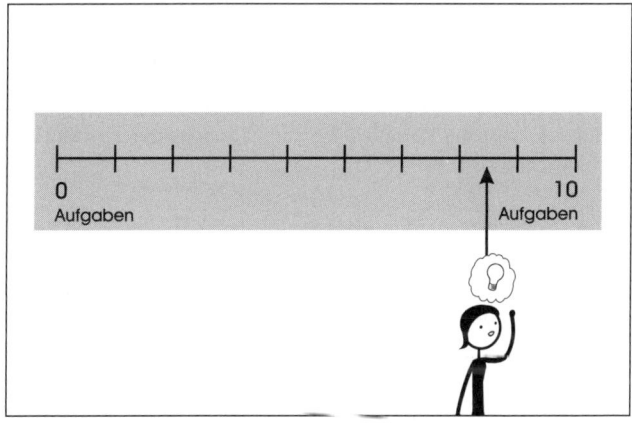

Abb. 6.1: Latentes Kontinuum

Um nun das Antwortverhalten auf die latenten Variablen zurückzuführen, müssen die Items homogen sein, d. h. alle das gleiche Konstrukt messen. Wenn alle Items auf die gleiche latente Dimension zurückgehen, wird das als Eindimensionalität bezeichnet. Um Homogenität zu ermitteln, muss *lokale Unabhängigkeit* der Items untereinander festgestellt werden. Das bedeutet: Hält man die zu messende Eigenschaft oder Fähigkeit konstant, dann sollten die Items untereinander keinen Zusammenhang mehr aufweisen. Betrachtet man beispielsweise ausschließlich Personen mit einem »wahren« Konzentrationsleistungswert von 80, dann könnte man annehmen, dass auch ihre Antworten auf den Items einer Skala identisch ausfallen. Jedoch geht in diese Itemantworten neben einer konstanten »wahren« Konzentrationsleistungsfähigkeit noch ein unsystematischer Fehlerwert mit ein. Trägt man die Antworten aller Personen auf den beiden Items in einem Diagramm ab, dann würde sich eine Punktwolke ergeben und die Korrelation wäre Null. Würde die Korrelation höher ausfallen, obwohl Personen gleicher Fähigkeit herangezogen wurden, dann ließe sich das Antwortverhalten nicht auf die eine Fähigkeit zurückführen, sondern auch auf ein oder mehrere andere Merkmale. Liegt lokale Unabhängigkeit vor, so wird der Zusammenhang von Items untereinander *nur durch die Fähigkeitsunterschiede* bedingt.

Merke

► Ein Item ist dann ein guter Indikator für ein Konstrukt, wenn die Leistung komplett auf die Fähigkeitsausprägung zurückzuführen ist. ◄◄

Es muss beachtet werden, dass die lokale Unabhängigkeit keine *korrelative Unabhängigkeit* darstellt (Stelzl, 1993). Lokale Unabhängigkeit bedeutet, dass durch das hypothetische Konstanthalten der Fähigkeitsausprägungen von Testpersonen die Items untereinander keinen Zusammenhang mehr aufweisen. Korrelative Unabhängigkeit würde hingegen bedeuten, dass der Zusammenhang der Items in einer Personenstichprobe (in der die Fähigkeitsausprägungen heterogen vorliegen) gleich Null ist. Das trifft auf Items eines Rasch-homogenen Tests jedoch nicht zu, da sie dasselbe Konstrukt erfassen und somit notwendigerweise untereinander korreliert sind.

Betrachten wir ein weiteres Beispiel: Eine hochintelligente Person löst ein schwieriges Intelligenztest-Item A, die weniger intelligente Person jedoch nicht. Die weniger intelligente Person löst dafür ein leichteres Item B (die hochintelligente natürlich auch). Der Unterschied in der Beantwortung von Item A und B geht nur auf die Fähigkeitsunterschiede der Personen und der unterschiedlichen Schwierigkeiten der Items zurück. Die Beantwortung der Items geht nicht darauf zurück, welches Item bereits gelöst wurde oder noch zur Bearbeitung aussteht. Dieses Phänomen wird als *lokale stochastische Unabhängigkeit* bezeichnet. Die Wahrscheinlichkeit, Item A zu lösen, ist also von der Wahrscheinlichkeit, Item B zu lösen, stochastisch unabhängig.

Definition

▶ *Lokale Unabhängigkeit*: Bei Konstanthalten der latenten Variablen weisen Items untereinander keinen Zusammenhang mehr auf.

Lokale stochastische Unabhängigkeit: Die Wahrscheinlichkeit, ein Item zu lösen, beeinflusst nicht die Wahrscheinlichkeit, ein anderes Item zu lösen.

Korrelative Unabhängigkeit: Der Korrelationskoeffizient zwischen zwei Items in einer heterogenen Stichprobe von Personen beträgt Null (bei Rasch-homogenen Tests normalerweise nicht gegeben). ◄◄

Kann also bei einem Test lokale Unabhängigkeit oder lokale stochastische Unabhängigkeit festgestellt werden, dann liegen homogene Items vor, die sich auf ein latentes Merkmal zurückführen lassen (Eindimensionalität).

Die Item-Response-Theorie liegt einer Vielzahl an Modellen zugrunde, wie z. B. das Guttman-Modell, das Rasch-Modell, das Birnbaum-Modell, das Latent-Class-Modell oder das U-Modell. Die Wahl des richtigen Modells hängt u. a. vom Skalenniveau, der Anzahl der Antwortkategorien oder der Einführung von Rateparametern ab. Im Folgenden stellen wir kurz das deterministische Modell von Guttman vor und widmen uns anschließend dem dichotomen Rasch-Modell. Für weiterführende Literatur empfiehlt sich zudem Bond und Fox (2001), Bühner (2006, Kap. 7), Moosbrugger und Kelava (2007, Kap. 10) und Rost (2004). Eine leicht verständliche Ausführung zum dichotomen Rasch-Modell findet sich bei Fisseni (2004, Kap. 6).

6.2   Modelle der IRT

Zwei weitere wichtige Begriffe in der IRT sind *Personenparameter (PP)* und *Itemparameter (IP)*. Es handelt sich dabei um unbekannte Variablen, die im Rahmen einer nach der IRT konzipierten Analyse erst geschätzt werden müssen.

 Merke

▸ *Personenparameter*: ein Parameter der Fähigkeiten, Einstellungen oder Dispositionen einer Person
   Itemparameter: ein Parameter der Schwierigkeit oder Anforderung eines Items ◂◂

In der IRT unterscheidet man zwischen *deterministischen* und *probabilistischen Modellen*. Das deterministische Guttman-Modell (vgl. Guttman-Skalogramm-Analyse; Guttman, 1950) geht davon aus, dass das Antwortverhalten durch den Item- und Personenparameter vollständig bestimmt ist. Bezogen auf das Mathematik-Beispiel bedeutet dies, dass die Note des Schülers allein durch seine mathematische Leistungsfähigkeit und die Schwierigkeit der Aufgaben determiniert ist. Übersteigt also die Fähigkeit des Probanden (Personenparameter) die Schwierigkeit der Aufgabe (Itemparameter), so wird er diese erfolgreich bearbeiten. Die probabilistischen Modelle nehmen im Gegensatz zu deterministischen Ansätzen eine Wahrscheinlichkeitsbeziehung (daher der Begriff »probabilistisch«) zwischen dem Antwortverhalten der Person einerseits und den Personen- sowie Itemparametern andererseits an (z. B. Rasch-Modell). Diese Modelle sind insofern plausibler, da sie einen gewissen Freiraum (z. B. wegen Fehlereinflüssen) in der Vorhersage der Antworten durch Personenparameter und Itemparameter erlauben. Innerhalb der IRT sind die probabilistischen Modelle stärker verbreitet, so dass der Begriff »Probabilistische Testtheorie« häufig synonym für Item-Response-Theorie gebraucht wird. Beide Modelle werden im Folgenden am Beispiel bedeutsamer Vertreter vorgestellt.

6.2.1 Das Guttman-Modell

Das Guttman-Modell nach Guttman (1950) weist Items und Personen eine gemeinsame Rangreihe zu, in der sowohl Items als auch Personen abgetragen werden. Wenn die Person ein bestimmtes Item löst, kann angenommen werden, dass sie auch alle leichteren Items löst. Bewältigt der Schüler beispielsweise eine mathematische Gleichung mit zwei Unbekannten, dann wird er auch eine Gleichung mit einer Unbekannten lösen. In den Begriffen der IRT ausgedrückt bedeutet das, dass die Lösungswahrscheinlichkeit von 0 auf 1 »springt«, wenn der Fähigkeitsparameter den Schwierigkeitsparameter übersteigt. Die Funktion, die diesen Zusammenhang abbildet, ist eine »Sprung«-Funktion (vgl. **Abb. 6.2**). Um alle Items einer Skala und zudem alle Personen, die die Skala bearbeiten, in eine Rangreihe zu bringen, bildet man diese im sogenannten *Guttman-Skalogramm* ab (vgl. **Tab. 6.1**). Beispielsweise könnten wir Personen nach ihrem Gewicht fragen (»Sind Sie schwerer als 50 kg?«, »Sind Sie schwerer als 60 kg?«), sie nach Gewicht vertikal anordnen und die Items nach ihrer Schwierigkeit (also die Beantwortung mit ja) horizontal anordnen.

Tab. 6.1: Ein Guttman-Skalogramm am Beispiel des Gewichtes von Personen

Personen	Items			
	1	2	3	4
	> 50 kg?	> 60 kg?	> 70 kg?	> 80 kg?
1 (45 kg)	0	0	0	0
2 (55 kg)	1	0	0	0
3 (65 kg)	1	1	0	0
4 (75 kg)	1	1	1	0
5 (85 kg)	1	1	1	1

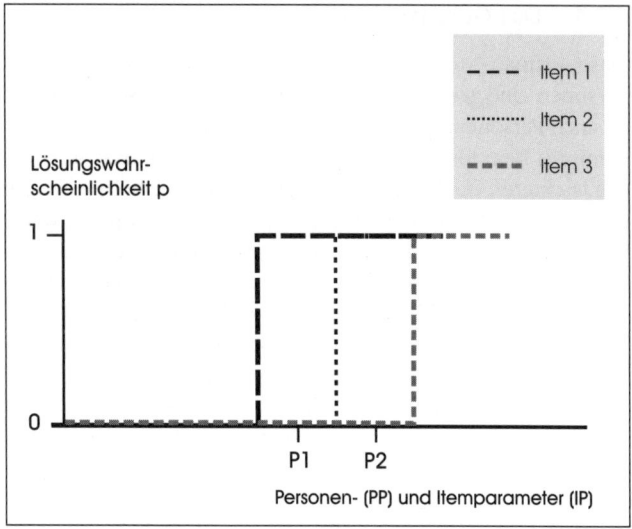

Abb. 6.2: Itemcharakteristik-Kurven von Guttman-skalierten Items

Das Skalogramm ergibt somit eine Dreiecksmatrix, in der die Diagonale und alle Zellen darüber aus Nullen bestehen und die Zellen darunter aus Einsen. Eine Person, die beispielsweise 65 kg wiegt, beantwortet die Items 1 und 2 positiv, nicht aber Item 3 und somit auch alle »schwereren Items« nicht. Wie aus **Abbildung 6.2** ersichtlich wird, ergeben sich für die Itembeantwortung charakteristische Item-Kurven (sogenannte Itemcharakteristik-Kurven, engl. *item characteristic curves, ICC*), wenn man die Lösungswahrscheinlichkeit einzelner Items gegen die Fähigkeit der Personen abträgt. Die Itemcharakteristik-Kurven entsprechen hier einer Sprungfunktion, d. h. ab einer gewissen Ausprägung auf der X-Achse springt die Lösungswahrscheinlichkeit von 0 auf 1. Die Y-Achse bezieht sich in unserem Beispiel aus **Tabelle 6.1** auf die Wahrscheinlichkeit der Ja-Antwort, d. h. die Wahrscheinlichkeit, mit der die Person schwerer ist als Item j. Je nachdem, welche Annahmen die Testkonstrukteure haben, kann die Y-Achse aber auch die Wahrscheinlichkeit der Nein-Antwort oder die der Richtig- oder Falsch-Antwort anzeigen.

6.2.2 Das dichotome Rasch-Modell

Gegenstand des dichotomen Rasch-Modells sind Items, deren Antworten nur die Werte 1 oder 0, z. B. Ja oder Nein, Richtig oder Falsch, annehmen können. Das dichotome Rasch-Modell besagt, dass der Personenparameter und der Itemparameter die Wahrscheinlichkeit bestimmen, mit der eine Testperson ein Item löst (bzw. mit »Ja« antwortet). Je weiter also die Personenfähigkeit die Itemschwierigkeit übersteigt, desto wahrscheinlicher ist es, dass die Person das Item löst. Je besser der Schüler ist, desto höher ist auch seine Chance, die Aufgabe zu lösen. Im Guttman-Modell dagegen gibt es nur zwei Möglichkeiten: Das Item wird gelöst oder es wird nicht gelöst. Die Lösungswahrscheinlichkeit p eines Items nach dem Rasch-Modell setzt sich also aus einer Funktion der Differenz zwischen Personenparameter und Itemparameter zusammen:

$$p = f(PP - IP)$$

Die Itemcharakteristik-Kurven (ICCs)

Anhand von **Abbildung 6.3** sollen die Itemcharakteristik-Kurven näher erläutert werden.

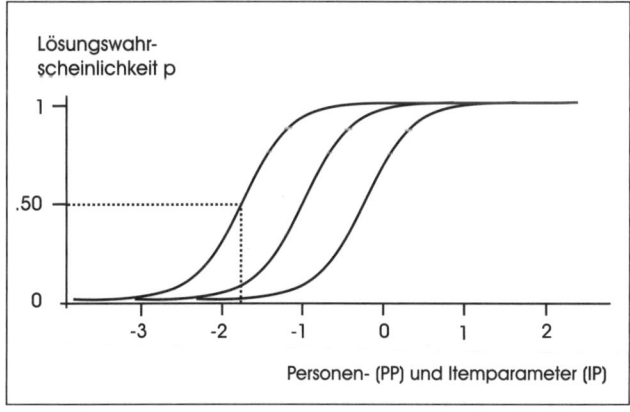

Abb. 6.3: Itemcharakteristik-Kurven von drei Items nach dem Rasch-Modell

Jede der Kurven gehört zu einem Item. Die unterschiedlichen Kurven spiegeln Items unterschiedlicher Schwierigkeiten wider. Die Kurven entsprechen der Funktion der Lösungswahrscheinlichkeit für jedes Item. Die Y-Achse gibt die Wahrscheinlichkeit an, mit der ein Item einer bestimmten Schwierigkeitsstufe gelöst wird. Angewendet auf unseren Schüler bedeutet das: Wie wahrscheinlich ist es, dass er die Aufgabe lösen wird? Die X-Achse gibt den Personenparameter an; bei dem Schüler entspricht das seiner Fähigkeit, Mathematikaufgaben zu lösen. Sprachen wir anfangs vom latenten Kontinuum, so findet sich dieses hier abgetragen auf der X-Achse: Man könnte alle Personen, die diesen Test bearbeiten, nach ihrem individuellen Personenparameter einordnen. Der Itemparameter (Schwierigkeit) ist in der Abbildung an der Stelle auf der X-Achse abzulesen, an der die Itemkurve die Lösungswahrscheinlichkeit (Y-Achse) von p = .50 schneidet.

 Merke
► Der *Itemparameter* ist definiert als die Fähigkeitsausprägung von Personen, wenn die Lösungswahrscheinlichkeit eines Items bei p = .50 liegt. ◄◄

Um den Verlauf der ICCs und somit den Zusammenhang zwischen Lösungswahrscheinlichkeit und Item- und Personenparameter mathematisch abzubilden, musste eine passende Funktion gefunden werden. Nach Rasch erschien eine logistische Funktion am besten geeignet, die Wahrscheinlichkeit, mit der das Item gelöst wird (x=1), aus den Differenzen, d. h. dem Abstand, zwischen Item- und Personenparameter vorherzusagen:

$$p(x=1) = \frac{e^{(PP-IP)}}{1 + e^{(PP-IP)}}$$

Diese logistische Funktion hat nach Rasch u. a. folgende Eigenschaften:

1. Ist der Itemparameter größer als der Personenparameter, dann sinkt die Lösungswahrscheinlichkeit (p < .50).
2. Ist der Itemparameter kleiner als der Personenparameter, dann steigt die Lösungswahrscheinlichkeit (p > .50).

3. Sind Item- und Personenparameter gleich groß, dann beträgt
   die Lösungswahrscheinlichkeit 50 % (p = .50).

Außerdem nimmt das Rasch-Modell lokale Unabhängigkeit
(oder lokale stochastische Unabhängigkeit) an. Wie bereits erläutert, bedeutet dies, dass bei einer konstant gehaltenen Fähigkeit die Lösung von Item A nicht mit der Lösung des Items
B zusammenhängen darf. Die Lösung eines Items hängt allein
von der Fähigkeit ab. Es gibt keine weiteren Einflüsse – z. B.
Einfluss der Aufmerksamkeit bei der Bearbeitung von Intelligenztests. Die Kurven verlaufen zudem *parallel* zueinander (vgl.
Abb. 6.3), das heißt, alle Items besitzen die *gleiche Trennschärfe.* Trennschärfen beschreiben einen auf Items bezogenen Kennwert, der besagt, wie gut das Item zwischen Personen unterschiedlicher Fähigkeiten differenziert. Die Trennschärfe
entspricht der Steigung einer Tangente am Mittelpunkt einer
Itemcharakteristik-Kurve. Der Mittelpunkt ist der gedachte
Schnittpunkt der Itemkurve bei einer Lösungswahrscheinlichkeit von p = .50.

Abbildung 6.4 zeigt die Charakteristik-Kurven von zwei Items,
die unterschiedliche Trennschärfen aufweisen. Item A weist eine
höhere Trennschärfe auf als Item B, da der Anstieg der Tangente von Item A steiler ist. Stellen wir uns nun vor, dass Schüler 1
und Schüler 2 jeweils beide Aufgaben bearbeiten sollen und dass
Schüler 2 einen größeren Personenparameter aufweist als Schüler 1. Vergleicht man die beiden Schüler miteinander, dann fällt
der Unterschied ihrer Lösungswahrscheinlichkeiten bei Item A
(12 % vs. 87 %) größer aus als bei Item B (25 % vs. 62 %). Item A
zeigt also einen größeren Unterschied in den Lösungswahrscheinlichkeiten bei gegebenem Fähigkeitsunterschied an als
Item B und differenziert damit stärker zwischen beiden Schülern.
Höhere Trennschärfen von Items führen dazu, dass die Wahrscheinlichkeit, das Item zu lösen, bei zunehmender Fähigkeits-
ausprägung/steigendem Personenparameter schneller ansteigt.
Unterschiedliche Trennschärfen sind beim dichotomen Rasch-
Modell unerwünscht, da sie bestimmte Probleme, z. B. bei der
Parameterschätzung, mit sich bringen (siehe z. B. Bühner, 2006,
S. 319). Deswegen sollten im Rahmen der Rasch-Skalierung

Tests konstruiert werden, bei denen alle Items die gleichen Trennschärfen aufweisen.

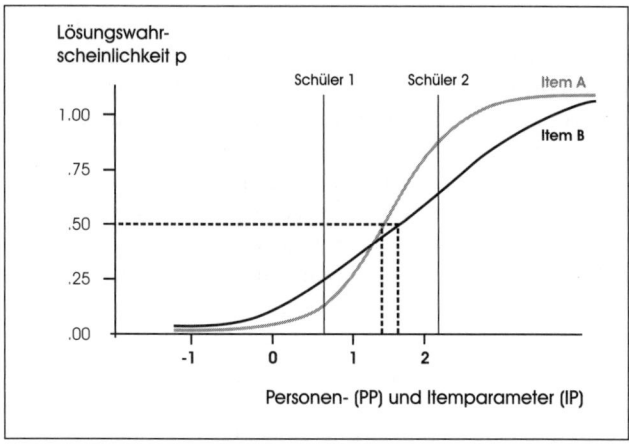

Abb. 6.4: Itemcharakteristik-Kurven von nicht-Rasch-homogenen Items unterschiedlicher Trennschärfen

Der entscheidende Vorteil des Rasch-Modells liegt in der *spezifischen Objektivität*. Spezifische Objektivität besagt, dass Vergleiche zwischen Personen gezogen werden können, unabhängig davon, welche Items beantwortet wurden, und dass Vergleiche zwischen Items gezogen werden können, unabhängig davon, welche Personen diese beantworteten. Betrachten wir dazu die einzelnen Komponenten des Achsensystems (vgl. **Abb. 6.3**). Eine *Differenz der Personenparameter* sagt item-unabhängig etwas über den Fähigkeitsunterschied der Personen aus. Beispielsweise entspricht der Unterschied zwischen Person A (Testwert = 3) und Person B (Testwert = 4) dem Fähigkeitsunterschied zwischen Person C (Testwert = 1) und Person D (Testwert = 2), weil sie alle auf einer Dimension gemessen wurden (alle wurden anhand derselben Punkteskala beurteilt). Dieser *Fähigkeitsunterschied* bleibt unabhängig von der Itemmenge gleich und ist unabhängig von den Itemparametern interpretierbar, d. h. unabhängig davon, welche Items von den zu vergleichenden Probanden bearbeitet wurden, können Aussagen über Fähigkeitsunterschiede getroffen werden. Die *Differenz der Itemparameter* sagt in gleicher Weise etwas über den Unterschied der Itemschwierigkeiten aus, unabhängig von den Personenparametern. Egal, welche Personen oder Stichproben die zu vergleichenden Items lösten, es können Aussagen über unterschiedliche Itemschwierigkeiten getroffen werden. Im Gegensatz dazu ist in **Abbildung 6.4** keine spezifische Objektivität gegeben, da das Item A in dem Bereich links von dem Schnittpunkt der Kurven beider Items eine geringere Lösungswahrscheinlichkeit aufweist als das Item B, obwohl Item A das leichtere Item ist. Bei Rasch-homogenen Items hingegen haben schwere Items über alle Fähigkeitsbereiche (Personenparameter) hinweg geringere Lösungswahrscheinlichkeiten als leichtere Items. Aufgrund der spezifischen Objektivität gelten Rasch-Modelle als *stichprobenunabhängig*. Das wird an den ICCs insofern ersichtlich, als es gleichgültig ist, welche Items zum Vergleich von Personen verwendet werden und welche Personen (hohe oder niedrige Fähigkeiten) zum Vergleich von Items untersucht werden. Diese Annahme gilt aber nur dann, wenn die Modellgeltung für die interessierenden Stichproben nachgewiesen ist. Wie die Geltung des Modells festgestellt wird, ist im Folgenden beschrieben.

Parameterschätzung im dichotomen Rasch-Modell

Der aufmerksame Leser fragt sich möglicherweise, wie ein Testentwickler überhaupt die ICCs abtragen konnte bzw. welche Werte er für die Personen- und Itemparameter erhielt. Die Antwort dazu lautet, dass die bislang vorgestellten ICCs (vgl. **Abb. 6.3**) das Endergebnis einer auf dem Rasch-Modell basierenden Testkonstruktion darstellen. Den Ausgangspunkt der Testkonstruktion bilden jedoch Items, die einer Stichprobe zur Bearbeitung vorgelegt werden. Hierzu sei das Beispiel der Entwicklung eines Zerstreutheitsfragebogens wieder aufgegriffen. Wir haben dafür eine sehr vereinfachte Darstellung der Parameterschätzung gewählt (vgl. dazu auch Fisseni, 2004, Kap. 6). Normalerweise erfolgt dieser Prozess computerbasiert über Schätzalgorithmen wie z. B. die Maximum-Likelihood-Methode (vgl. Rost, 2004, Kap. 4).

Alles, was dem Testentwickler vorliegt, sind die 20 Antworten der Personen pro Item. Ähnlich wie in der KTT wird jedes Item genau analysiert. In diesem Falle geht man der Frage nach der Schwierigkeit der Items nach, d. h. wie viele Probanden das Item mit ‚ja' beantwortet haben (nicht zu verwechseln mit dem Itemparameter!). Erhält man z. B. 80 % richtige Antworten eines Items, dann beträgt der *Schwierigkeitsindex* des Items p = .80. Der Schwierigkeitsindex gibt an, wie groß der relative Anteil von Probanden ist, die ein Item »richtig« (im Sinne höherer Merkmalsausprägung) beantworten. Der Schwierigkeitsindex wird wie folgt berechnet:

$$p = \frac{N_R}{N}$$

Das p steht für den Schwierigkeitsindex, N_R für die Zahl der Probanden, die die Aufgabe im Sinne des Merkmals beantwortet haben, und N für die Gesamtzahl aller Probanden. Hohe Werte im Schwierigkeitsindex p stehen also für eine *niedrige Schwierigkeit*, weil viele Probanden das Item lösten, und niedrige Werte stehen umgekehrt für eine hohe Schwierigkeit der Aufgabe. Es ist wichtig hervorzuheben, dass mit der Schwierigkeit p des Items nicht der Itemparameter gemeint ist. Die Schwierigkeit p wird aus einer Verteilung von Testpersonen der aktuellen Stichprobe berechnet. Die Schwierigkeit spiegelt also manifeste Daten wider, der Itemparameter hingegen muss aus diesen Daten erst geschätzt werden.

Merke

▶ *Hohe* Werte des Schwierigkeitsindexes p stehen für eine *niedrige Schwierigkeit* des Items und *niedrige* Werte für eine *hohe Schwierigkeit.* ◀◀

Dem Testentwickler liegen also dazu lediglich die manifesten Variablen vor (d. h. die Itembeantwortung, die sich als Itemschwierigkeit p = .80 festhalten lässt). Die latenten Variablen kennt er jedoch nicht. Als latente Variablen gelten Personen- und Itemparameter, die anhand der manifesten Variablen erschlossen werden *(Parameterschätzung)*. Anhand der Schätzung dieser

Parameter wird anschließend überprüft, ob der Test Rasch-homogen ist *(Modelltest)*. Dazu werden die Daten in das Modell (das Rasch-Modell) gegeben und analysiert, ob die daraus resultierenden Parameter auch tatsächlich geeignet sind, die empirischen Daten wiederzugeben. Die zentrale Frage lautet also: Passt das Modell zu den Daten?

Im ersten Schritt der Parameterschätzung wird eine Tabelle aus den Itemschwierigkeiten der Daten erstellt (vgl. **Tab. 6.2**).

Tab. 6.2: Schwierigkeitsindizes von drei Items eines Zerstreutheitsfragebogens

		Probandengruppen → Fähigkeit		
	Items	A	B	C
Schwierigkeit ←	1	p = .40	p = .60	p = .90
	2	p = .30	p = .50	p = .80
	3	p = .20	p = .40	p = .70

Probanden sind in den Spalten mit steigender Fähigkeit und die Items in den Zeilen mit steigender Schwierigkeit abgetragen. Die Probanden A bis C stellen eigentlich Probandengruppen dar, die sich jeweils aus Personen zusammensetzen, die dasselbe Antwortverhalten (z. B. den selben Summenscore) zeigten; anderenfalls könnte keine Lösungswahrscheinlichkeit berechnet werden. In den Zellen finden sich die einzelnen Lösungswahrscheinlichkeiten (bzw. Schwierigkeitsindizes) p.[7]

In Bezug auf **Tabelle 6.2** sollte auf eine bereits erwähnte Annahme hingewiesen werden: Nach dem Rasch-Modell ist die Lösungswahrscheinlichkeit sowohl von der latenten Fähigkeit der

---

7 In früheren Untersuchungen wurden Personen, die alle Items oder gar kein Item gelöst haben, von der weiteren Analyse ausgeschlossen, da sie keinen Informationsgehalt beinhalteten. Jedoch gibt es mittlerweile Verfahren (z. B. die WML-Methode, vgl. Rost, 2004, S. 313), die trotz solcher Extremwerte geeignete Parameterschätzungen vornehmen können.

Person (PP) als auch von dem Itemparameter (IP) abhängig. Setzt man nun in die logistische Funktion p = f(PP – IP) die ps aus **Tabelle 6.2** ein und logarithmiert sie, erhält man damit die numerischen Differenzen zwischen Personen- und Itemparameter. Die Logarithmierung führt also dazu, dass man die sogenannten Logits der Lösungswahrscheinlichkeit ermittelt, die der Differenz zwischen PP und IP entsprechen (PP – IP). Daher wird im zweiten Schritt die **Tabelle 6.2** in eine sogenannte Logit-Tabelle (**Tab. 6.3**) umgeformt, die die Differenzen zwischen PPs und IPs beinhaltet. Im dritten Schritt werden schließlich die Parameter geschätzt, da die Differenz zwei Unbekannte enthält (Personenfähigkeit und Itemschwierigkeit).

Tab. 6.3: Logits der Lösungswahrscheinlichkeiten

		Probandengruppen → Fähigkeit		
	Items	A PP(A)	B PP(B)	C PP(C)
Schwierigkeit ←	1 IP(1)	PP(A) – IP(1)	PP(B) – IP(1)	PP(C) – IP(1)
	2 IP(2)	PP(A) – IP(2)	PP(B) – IP(2)	PP(C) – IP(2)
	3 IP(3)	PP(A) – IP(3)	PP(B) – IP(3)	PP(C) – IP(3)

In den Zellen von **Tabelle 6.3** stehen eigentlich numerische Werte, die im zweiten Schritt bereits ermittelt wurden (die Logits der Lösungswahrscheinlichkeiten p). Um die in den Zellen abgetragenen Differenzen nun nach einem der Parameter aufzulösen, bleibt dem Testentwickler (bzw. dem Computerprogramm) nichts anderes übrig, als für einen der zwei unbekannten Parameter einen mehr oder weniger beliebigen Wert einzusetzen (z. B. für PP(A) = 1.0). Dadurch lässt sich der andere Parameter ebenfalls berechnen. Diese Vorgehensweise wird auf die gesamte Tabelle angewendet, bis alle Parameter geschätzt wurden. Natürlich sind die so ermittelten Parameter nicht beliebiger Natur. Ein Großteil ist den Daten (p) und den Annahmen des Rasch-Modells (logistische Funktion) angepasst. Parameterschätzungen erfolgen jedoch nicht einmalig, wie soeben modellhaft beschrieben, sondern *iterativ*, d. h. die erste Schätzung von Item- und Personenparametern stellt den Ausgangspunkt für weitere Schätzungen dar. Dabei werden die geschätzten Parameter in die logistische Funktion eingesetzt (z. B. Likelihoodfunktion). Dieses Prozedere wird solange wiederholt, bis die Likelihoodfunktion ihr Maximum erreicht hat (vgl. Moosbrugger & Kelava, 2007, S. 226ff).

In einem letzten Schritt müssen die Daten aus den Parametern »reproduziert« werden, d. h. man berechnet »neue« Lösungswahrscheinlichkeiten, die aus den ermittelten Parametern resultieren *würden*. Die soeben geschätzten IPs und PPs werden für jedes Item- und Personenpaar (vgl. die Zellen der **Tabelle 6.3**) in die logistische Funktion p = f(PP – IP) eingesetzt und damit die »neuen« Schwierigkeitsindizes p(neu) ermittelt. Dieses Vorgehen ist notwendig, um eine Antwort auf die Frage zu erhalten, ob die neu geschätzten Schwierigkeitsindizes mit den empirischen Schwierigkeitsindizes aus der Stichprobe übereinstimmen. Der Vergleich zwischen der Tabelle »echter« und neu geschätzter Schwierigkeitsindizes ist in **Abbildung 6.5** abgetragen.

Die linke Tabelle von **Abbildung 6.5** stellt die Daten dar und die rechte Tabelle die auf dem Rasch-Modell basierenden Testwerte (oder: die auf dem Rasch-Modell basierenden Parameter, die in vergleichbare Testwerte zurückgerechnet wurden). Die p-Werte beider Tabellen werden jeweils miteinander verglichen. Da die Hypothese lautet, dass der Fragebogen Rasch-homogen ist, sollten die p-Werte beider Tabellen möglichst gleich ausfallen. Eine Diskrepanz würde für eine Diskrepanz zwischen Daten und Modell sprechen. Die Berechnung der Passung (= Modell-Fit) geschieht mittels Modelltests, die im folgenden Abschnitt beschrieben werden.

Modelltest

Um ein Testverfahren als Rasch-homogen zu bezeichnen, muss eine Prüfung auf *Rasch-Homogenität* erfolgen z. B. durch den grafischen Modelltest oder durch einen Signifikanztest. Es gibt noch weitere Methoden, auf die wir aber nicht eingehen werden (für eine ausführlichere Darstellung siehe Rost, 2004, Kap. 5).

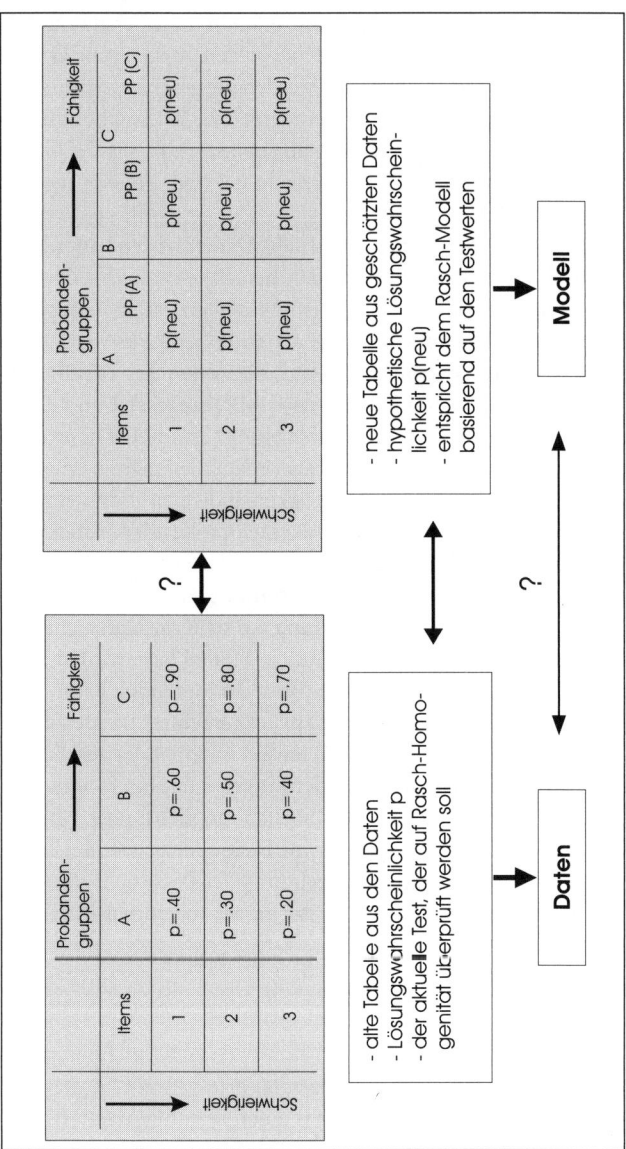

Abb. 6.5: Vergleich von Daten- und implizierter Matrix

Im grafischen Modelltest teilt man die Stichprobe in zwei oder mehrere Teile. Dabei wird der Schwierigkeitsparameter für jedes Item in jeder Stichprobe berechnet. Die berechneten Schwierigkeitsparameter trägt man nun in einem Streudiagramm gegeneinander ab. Modellkonformität liegt dann vor, wenn die abgetragene Gerade nur geringfügig von der Winkelhalbierenden des Koordinatensystems abweicht (für einen kurzen Überblick zum grafischen Modelltest vgl. Kubinger, 1999).

Mittels eines Signifikanztests kann die Hypothese getestet werden, ob das Modell auf die Daten passt. Ein Chi^2-Test prüft, ob die mit dem Test ermittelten Daten von dem Rasch-Modell abweichen (siehe **Abb. 6.5**).[8] Die Nullhypothese besagt also, dass es keinen Unterschied zwischen Daten und Modell gibt. Der Testentwickler wünscht sich also die »Bestätigung« der Nullhypothese.[9] Demzufolge liegt bei einem nicht signifikanten Ergebnis Modellkonformität vor. Die verwendeten Items sind also Rasch-homogen. Erst jetzt kann man schlussfolgern, dass der Fragebogen Aussagen darüber erlaubt, wie wahrscheinlich eine Person mit der Fähigkeit A das Item 1 lösen wird.

Ein Chi^2-Test zur Überprüfung der Modellkonformität ist aber nur eingeschränkt einsetzbar. Wie alle Signifikanztests ist auch der Chi^2-Test durch die Stichprobengröße verzerrt. Je größer die Stichprobe ausfällt, desto eher wird der Test signifikant und die Nullhypothese somit verworfen. Im Falle einer Prüfung auf Modellpassung soll jedoch die Nullhypothese Geltung haben. Man benötigt aber sehr große Stichproben, um genaue Parameterschätzungen zu erhalten. Das heißt, je größer die Stichprobe, desto besser die Parameterschätzung, aber desto eher legt der Signifikanztest nahe, dass keine Passung zwischen Modell und

---

8   Zur Vereinfachung behandeln wir lediglich den Chi^2-Signifikanztest. Jedoch gibt es viele verschiedene Modelltests (zu einer Übersicht siehe Rost, 2004, Kap. 5).

9   Diese umgangssprachliche Formulierung dient der Vereinfachung. Psychologische Hypothesen können eigentlich nicht bestätigt, aber ihre Gegenhypothesen falsifiziert werden. Statistisch korrekt müsste der Satz lauten: »Der Testentwickler wünscht sich also eine Nicht-Bestätigung der Alternativhypothese.«

Daten besteht. Eine Möglichkeit, das Problem des Einflusses der Stichprobengröße zu umgehen, stellt die Verwendung von Fit-Indizes dar, die von der Stichprobengröße unabhängig sind. Für genauere Ausführungen dazu sei auf die Literaturempfehlung am Ende des Abschnittes verwiesen.

6.3   Die Vor- und Nachteile der IRT

Zusammenfassend kann der IRT bessere theoretische Fundierung als der KTT zugestanden werden. Testkonstruktionen nach der IRT sind auch insofern überlegen, als Itemhomogenität vorausgesetzt wird. So wird im Rahmen der IRT geprüft, ob jedes Item das gleiche Konstrukt misst. Interessanterweise nimmt auch die KTT Itemhomogenität an, da ein Testwert nur dann aus mehreren Itemantworten gebildet werden darf, wenn alle Items auch dasselbe Merkmal messen. Jedoch wird diese Voraussetzung in der KTT nicht überprüft. Vorteilhaft an der IRT ist zudem, dass der latente Personenparameter und das beobachtbare Antwortverhalten auf Items voneinander getrennt vorliegen. Damit ist gemeint, dass von den Daten ausgehend über mehrere Schritte auf die zugrundeliegende Fähigkeit geschlossen wird. Im Rahmen der KTT gibt bereits das Antwortverhalten einer Person ihre zugrundeliegende Fähigkeit an. In der KTT kann aber nicht ausgeschlossen werden, dass das Antwortverhalten neben der Fähigkeit noch auf weitere Variablen wie andere Fähigkeiten, Aufmerksamkeit, Darbietungsreihenfolge etc. zurückgeht.

Aus den Eigenschaften der Stichprobenunabhängigkeit bzw. spezifischen Objektivität ergibt sich, dass Probanden auch unterschiedliche Items eines Tests bearbeiten können, um dennoch eine genaue Schätzung ihrer Fähigkeiten zu erhalten. Diesen Vorteil haben sich die sogenannten adaptiven Verfahren zunutze gemacht. Adaptive Verfahren basieren auf der IRT (vgl. auch Moosbrugger & Kelava, 2007, Kap. 11). Eine genauere Erklärung adaptiver Verfahren stellt die nachfolgende Erklärung dar.

Erklärung

▶ *Adaptive Tests*

Bei herkömmlichen Testverfahren wird dem Testteilnehmer eine festgelegte Anzahl an Aufgaben in vorgegebener Abfolge präsentiert. Im Gegensatz dazu werden Zahl und Schwierigkeit der Aufgaben beim adaptiven Testen den Fähigkeiten des Teilnehmers angepasst. Unterschiedliche Testteilnehmer haben also nicht dieselben Items zu bearbeiten. Die Folge der präsentierten Items wird durch die vorherige Itembeantwortung festgelegt. Inhalt und Schwierigkeit späterer Aufgaben werden in Abhängigkeit der Beantwortung früherer Items ausgewählt. Die Testperson erhält nur die Items, die entsprechend ihres Personenparameters eine möglichst hohe »Iteminformation« aufweisen, d. h. Items, die möglichst viel Information über die Fähigkeitsausprägung der Testperson liefern (vgl. Moosbrugger & Kelava, 2007, Kap. 11). Dies hat u. a. den Vorteil, dass auf der einen Seite Personen mit hoher Fähigkeit nicht mit besonders einfachen Items konfrontiert werden und somit Langeweile und Motivationsverlust vermieden werden. Auf der anderen Seite werden Personen mit geringer Fähigkeit nicht frustriert, da sie keine Serie von Items erhalten, die sie überfordern. Adaptive Testverfahren wurden bislang vor allem zur Erfassung kognitiver Fähigkeiten konstruiert, inzwischen kamen weitere Bereiche hinzu.

So hat man an früheren Testverfahren zur Messung der Konzentrationsfähigkeit kritisiert, dass die Ergebnisse mit dem aktuellen Belastungsniveau der Probanden konfundiert waren: Alle Personen erhielten, unabhängig von ihrem tatsächlichen Konzentrationsvermögen, dasselbe Spektrum an schwierigen und leichten Aufgaben. Somit ist das Belastungsniveau bei Probanden, denen die Bearbeitung der Aufgaben relativ schwerfällt, ungleich erhöht und dürfte auch zu einem niedrigeren Testwert beitragen, der (fälschlicherweise) als Konzentrationsfähigkeit interpretiert wird. Der Frankfurter Adaptive Konzentrationsleistungs-Test II (FAKT-II, Moosbrugger & Goldhammer, 2007) beachtet z. B. dieses Konfundierungsproblem. Hier richtet sich die Geschwindigkeit der Itempräsentation nach der Konzentrationsfähigkeit der getesteten Person. Dadurch erlebt jede getestete Person unabhängig von ihren Fähigkeiten die gleiche Beanspruchung. Die gemessene Konzentrationsleistung zeigt sich also unabhängig vom materialtypischen Fähigkeitsniveau. Auch wenn die Mehrzahl der adaptiven Testverfahren aus dem Bereich der Intelligenz- und Leistungsdiagnostik stammt, kann adaptives Testen ebenso bei der Erfassung von nicht-leistungsbezogenen Merkmalen, wie zum Beispiel Angst (A-CAT; Walter et al., 2005), Anwendung finden. Neuere Befunde zeigen allerdings, dass adaptives Testen entgegen bisheriger Annahmen keine motivationssteigernde Wirkung auf die Testbearbeitung hat: Beim Vergleich der Teilnehmermotivation bei einem adaptiven und einem nicht-adaptiven Test stellten Frey, Hartig und Moosbrugger (2009) geringere Motivation beim adaptiven Test fest. Dieser Effekt kann besonders darauf zurückgeführt werden, dass die wahrgenommene Erfolgswahrscheinlichkeit beim nicht-adaptiven Test höher ist, da der durchschnittliche Teilnehmer ohne Zeitbegrenzung alle Items lösen könnte. ◄◄

Es darf aber nicht unerwähnt bleiben, dass die Item-Response-Theorie mit praktischen Schwierigkeiten zu kämpfen hat. So ist es nicht einfach, modellkonforme Items zu entwerfen, da an diese besonders strenge Anforderungen gestellt werden. Zusätzlich erschwert wird dies, wenn das interessierende Konstrukt nur unzureichend definiert ist. Häufig werden bei den nach der IRT konstruierten Tests zusätzlich die Gütekriterien der KTT berechnet. Allerdings gibt es im Rahmen der IRT durchaus attraktive Alternativen bzw. Entsprechungen (weiterführend siehe Moosbrugger & Kelava, 2007, S. 255f). Problematisch ist zudem, dass große Stichproben für die Modellprüfung zwar wünschenswert sind, aber auf der anderen Seite die Ablehnung des Modells wahrscheinlicher machen.

Zusammenfassung

Eine Alternative zur Klassischen Testtheorie (KTT) stellt die Item-Response-Theorie (IRT) dar. Die IRT verfolgt keinen deskriptiven Ansatz wie die KTT, sondern beschäftigt sich mit der Frage nach dem Zustandekommen von Antworten auf Items.

Nach der IRT lassen sich die Ausprägungen von manifesten Variablen (beobachtbares Antwortverhalten) auf latente Variablen (z. B. die nicht beobachtbare Personenfähigkeit beim dichotomen Rasch-Modell) zurückführen. Diese latente Variable wird im Rahmen der IRT aus dem Antwortverhalten geschätzt. Es handelt sich dabei um den Personenparameter (Personenfähigkeit). Zusätzlich muss der Itemparameter (Itemschwierigkeit) aus den Stichprobendaten geschätzt werden. In der IRT unterscheidet man deterministische Modelle (wie das dichotome Guttman-Modell), bei denen das Antwortverhalten vollständig durch Item- und Personenparameter bestimmt ist, und probabilistische Modelle (wie das dichotome Rasch-Modell), bei denen eine Wahrscheinlichkeitsbeziehung zwischen Antwortverhalten und Personen- sowie Itemparameter angenommen wird. Bei der Konstruktion Rasch-homogener Skalen müssen mehrere aufwändige Schritte durchlaufen werden. Wie auch bei der KTT muss der Inhaltsbereich des zu erfassenden Merkmals abgesteckt und eine Arbeitsdefinition aufgestellt werden. Je nach Breite des Inhaltsbereiches folgt die Generierung von Items. Die vorläufige Testversion wird einer Stichprobe vorgelegt und nach Bearbeitung werden die Schwierigkeitsindizes jedes Items ermittelt (d. h. die Wahrscheinlichkeit, mit der ein Item gelöst wurde). Basierend auf diesen Daten werden unter Zuhilfenahme der logistischen Funktion Personen- und Itemparameter geschätzt. Um die Güte der Schätzung zu ermitteln, müssen die empirischen Daten mit den geschätzten Kennwerten verglichen werden. Ziel ist, dass die Diskrepanz möglichst gering ausfällt. Diese Überprüfung erfolgt mittels Modelltests, wie z. B. dem grafischen Modelltest oder Chi²-Signifikanztest. Die Itemkennwerte können grafisch anhand der Itemcharakteristik-Kurven abgetragen und beurteilt werden. Nach Rasch folgen diese Kurven einer logistischen Funktion, wobei jede Kurve ein Item repräsentiert. Bei einem Rasch-homogenen Test verlaufen die Kurven parallel, d. h. die Items weisen die gleiche Trennschärfe auf. Vorteile der IRT gegenüber der KTT liegen in der besseren theoretischen Fundierung und insbesondere in der Trennung von latenten Dimensionen und beobachtbarem Verhalten. Nachteile stellen praktische Schwierigkeiten bei der Testkonstruktion dar.

Literaturempfehlungen

Bond, T. G. & Fox, C. M. (2001). *Applying the Rasch model. Fundamental measurement in the human sciences*. Mahwah, New Jersey: Lawrence Erlbaum Associates, Inc.

Bühner, M. (2006). *Einführung in die Test- und Fragebogenkonstruktion* (2. Aufl., Kap. 7). München: Pearson Studium.

Embretson, S. E. & Reise, S. P. (2000). *Item response theory for psychologists*. Mahwah, New Jersey: Lawrence Erlbaum Associates, Inc.

Fisseni, H.-J. (2004, Kap. 6). *Lehrbuch der psychologischen Diagnostik. Mit Hinweisen zur Intervention* (3. Aufl.). Göttingen: Hogrefe.

Moosbrugger, H. & Kelava, A. (Hrsg.). (2007). *Testtheorie und Fragebogenkonstruktion* (Kap. 10). Heidelberg: Springer.

Rost, J. (2004). *Lehrbuch Testtheorie – Testkonstruktion* (2. Aufl.). Bern: Huber.

Fragen zur Selbstüberprüfung

1. Worin unterscheiden sich die Klassische Testtheorie und die Item-Response-Theorie hauptsächlich?
2. Was wird in einem Guttman-Skalogramm abgebildet?
3. Welche Annahmen liegen dem dichotomen Rasch-Modell zugrunde und was zeigen die Itemcharakteristik-Kurven (ICCs)?
4. Erläutern Sie das Prinzip der spezifischen Objektivität!
5. Wie wird der Schwierigkeitsindex eines Items bestimmt und wie ist er zu interpretieren?
6. Wie kann man ein Testverfahren auf Rasch-Homogenität prüfen?
7. Welche Vor- und Nachteile weist die Item-Response-Theorie verglichen mit der Klassischen Testtheorie auf?
8. Warum basiert adaptives Testen auf der IRT und nicht der KTT?

7 Die Konstruktion von Testverfahren

In den vergangenen Kapiteln beschäftigten wir uns mit dem theoretischen Hintergrund von Testverfahren. In diesem Kapitel wollen wir dieses Wissen nun auf die Konstruktion von Tests anwenden. Dabei richten wir die Aufmerksamkeit vorrangig auf die Klassische Testtheorie, welche die Basis für die meisten derzeit vorliegenden Testverfahren ist.

7.1 Schritte der Testkonstruktion

Im Folgenden wird der Prozess der Testkonstruktion Schritt für Schritt besprochen. Die Konstruktion von Tests ist vor allem dann wichtig, wenn für eine diagnostische Fragestellung kein adäquates Verfahren vorliegt.

1. *Planung.* Bei der Planung ist abzuwägen, inwiefern ausreichend Bedarf für die Konstruktion eines neuen Verfahrens besteht und wie es konzipiert sein soll. Aspekte der Nützlichkeit und Ökonomie werden im Sinne einer Kosten-Nutzen-Analyse in Relation gesetzt. Außerdem wird der Geltungsbereich abgesteckt, d. h. es wird definiert, für welche Population der Test gedacht sein soll (z. B. für Jugendliche zwischen 14 und 16 Jahren). Um den Inhaltsbereich vollständig und angemessen zu erfassen, kann Literatur über das zu erfassende Merkmal gesichtet sowie Befragungen von Experten und Laien durchgeführt werden. Durch diese Vorgehensweise kann man bei der Testkonstruktion sichergehen, alle relevanten Aspekte des Merkmals beachtet zu haben. In nachfolgendem Kasten ist eine Übersicht zu Quellen von Testinformation abgetragen.

Quellen für Testinformation

Fachzeitschriften

- Diagnostica (deutschsprachig): http://www.hogrefe.de/diagnostica
- European Journal of Psychological Assessment: http://www.hhpub.com/journals/ejpa/
- Journal of Individual Differences: http://www.hhpub.com/journals/jid/
- Psychological Assessment: http://www.apa.org/journals/pas/
- The Journal of Personality Assessment: http://www.personality.org/journal.htm

Nachschlagewerke

- Brähler, E., Holling, H., Leutner, D. & Petermann, F. (Hrsg.) (2002). Brickenkamp Handbuch psychologischer und pädagogischer Tests Band 1 + 2 (3. Aufl.). Göttingen: Hogrefe.

Testverlage

- Hogrefe: http://www.testzentrale.de/
- Swets/Harcourt: http://www.swetstest.de
- Schufried: http://www.schuhfried.at

Online-Ressourcen

- PSYNDEX: http://www.zpid.de/

2. *Testentwurf und Itemkonstruktion.* Im zweiten Schritt erfolgen die Formulierung einzelner Items und der Testentwurf. Nachdem bereits in der Planung das Merkmal anhand von Literaturrecherchen oder Experten- und Laienbefragungen genauestens analysiert wurde, kann der Inhaltsbereich des Testverfahrens abgesteckt werden. Darauf aufbauend erfolgt die Itemformulierung. Es sollten mehr Items formuliert werden als benötigt, um das Thema inhaltlich abzudecken. Es ist günstig, mit mehr Items als nötig zu starten, da aufgrund von Ergebnissen der Itemanalyse Items mit schlechten Kennwerten gegebenenfalls entfernt

werden müssen. Nachdem die Items formuliert wurden, entscheidet man sich für den konkreten Testaufbau. Zu klären ist u. a., aus wie vielen Teilen (z. B. Subskalen) und Items der Test bestehen soll und in welcher Reihenfolge die Items und die einzelnen Testteile vorgegeben werden. Anschließend wird die Instruktion formuliert. Instruktionen weisen meist folgende Hinweise auf:

- Zusicherung der Anonymität der Testperson,
- Adresse oder Institution der verantwortlichen Testleiterin,
- bei persönlichkeitspsychologischen Fragestellungen die Bitte, möglichst spontan und ehrlich zu antworten, Hinweise auf das Antwortformat etc.,
- bei Leistungs- oder Intelligenztests die Aufforderung, möglichst schnell und genau zu arbeiten etc.,
- Hinweis, alle Aufgaben zu bearbeiten, keine auszulassen.

3. *Verteilungs-, Item- und Skalenanalyse der Konstruktionsfassung.* Um die Testversion auf ihre Güte hin zu untersuchen, wird sie zuerst einer Probandenstichprobe zur Bearbeitung vorgelegt. Daraufhin erfolgt die Analyse der daraus resultierenden Daten. Bei der Verteilungsanalyse werden die Häufigkeitsverteilungen der Antworten auf jedes Item untersucht und dabei vor allem auf Schiefe und Gipfligkeit geachtet. Bei der Itemanalyse werden die Itemschwierigkeit, die Trennschärfe und die Homogenität untersucht. Diese Konzepte aus Verteilungs- und Itemanalyse werden in Kapitel 7.4 näher erläutert. Neben einer Inspektion jedes einzelnen Items müssen aber auch der Test bzw. seine Subskalen auf ihre Güte hin untersucht werden. Bei der Skalenanalyse betrachtet man ebenfalls die Verteilung, allerdings liegen hierbei die Summenwerte aus allen Items vor. Zur Weiterverrechnung der Daten erfordern viele statistische Verfahren die Voraussetzung der Normalverteilung. Im folgenden Kasten sind die Kennzeichen einer Normalverteilung aufgelistet. Um statistisch zu prüfen, ob die Verteilung eines Tests einer Normalverteilung entspricht, kann der Kolmogorov-Smirnov-Test herangezogen werden.

Merke
► *Kennzeichen einer Standardnormalverteilung (= Gauß'sche Glockenkurve)*

- unimodal (eingipflig)
- glockenförmiger Verlauf
- symmetrisch (Schiefe = 0)
- Mittelwert = 0, Standardabweichung = 1.0
- Modalwert = Mittelwert = Median
  - Modalwert: häufigster Wert
  - Median: teilt Stichprobe in zwei gleich große Hälften
- zwischen einer Standardabweichung über und unter dem Mittelwert der Verteilung liegen ca. 68 % der Werte ◄◄

Darüber hinaus wird der Test einer Reliabilitätsanalyse unterzogen, um seine Messgenauigkeit zu beurteilen und diejenigen Items zu identifizieren, die sich vermindernd auf die Messgenauigkeit auswirken (für eine Beurteilung von Reliabilitätskennwerten siehe Abschnitt »Daumenregeln«, Kap. 8.1).

4. *Itemrevision und -selektion.* Items, die bestimmte Gütekriterien nicht erfüllen (z. B. zu schwieriges Item, Items mit geringer Trennschärfe), werden aus der aktuellen Testversion herausgenommen oder umformuliert und Items, die gut abgeschnitten haben, werden beibehalten. Die so entstandene revidierte Form des Tests wird nochmals einer neuen Stichprobe vorgelegt und die Prozedur der Itemrevision oder -selektion gegebenenfalls wiederholt.

Nach erfolgreicher Itemrevision und -selektion erfolgt 5. die *Entwicklung der Testendform,* 6. die *Überprüfung von Reliabilität und Validität* (vgl. Kap. 8) sowie 7. die *Testeichung,* auf deren Basis Normtabellen erstellt werden. Für die Testeichung müssen zusätzlich große Normstichproben gezogen werden, um z. B. zu überprüfen, ob sich die Testwerte von unterschiedlichen Personengruppen unterscheiden (Differenzierung nach Alter, Geschlecht, Bildung etc.). Sollte das der Fall sein, müssen unterschiedliche Normen für diese Personengruppen angegeben werden.

8. Nachdem der Test in seiner Endversion feststeht und auf seine Güte hin überprüft wurde, können im letzten Schritt ggf. noch *Paralleltests* konstruiert werden. Das ist vor allem dann wichtig, wenn der Test für Gruppentestungen oder zur Veränderungsmessung vorgesehen ist. Des Weiteren können *Testprofile* zur Interpretation der Ergebnisse einzelner Probanden erstellt werden. Ein Testprofil spiegelt z. B. den Verlauf der Testwerte über inhaltlich verschiedene Subskalen wider oder auch den Verlauf über die Bearbeitungszeit hinweg. Im Idealfall kann beispielsweise aufgrund der Übereinstimmung zwischen Probandenprofil und den Profilen bestimmter Berufsgruppen eine Empfehlung zu den spezifischen Fähigkeiten eines Probanden und damit korrespondierenden berufstypischen Profilen gegeben werden. Für einige Fragestellungen werden *Testbatterien* zusammengestellt. Eine Testbatterie besteht aus mehreren psychologischen Tests, die gemeinsam vorgegeben werden. Beispielsweise kann im Rahmen der Eignungsdiagnostik eine Batterie aus Intelligenz-, Persönlichkeits- und Konzentrationstests zum Einsatz kommen.

Schritte der Testkonstruktion

1. Planung
2. Testentwurf und Itemkonstruktion
3. Verteilungs-, Item- und Skalenanalyse der Konstruktionsfassung
4. Itemrevision und -selektion
5. Entwicklung der Testendform
6. Überprüfung von Reliabilität und Validität
7. Testeichung – Erstellen von Normtabellen
8. Paralleltests, Testprofile, Testbatterien

7.2   Konstruktionsprinzipien psycho- metrischer Tests

Im ersten Schritt der Testkonstruktion geht es darum, das inter- essierende Merkmal genau zu erfassen und zu definieren, damit dann im zweiten Schritt einzelne Items entwickelt werden kön- nen. Man unterscheidet vier Herangehensweisen, einen Test zu konstruieren: rationale Konstruktion, externale Konstruktion, induktive Konstruktion und Prototypenansatz.

1. Bei der *rationalen Konstruktion* werden die Items aus einer Theorie abgeleitet. Es handelt sich also um eine deduktive Methode. Beispielsweise liegt den Wechsler-Intelligenztests (HAWIE, HAWIK, WIE) die Intelligenzkonzeption von Spearman (1904) zugrunde. Insgesamt ist eine rationale Kon- struktion günstig, aber nur bei Vorliegen einer entsprechen- den Theorie möglich.

2. Unter einer *externalen Testkonstruktion* versteht man eine kriteriumsbezogene Skalenentwicklung. Ausgehend von be- stimmten Gruppen (z. B. Hauptschüler und Gymnasiasten, psychisch Kranke und Gesunde etc.) will man Instrumente entwickeln, mit denen man diese Gruppen klassifizieren bzw. zwischen ihnen differenzieren kann. Repräsentanten der Gruppen wird eine Vielzahl von Items zur Bearbeitung vor- gelegt. Nach der Datenanalyse selegiert man die Items, die am besten zwischen den Gruppen unterscheiden. Beispielsweise hat man zur Konstruktion des MMPI (Minnesota Multiphasic Personality Inventory; dt. nach Spreen, 1963) 1000 Items, die psychopathologische Symptome thematisierten, gesunden und klinisch auffälligen Personen vorgelegt. Diejenigen Items, die am besten zwischen beiden Gruppen differenzieren konnten, wurden in die Testendversion aufgenommen.

3. Liegen kein angemessener theoretischer Hintergrund und keine passenden Extremgruppen vor, geht man meist *induk- tiv* vor, d. h. anfänglich vorliegende Items werden zu mög- lichst homogenen Gruppen kategorisiert (auch internale oder faktorenanalytische Konstruktion genannt). Es empfiehlt sich, mit einer möglichst umfangreichen und repräsentativ zusam-

mengesetzten Stichprobe von Items und Personen zu beginnen. Zum Beispiel wurden zur Entwicklung der Big Five viele Adjektive eines Lexikons als Items verwendet und in mehreren Schritten auf möglichst wenige Dimensionen reduziert. Es resultierten die sogenannten fünf Faktoren der Persönlichkeit. Das Ziel der Dimensionsreduktion wird meist mittels einer exploratorischen Faktorenanalyse realisiert. Die Korrelationen zwischen den Items innerhalb einer Dimension sollten dabei möglichst groß sein und die Korrelationen zwischen den Dimensionen möglichst gering. Außerdem zielt man auf Homogenität der Items innerhalb einer Dimension und auf Heterogenität zwischen den einzelnen Dimensionen ab. **Abbildung 7.1** veranschaulicht dieses Prinzip. Die Variablen »y« lassen sich aufgrund der hohen Interkorrelationen einer Dimension zuordnen und die Variablen »x« einer anderen Dimension. Das Freiburger Persönlichkeitsinventar (FPI-R) und das NEO-Fünf-Faktoren-Inventar (NEO-FFI) sind Beispiele für induktiv konstruierte Verfahren. Als Problem dieses Ansatzes kann die fehlende theoretische Anbindung gesehen werden.

4. Auch im *Prototypenansatz* werden die zu untersuchenden Konstrukte wenig theoretisch eingebettet. Die Strategie basiert auf Alltags- oder Expertenwissen über bestimmte Personengruppen. Bei der Testkonstruktion fordert man Laien oder Experten auf, sich an eine Person zu erinnern, die durch die fragliche Eigenschaft (z. B. Dominanz) charakterisiert ist. Diese Person sollen sie nun anhand von Verhaltensweisen beschreiben, die prototypisch für die jeweilige Eigenschaft sind. Buss und Craik (1980) ließen die so ermittelten dominanten Verhaltensweisen von anderen Personen hinsichtlich der Prototypizität für die interessierende Eigenschaft Dominanz einschätzen. Dabei konnte gezeigt werden, dass hochprototypische Verhaltensweisen höher mit herkömmlichen Tests korrelieren, die dieselbe Eigenschaft messen – wie der Dominanz-Skala aus dem California Psychological Inventory (Gough, 1964) und der Dominanz-Skala der Jackson Personality Research Form (Jackson, 1967) – als niedrigprototypische. Dieser Ansatz wird u. a. in der Eignungsdiagnostik

zur Charakterisierung von prototypischen Stelleninhabern verwendet und ist auch dann sinnvoll, wenn zu einem relativ jungen Konstrukt kein ausreichender theoretischer Hintergrund vorliegt, das Konstrukt aber Laien oder Experten wohlvertraut ist.

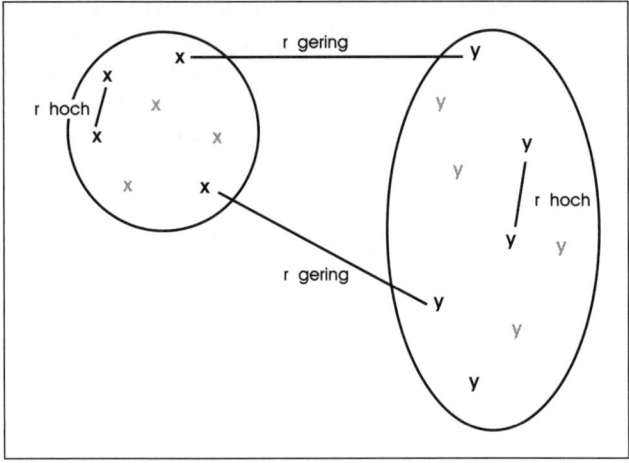

Abb. 7.1: Induktive Testkonstruktion – Homogenität innerhalb einer Dimension und Heterogenität zwischen Dimensionen

7.3   Itemtypen und Fragen der Itemformulierung

Die zuletzt genannten Konstruktionsprinzipien beziehen sich vor allem auf die formale Struktur der Testitems. Unter »Itemtypus« versteht man die Art und Weise, in der die Beantwortung eines Items erfolgt. Die Gestaltung eines Items ist für die Durchführung, Auswertung und Ökonomie eines Tests sehr bedeutsam. Ein Item besteht grundsätzlich aus zwei Elementen:

a) dem Problem/der Frage (bei Intelligenz- und Leistungstests) bzw. der Aufforderung zu einer Stellungnahme (bei Fragebogen),

b) der Problemlösung (bei Intelligenz- und Leistungstests) oder
   der Schlüsselantwort (bei Fragebogen).

Nachfolgend sollen die gebräuchlichen Itemtypen und Unter-
typen anhand von Beispielen erläutert werden. Ein Überblick
über die verschiedenen Itemtypen findet sich in **Abbildung 7.2.**

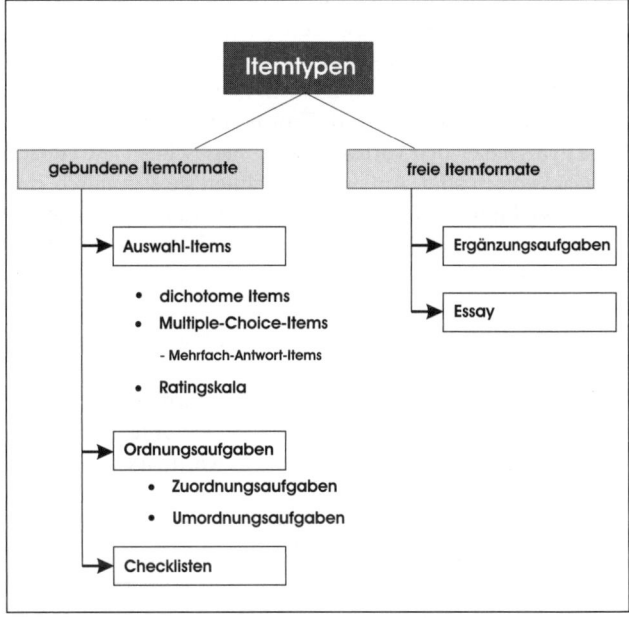

Abb. 7.2: Überblick über gebundene und freie Itemformate

Man unterscheidet die *gebundene Itembeantwortung* von der
freien Itembeantwortung. Gebundenes Itemformat bedeutet, dass
der Testperson mehrere Möglichkeiten der Beantwortung vorgelegt werden und sie in der Beantwortung an diese »gebunden«
ist. So muss sich die Testperson beispielsweise zwischen »stimmt«
und »stimmt nicht« entscheiden. Im Gegensatz dazu kann die
Testperson bei der freien Itembeantwortung Form und Inhalt
der Antwort nach eigenem Ermessen wählen. Eine Frage könnte lauten: »Wie beurteilen Sie das Verhalten von Person X?« In

der gebundenen Itembeantwortung sind Verfälschungen (Faking) leichter möglich, da keine Beschreibung komplexer Zusammenhänge erforderlich ist (vgl. Kap. 10.3).

Typen von Items mit gebundenem Antwortformat

Das einfachste Itemformat, das festgelegte Antwortkategorien anbietet, verwendet *dichotome Items*. Bei diesen werden lediglich zwei Antwortmöglichkeiten vorgegeben (ja/nein, stimmt/stimmt nicht, plus/minus), so dass der Proband gezwungen ist, sich zwischen diesen beiden zu entscheiden. Die Wahl zwischen zwei Alternativen wird auch Forced-Choice-Format genannt. Dichotome Items haben den Vorteil, dass sie meist schnell und einfach zu beantworten sind. Außerdem zeichnen sie sich durch eine kurze Durchführungs- und Auswertungszeit aus. Problematisch ist jedoch, dass Zufallslösungen möglich sind. Wenn der Proband die Antwort nicht kennt und rät, erzielt er statistisch gesehen in 50 % der Items die richtige Lösung. Dieses Problem ist insbesondere bei Leistungstests relevant, wenn Antworten als richtig oder falsch beurteilt werden.

Dichotome Items sollten so formuliert sein, dass sie eindeutig mit ja oder nein beantwortet werden können. Außerdem ist zu beachten, dass die Antworten durch Antworttendenzen beeinflusst werden können, z. B. durch die Ja-Sage-Tendenz (*Akquieszenz*). Unter dieser Antworttendenz ist zu verstehen, dass bestimmte Personen dazu neigen, aus Gründen der Konformität zuzustimmen, was vor allem bei dichotomen Fragen zum Tragen kommt. An dichotomen Items ist ebenfalls nachteilig, dass aufgrund des eingeschränkten Antwortspektrums nur wenig zwischen Merkmalsausprägungen differenziert werden kann. Die geringe Differenzierbarkeit stellt insbesondere ein Problem für diejenigen Probanden dar, die ihre Antwort gern präzise abgeben würden. Bei dichotomen Items sind sie auf ein grobes Ja oder Nein festgelegt (bzw. Stimmt/Stimmt nicht).

Beispiel

▶ *Dichotome Items*

Items sind Elemente eines Tests (z. B. Fragen, Aufgaben), die beim Probanden eine Reaktion oder Antwort hervorrufen sollen.

a) richtig
b) falsch

Der Thematische Apperzeptionstest (TAT) ist ein psychometrisches Testverfahren.

a) stimmt
b) stimmt nicht ◄◄

Werden dem Probanden mehr als zwei Antwortalternativen vorgegeben, dann handelt es sich um ein *Mehrfach-Wahl-Item* (Multiple-Choice). Die Testperson wählt die für sich am ehesten zutreffende Antwort aus. Bei diesem Antwortformat ist der Einfluss des Ratens reduziert, bereits bei vier Antwortalternativen sinkt die Zufallswahrscheinlichkeit auf 25 %. Günstig ist, dass Multiple-Choice-Items ökonomisch durchgeführt und ausgewertet werden. Jedoch gestaltet es sich in der Praxis meist schwierig, Antwortalternativen zu konstruieren, die gleich plausibel sind bzw. als gleich wahrscheinlich wahrgenommen werden. Bereits bei einer Antwortmöglichkeit, die sofort als unplausibel ausfällt, steigt die Ratewahrscheinlichkeit auf 33 % an (wenn ein Item bei vier Alternativen eindeutig unzutreffend ist, hat der Kandidat die Möglichkeit, zwischen den drei verbleibenden zu raten). Empfehlungen, wie Multiple-Choice-Items zu formulieren sind, finden sich im nächsten Kasten. Da bei diesem Antwortformat vor allem Wiedererkennensleistungen vom Probanden abverlangt werden, ist das Format kaum zur Erfassung von Merkmalen wie Kreativität geeignet. Außerdem kann im Falle falscher Antworten nicht festgestellt werden, wo genau der Fehler lag (Fehlertypen).

Fehler, die bei Multiple-Choice-Items vermieden werden sollten:

1. einseitige Verteilung der Antwortalternativen
   z. B. ist bei jeder Frage die Antwort »a)« richtig
2. schwache Distraktoren (Alternativantworten)
   z. B. Berlin ist …

a) ein Tier
b) eine Stadt
c) ein Nahrungsmittel
d) ein Berg
3. die längsten Antworten sind auch die richtigen
4. doppelte Verneinungen
   z. B. Wie sollte man sich bei einem Gewitter nicht verhalten?
   a) nicht auf den Boden legen
   b) in die Hocke gehen
   c) sich in eine Mulde legen
   d) unter einen Baum stellen
5. fehlende Hervorhebung von NICHT
   z. B. »Welchen Pilz sollte man nicht essen?« statt
   »Welchen Pilz sollte man NICHT essen?«
   → Hervorhebung beugt »Übersehen« der Verneinung vor
6. fehlendes Hervorheben von Schlüsselaussagen
   → Empfehlung: Alle Antwortalternativen sollten eine gewisse Plausibiliät aufweisen, relativ anspruchsvoll sein und differenzieren können.

Richtige Lösungen bei Multiple-Choice-Items im Leistungstest heißen Bestantworten. Im Persönlichkeitsfragebogen liegen die Items abgestuft nach der Richtung der Merkmalsausprägung vor. Diejenigen Items, die das Merkmal am stärksten anzeigen, heißen Schlüsselantworten. Bei mehr als zwei oder veränderlich vielen Best- bzw. Schlüsselantworten nennt man das Format *Mehrfach-Antwort-Items*. Natürlich darf bei Mehrfach-Antwort-Items die Bestantwort nicht stets den gleichen oder einen sich systematisch ändernden Platz in der Reihenfolge der Antwortmöglichkeiten einnehmen, sondern muss zufällig platziert werden, z. B. durch Würfeln. Bei Mehrfach-Antwort-Items werden die Bestantworten vielfach als »Attraktoren«, die übrigen Antwortmöglichkeiten als »Alternativ-Antworten« oder »Distraktoren« bezeichnet.

Beispiel

▶ *Multiple-Choice-Items*

Welche Form der Reliabilität gibt den Zusammenhang zwischen Items eines Tests an, die das gleiche Konstrukt messen sollen?

a) Retest-Reliabilität
b) Paralleltest-Reliabilität
c) Interne Konsistenz
d) Split-Half-Reliabilität

Der HAWIE-R ist ein …

a) Persönlichkeitsfragebogen
b) Intelligenztest
c) Kategoriensystem ◄◄

Im Persönlichkeitsfragebogen werden aber meist stärker differenzierte Antwortkategorien verwendet, um die Ausprägung des untersuchten Merkmals anzugeben. Dieser Antworttyp wird als *Ratingskala* bezeichnet. Jede Antwortalternative bietet die Möglichkeit, den Inhalt des Items unterschiedlich stark zu beurteilen bzw. zu gewichten. Meist sind die Alternativen in einer Rangordnung für den Probanden aufgestellt. Hier wird bereits ein Problem mit diesem Antworttypus deutlich: Obwohl die Antwortstufen in den meisten Fällen eine ordinale Rangreihe darstellen, werden sie für die statistische Auswertung häufig als intervallskaliert behandelt. Fragebogen mit Ratingskalen können ferner uni- oder bipolare Items beinhalten. Unipolar bedeutet, dass die Stufung der Antworten inhaltlich in eine Richtung verläuft (z. B. von 1 = »selten« bis 7 = »immer«). Bipolare Items hingegen haben einen Mittelpunkt und einen positiven und negativen Antwortpol (z. B. −2 = »sehr schlecht«, 0 = »mittelmäßig«, +2 = »sehr gut«). Je nach verwendetem Antwortformat und Skalierung können die Antworten derselben Testperson unterschiedlich ausfallen (für einen Überblick über die Effekte von Antwortformaten siehe Schwarz, 1999; Sedlmeier, 2006; eine neue Studie findet sich z. B. bei Brandstätter & Mücke, 2009). Das ist insofern plausibel, als sowohl die Frage/Aussage als auch die Antwortmöglichkeiten Bestandteile der Items sind. Unterschiedliche Antwortformate

können also unterschiedliche Reaktionen bei den Testteilnehmern hervorrufen. Solche Effekte sind häufig dadurch zu erklären, dass sich Probanden für ihre eigentliche Antwort mehr oder
weniger bewusst am Antwortformat bzw. an den Antwortalternativen orientieren. Auch wird der Einsatz einer neutralen Antwortkategorie (meist mit »0« bezeichnet) kritisch hinterfragt.
Diese Kategorie ist u. a. deswegen problematisch, weil Personen,
die zu mittleren und undifferenzierten Antworten neigen, häufig
diese Kategorie wählen. Mit einer geraden Anzahl von Antwortalternativen würden sie dagegen gezwungen, eine gewisse Tendenz auszudrücken. Genau dieser ausgeübte Zwang zur Festlegung kann jedoch wiederum zu Frustration oder Demotivierung
beitragen, wenn sie nicht der individuellen Sichtweise entspricht.
Besonders problematisch ist, dass Testteilnehmer die mittlere
Kategorie nicht alle aus demselben Grund wählen: Zum Beispiel
erleben sie das Item als unpassend, sind nicht bereit, die Frage
zu beantworten oder sie wissen die Antwort nicht usw. In jedem
Falle sollte der Einsatz einer neutralen Antwortkategorie aus inhaltlichen Gesichtspunkten erwogen werden.

Die Reliabilität und Validität von Tests mit Ratingskalen kön-
nen u. a. dadurch verbessert werden, dass jede Antwortstufe
benannt wird. Meistens werden Zahlen verwendet, jedoch ist
eine zusätzliche Umschreibung mit Worten günstig für eine einheitliche Interpretation der Stufen. Bis zu einer bestimmten
Stufenanzahl (ca. zehn) steigen Validität und Reliabilität mit der
Zahl der Antwortstufen an. Bei zu vielen Alternativen fallen
Validität und Reliabilität jedoch wieder ab. Einen möglichen
Ausweg aus der Problematik stellt die Rasch-Analyse dar (vgl.
Kap. 6), mit der die angemessene Anzahl an Antwortkategorien
bestimmt werden kann. Ratingskalen haben also den Vorteil,
dass sie den Probanden differenzierte Informationen abgewin-
nen können und zudem ökonomisch sind. Problematisch ist
jedoch, dass die einzelnen Stufen von Proband zu Proband unterschiedlich interpretiert werden könnten. Individuelle Antworttendenzen der Probanden, wie z. B. Neigung zu extremen
Antworten oder zu mittleren Urteilen (für einen kurzen Überblick zu »response sets« siehe Rost, 1996, S. 68ff), können die
Interpretation der Testergebnisse in Frage stellen.

Beispiel

▶ *Ratingskalen*

Ich bereite mich auf eine Prüfung langfristig vor.

nie ● — ● — ● — ● — ● — ● — ● immer

Ich nutze jede Gelegenheit, um mein Wissen über die psychologische Diagnostik zu erweitern.

trifft über- haupt nicht zu	trifft kaum zu	weder noch	trifft etwas zu	trifft sehr gut zu
−②	−①	⓪	①	②

◀◀

Betrachten wir nun im Folgenden Typen der gebundenen Itembeantwortung, die keine Unterform der Auswahl-Items darstellen. Bei der *Zuordnungsaufgabe* müssen die zwei Bestandteile eines Items einander zugeordnet werden: Problem zu Lösung oder Frage zu Antwort. Die Zuordnungsaufgabe wird häufig zur Wissensprüfung eingesetzt. Sie hat den Vorteil, dass sie ökonomisch durchgeführt und ausgewertet werden kann. Jedoch ist es für die Testentwickler meist schwierig, geeignete Antwortalternativen zu finden. Ähnlich wie bei Multiple-Choice-Items spielt auch hier die Wiedererkennensleistung eine Rolle, so dass der Einsatz von Zuordnungsaufgaben nicht für alle Konstrukte sinnvoll ist.

Beispiel

▶ *Zuordnungsaufgaben*

Welche Konzepte passen jeweils zu den beiden Klassifikationssystemen?

a) multiaxial
b) Weltgesundheitsorganisation (WHO)   1. ICD-10
c) F-Diagnosen   2. DSM-IV
d) Amerikanische Psychiatrische
   Vereinigung (APA)

Ordnen Sie die Testverfahren der jeweils richtigen Kategorie zu!

a) d2   1. Interessenstest
b) FPI-R   2. Persönlichkeitsinventar
c) I-S-T 2000 R   3. Konzentrationstest
d) DIT   4. Intelligenztest ◄◄

Ein ebenso nur für eine kleine Menge an Konstrukten geeigneter Itemtyp ist die sogenannte *Umordnungsaufgabe.* Hier muss der Proband Wörter, Bilder oder Buchstaben so umordnen, dass deren Anordnung inhaltlich einen Sinn ergibt. Bei sogenannten Anagrammaufgaben wird dieses Prinzip genutzt (z. B. PAELF für APFEL) oder im HAWIK-IV, in dem die Testperson einzelne Abschnitte einer Bildgeschichte entsprechend ihres chronologischen Verlaufs anordnen soll. Umordnungsaufgaben haben den Nachteil, dass sie relativ aufwändig zu konstruieren sind und ggf. entsprechendes Material bereitgestellt werden muss – im Falle von Gruppentestungen sogar in mehrfacher Ausfertigung. Außerdem ist die Auswertung differenzierterer Abstufungen jenseits der Dichotomie richtig vs. falsch schwierig. Es müsste dann theoretisch oder empirisch begründet bei jeder möglichen Abfolge eine entsprechende Punktzahl für die Wertung vorgesehen sein.

 Beispiel
► *Umordnungsaufgaben*
Ordnen Sie die folgenden Schritte der Testkonstruktion in die richtige Reihenfolge!

1. Kontrolle von Validität und Reliabilität
2. Testendform
3. Testeichung
4. Itemrevision
5. Planung
6. Testentwurf und Itemkonstruktion

Bilden Sie durch Umstellen der Buchstaben sinnvolle Wörter!

a) SINKGOTAID
b) PGCHOYLSOIE
c) IMET
d) EUGISLTN ◄◄

In *Checklisten* wird dem Probanden eine Liste von Adjektiven vorgelegt, die er dahingehend einschätzt, ob sie seinen Eigenschaften oder seinem aktuellen Zustand entsprechen, z. B. »Fühlen Sie sich gerade fröhlich/entspannt/ängstlich?«. Zutreffende Adjektive sollen angekreuzt werden. Dieser Itemtypus findet beispielsweise in der Zustandsdiagnostik mit der PANAS (Krohne et al., 1996) zur Erfassung des aktuellen Befindens Anwendung.

Beispiel
▶ *Checklisten*
In Prüfungssituationen bin ich …

☐ nervös
☐ entspannt
☐ völlig aufgelöst
☐ konzentriert

Wenn ich in einen Fragebogen zu meiner Person ausfüllen soll, bin ich …

☐ angespannt
☐ ehrlich
☐ bedacht, ein gutes Bild von mir zu hinterlassen
☐ misstrauisch ◄◄

Formen der freien Itembeantwortung

Freie Antwortformate zeichnen sich dadurch aus, dass die Testperson ihre Antwort frei wählen kann, ohne dabei durch vorgegebene Kategorien eingeschränkt zu werden. Der Grad an »Freiheit« kann dabei von Item zu Item unterschiedlich groß sein. Bei einigen Itemtypen erhalten die Probanden lediglich ein Blatt weißes Papier und sollen zu einem bestimmten Themengebiet frei ihre Gedanken notieren. Bei anderen Itemtypen legen die Items bzw. die vorgelegten »Gestalten« bereits den Rahmen der Antwort fest. Diese Form wird z. B. bei einigen projektiven Verfahren verwendet. Wie wir bereits in Kapitel 3 darstellten, werden den Probanden beispielsweise Bilder vorgelegt, die sie anhand von vorgegebenen Fragen interpretieren sollen (Thematischer

Apperzeptionstest). Ähnlich verhält es sich auch bei einem Lückentext, bei dem keine zufälligen Antworten generiert werden, sondern bei dem sich die Antworten am Inhalt des bisherigen Textes orientieren. Im Gegensatz zu gebundenen Antwortformaten können spontane Antworten mit freier Itembeantwortung jedoch besser erfasst werden. Diese Aufgaben sind also besonders dann geeignet, wenn man Spontaneität oder auch Kreativität erfassen möchte. Ein weiterer Vorteil des freien Antwortformates liegt in der Akzeptanz des Verfahrens durch die Probanden. Testpersonen fühlen sich in ihrer Antwort meist sicher, weil sie ihre Beantwortung selbst kontrollieren konnten und sich nicht für eine vorgegebene Antwort, die vielleicht nur zum Teil auf sie zutraf, entscheiden mussten. Ein wesentlicher Nachteil liegt in der meist recht subjektiven und aufwändigen Auswertung und Interpretation der Aufgaben.

Zwei der wichtigsten freien Itemtypen sind die Ergänzungsaufgabe und der Kurzaufsatz. Bei der *Ergänzungsaufgabe* soll ein offenes Item vervollständigt werden, indem z. B. Buchstaben oder Wörter eingesetzt werden oder eine Zeichnung komplettiert wird. Häufig werden derartige Aufgaben bei Kreativitätstests genutzt. Wie bei allen freien Itemformaten spielt auch hier der Zufall keine Rolle. Zudem bietet die Ergänzungsaufgabe die Möglichkeit einer qualitativen Auswertung, die beispielsweise bei Konstrukten wie Kreativität entscheidend ist. Es muss jedoch kritisch angemerkt werden, dass die Ergänzungsaufgabe mit großem Zeitaufwand in der Durchführung wie auch der Auswertung verbunden ist und die Auswertungsobjektivität stark eingeschränkt ist.

 Beispiel
▶ *Ergänzungsaufgaben*
Ergänzen Sie die folgenden Wörter so, dass ein neues sinnvolles Wort entsteht!

a) Test…
b) Item…
c) Intelligenz…

Vervollständigen Sie die folgende Zeichnung!

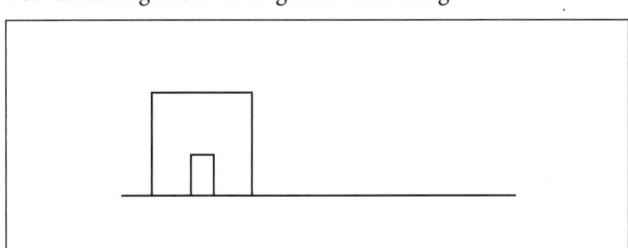

Abb. 7.3: Offenes Item in Form einer Zeichnung ◄◄

Eine spezielle und häufig eingesetzte Form der Ergänzungsaufgabe ist das *Lückendiktat* bzw. der *Lückentext*. Hier sollen die
Probanden Schlüsselwörter in einen vorgegebenen Lückentext
einsetzen, um damit den Sprachschatz oder auch Wissen zu
erfassen. Problematisch daran ist jedoch, dass die einzelnen Antworten – wie auch bei den Zuordnungs- oder Umordnungsaufgaben – voneinander abhängig sind, d. h. wenn vorherige Lücken
nicht oder falsch ausgefüllt wurden, dann sinkt die Wahrscheinlichkeit, folgende Lücken richtig zu lösen. Aus diesem Grund
wird der gesamte Text als ein Item betrachtet und nicht die einzelnen Lösungen.

Beispiel
▶ *Lückentext*
Ergänzen Sie den folgenden Text sinnvoll!

Die _____ beschäftigt sich mit der Erfassung des Erlebens
und Verhaltens von _____. Viele zu untersuchende _____
sind jedoch nicht unmittelbar beobachtbar (z. B. Selbstwertschätzung, Intelligenz etc.). ◄◄

Bei dem *Kurzaufsatz* (oder Essay) werden die Probanden gebeten, zu einem bestimmten Thema schriftlich oder mündlich
Stellung zu nehmen. Dabei handelt es sich um einen Aufsatz,
der meist auf eine maximale Anzahl von 150 Wörtern beschränkt
ist. Damit wird die Testperson gezwungen, inhaltlich präzise zu
antworten. Auch beim Kurzaufsatz sind keine Zufallslösungen

möglich. Obwohl die Auswertungsobjektivität meist eingeschränkt ist, weil kaum eindeutige Auswertungskriterien vorliegen, ist der Einsatz des Kurzaufsatzes zur Erfassung bestimmter
Konstrukte, wie z. B. stilistische Begabung, notwendig. Die so
erhaltenen Essays werden meist mittels aufwändiger Inhaltsanalysen ausgewertet. Man kann deren Objektivität stark erhöhen,
wenn man z. B. standardisierte Kategoriensysteme verwendet
(siehe Kap. 4.4).

Beispiel
► *Kurzaufsatz*
Wie würden Sie vorgehen, wenn Sie einen neuen Test konstru-
ieren wollen?

_____

_____

_____

Wie können Sie feststellen, ob ein Testverfahren wirklich gut
geeignet ist, um das gewünschte Konstrukt zu messen?

_____

_____

_____ ◄◄

Grundsätzliche Probleme der Itemformulierung

Sich selbst über einen Fragebogen zu beschreiben, ist keineswegs
eine leichte Aufgabe. In Selbstbeschreibungsfragebogen zur Erfassung von Persönlichkeitseigenschaften werden Testpersonen
gebeten, sich so einzuschätzen, wie sie sich typischerweise verhalten oder erleben. Dabei wird von der Testperson quasi gefordert, einen »Durchschnittswert« des Verhaltens aus allen bisher
erlebten Situationen zu bilden. Probanden müssten also die ver-
schiedensten Situationen miteinander vergleichen, während sie
den Test bearbeiten. Bereits hier wird deutlich, dass die Bearbeitung von Persönlichkeitsfragebogen eine sehr anspruchsvolle
Aufgabe darstellen kann. Außerdem kann durch die vorgege-be-
nen Antwortskalen das ganze Spektrum unterschiedlichster

Verhaltensweisen und Situationen nicht komplett abgebildet werden. Sie erlauben lediglich eine Schätzung, in welcher Ausprägung das durchschnittliche Verhalten vorlag.

Merke

► Bei der Beantwortung üblicher Persönlichkeitsfragebogen ist der Proband gefordert, zahlreiche Situationen zu rekapitulieren und Durchschnittsbildung vorzunehmen. ◄◄

Der Beantwortungsprozess läuft aber kaum als systematische Durchschnittsbildung ab. Im Gegensatz zu einer objektiven Beantwortung erfolgt dieser Prozess relativ subjektiv. Die Antwort, die man von einer Testperson in einem Selbstbeschreibungsfragebogen erhält, entspricht also nicht dem objektiven Durchschnitt aus den entsprechenden Verhaltens- oder Erlebensweisen der Person, sondern der subjektiven Sicht der Person, wie sie sich in bestimmten Situationen erlebt. Diese Sicht von der eigenen Person kann aber durch verschiedene Effekte verzerrt sein, z. B. durch die Tendenz, lediglich kürzlich erlebte Situationen in den Beantwortungsprozess einzubinden oder auch die Tendenz, die eigene Person im Vergleich zu anderen aufzuwerten. Diese und weitere Probleme bei diagnostischen Verfahren werden in Kapitel 10 genauer vorgestellt. Der Interpretationsaufwand der Testperson kann zusätzlich durch die Itemformulierung oder auch Itempositionierung erschwert werden, was wiederum zu Antwortverzerrungen führen kann. Beispielsweise tendieren manche Probanden zur Zustimmung (Akquieszenz). Um dieser Tendenz vorzubeugen, sollten einige der Items negativ formuliert (invertiert) sein (z. B. aus »Ich halte gern Vorträge vor Publikum.« wird »Ich habe Angst vor Vorträgen vor Publikum.«). Bei der Umformulierung von Items entgegen ihrer Schlüsselrichtung muss aber unbedingt beachtet werden, dass die Bedeutung erhalten bleibt und dass doppelte Verneinungen vermieden werden. Doppelte Verneinungen werden als schwer verständlich erlebt und können daher Missverständnisse provozieren oder die Motivation der Teilnehmer beeinträchtigen. Items, die positiv oder negativ formuliert sind, werden auch als positiv oder negativ *gepolt* bezeichnet. Es sollte darauf geachtet werden, dass positive und negative

Polungen ungefähr gleich häufig vertreten sind. Mehrfach wurde allerdings festgestellt, dass sich für einige Testverfahren zwei Faktoren – einen für positive und einen für negative Items – extrahieren ließen. In diesen Fällen ist es offensichtlich nicht gelungen, reine Invertierungen vorzunehmen. Länge und Schwierigkeit der Formulierung von Items können sich zudem mindernd auf die Motivation der Probanden auswirken, den Test korrekt auszufüllen. Weitere Befunde zur Gestaltung der Antwortformulierungen, insbesondere zur Erfassung von Verhaltenshäufigkeiten, finden sich bei Schwarz (1999). Im nachfolgenden Kasten sind einige Regeln zusammengefasst.

Regeln zur Itemformulierung nach Fisseni (1997)

- Items sollten alltagssprachlich formuliert sein und von Personen mit durchschnittlicher Bildung verstanden werden können
- die verwendeten Begriffe sollten eindeutig und klar formuliert sein
- kurze Sätze; < 20 Wörter (Mummendey, 1987)
- nur ein Sachverhalt pro Item
- Augenscheinvalidität (siehe Kap. 8 unter Inhaltsvalidität)
- keine Antwort nahelegen
- ausbalancierte Polung
- Häufigkeiten möglichst nicht in Worten angeben
- Items sollten sich nicht auf ungewöhnliche Sachverhalte oder Situationen beziehen

Zu vermeiden sind:

- lange Wörter
- ungebräuchliche Wörter
- ungewöhnliche Fremdwörter
- Fachtermini
- Doppelfragen
- doppelte Verneinungen
- ungewöhnliche Satzkonstruktionen (etwa Schachtelsätze)
- ungewöhnliche Tempora (etwa Plusquamperfekt)
- Passiv-Formulierungen

7.4   Verteilungs- und Itemanalysen

Nachdem in der Testentwicklung alle Items nach bestmöglichem Wissen und Gewissen formuliert wurden und die Items in eine theoretisch fundierte und für die Testvorgabe geeignete Abfolge gebracht wurden, folgen die Verteilungs- und Itemanalysen. Diese sollten auf den Antworten einer Stichprobe von mindestens 100 Probanden beruhen. Alle so erfassten Daten der Probanden werden nun nach bestimmten Kriterien ausgewertet.

Verteilungsanalyse

Die *Schiefe* ist ein Maß für die Symmetrie bzw. Asymmetrie eines Items. Sie kann über folgende Formel ermittelt werden:

$$\text{Schiefe} = \frac{M - Mod}{s},$$

wobei M für den Mittelwert, Mod für den Modalwert und s für die Streuung der Itemverteilung stehen. Fällt die Schiefe kleiner als Null aus, liegt eine rechtssteile Verteilung des Items vor (auch linksschief genannt). Fällt die Schiefe größer als Null aus, liegt eine linkssteile Verteilung des Items vor (auch rechtsschief genannt). Bei einer Schiefe von Null handelt es sich um eine symmetrische Verteilung. **Abbildung 7.4** stellt die Verteilung eines linkssteilen Items dar. Der Mittelwert der Verteilung ist größer als der Modus und demnach fällt die Schiefe größer als Null aus. **Abbildung 7.5** stellt ein rechtssteiles Item dar. Der Mittelwert ist hier kleiner als der Modus und die Schiefe somit negativ.

Wenn kaum ein Proband das Item löst, d. h. wenn der Mittelwert sehr niedrig ist, zeigt sich ein *Bodeneffekt*. Solche Items sind linkssteil verteilt, nur noch etwas steiler als das Item in **Abbildung 7.4**. Wenn jedoch fast alle Probanden das Item lösen, d. h. wenn der Mittelwert der Zustimmung sehr hoch ausfällt, dann liegt eine rechtssteile Verteilung und somit ein *Deckeneffekt* vor.

Merke
▶ Sowohl Items also auch ganze Tests können Decken- oder Bodeneffekte aufweisen. Für Tests gilt Folgendes:

Deckeneffekt: Ein Deckeneffekt liegt dann vor, wenn der psychologische Test so gestaltet ist, dass er die wahre Fähigkeit oder Eigenschaft einer Person ab einer bestimmten Grenze nicht mehr zuverlässig messen kann. Mit anderen Worten: Übersteigt die Fähigkeit eine bestimmte Grenze, wird diese in den Testergebnissen nicht mehr differenziert abgebildet. Beispielsweise findet man bei einigen Intelligenztests Deckeneffekte: Bei Personen mit kognitiven Fähigkeiten ab einem IQ von 135 kann ein regulärer Intelligenztest also nicht mehr genau differenzieren.

Bodeneffekt: Beim Bodeneffekt ist es genau umgekehrt. Der Test kann im unteren Bereich die wahren Fähigkeiten von Personen nicht mehr unterscheiden. Mehrere Probanden mit unterschiedlichem Fähigkeitsniveau können kein einziges Item lösen – dieser Fall kann z. B. eintreffen, wenn minderbegabte Jugendliche mit einem Intelligenztest für Abiturienten getestet werden. ◄◄

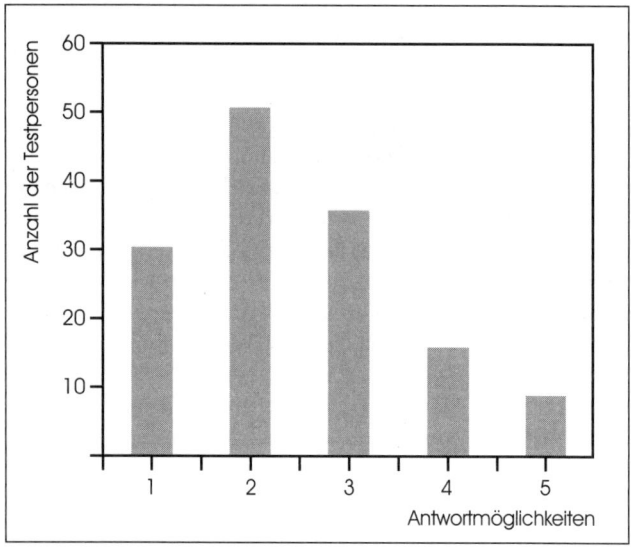

Abb 7.4: Verteilung eines linkssteilen (bzw. rechtsschiefen) Items mit den Antwortmöglichkeiten von 1 = »lehne ab« bis 5 = »stimme voll zu«

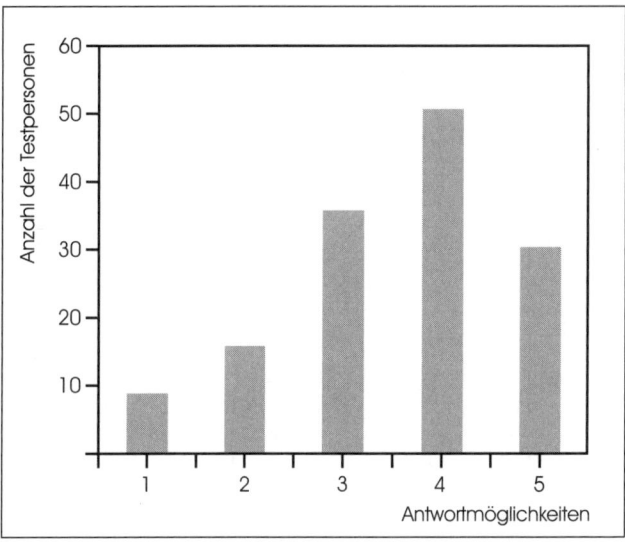

Abb. 7.5: Verteilung eines rechtssteilen (bzw. linksschiefen) Items
mit den Antwortmöglichkeiten von 1 = »lehne ab« bis 5 =
»stimme voll zu«

In diesem Abschnitt haben wir den eingipfligen Verteilungen
besondere Aufmerksamkeit geschenkt. In den meisten Fällen
sind eingipflige Verteilungen erwünscht, weil mit ihnen weitere
statistische Analysen durchgeführt werden können (sie nähern
sich z. B. an eine Normalverteilung an). Erhält man jedoch zweigipflige Verteilungen (vgl. **Abb. 7.6**), dann sollte man hinterfra-
gen, ob die Probanden das Item eventuell unterschiedlich auf-
gefasst haben. Ist das Item vielleicht mehrdeutig formuliert? Wie
viele Sachverhalte werden thematisiert? Zur Behebung des Problems könnte das Item umformuliert und präzisiert werden.
Gegebenenfalls kann ein komplexer Sachverhalt in Form von
zwei separaten Items erfragt werden.

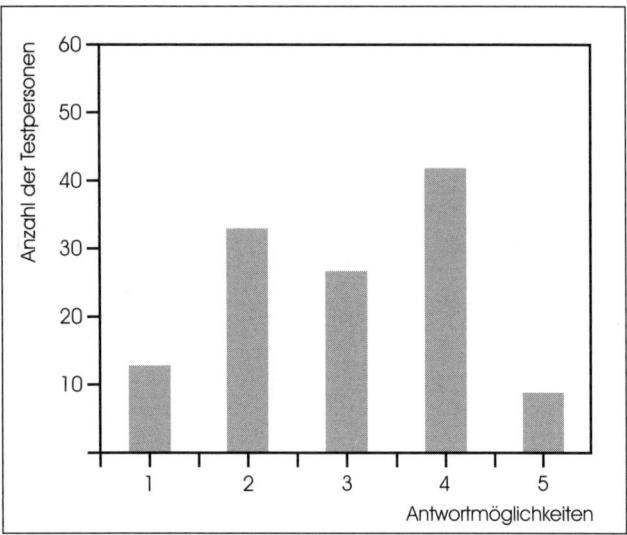

Abb. 7.6: Zweigipflige Itemverteilung

Itemanalyse

Insbesondere die Konzepte Itemschwierigkeit, Itemvarianz, Trennschärfe und Homogenität sind zentraler Bestandteil der Itemanalyse.

Itemschwierigkeit. Bei der Selektion von Items wird darauf geachtet, dass Items weder extrem hohe noch extrem niedrige Schwierigkeiten haben. Wir haben den Schwierigkeitsindex für dichotome Antwortformate und seine Formel bereits in Kapitel 6 vorgestellt:

$$p = \frac{N_R}{N}$$

wobei p = Schwierigkeitsindex, N_R = Zahl der Probanden, die die Aufgabe im Sinne des Merkmals beantwortet haben, N = Gesamtzahl aller Probanden.

Bei mehrstufigem Antwortformat, wie es häufig in der Persönlichkeitsdiagnostik der Fall ist, kann man einen solchen p-

Wert nicht berechnen. Es besteht die Möglichkeit, das Antwort-format dichotom zu kodieren, also einen bestimmten Cut-Off-Wert zu setzen und festzulegen, dass alle Antworten unter diesem als 0 und alle über diesem als 1 kodiert werden. So ist es wieder möglich, den Schwierigkeitsindex zu berechnen. Jedoch nimmt dieses Verfahren viel Varianz aus den Antworten, was wiederum zu einer Verminderung der teststatistischen Güte führt. Eine weitere Möglichkeit wäre es, den Itemmittelwert der Stichprobe unter Beachtung der Streuung heranzuziehen und mit dem Mittelwert des Antwortformates, also dem Antwort-skalenmittelwert, zu vergleichen. Um zwischen Personen gut differenzieren zu können, eignen sich Items mit einer mittleren Schwierigkeit, z. B. mit einem Schwierigkeitsindex von p = .50 bzw. mit Mittelwerten in der Nähe des theoretischen (Antwort-skalen-)Mittels. Der Wert von p = .50 besagt, dass 50 % aller Personen, die das Item bearbeitet haben, es auch lösen. Norma lerweise sollten Items, die von allen oder keinem Probanden gelöst wurden, eliminiert werden, da solche Items nichts über die wahre Fähigkeit aussagen. Insgesamt empfiehlt es sich aber, die unterschiedlichen Schwierigkeiten relativ gleich zu verteilen. Bei einem Test mit zehn Items sollte daher ca. ein Item einen Schwierigkeitsindex von p = .20, zwei weitere einen Index von p = .40, vier mit .50, zwei weitere mit .60 und das letzte mit p = .80 haben. Bei Speedtests (vgl. **Tab. 3.2**) in der Leistungsdiagnos-tik muss zudem beachtet werden, dass hohe Itemschwierigkeiten (also ein niedriger Schwierigkeitsindex) nicht sinnvoll sind. Die Items sollten bei ausreichender Zeit alle lösbar sein.

Itemvarianz. Die Itemvarianz beschreibt die Differenzierungs-fähigkeit eines Items zwischen Personen, die ein Item lösen bzw. nicht lösen (bei Leistungstests) oder die unterschiedliche Antwortstufen auswählen (bei Persönlichkeitstests). Zur Be-rechnung der Itemvarianz kann die herkömmliche Formel zur Varianzbestimmung (vgl. Kasten Kap. 2.2 zur norm- vs. krite-rienorientierten Diagnostik) herangezogen werden. Zwischen der Itemvarianz und der Itemschwierigkeit besteht ein quadra-tischer Zusammenhang, d. h. die Differenzierungsfähigkeit ist bei Items mittlerer Schwierigkeit (p = .50) am höchsten und

bei Items extremer Schwierigkeit (p = .00, p = 1.00) am gerings-
ten.

Trennschärfe. Über die Itemvarianz hinaus beschreibt die Trennschärfe nicht nur die Differenzierungsfähigkeit der einzelnen
Items, sondern auch die Tatsache, wie gut diese Differenzierung
mit der Differenzierungsfähigkeit der anderen Items einhergeht.
Die Trennschärfe ist also ein Maß dafür, wie gut das Item – unter Beachtung des Antwortverhaltens bei den restlichen Items
– Personen mit unterschiedlich hohen Merkmalsausprägungen
voneinander »trennt«. Items mit einem Schwierigkeitsindex von
p = .50 besitzen die höchste Trennschärfe. Der Zusammenhang
zwischen Itemschwierigkeit und Trennschärfe ist in **Abbildung 7.7** abgebildet.

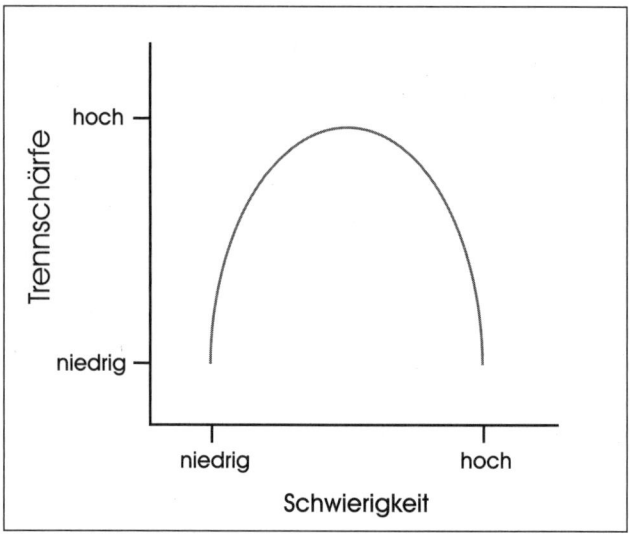

Abb. 7.7: Der kurvilineare Zusammenhang zwischen Itemschwierigkeit
und Trennschärfe

Der Zusammenhang ist umgekehrt U-förmig. Sehr leichte und
sehr schwere Items besitzen also nur eine geringe Trennschärfe.
In Software-Statistikpaketen wird die Trennschärfe als »corrected

item total correlation« oder auch »Korrelation mit Part-whole-Korrektur« angegeben. Das liegt daran, dass zur Berechnung der Trennschärfe die Korrelation zwischen der Beantwortung eines Items und dem Skalen-Gesamtwert bestimmt und korrigiert wird. Eine Korrektur erfolgt deswegen, weil das betreffende Item innerhalb des Skalenwertes sonst mit in die Korrelation eingeht, d. h. seine Eigenkorrelation zum Gesamtwert beiträgt. Die Trennschärfe würde damit aber überschätzt werden. Die Trennschärfe gibt insofern an, wie prototypisch ein Item für die Skala ist, wie gut es die Gesamtskala repräsentiert. Generell wird empfohlen, dass Trennschärfen über einem Wert von .30 liegen sollten. Falls negative Trennschärfen bei der Itemanalyse auftreten, sollte man prüfen, ob vergessen wurde, invertierte Items vor der Verrechnung umzupolen.

Homogenität. Die Homogenität gibt den Grad an, in dem die Items eines Tests dieselbe Eigenschaft messen. Prinzipiell können mit der Homogenität vier Konzepte verbunden werden: Homogenität im Sinne einer Interkorrelation, einer Faktorenanalyse, einer Guttman-Skala oder des Rasch-Modells. Wir werden auf die beiden ersten vertieft eingehen. Rasch-Homogenität haben wir bereits im Kapitel 6 vorgestellt. Homogenität im Sinne der Guttman-Skala kann **Tabelle 6.1** in Kapitel 6 entnommen werden: Das Guttman-Skalogramm weist eine Dreiecksmatrix auf, da Probanden, die das schwerste Item gelöst haben, auch alle leichteren Items gelöst haben müssen. Probanden wie Items können somit nach steigender Fähigkeit bzw. Schwierigkeit im Skalogramm angeordnet werden. In Bezug auf die Interkorrelation von Items kann der Homogenitätsindex sowohl für ein Item als auch für den Gesamttest bestimmt werden. Im letzteren Fall nähert sich der Homogenitätsindex dem Reliabilitätskoeffizienten Cronbachs Alpha an (zur Reliabilität siehe Kap. 8). Für ein Item ergibt sich der Homogenitätsindex aus dem Mittelwert aller Korrelationen dieses Items zu allen anderen Items. Für die Skala ergibt er sich aus dem Mittelwert aller Itemhomogenitätsindizes. Nach Berechnung von Faktorenanalysen wird dann von einer homogenen Skala gesprochen, wenn die Items eines Faktors hohe Ladungen aufweisen. Dagegen sollten Querladungen, also Ladungen eines Items auf anderen Faktoren, möglichst niedrig ausfallen (Heterogenität). Wenn das erfüllt ist, spricht man auch von einer Einfachstruktur (vgl. **Abb. 7.1**). Für eine Überprüfung der Faktorenstruktur sollte eine Konfirmatorische Faktorenanalyse herangezogen werden (vgl. Exkurs zu **Abb. 8.5**).

Die soeben vorgestellten Konzepte sind voneinander abhängig. Wie bereits erwähnt, haben mittelschwere Items auch die größte Itemvarianz und Trennschärfe. Da sich Trennschärfen aus der Korrelation zwischen Itembeantwortung und Skalengesamtwert ergeben, ermöglichen hohe Item-Interkorrelationen auch hohe Trennschärfen. Je stärker die Items untereinander korrelieren, desto homogener ist der Test und desto höher sollte auch der Zusammenhang zwischen einem Item und dem aus allen Items gebildeten Gesamtwert sein. Außerdem lässt sich zeigen, dass die Streuung der Itemschwierigkeiten die Homogenität des Tests beeinflusst. Je stärker die Schwierigkeitsindizes streuen, d. h. wenn Items mit stark unterschiedlichen Schwierigkeiten vorliegen, desto weniger hoch korrelieren diese Items miteinander. Der Test ist schließlich heterogen.

Zusammenfassung

Die Klassische Testtheorie gibt eine spezifische Abfolge an Schritten zur Testkonstruktion vor. Anhand von Literaturrecherchen und Experten- oder Laienbefragungen sollte anfangs eine Arbeitsdefinition für das zu erfassende Merkmal aufgestellt werden. Darauf aufbauend folgen die Formulierung der Items und die Festlegung des Testaufbaus. Items weisen entweder ein gebundenes Antwortformat auf, bei dem Antwortalternativen vorgegeben sind, oder ein freies Antwortformat, bei dem Probanden die Antwort ohne Vorgaben generieren. Typische gebundene Itemformate sind dichotome Items, Multiple-Choice-Items, wie z. B. Ratingskalen, aber auch Ordnungsaufgaben (Zu- und Umordnungsaufgaben) und Checklisten. Häufige freie Itemtypen sind der Kurzaufsatz oder das Lückendiktat. Nach Erstellung einer vorläufigen Testversion wird diese einer Stichprobe von mindestens 100 Probanden zur Bearbeitung vorgelegt. Diese ersten Daten gehen in die Verteilungs-, Item- und Skalenanalyse ein. Hier werden die Häufigkeitsverteilungen der Items und der Skala untersucht und Itemschwierigkeit, Trennschärfe, Homogenität sowie Reliabilität analysiert. Items, die den Kriterien nicht genügen, müssen entweder eliminiert oder umformuliert werden. Die revidierte Testversion sollte anschließend einer weiteren Stichprobe zur Bearbeitung vorgelegt werden. Die neuen Daten gehen in Analysen zur Überprüfung der Validität und Reliabilität des Verfahrens ein. Gegebenenfalls können Normtabellen erstellt, aber auch Paralleltests, Testprofile oder Testbatterien entworfen werden. Im Hinblick auf theoretische Einbettung und inhaltliche Gesichtspunkte der Testkonstruktion werden in der psychologischen Diagnostik vier Herangehensweisen unterschieden: rationale, externale und induktive Konstruktion sowie Prototypenansatz, wobei die rationale Testkonstruktion theoriegeleitet fundiert erfolgt, induktive Konstruktion und Prototypensatz dagegen ohne theoretische Fundierung auskommen. Die externale Konstruktion erfolgt nach vorgegebenen Kriterien, z. B. soll das Testverfahren zwischen Personengruppen bestmöglich differenzieren.

Literaturempfehlungen

Bühner, M. (2006). *Einführung in die Test- und Fragebogenkonstruktion* (2. Aufl., Kap. 3). München: Pearson Studium.

Fisseni, H.-J. (2004). *Lehrbuch der psychologischen Diagnostik. Mit Hinweisen zur Intervention* (3. Aufl., Kap. 4). Göttingen: Hogrefe.

Lienert, G. A. & Raatz, U. (1998). *Testaufbau und Testanalyse* (6. Aufl.). Weinheim: Beltz.

Moosbrugger, H. & Kelava, A. (Hrsg.). (2007). *Testtheorie und Fragebogenkonstruktion* (Kap. 3, 4). Heidelberg: Springer.

Mummendey, H. D. (2003). *Die Fragebogen-Methode. Grundlagen und Anwendungen in Persönlichkeits-, Einstellungs- und Selbstkonzeptforschung* (4. Aufl., Kap. 4, 7). Göttingen: Hogrefe.

Fragen zur Selbstüberprüfung

1. Erläutern Sie die Schritte der Testkonstruktion!
2. Unterscheiden Sie zwischen der externalen und der induktiven Vorgehensweise bei der Testkonstruktion!
3. Formulieren Sie ein Item mit Multiple-Choice-Antwortformat! Welche Probleme sind mit diesem Itemtyp verbunden?
4. Welche Vorteile bieten Formen der freien Itembeantwortung gegenüber der gebundenen?
5. Nennen Sie fünf Regeln, die bei der Itemformulierung beachtet werden sollten!
6. Was ist unter einem Deckeneffekt bzw. Bodeneffekt zu verstehen?
7. Welche Kennwerte spielen im Rahmen der Itemanalyse eine Rolle und wie hängen sie zusammen?

8   Kriterien der Testbeurteilung

Wenn Praktiker Tests anwenden, stehen sie häufig vor der Frage, welchen Test sie aus einer Reihe vorliegender Tests wählen sollen. Sie stehen vor der Herausforderung, einen möglichst passenden, zuverlässigen und gültigen Test zu finden. Einige wichtige Kriterien für die Auswahl eines guten psychometrischen Verfahrens sind im folgenden Kasten zusammengefasst.

Kriterien für die Testauswahl

- Verfügbarkeit von Normen, um individuelle Testergebnisse einschätzen zu können
- Erfüllung psychometrischer Gütekriterien
- Konstruktion nach der Klassischen oder der Item-Response-Theorie
- theoretische Fundierung

Psychometrische Gütekriterien erlauben eine Einschätzung der Qualität des Verfahrens. Sie werden in Haupt- und Nebengütekriterien unterteilt. Als Hauptgütekriterien gelten Objektivität, Reliabilität und Validität. Nebengütekriterien sind Normierung, Vergleichbarkeit, Ökonomie, Nützlichkeit und Testfairness (für einen Überblick siehe **Abbildung 8.1**).

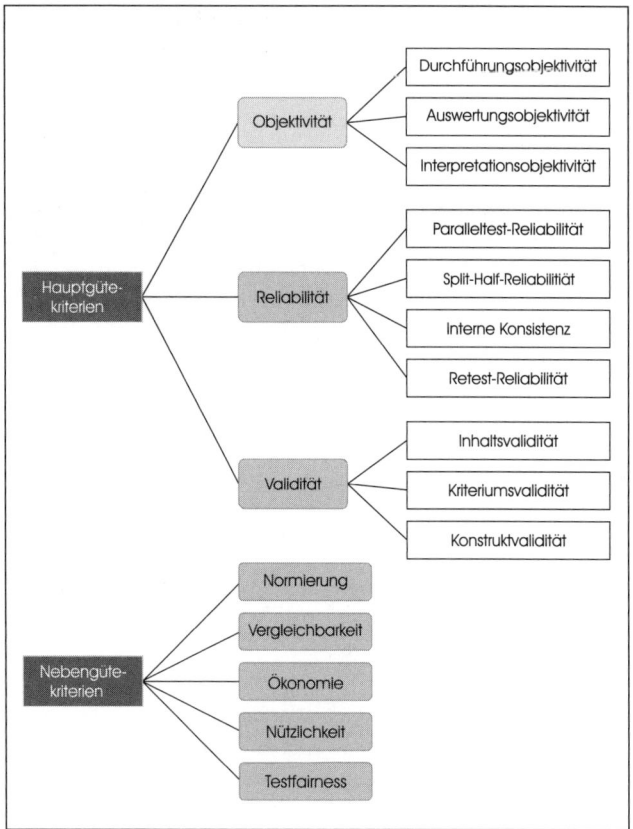

Abb. 8.1: Eine Übersicht der Haupt- und Nebengütekriterien

8.1   Die Hauptgütekriterien

Im Folgenden sollen die einzelnen Gütekriterien genauer, als es
in den bisherigen Kapiteln erfolgte, dargestellt werden. Damit
verfolgen wir das Ziel, den bereits erlernten Stoff zu integrieren,
zu vertiefen und einen Überblick über die Beurteilungskriterien
psychometrischer Tests zu vermitteln. Zuerst werden die Hauptgütekriterien näher betrachtet.

Definition

▶ *Objektivität*: Ausmaß, in dem die Durchführung, Auswertung und Interpretation eines Tests unabhängig von dem Untersucher/der Situation sind.

Reliabilität: Ausmaß der Genauigkeit, mit dem ein Test ein Merkmal misst.

Validität: Ausmaß, in dem ein Test das misst, was er zu messen beansprucht. ◄◄

Objektivität

Die Objektivität eines Tests gibt das Ausmaß an, in dem die Auswertung und die Interpretation eines Tests unabhängig vom Untersucher sind und in dem die Testsituation unter kontrollierten Bedingungen abläuft. *Durchführungsobjektivität* ist dabei durch die Standardisierung der Testsituation gegeben. Beispielsweise sollte immer unter gleichen Bedingungen (wie Instruktion, Testmaterialien, Uhrzeit, Ort etc.) getestet werden, um ausreichend Durchführungsobjektivität zu gewährleisten. *Auswertungsobjektivität* ist dann gegeben, wenn das vom Probanden gezeigte Verhalten eindeutig in messbaren Größen dargestellt werden kann. Bei offenem Antwortformat wird die Auswertungsobjektivität geringer, weil dem Untersucher keine standardisierten Antwortmöglichkeiten vor der Testbearbeitung vorliegen. Die Auswertungsobjektivität kann dadurch erhöht werden, dass den Antworten numerische Werte zugeordnet und konkrete Auswertungshinweise im Testmanual angeboten sind. Schablonen, die neben dem Manual bereitgestellt werden, erhöhen somit auch die Auswertungsobjektivität. Die *Interpretationsobjektivität* geht der Frage nach, ob von unterschiedlichen Auswertern aus den gleichen Testantworten von Probanden auch die gleichen Schlüsse gezogen werden. Eine Möglichkeit zur Erhöhung der Interpretationsobjektivität besteht z. B. darin, die Interpretation durch beispielhafte Darstellung im Manual zu erleichtern. Wenn bei einer Verhaltensbeobachtung aggressive Verhaltensweisen identifiziert werden sollen, ist es etwa angebracht, mehrere Beispiele für aggressives Verhalten vorzugeben (schlägt andere Schüler, schikaniert andere etc.). Außerdem erleichtert das Vorhandensein von Normen die Interpretation.

Reliabilität

Die Reliabilität beschreibt die Genauigkeit, mit der ein Test ein Merkmal erfasst, unabhängig davon, ob es sich dabei um das Merkmal handelt, das der Test zu messen beansprucht (Validität). Testtheoretisch gesprochen: Ein Test kann genau messen, inhaltlich aber »daneben liegen« – er ist dann reliabel, ohne valide zu sein (vgl. Abschnitt Zusammenhang zwischen Objektivität, Reliabilität und Validität, Kap. 8.1). Das ist der Fall, wenn ein Test beansprucht, Konzentration zu messen, tatsächlich aber Intelligenz misst. Man unterscheidet drei Reliabilitätsarten: 1) Halbierungsreliabilität (Split-Half-Reliabilität) und als ein Spezialfall dieser Form die Interne Konsistenz, 2) Retest-Reliabilität sowie 3) Paralleltest-Reliabilität.[10]

Bei der *Halbierungsreliabilität* wird der Test in zwei äquivalente Hälften geteilt und diese Hälften werden miteinander korreliert (vgl. Kap. 5). Zu beachten ist, dass die Reliabilität von der Testlänge abhängig ist. Je länger der Test, desto größer ist auch die Reliabilität. Da es sich bei der so berechneten Reliabilität lediglich um die Reliabilität eines »Tests« handelt, der nur halb so lang ist wie der ursprüngliche Test, wird die *Spearman-Brown*'sche Formel zur Korrektur verwendet, um die eigentliche Reliabilität zu bestimmen. Die Halbierungsreliabilität wird nach Spearman-Brown wie folgt bestimmt:

$$\text{Rel}(X) = \frac{2 \cdot r_{12}}{1 + r_{12}},$$

wobei r_{12} die Korrelation zwischen beiden Testhälften bedeutet. Bei Berechnung der *Internen Konsistenz* wird der Test nicht nur in zwei ganz bestimmte Hälften zerlegt, sondern in so viele Hälften-Paare wie überhaupt möglich. Die Itemhomogenität und die

---

10 Einige Autoren präferieren die Unterscheidung in vier Reliabilitätsarten und nennen interne Konsistenz als eigenständige Form (s. **Abb. 8.1**).

Testlänge haben dabei einen großen Effekt auf die Interne Konsistenz. Es kann festgehalten werden, dass die Testlänge ihren Einfluss auf die Reliabilität verliert, je stärker die Items durchschnittlich untereinander korreliert sind (homogener sind). In folgender **Abbildung 8.2** ist der Zusammenhang zwischen Testlänge (X-Achse) und Interner Konsistenz (ausgegeben durch den Koeffizienten Cronbachs Alpha, Y-Achse) abgetragen. In dem oberen Graphen findet sich ein fast linearer Zusammenhang zwischen der Testlänge und der Reliabilität bei einer durchschnittlichen Item-Interkorrelation von r = .01. Da die Items untereinander kaum korrelieren, steigt also die Reliabilität mit steigender Testlänge an. Wird jedoch der durchschnittliche Zusammenhang zwischen den Items erhöht (vgl. den mittleren Graphen für r = .05 und den unteren für r = .20), erreicht die Kurve schneller ihr Maximum und wächst ab einem gewissen Punkt nicht mehr bedeutsam an. Vergleicht man also Fragebogen unterschiedlicher Testlänge, verliert die Testlänge bei steigender Item-Interkorrelation (Homogenität) an Einfluss auf die Reliabilität. Die Homogenität hat also ebenfalls einen bedeutsamen Effekt auf die Reliabilität. Dies wird in **Abbildung 8.2** besonders dadurch deutlich, dass bei konstanter Testlänge (z. B. N = 50 Items) die Interne Konsistenz mit steigender Item-Interkorrelation anwächst.

Bei der praktischen Beurteilung ist folglich eine hohe Interne Konsistenz, insbesondere bei einem kurzen Test, bedeutsam. Bei relativ langen Tests wäre zu prüfen, inwieweit die hohe Reliabilität auf die Testlänge zurückgeht.

Die *Retest-Reliabilität* gibt an, wie stark die Ergebnisse einer Person des ersten Testdurchlaufes mit den Ergebnissen der Testwiederholung zusammenhängen. Sie wird als Korrelation zwischen den Testleistungen zweier verschiedener Messzeitpunkte ausgegeben. Eine gründliche Definition des zu erfassenden Merkmals ist dabei eine wichtige Voraussetzung. Sollte nämlich ein Merkmal erfasst werden, das sich über die Zeit verändert (z. B. bei der Messung aktueller Befindlichkeiten, vgl. Kap. 4.3.2), dann fällt auch die Retest-Reliabilität sehr gering aus. Dadurch könnte man zu der Fehlannahme verleitet werden, dass der Test nur sehr ungenau das Merkmal misst. Eine Unterscheidung in

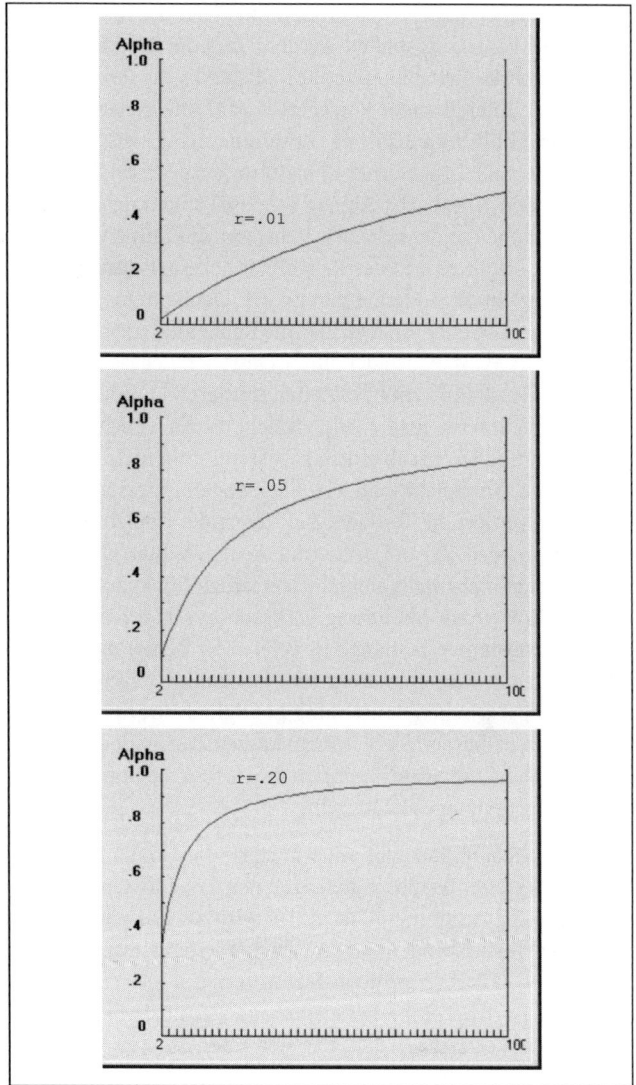

Abb. 8.2: Der grafische Zusammenhang zwischen Testlänge und Interner
Konsistenz in Abhängigkeit der Interkorrelationen zwischen
Items, dargestellt mit dem Computer-Programm Relcomp

Zustände (*States*) und Eigenschaften (*Traits*) sollte also auch vor der Testkonstruktion beachtet werden (siehe Kap. 2.2).

Die *Paralleltest-Reliabilität* entspricht der Korrelation zweier paralleler Tests, die das gleiche Merkmal erfassen. Da die jeweils miteinander zu korrelierenden Teile inhaltlich gleich sein sollten, erfasst die Reliabilität, wie genau der Test diesen Inhalt misst. Geprüft wird also, wie konsistent diese Teile – seien es Hälften, Items oder derselbe/ein anderer Test später – zueinander sind (zur Konstruktion von Paralleltests siehe Kap. 5.2).

Validität

Die Validität beschreibt die Gültigkeit eines Tests. Darunter ist zu verstehen, ob der Test dasjenige Persönlichkeits- oder Verhaltensmerkmal erfasst, das er zu messen beansprucht. Im Hinblick auf die inhaltliche Beantwortung der theoretischen Fragestellung über die Güte eines Tests ist die Validität das wichtigste Kriterium. Man unterscheidet Inhaltsvalidität, Kriteriumsvalidität und Konstruktvalidität.

Ein Test wird als *inhaltsvalide* bezeichnet, wenn er das zu messende Merkmal inhaltlich angemessen erfasst. Die Inhaltsvalidität geht also der Frage nach, ob die Items eine repräsentative Auswahl aus allen möglichen Items darstellen, welche das interessierende Merkmal erfassen. Für die Inhaltsvalidität wird kein Kennwert angegeben, sondern logische und fachliche Überlegungen werden herangezogen. Beispielsweise stellen sich Experten die Frage, ob mit Schulleistungstests, Führerscheinprüfung, Arbeitsproben, einem Diktat etc. auch wirklich die jeweils notwendigen Fähigkeiten oder Fertigkeiten erfasst werden oder eigentlich ein ganz anderes Konstrukt erhoben wird. Die Inhaltsvalidität wird manchmal auch mit der bei der Testperson gegebenen Augenscheinvalidität in Zusammenhang gebracht (*face validity*). Damit ist gemeint, dass der Test augenscheinlich das Merkmal erfasst; den Testpersonen ist also bewusst, was mit dem Test gemessen werden soll. Inhalts- und Augenscheinvalidität stellen jedoch nicht dasselbe Gütekriterium dar, sondern müssen separat beurteilt werden (Tent & Stelzl, 1993).

Die *Kriteriumsvalidität* gibt an, inwiefern das Testergebnis mit einem oder mehreren Außenkriterien zusammenhängt. Ein Kriterium stellt dabei ein Konstrukt dar (z. B. Berufserfolg), mit dem die Testleistung zusammenhängen kann oder soll (z. B. Intelligenztestleistung sagt Berufserfolg vorher). Beispielsweise kann der Berufserfolg eines Versicherungsvertreters mit der Anzahl abgeschlossener Versicherungen pro Quartal erfasst werden. Kriterien können zusätzlich in echte und Quasi-Kriterien sowie in Targetvariablen unterschieden werden (Burisch, 1984; siehe auch Amelang & Schmidt-Atzert, 2006, S. 153f). *Echte Kriterien* müssen wie der aktuelle Test dem entsprechenden Konstrukt zuordenbar sein bzw. dasselbe Konstrukt messen und »vertrauenswürdig« sein. Sie geben den Ausschlag bei einer vom Auftraggeber geforderten Entscheidung, wie im eben berichteten Beispiel. Das heißt, praktisch zu treffende Entscheidungen (z. B. über Einstellung, Gehaltserhöhung etc.) werden aufgrund genau dieser Kriterien (z. B. Berufserfolg, Schulerfolg, Krankheit oder Abwesenheitstage am Arbeitsplatz) getroffen. *Quasi-Kriterien* stellen meist andere Tests dar, die aber selbst an echten Kriterien validiert werden müssen. Wenn ein Intelligenztest also an einem anderen Intelligenztest validiert wird, sprechen wir von einem Quasi-Kriterium. *Targetvariablen* sind Kriterien, die erst vorhergesagt werden müssen und somit die eigentlichen Zielvariablen darstellen. Als Beispiele sind das Suizidrisiko schwer-depressiver Patienten oder auch das Rückfallrisiko von vorzeitig entlassenen Straftätern zu nennen. Es kommt weniger auf den inhaltlichen Bezug zwischen Test und Kriterium an als auf die Möglichkeit der Vorhersage. Jeder Test, der in irgendeiner Weise zur Vorhersage der Targetvariablen beiträgt, ist gern gesehen, da Dringlichkeit und praktischer Nutzen eine große Rolle spielen. Um die zeitliche Dimension zu berücksichtigen, unterscheidet man bei der Kriteriumsvalidität zusätzlich zwischen Vorhersagevalidität (oder prognostische bzw. prädiktive Validität), Übereinstimmungsvalidität (oder konkurrente Validität) und retrospektiver Validität. Besonders bei neuen Verfahren spielt die inkrementelle Validität eine wichtige Rolle. Die Konzepte sind einzeln nachfolgend erklärt.

Definition

▶ *Vorhersagevalidität*: Korrelation der Testleistung mit einem Kriterium, das zeitlich später erfasst wird (z. B. Intelligenzleistung jetzt und Berufserfolg später).

Übereinstimmungsvalidität: Korrelation der Testleistung mit einem Kriterium, das relativ zeitgleich erfasst wird (z. B. Intelligenz jetzt und Schulnote jetzt).

Retrospektive Validität: Korrelation der Testleistung mit einem Kriterium, das zeitlich früher erfasst wurde (z. B. Intelligenztestleistung zum aktuellen Zeitpunkt in der achten Klasse und die Befunde des Schuleignungstests vor Schuleintritt).

Inkrementelle Validität: Ausmaß, mit dem ein Prädiktor (der Test) ein Kriterium über andere Prädiktoren hinaus vorhersagt, also in Ergänzung vorhandener Prädiktoren zusätzlichen Nutzen hat (z. B. sagt die Intelligenztestleistung den Berufserfolg über die Schulnote hinaus vorher). ◄◄

In Testvalidierungsstudien erfasst man im Idealfall die (echten) Kriterien, die der Test vorhersagen soll. Der Test soll nach Validierung eine ökonomische Alternative zur Erfassung des Kriteriums darstellen bzw. eine Prognose in Bezug auf das Kriterium erlauben. So soll ein Intelligenztest beispielsweise relativ ökonomisch Berufserfolg vorhersagen. Ein manchmal übersehenes Problem dabei ist, dass eine Gesamtvaliditätsangabe »unfair« sein kann, weil die Vorhersage für unterschiedliche Gruppen von Personen unterschiedlich gut gelingt. Ein kriterienbezogener Bias liegt vor, wenn ein Test bei verschiedenen Teilgruppen unterschiedliche Vorhersagevalidität aufweist. In der folgenden **Abbildung 8.3** sehen wir unterschiedliche Validitätskoeffizienten für die Vorhersage von einem Prädiktor (die Intelligenztestleistung) auf ein Kriterium (Berufserfolg) in Form von Regressionsgeraden (vgl. Anastasi & Urbina, 1997, p. 167).

Man spricht von einem »Slope-Bias«, wenn der Test das Kriterium für verschiedene Gruppen unterschiedlich gut vorhersagt. Die Steigung (*slope*) der Regressionsgeraden ist für Männer und Frauen verschieden (siehe gestrichelte Linien). Setzt man den Test für beide Gruppen ein, weil man nur die Gesamtvorhersage geprüft hat (siehe durchgezogene Linie), ist die Vorher-

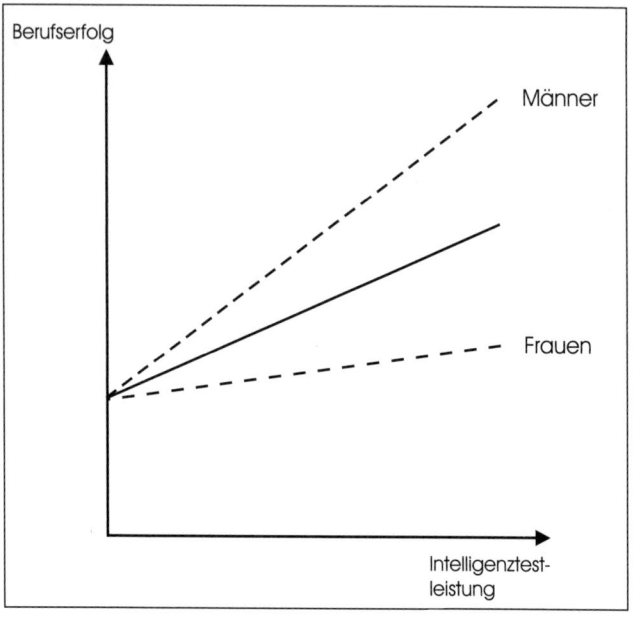

Abb. 8.3: Slope-Bias in der Bestimmung der Kriteriumsvalidität

sage bei getesteten Frauen deutlich schlechter möglich. Es sollte
ein weiterer Test entwickelt werden, der die Berufsleistung von
Frauen besser vorhersagt. Eine zweite Form dieses Fehlers ist
der »Intercept-Bias« (siehe **Abb. 8.4**), d. h. obwohl die Steigun-
gen der Geraden gleich sind und somit der Test für Männer und
für Frauen dieselbe Vorhersagevalidität aufweist, sind die Re-
gressionskonstanten als Schnittpunkte mit der Y-Achse (*inter-
cept*) für die Gruppen verschieden. Die Regressionskonstante ist
in unserem Beispiel für Männer größer als für Frauen, da die
Regressionsgerade der Männer die Y-Achse weiter oben schneidet als die Regressionsgerade der Frauen. In diesem Beispiel
führt ein erzielter Intelligenztestwert X bei Männern zu einem
höheren geschätzten Berufserfolgswert (dargestellt durch $Y_{Männer}$)
als bei Frauen (dargestellt durch Y_{Frauen}). Wenn nur die durchschnittliche Regressionsgleichung aus Männern und Frauen zur
Vorhersage des Berufserfolges herangezogen wird (dargestellt

als durchgezogene Linie), dann würde der Berufserfolg von Männern unterschätzt. Man sagt auch, dieser Test unterschätzt den Berufserfolg von Männern und überschätzt ihn für Frauen. Ein solcher Effekt könnte durch geschlechtsspezifische Benachteiligung durch Arbeitgeber bedingt sein.

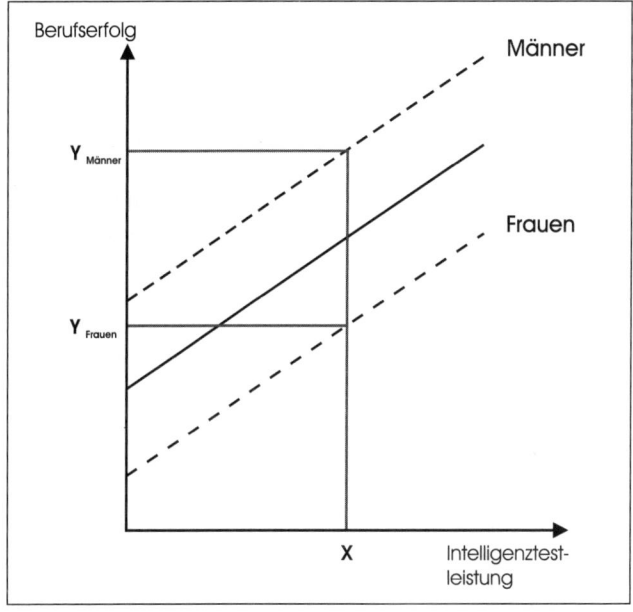

Abb. 8.4: Intercept-Bias in der Bestimmung der Kriteriumsvalidität

Die *Konstruktvalidität* beschreibt den Zusammenhang des vorliegenden Tests mit konstruktnahen (konvergente Validität) und konstruktfremden (diskriminante Validität) Tests. Dadurch soll ermöglicht werden, ein Konstrukt in das sogenannte *nomologische Netz*, also das Umfeld von Konzepten ähnlicher oder unterschiedlicher Bedeutung, einzuordnen.

Definition
▶ Ein *nomologisches Netz* ist definiert als das Bedeutungsfeld der Beziehungen zwischen verwandten und fernen Konstrukten

und ihrer Verbindung zu beobachtbaren Variablen (vgl. Cronbach & Meehl, 1955). ◄◄

Verschiedene Methoden können zur Kennwertbestimmung eingesetzt werden: Einerseits kann man die Korrelation zwischen dem betreffenden Test und anderen konstruktnahen bzw. -fremden Tests bestimmen. Beispielsweise müsste ein Fragebogen zur Selbstwertschätzung negativ mit einem Fragebogen zur Depression korrelieren, das heißt, eine Person, bei der eine Depression diagnostiziert wurde, sollte in einem Fragebogen zur Erfassung von Selbstwertschätzung niedrige Werte aufweisen (*konvergente Validität*). Jedoch sollte die Korrelation zwischen einem Selbstwertfragebogen und einem Intelligenztest bei Null liegen (*diskriminante Validität*), da es sich um konstruktferne Tests handelt. Andererseits kann Konstruktvalidität auch mittels Faktorenanalyse bestimmt werden. Bezogen auf die *faktorielle Validität* sollten sich beispielsweise in einem Persönlichkeitsinventar, das auf der Basis des Big-Five-Modells konstruiert wurde, mittels konfirmatorischer Faktorenanalyse fünf Faktoren bestätigen lassen (für eine Gegenüberstellung der exploratorischen und konfirmatorischen Faktorenanalyse siehe nachfolgender Kasten).

Exploratorische und konfirmatorische Faktorenanalysen
Faktorenanalytische Methoden unterscheiden sich hinsichtlich der Vorgehensweise, wie Testkonstrukteure die dem Testverfahren zugrundeliegende Struktur nachweisen möchten. Das Ziel der exploratorischen Faktorenanalyse ist *Dimensionsreduktion,* d. h. man versucht, die Items vereinfachten, übergeordneten Konstrukten zuzuordnen, basierend auf den mehr oder weniger starken Zusammenhängen zwischen einzelnen Items. Beispielsweise sind Items, die etwas über die Gewissenhaftigkeit einer Person aussagen, stärker untereinander korreliert als mit Items, die Extraversion charakterisieren. Daher liegen die ersten Items dem Faktor »Gewissenhaftigkeit« zugrunde und die letzten Items dem Faktor »Extraversion«. Das Ziel der konfirmatorischen Faktorenanalyse hingegen ist *Modelltestung.* Anhand von empirischen

oder theoretischen Vorannahmen wird ein Modell spezifi-
ziert, das die angenommenen Zusammenhänge zwischen
Items und Faktoren beinhaltet. Ein solches Modell kann in
einem Strukturgleichungsmodell (siehe vereinfacht in
Abb. 8.5) abgetragen werden.

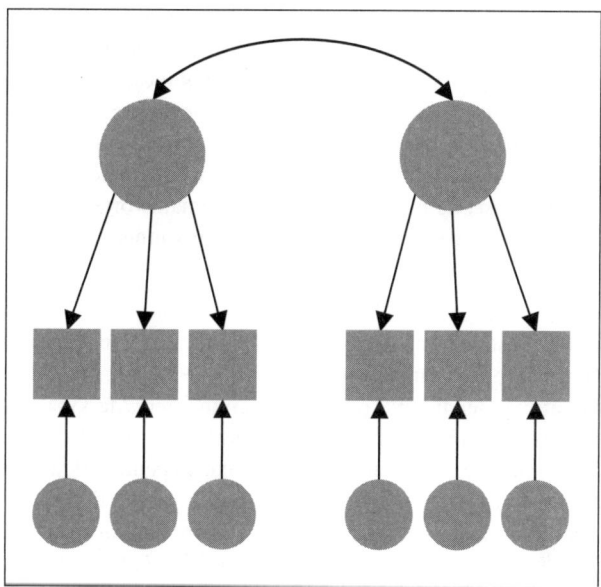

Abb. 8.5: Zwei-Faktoren-Modell einer konfirmatorischen Faktorenanalyse

In diesen Modellen stehen Rechtecke für manifeste Variablen
(die Testitems) und Kreise für latente Variablen (die beiden
oben stehenden sind Faktoren und die sechs unten stehenden
Fehlerterme). Schließlich werden die Modellannahmen mit
dem Datensatz, der aus einer Stichprobe gewonnen wurde,
verglichen. Das geschieht, wie bereits im Kapitel 6 zur Modelltestung bei der IRT ausgeführt, mittels eines Signifikanztests, der die Passung des Modells zu den Daten überprüft.
Ein nicht-signifikantes Ergebnis, d. h. die Feststellung, dass

kein Unterschied vorliegt, würde die Hypothese des Testkonstrukteurs unterstützen. In diesem Fall kann davon ausgegangen werden, dass dem Verfahren eine vorher spezifizierte Struktur zugrundeliegt. Der zentrale Unterschied zwischen exploratorischer und konfirmatorischer Faktorenanalyse ist also, dass bei der exploratorischen Faktorenanalyse alle möglichen Lösungen in Betracht gezogen werden und die am besten passende herangezogen wird, bei der konfirmatorischen jedoch eine vorher spezifizierte Hypothese (z. B. »Dem Datensatz liegt eine Zwei-Faktorenstruktur zugrunde.«) überprüft wird. Die Ergebnisse der konfirmatorischen Faktorenanalyse sind weitreichender als die der exploratorischen Faktorenanalyse, da nur bei ersterer die Itemantworten auf die latenten Variablen zurückgeführt werden können. Das Prinzip der Datenreduktion erlaubt diese Aussagen nicht.

Bei der Bestimmung der Konstruktvalidität ist der Multitrait-Multimethod-Ansatz (Campbell & Fiske, 1959) von besonderer Bedeutung. Bei dieser Strategie werden mehrere Merkmale mit mehreren Verfahren erhoben, um konvergente und divergente (diskriminante) Validität zu prüfen (siehe folgende Erklärung). Die Ergebnisse liefern Befunde zur Einordnung des Konstruktes in das nomologische Netz bzw. Hinweise auf die Konstruktvalidität des Verfahrens: Man sieht u. a., welche Beziehungen das Konstrukt zu verwandten und zu anderen Konstrukten hat. Ein Problem bei Assessment Centern ist beispielsweise, dass zwar prognostische Validität (z. B. Vorhersage von Berufserfolg) gegeben, die Konstruktvalidität aber problematisch ist (für einen Überblick siehe Kleinmann, 1997, 2003; Schuler, 2007). Werden z. B. Intelligenz, Durchsetzungsfähigkeit und Eloquenz (drei Traits) mittels Rollenspiel, Gruppendiskussion und Präsentation (drei Methoden) erhoben, zeigt sich im Allgemeinen, dass die Beobachter wenig zwischen den einzelnen Eigenschaften differenzieren, sondern ihren Gesamteindruck (vgl. Halo-Effekt, Kap. 9.1.3) stark in die einzelnen Urteile einfließen lassen. Die Korrelationen der Urteile zu verschiedenen Konstrukten innerhalb einer Methode (z. B. Gruppendiskussion) sind relativ hoch (divergente Validität ist also nicht gegeben), die Korrelationen zwischen Urteilen bezüglich eines bestimmten Konstruktes (z. B. Durchsetzungsfähigkeit) über die Methoden hinweg sind relativ gering (konvergente Validität ist also nicht gegeben).

Erklärung

▶ *Multitrait-Multimethod*

Im Multitrait-Multimethod-Ansatz werden Korrelationsmatrizen zur Auswertung herangezogen. In diesen Matrizen werden die Zusammenhänge zwischen den erhobenen Fähigkeiten der Personen (multi traits) in Abhängigkeit von den jeweils verwendeten Testverfahren (multi methods) betrachtet. Dabei sollte sich folgendes Muster ergeben:

1. Misst man dasselbe Merkmal mit unähnlichen Methoden, dann sprechen hohe Korrelationen für die konvergente Validität der Verfahren. Das Merkmal kann also unabhängig von der gewählten Methode erfasst werden.
2. Misst man verschiedene Merkmale mit derselben Methode, dann sprechen niedrige Korrelationen für die divergente Validität der Verfahren.
3. Misst man verschiedene Merkmale mit derselben Methode, dann deuten hohe Korrelationen auf Methodeneffekte hin.
4. Misst man verschiedene Merkmale mit unähnlichen Methoden, dann sollten die Korrelationen am niedrigsten ausfallen.

Neben den Eigenschaften kann also auch die gewählte Methode den Zusammenhang zwischen Messungen beeinflussen. Gehen diese Zusammenhänge vorrangig auf die Methode zurück, spricht man von *Methodeneffekten* bzw. *Methodenvarianz*. Methodeneffekte wiederum gehen nicht allein auf die Art des eingesetzten Testverfahrens zurück, sondern können auch an den Beurteilern oder der Testsituation liegen. Mit verschiedenen Multitrait-Multimethod-Analysen können die jeweiligen Methodeneffekte identifiziert werden (für einen Überblick siehe Moosbrugger & Kelava, 2007, Kap. 14). ◀◀

In **Abbildung 8.6** ist eine Multitrait-Multimethod-Matrix (nach Campbell & Fiske, 1959) zu sehen. Dort kann abgelesen werden, dass unterschiedliche Konstrukte (d. h. Intelligenz, Durchsetzungsfähigkeit und Eloquenz) mit unterschiedlichen Methoden (d. h. Rollenspiel, Gruppendiskussion, Präsentation) erfasst wurden und die Interkorrelationen dieser Erhebungen in einer Matrix abgetragen sind. Aus der Markierung A wird ersichtlich, dass die Korrelationen zwischen unterschiedlichen Erhebungen derselben Eigenschaft (z. B. IQ in der Gruppendiskussion und im Rollenspiel) relativ hoch ausfielen. Daraus kann gefolgert werden, dass das Rollenspiel ausreichend konvergente Validität zur Erfassung von Intelligenz besitzt. Die Markierung B hingegen zeigt an, dass die Korrelationen zwischen unterschiedlichen Merkmalen (z. B. IQ und Durchsetzungsfähigkeit), die aber mit derselben Methode erfasst wurden (Gruppendiskussion), sehr hoch ausfielen. Normalerweise sollten solche Korrelationen relativ niedrig ausfallen, um divergente Validität anzuzeigen. Dieses Ergebnis ist ein Indiz dafür, dass Methodeneffekte in der Gruppendiskussion großen Einfluss haben.

		Rollenspiel			Gruppendiskussion			Präsentation		
		IQ	DF	EL	IQ	DF	EL	IQ	DF	EL
RS	IQ									
	DF	.60								
	EL	.62	.72							
GD	IQ	.80	.41	.43						
	DF	.50	.65	.42	.71					
	EL	.39	.35	.51	.65	.78				
Pr	IQ	.52	.33	.41	.64	.51	.35			
	DF	.32	.28	.23	.39	.44	.33	.75		
	EL	.22	.21	.22	.15	.30	.29	.50	.63	

Abb. 8.6: Multitrait-Multimethod-Matrix (nach Campbell & Fiske, 1959), IQ = Intelligenz, DF = Durchsetzungsfähigkeit, EL = Eloquenz, RS = Rollenspiel, GD = Gruppendiskussion, Pr = Präsentation

Zusammenhang zwischen Objektivität, Reliabilität und Validität

Objektivität, Reliabilität und Validität sind nicht unabhängig voneinander. Es bestehen Zusammenhänge zwischen den Hauptgütekriterien von Tests. Diese sollen nun näher erläutert werden.

Merke
► Objektivität = Unabhängigkeit
Reliabilität = Genauigkeit
Validität = Gültigkeit ◄◄

Zusammenhang zwischen Objektivität und Reliabilität. Zwischen Objektivität und Reliabilität besteht ein positiver Zusammenhang, d. h. je höher die Objektivität, desto größer die Reliabilität. Wenn also Fehler in der Durchführung, Auswertung oder Interpretation vorliegen, kann der Test das zugrundeliegende Konstrukt nicht mehr reliabel messen. Beispielsweise würden sich die Ergebnisse aus zwei Testungen unsystematisch unterscheiden.

Zusammenhang zwischen Validität und Reliabilität. Die Validität kann maximal so groß wie die Wurzel aus der Reliabilität sein. Liegt also keine oder kaum Reliabilität vor, dann gibt es auch keine oder nur gering ausgeprägte Validität. Umgekehrt ist aber eine hohe Reliabilität trotz geringer Validität möglich. Mit anderen Worten: Wenn ein Test das ihm zugrundeliegende Konstrukt nur sehr ungenau misst (geringe Reliabilität), kann nicht davon ausgegangen werden, dass tatsächlich das angestrebte Konstrukt gemessen wird (geringe Validität). Ein Beispiel soll diesen Zusammenhang verständlicher machen: Eine Person möchte wissen, wie viel sie wiegt, und stellt sich deshalb auf eine Personenwaage. Sie zieht dazu aber Schuhe und Kleidung nicht aus. Das Ergebnis des Wiegevorgangs ist zwar reliabel (die Person würde bei erneutem Wiegen mit gleicher Bekleidung zum gleichen Ergebnis kommen), aber nicht valide, denn das angezeigte Gewicht entspricht nicht dem, was die Person eigentlich messen wollte (Körpergewicht).

Die Validität berechnet sich aus der Korrelation zwischen zwei Testverfahren (Konstruktvalidität) oder aus der Korrelation zwischen einem Testverfahren und einem Kriterium (Kriteriumsvalidität). Wie wir bereits in Kapitel 5 zur Minderungskorrektur angesprochen haben, wird die Korrelation eines Tests mit einem anderen Test (bzw. mit einem Kriterium) durch die Reliabilität dieser Testverfahren (oder Kriterium) beeinflusst. Ist die Reliabilität eines dieser Testverfahren oder Kriterien geringer als optimal möglich, so verringert sich dadurch auch die maximal mögliche Korrelation der beiden Variablen und damit die so berechnete Validität. Die größtmögliche Korrelation zwischen zwei Variablen (d. h. die Validität) setzt sich also aus den Reliabilitäten der beiden Variablen wie folgt zusammen:

$$r_{max} = \sqrt{Rel_1 \cdot Rel_2},$$

wobei r_{max} die maximale Korrelation zwischen zwei Variablen, Rel_1 die Reliabilität der ersten Variablen oder des ersten Tests und Rel_2 die Reliabilität der zweiten Variablen oder des zweiten Tests bzw. Kriteriums sind.

Die Validität selbst beeinflusst weder Objektivität noch Reliabilität, ist aber inhaltlich entscheidend, da eine objektive und zuverlässige Messung des falschen Gegenstandes nutzlos ist (z. B. wenn wir den Kopfumfang einer Person bestimmen, um ihre Intelligenz zu messen, mag das objektiv und zuverlässig erfolgen, dennoch wird nicht Intelligenz gemessen). Der Zusammenhang zwischen Objektivität, Reliabilität und Validität ist in **Abbildung 8.7** abgetragen.

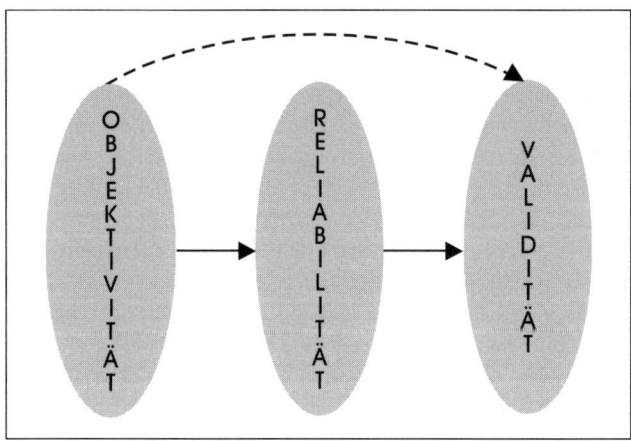

Abb. 8.7: Zusammenhang zwischen den drei Hauptgütekriterien

Neben diesem Beziehungsgefüge gibt es noch weitere Faktoren, die die Ausprägung von Reliabilität und Validität beeinflussen.

Die Stabilität des Merkmals spielt dabei eine wichtige Rolle. Angenommen, man erfasst ein Merkmal, das sich über die Zeit verändert, wie z. B. Ängstlichkeit. Nach einer Messwiederholung könnte es aufgrund des niedrigen Retest-Reliabilitätswertes scheinen, als habe der Test das Merkmal nur sehr ungenau gemessen, obwohl die niedrige Reliabilität durch die Veränderung im Merkmal zustande kam.

Merke
▶ Die Bestimmung von Retest-Reliabilitäten ist nur sinnvoll, wenn stabile Merkmale erfasst werden. ◀◀

Im genannten Beispiel wird deutlich, dass es insbesondere in der *Prozessdiagnostik* wenig sinnvoll ist, die Retest-Reliabilität zu bestimmen. Man möchte kleinste Veränderungen im Merkmal erfassen und benötigt dafür änderungssensitive Verfahren. Aus diesem Grund werden in der Veränderungsmessung eher States als Traits erfasst. Somit sollte man sich vor jeder Reliabilitätsmessung im Klaren sein, ob man auch wirklich eine stabile Eigenschaft misst. Die Veränderungsmessung birgt jedoch drei grundlegende Probleme in sich, auf die im Folgenden eingegangen wird: Regression zur Mitte, Reliabilitäts-Validitäts-Dilemma und das Messbedeutungsproblem.

Die drei Probleme der Prozessdiagnostik

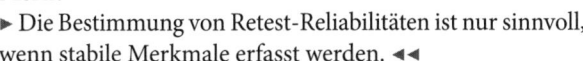

1. *Regressionseffekt*: Da zur Erfassung von Prozessen mehrmals gemessen wird, ist zu berücksichtigen, mit welcher Wahrscheinlichkeit Ausgangswerte bestimmte Folgewerte haben. Bei niedrigen Ausgangswerten ist rein statistisch die Wahrscheinlichkeit einer Zunahme bei der zweiten Messung höher, als wenn die Ausgangswerte bereits relativ hoch sind. Der Regressionseffekt ist ein statistisches Phänomen, welches besagt, dass sich bei zusammenhängenden Messungen die zweite tendenziell mehr dem Mittelwert annähert als die erste Messung. Sir Francis Galton, der Cousin von Charles Darwin, entdeckte dieses Phänomen 1886, als er die Größen von Pfirsichsamen verglich. Alle stammten von derselben Elternge-

neration ab und waren (genau wie diese) normalverteilt. Galton trug (als Erster) die mittleren Durchmesser der Nachwuchsgeneration gegen die mittleren Durchmesser der Elterngeneration grafisch ab und konnte eine gerade Linie durch diese Punkte ziehen: die erste Regressionsgerade. Dabei fand er heraus, dass die Durchmesser der Nachwuchsgeneration näher am Mittelwert aller vorhandenen Pfirsichsamen lagen, als das der Fall für die Elterngeneration war. Derartige Effekte finden sich auch im Humanbereich: Die Körpergröße von Söhnen, die besonders große Väter haben, nähert sich der mittleren Körpergröße aller Männer an – in diesem Fall ist also der Sohn kleiner als der Vater, obwohl sonst der umgekehrte Trend gilt.

2. *Reliabilitäts-Validitäts-Dilemma*: Die Messung von Veränderungen ist nur dann sinnvoll, wenn angenommen wird, dass sich die Merkmale über die Zeit verändern. Man beurteilt die Wirkung einer Therapie, indem man das interessierende Merkmal vor Therapiebeginn misst (man spricht vom Prätest) und nochmals nach Therapieabschluss (Posttest). Gab es einen signifikanten Unterschied zwischen beiden Messungen und fiel die zweite Messung positiv im Sinne der Behandlung aus, dann kann man folgern, dass die Therapie erfolgreich war – das Merkmal hat sich in die gewünschte Richtung verändert. Wie bei allen Messungen sollen die erhaltenen Werte reliabel sein. Das gilt natürlich auch für die Differenzwerte in der Prozessdiagnostik. Angenommen, wir messen die Depressivitätswerte von Patienten mit dem BDI-II (Hautzinger et al., 2006) vor einem Klinikaufenthalt (Prätest, X1) und nach dem sechswöchigen Aufenthalt (Posttest, X2). Beide so beobachteten Werte, X1 und X2 pro Patient, setzen sich nach dem Grundaxiom der KTT aus einem wahren Depressivitätswert T1 und T2 und jeweils aus einem Messfehler e1 und e2 zusammen. Zusätzlich messen wir aber auch noch die Veränderung, also die Differenz zwischen Prä- und Posttest. Auch dieser beobachtete Differenzwert setzt sich aus einem Wert T_{Diff} zusammen, der das Ausmaß tatsächlicher Veränderung widerspiegelt, und einem Messfehler e_{Diff}, der sich aus der Differenz zwischen den Fehlern der beiden Messungen ergibt

(für eine Herleitung siehe z. B. Rost, 2004, S. 261). Wünschenswert wäre es natürlich, wenn sich die beobachteten Differenzwerte nur aus T_{Diff} zusammensetzen, also das wahre Ausmaß der Veränderung widerspiegeln würden. Um zu vermeiden, dass der Differenzwert ungenau erfasst wird, berechnet man die Reliabilität der Differenzen. Man erinnere sich,

dass $\text{Rel}(X) = \dfrac{\text{VAR}(T)}{\text{VAR}(T) + \text{VAR}(e)}$.

Das Dilemma in der Veränderungsmessung ergibt sich nun daraus, dass die *Reliabilität der Differenzwerte dann niedriger wird, wenn die Korrelation zwischen Prä- und Posttestwert steigt.* Sind die beiden Messzeitpunkte miteinander hoch korreliert, haben sie einen hohen Anteil an Varianz gemeinsam. In diesem Fall kann man schlussfolgern, dass die beiden Messungen tatsächlich das gleiche Merkmal erfassen, dass beide Messungen also valide sind; die Validität der Messung wäre hoch. Wenn nun die beiden Messzeitpunkte einen großen Teil an wahrer Varianz gemeinsam haben, dann gehen mögliche Unterschiede zwischen Prä- und Posttest vor allem auf Messfehler zurück. Die Differenzmessung würde hier durch die Fehleranteile aus Prä- und Posttest stark beeinflusst sein; ihre Reliabilität ist also gering. Umgekehrt gilt der Fall, dass eine niedrige Korrelation zwischen beiden Messzeitpunkten vorliegen muss, um eine hohe Reliabilität der Differenzen zu erhalten. Dieses Dilemma zeigt, dass Veränderungsmessung innerhalb des Gedankengebäudes der KTT nicht optimal konzipiert werden kann.

Zur Verdeutlichung: Um die Differenzwerte interpretieren zu können, muss vorher sichergestellt werden, dass Prä- und Posttest überhaupt die gleiche Variable gemessen haben (in unserem Fall Depressivität). In der KTT lässt sich das nur mit einer Korrelation zwischen Prä- und Posttest prüfen. Wenn beide Messzeitpunkte miteinander hoch korrelieren, kann man folgern, dass die gleiche Variable erhoben wurde (an dieser Stelle ist eine hohe Validität gegeben). Hier ergibt sich das Dilemma:

a) Bei einer hohen Korrelation zwischen Prä- und Posttest kann gefolgert werden, dass beide Testungen die gleiche

Variable erfasst haben (hohe Validität). Jedoch ist die Reliabilität der Differenzen wahrscheinlich so gering, dass sie nicht sinnvoll interpretiert werden können. Die Frage ist dann, was man überhaupt gemessen hat, wenn fast ausschließlich Messfehler vorliegen.

b) Bei einer niedrigen Korrelation zwischen Prä- und Posttest kann einerseits gefolgert werden, dass beide Testungen etwas Unterschiedliches erfasst haben. In diesem Fall dürfen mögliche Differenzen nicht interpretiert werden (d. h. eine Differenz zwischen *welchen* Variablen?). Auf der anderen Seite könnte eine niedrige Korrelation auch dafür sprechen, dass Prä- und Posttest das Gleiche erfasst haben und die Differenzen zuverlässig die »wahre« Veränderung widerspiegeln. Das kann zustande kommen, weil sich Personen interindividuell unterschiedlich verändern, also die eine Person zeigt später höhere und die andere niedrigere Depressivitätswerte im Vergleich zu ihrer ersten Messung. Aber bei einer niedrigen Korrelation kann in der KTT eben nicht gezeigt werden, dass dieselbe Variable erfasst wurde. Obwohl man beides in der Prozessdiagnostik erhalten möchte – hohe Reliabilitäten der Differenzwerte und hohe Validitäten der Einzelmessungen – scheint das aufgrund der Implikationen der KTT nicht realisierbar. Mögliche Lösungen bieten u. a. probabilistische Testmodelle, da sie andere Möglichkeiten zur Prüfung der Validität anbieten (vgl. Rost, 2004). Darüber hinaus empfiehlt es sich auch, Paralleltests anstelle von identischen Tests für die Messwiederholung einzusetzen, um Erinnerungseffekte vom ersten Messzeitpunkt zum zweiten Messzeitpunkt zu vermeiden. Theoretisch plausibler wäre es zudem, änderungssensitive Variablen zu messen (States) anstelle von Variablen, die als zeitlich und situativ stabil betrachtet werden (Traits). Für änderungssensitive Variablen gibt es Verfahren zur Zustandsdiagnostik, die das Erleben und Verhalten in der aktuellen Situation erheben (vgl. Kap. 4.3.2). Das Ergebnis einer Testung bezieht sich dabei immer auf die aktuelle Situation, es werden keine Verallgemeinerungen über zukünftiges Erleben und Verhalten getroffen. Bei diesen Verfahren ist die Berechnung der Retest-Reliabilität über zwei Messzeitpunkte hinweg nicht wichtig, wenn nicht sogar irreführend. Eine gute Herleitung des Reliabilitäts-Validitäts-Dilemmas findet sich bei Rost (2004, Kap. 3.5).

3. *Messbedeutungsproblem*: Bei der Prozessdiagnostik ist es schwierig, Werte zu erhalten, die psychologisch sinnvoll und interpretierbar sind. So stellt sich die Frage, ob Veränderungen überhaupt adäquat zum Ausdruck kommen. Die durch Veränderungsmessung erhaltenen Differenzen zwischen zwei Zeitpunkten lassen sich anhand eines Testmanuals interpretieren. Jedoch ist unklar, ob diese psychometrisch erfassten Werte deren subjektive Bedeutung abbilden. Man stelle sich zwei Patienten vor, die in einer Klinik vor und nach der Behandlung den BDI-II ausfüllen. Sie erhalten jeweils einen Wert zwischen 0 und 63, wobei ab einem Summenwert von 14 Punkten von einer leichten Depression ausgegangen werden kann. Patient A erhält im Prätest 11 Punkte und im Posttest 1 Punkt, Patient B erhält im Prätest 20 und im Posttest 10 Punkte. Beide weisen also eine Differenz von 10 Punkten auf. Allerdings stellt sich die Frage, ob ein Unterschied von 10 Punkten auf der Depressivitätsskala für Patient A (der sich im unauffälligen Bereich verbessert) genauso bedeutsam ist wie der gleiche Unterschied für Patient B (der vom kritischen in den unkritischen Bereich kommt). Die Interpretation von Merkmalsveränderungen sollte also nicht allein auf der Basis psychometrischer Werte erfolgen. Wichtig ist es vielmehr zu berücksichtigen, welche subjektive Bedeutung die Differenz für die diagnostizierte Person hat.

Diese Probleme der Prozessdiagnostik gelten auch als »Aporien« (griechisch für Ratlosigkeit), d. h. sie konnten bislang noch nicht gelöst werden. Perspektiven bieten hier allerdings Modelle der Item-Response-Theorie.

»Daumenregeln« zur Beurteilung der Testgüte

Fisseni (2004) fasst »Daumenregeln« zur Beurteilung der Reliabilität und Validität von Tests zusammen. Demzufolge weist

ein Reliabilitätskoeffizient von < .80 auf eine niedrige Reliabilität
hin, ein Koeffizient von .80 bis .90 auf eine mittlere und ein
Koeffizient von > .90 auf eine hohe Reliabilität hin. Bei Validitätskoeffizienten zwischen .40 und .60 kann von einer mittleren
Validität gesprochen werden, darunter bzw. darüber von niedriger bzw. hoher Validität. Jedoch sollte darauf hingewiesen werden, dass diese Daumenregeln lediglich Anhaltspunkte darstellen. Häufig ist die Beurteilung der Güte von inhaltlichen
Fragestellungen, aber auch von der Art des psychometrischen
Verfahrens abhängig (z. B. fallen die Reliabilitäten und Validitäten von Verfahren der Leistungs- und Intelligenzdiagnostik
meist höher aus als von Verfahren der Persönlichkeitsdiagnostik). In der Persönlichkeitsdiagnostik kann bereits ein Cronbachs
Alpha von .70 als relativ gut eingeschätzt werden. Zudem gelingt
es kaum einem Persönlichkeitsfragebogen, die »magische Grenze« von .30 für Validitätskoeffizienten zu überschreiten (vgl.
Mischel, 1968). Dies liegt nicht zuletzt daran, dass häufig relativ
globale Persönlichkeitskonstrukte im Validierungsprozess eingesetzt werden, die folglich z. B. mit einem relativ spezifischen
Kriterium nur gering korrelieren. Fragebogen, die spezifischere
oder auch situationsbezogene Konstrukte erfassen, weisen dagegen eine höhere Validität auf.

8.2   Die Nebengütekriterien

Nachdem wir uns ausführlich mit den Hauptgütekriterien beschäftigt haben, werden nun die Nebengütekriterien erläutert.

Die *Normierung* beschäftigt sich mit der Frage nach dem Be-
zugssystem eines Tests. Das individuelle Testergebnis eines Probanden soll im Vergleich zu den Ergebnissen der gesamten Population eingeordnet werden. Das Ergebnis des Probanden lässt
sich als unterdurchschnittlich, durchschnittlich oder überdurchschnittlich im Vergleich zu anderen bezeichnen. Die betrachte-
ten Normen sollen dabei in Bezug auf relevante Kriterien den
Merkmalen des Probanden entsprechen, sich also z. B. auf Personen der gleichen Alters- und Bildungsgruppe beziehen. Normen können in drei Bereiche untergliedert werden: Entwick-

lungsnormen, Inner-Gruppen-Normen und kriterienbezogene Normen. Entwicklungsnormen können beispielsweise zum Intelligenzalter bestimmt werden. Sie haben dabei den Vorteil, dass sie einfach verständlich sind und somit auch an den Laien kommuniziert werden können. Ein Problem ist jedoch, dass Entwicklung nicht linear verläuft, z. B. das Intelligenzalter nicht kontinuierlich mit dem Lebensalter ansteigt. Solche Probleme müssen bei der Normierung von Entwicklungsmerkmalen beachtet werden. Um Inner-Gruppen-Normen zu bestimmen, definiert man zuerst die jeweils interessierende Population und zieht daraus eine Stichprobe. Nachdem die Personen den Test bearbeitet haben, werden ihre Rohwerte transformiert, um einen Maßstab für individuelle Werte zu finden. Typische Transformationen sind die z-Standardisierung und Prozentrangwerte. Z-standardisierte Werte geben an, wie viele Standardabweichungen der Testwert einer Person vom Populationsmittelwert (Mittelwert der Normgruppe) entfernt ist. Ein Rohwert wird wie folgt in einen z-standardisierten Wert transformiert:

$$z = \frac{X - M}{SD},$$

wobei X dem Rohwert einer Testperson, M dem Mittelwert in der Normierungsstichprobe und SD der Standardabweichung der Testwerte in der Normierungsstichprobe entsprechen. Liegt der Testwert eines Probanden innerhalb der Grenzen von einer Standardabweichung über und unter dem Mittelwert der Normstichprobe, wird dieser als »durchschnittlich« klassifiziert. Mehr als eine Standardabweichung über oder unter dem Mittelwert entspricht dann der Einteilung in »über-« und »unterdurchschnittlich«.

Prozentränge geben den Anteil von Personen in Prozent an, die unter einen gegebenen Testwert fallen. Wenn beispielsweise eine Person bei einem Depressivitätstest einem Prozentrang von 90 zugeordnet wird, heißt dies, dass 90 % der Population einen geringeren oder gleichen Testwert und nur 10 % noch höhere Depressivitätswerte aufweisen als diese Person. Der Prozentrang von 50 entspricht dem Median der Verteilung, d. h. die Hälfte der Personen hat höhere Werte, die andere Hälfte gleiche oder niedrigere. Prozentränge haben den Vorteil, dass sie von der aktuellen Stichprobenverteilung unabhängig sind, d. h. sie machen keine Annahmen darüber, ob das erfasste Merkmal in der Stichprobe normalverteilt ist oder nicht. Jedoch haben Prozentränge die Eigenschaft, dass die Ränge in ihrer Bedeutung nicht einheitlich ausfallen. Dass heißt, dass an den Extremen der Verteilung (d. h. sehr hohe und sehr niedrige Ausprägungen des untersuchten Merkmals) die Unterschiede zwischen den Testwerten von Personen unter Zuhilfenahme von Prozenträngen unterschätzt und Differenzen zwischen Personen nahe des Medians überschätzt werden würden. In **Abbildung 2.3** ist z. B. eine Normalverteilung eines beliebigen Merkmals abgetragen. Die Prozentrangwerte finden sich im unteren Teil der Abbildung. Hier wird deutlich, dass die Prozentränge in der Mitte der Verteilung gestaucht sind, an den Extremen aber weiter auseinander liegen. Vergleicht man also Paare von Personen, die sich beispielsweise um jeweils 10 Prozentrangwerte voneinander unterscheiden (z. B. Personen mit einem Prozentrang von 1 und 10 oder von 50 und 60), dann fallen ihre Differenzen in Standardabweichungen (vgl. **Abb. 2.3** »z-Skala«) ganz unterschiedlich aus (d. h. die z-standardisierte Differenz zwischen den Prozenträngen 50 und 60 ist viel kleiner als die z-standardisierte Differenz zwischen den Prozenträngen 1 und 10). Die Differenz zwischen Personen mit einem Prozentrang von 50 und 60 würde folglich überschätzt, wenn man die Prozentränge als Vergleichskriterium heranzieht, und die Differenz zwischen Personen mit einem Prozentrang von 1 und 10 unterschätzt. **Abbildung 8.8** verdeutlicht diesen Zusammenhang. Die in der Abbildung abgetragene Funktion entspricht einer psychometrischen Funktion. Diese Form entsteht, weil sie die kumulierte Funktion der Normalverteilung darstellt. Das heißt, würde man die Fläche unter einer Normalverteilung von links nach rechts nacheinander aufaddieren und die erhaltenen Werte auf der Y-Achse eines Koordinatensystems abtragen, dann würde genau diese Funktion zum Vorschein kommen. Prozentrangwerte stellen die aufsummierten relativen Häufigkeiten von Personen dar, die über das entsprechende Merkmal verfügen (in einem PR von 90 % sind auch die Personen mit einem Prozentrang von 80 % enthalten). Man kann also festhalten, dass eine Funktion, die den Zusammenhang zwischen Standardabweichung und PR abbildet, eine kumulierte Funktion der Verteilung des Merkmals in der Normstichprobe darstellt.

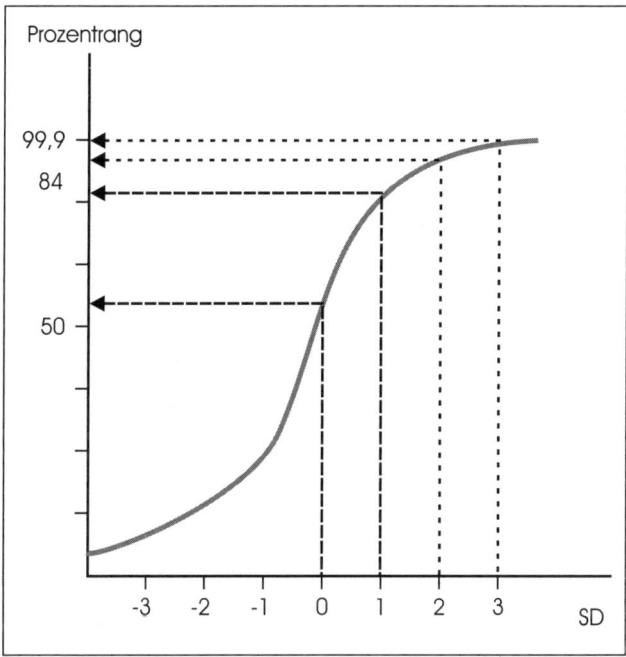

Abb. 8.8: Der Zusammenhang zwischen Prozenträngen und ihren entsprechenden z-Werten in Standardabweichungen (SD)

Obwohl erfahrene Praktiker den Umgang mit z-standardisierten Werten gewohnt sind, können negative z-Werte bei Laien Verwirrung stiften. Andere Transformationen der Rohwerte sind u. a. folgende:

- T-Werte (z. B. bei klinischen Tests, M = 50, SD = 10)
- IQ-Werte (z. B. beim HAWIE-R, M = 100, SD = 15)
- Stanine-Werte (z. B. bei militärischen Tests, Leistungstests, M = 5, SD = 2)

Die verschiedenen Normskalen sind zum Vergleich in **Abbildung 2.3** abgetragen. Sowohl zur Berechnung von z-standardisierten Werten als auch von T- und IQ-Werten muss die Voraussetzung erfüllt sein, dass die Testwerte in der Normstichprobe normalverteilt sind. Stanine-Werte und Prozentränge können auch an nicht-normalverteilten Stichproben ermittelt werden. Stanine-Werte (eigentlich »standard nine«) liegen in neun Stufen vor und können direkt aus den Prozenträngen berechnet werden. Bei nicht-normalverteilten Normstichproben sollten also Prozentränge oder Stanine-Werte angegeben werden, bei normalverteilten eignen sich ebenfalls die weiteren Normskalen. Häufig ist die Wahl einer Normskala aber auch von inhaltlichen Gesichtspunkten abhängig, z. B. IQ-Normen für Intelligenztests zu verwenden.

In Bezug auf das Nebengütekriterium *Vergleichbarkeit* wird der Test mit anderen Verfahren oder Paralleltests verglichen, um zu klären, ob er eine Sonderstellung zu anderen Verfahren hat und wie gut er sich bewährt. Parallelformen des Tests sind insbesondere dann vorteilhaft, wenn die gleiche Person auf dasselbe Merkmal wiederholt getestet werden soll oder wenn bei Gruppentestungen das »Abschreiben« voneinander verhindert werden soll.

Unter dem Gütekriterium der *Ökonomie* wird ein möglichst geringer Zeitaufwand bei der Durchführung und Auswertung des Tests angestrebt. Außerdem sollte das Verfahren mit geringem Materialaufwand verbunden und insgesamt einfach zu handhaben sein.

Weiterhin wird gefordert, dass ein Test *nützlich*, d. h. für die Praxis relevant und zudem *fair* ist, also für alle Gruppen von Testpersonen gleich valide und reliabel. Fairness bedeutet also, dass das gleiche Merkmal in gleicher Akkuratheit erfasst werden sollte, ohne systematischen Verzerrungen zu unterliegen. Zum Beispiel sollen Probanden aufgrund ihres Geschlechts oder ihrer Herkunft nicht benachteiligt werden, indem bestimmte Aufgaben für manche Gruppen systematisch einfacher sind als für andere (z. B. religiös oder kulturell geprägte Wissensinhalte).

Abb. 8.9: »Aus Gründen der Fairness bekommen nun alle Teilnehmer
die gleiche Aufgabe: Überwinden Sie diese Wand!«
(Illustration: Christian Steeneck, Stuttgart)

8.3 Empfehlungen des Testkuratoriums zu Beurteilungskriterien

Um die Qualität von Testverfahren zu sichern, werden sie nach
vorgegebenen Kriterien rezensiert, d. h. beurteilt. Das geschieht
durch unabhängige Rezensenten unter Zuhilfenahme der von
dem Testkuratorium der Föderation Deutscher Psychologenvereinigungen herausgegebenen Besprechungs- und Beurteilungs-
kategorien (TBS-TK; Testkuratorium, 2006). Ein neues Testverfahren wird also anhand dieser Anforderungen auf einer
vierstufigen Skala von »voll erfüllt« bis »nicht erfüllt« beurteilt.
Diese Kriterien sind in **Tabelle 8.2** abgetragen und erläutert.
Beispiele für aktuelle Testrezensionen nach dem TBS-TK finden
sich unter www.zpid.de/TK.

Tab. 8.2: Beurteilungskriterien nach dem Testkuratorium (2006)

1. Allgemeine Informationen über den Test, Beschreibung des Tests und seiner diagnostischen Zielsetzung	Die Angaben sollen es dem Anwender ermöglichen, den Beitrag des Verfahrens zu einer diagnostischen Entscheidungsfindung zu erkennen. Die Arbeitsschritte bei der Erstellung der Testmaterialien müssen nachzuvollziehen sein, um kritisch bewertet werden zu können. Außerdem sollte klar sein, ob das Verfahren für die Einzelfalldiagnostik (z. B. bei klinischem Hintergrund), für Forschungszwecke, für Zustandsdiagnostik oder eher für Veränderungsmessung geeignet ist.
2. Theoretische Grundlagen als Ausgangspunkt der Testkonstruktion	Hier soll deutlich werden, was die theoretische Grundkonzeption ist.
3. Objektivität	Durchführungs-, Auswertungs- und Interpretationsobjektivität
4. Normierung (Eichung)	Diese geht der Frage nach, welche Personenparameter in Bezug auf die Populationsverteilung erfasst werden können.
5. Zuverlässigkeit (Reliabilität, Messgenauigkeit)	Die Reliabilität sollte hoch sein, gemessen über Stabilität (Retest-Reliabilität), Äquivalenz (Paralleltest-Reliabilität) oder Interne Konsistenz (Cronbachs Alpha) bzw. Split-Half-Reliabilität.
6. Gültigkeit (Validität)	Die Validität sollte hoch sein, wobei Kriteriumsvalidität besonders wichtig ist, auch unter Berücksichtigung der Testfairness, d. h. der Test muss sicherstellen, dass keine Vor- oder Nachteile aufgrund von ethnischer, soziokultureller oder geschlechtsspezifischer Gruppenzugehörigkeit entstehen.
7. Weitere Gütekriterien (Störanfälligkeit, Unverfälschbarkeit und Skalierung)	Es sollte darauf geachtet werden, ob der Test gegenüber dem Zustand der Testperson oder der Situation anfällig ist und ob die Testperson den Test bewusst verfälschen kann bzw. ob das ein Problem darstellt. Außerdem sollte die in dem Test angegebene Antwortskalierung auch mit dem resultierenden Verhalten oder Erleben übereinstimmen.

Zusammenfassung

Zur Auswahl psychometrischer Testverfahren werden Gütekriterien herangezogen, die eine Einschätzung der Qualität dieser Verfahren erlauben. Als Hauptgütekriterien gelten Objektivität, Reliabilität und Validität. Wenn die Durchführung, Auswertung und Interpretation eines diagnostischen Instrumentes unabhängig von der Testleiterin oder der -situation erfolgen, erfüllt das Instrument das Kriterium der Objektivität. Die Reliabilität kennzeichnet die Messgenauigkeit eines Tests. Hier wiederum lassen sich unterschiedliche Methoden zur Schätzung der Reliabilität anführen: Split-Half-Reliabilität, Interne Konsistenz, Retest-Reliabilität und Paralleltest-Reliabilität. Da die Reliabilität mit der Testlänge einhergeht, können entsprechende Formeln (z. B. Spearman-Brown) zur Korrektur eingesetzt werden. Außerdem muss bei der Bestimmung der Reliabilität beachtet werden, ob es sich bei dem erfassten Konstrukt um eine stabile Persönlichkeitseigenschaft (Trait) oder um eine Zustandsvariable (State) handelt. Im letzteren Fall ist die Berechnung der Retest-Reliabilität wenig sinnvoll, da inhaltlich stimmige Veränderungen nicht auf Messfehler zurückzuführen sind. Zur Untersuchung der Validität wird der Frage nachgegangen, inwieweit ein Test das zu erfassende Konstrukt tatsächlich misst. Validitätsarten sind die Inhaltsvalidität, Kriteriumsvalidität und Konstruktvalidität. Weist ein Test einen relativ hohen Zusammenhang zu anderen konstruktnahen Verfahren auf, spricht das für konvergente Validität. Fällt der Zusammenhang zu einem konstruktfernen Verfahren erwartungskonform niedrig aus, dann ist das ein Hinweis auf diskriminante Validität. In der Praxis (z. B. im Assessment Center) werden beim Multitrait-Multimethod-Ansatz gezielt mehrere Eigenschaften mit mehreren Methoden erfasst, um konvergente und divergente Validität zu prüfen. So konnte gezeigt werden, dass bei einigen diagnostischen Instrumenten nur geringe divergente Validität gegeben ist, wenn eine mit diesem Instrument erfasste Eigenschaft unerwartet hoch mit einer anderen Eigenschaft korreliert, die ebenfalls mit derselben Methode erhoben wurde. In diesem Fall spielen Methodeneffekte eine große Rolle. Die drei Hauptgütekriterien sind nicht unabhängig voneinander, sondern beeinflussen sich gegenseitig. Ein interessantes (statistisches) Zusammenspiel von Reliabilität und Validität kann in der Prozessdiagnostik beobachtet werden. Hier interessiert die Messgenauigkeit der Differenzwerte zwischen zwei Messzeitpunkten, die mit einem änderungssensitiven Verfahren (zur Messung von States) erhoben wurden. Dabei tritt jedoch ein Dilemma auf: Die Reliabilität der Differenzwerte wird dann niedriger, wenn die Korrelation zwischen Prä- und Posttestwert (d. h. die Validität) steigt. Im Rahmen der Klassischen Testtheorie kann diesem Problem nicht begegnet werden, einen möglichen Ausweg bieten jedoch Modelle der Item-Response-Theorie. Als Nebengütekriterien lassen sich die Normierung, Vergleichbarkeit, Ökonomie, Nützlichkeit und Testfairness anführen.

Literaturempfehlungen

Bühner, M. (2006). *Einführung in die Test- und Fragebogenkonstruktion* (2. Aufl.). München: Pearson Studium.

Fisseni, H.-J. & Preusser, I. (2007). *Assessment-Center. Eine Einführung in Theorie und Praxis.* Göttingen: Hogrefe.

Kleinmann, M. (1997). *Assessment-Center: Stand der Forschung – Konsequenzen für die Praxis.* Göttingen: Hogrefe.

Lienert, G. A. & Raatz, U. (1998). *Testaufbau und Testanalyse* (6. Aufl.). Weinheim: Beltz.

Moosbrugger, H. & Kelava, A. (Hrsg.). (2007, Kap. 2). *Testtheorie und Fragebogenkonstruktion.* Heidelberg: Springer.

Fragen zur Selbstüberprüfung

1. Welche Haupt- und Nebengütekriterien werden bei der Beurteilung von psychometrischen Tests unterschieden?
2. Wie kann Objektivität erreicht werden?
3. Wie wirkt sich die Testlänge auf die Reliabilität aus?
4. Welche Rolle spielt die Validität bei der Beurteilung von Tests und was wird durch sie angegeben?
5. Was ist unter dem Multitrait-Multimethod-Ansatz zu verstehen?
6. Ab welchen Werten kann man jeweils von hoher Objektivität, Reliabilität und Validität sprechen? Was ist dabei zusätzlich zu beachten?
7. Wie ist ein Prozentrangwert von 73 zu interpretieren?

9 Beobachtung und Befragung: Verfahren an der Grenze zwischen quantitativ und qualitativ

Neben der Testung stellen Beobachtung und Befragung zwei weitere Methoden der psychologischen Diagnostik dar. Bislang haben wir uns in Bezug auf Befragungen vorrangig dem standardisierten Fragebogen zur Persönlichkeitsdiagnostik gewidmet, eine schriftliche Form der Befragung. Im vorliegenden Kapitel gehen wir zuerst auf Beobachtungsverfahren ein und anschließend auf weniger standardisierte und mündliche Formen der Befragung.

Unterschieden werden quantitativ ausgerichtete Verfahren der Befragung oder Beobachtung (bei denen numerische Werte das Ergebnis darstellen) und qualitativ orientierte Formen der Befragung (z. B. qualitativ ausgerichtete Interviews, vgl. Mayring, 2002) und Beobachtung (vgl. Kap. 3.3 für eine Übersicht zu qualitativen und quantitativen Verfahren). Bei diesen qualitativ orientierten diagnostischen Strategien spielt nicht das Ausmaß oder die Häufigkeit von Verhaltensweisen eine Rolle, sondern ihre Qualität (z. B. könnte man untersuchen, ob die Person verbale oder physische Aggression zeigt).

Beobachtungen und Befragungen können sich gegenseitig ergänzen. Während bei der Befragung naturgemäß die Perspektive der agierenden Person im Mittelpunkt steht, trägt die Beobachtung durch Außenperspektive (z. B. durch die einer Beobachterin) zusätzliche Information bei. Der Einsatz der einen oder anderen Strategie ist abhängig vom diagnostischen Ziel und situativen Gegebenheiten. In vielen Fällen sind Mischformen aus Beobachtung und Befragung günstig.

9.1 Beobachtung und Beurteilung: Die Analyse von Verhalten und Dokumenten in der Diagnostik

Die Beobachtung stellt insbesondere dann eine gute Alternative zur Befragung dar, wenn die Aussagen der Befragten stark subjektiv unterlegt sind. Beispielsweise können die Aussagen von Eltern in Bezug auf das Aggressionspotenzial ihres Kindes stark subjektiv getönt sein, so dass sich eine ergänzende Verhaltensbeobachtung im Kindergarten oder in der Schule anbietet. Außerdem lassen sich nebensächliche, eingebettete oder nicht bewusstseinsfähige, automatisierte Aspekte schwer mit einer Befragung erfassen. Zudem kommt es häufig vor, dass bestimmte Sachverhalte von den Probanden nur schwer erinnert werden. Innerhalb der Beobachtungsverfahren unterscheidet man in Verhaltensbeobachtung und Verhaltensbeurteilung, die sich vor allem im Ausmaß des subjektiven Anteils der Beobachtung bzw. Beurteilung eines Verhaltens unterscheiden. Im Folgenden werden wir beide Verfahrensweisen genauer vorstellen.

9.1.1 Verhaltensbeobachtung

Die Verhaltensbeobachtung lässt sich in Bezug auf Rahmenbedingungen und Strategien differenzieren: unsystematisch vs. systematisch, Labor- vs. Feldbeobachtung, teilnehmend vs. nicht-teilnehmend, offen vs. verdeckt, vermittelt vs. unvermittelt und Selbst- vs. Fremdbeobachtung (vgl. Greve & Wentura, 1997; Bortz & Döring, 2006, Kap. 4.5).

Die *Systematik* verschiedener Arten der Beobachtung lässt sich wie folgt verdeutlichen: In einem neu erschlossenen Forschungsgebiet wird in der Regel zunächst unsystematisch und frei beobachtet. Man hat noch keine speziellen Hypothesen, auf deren Basis man systematisch nach Informationen sucht, sondern will den Gegenstand umfassend beschreiben. Aufgrund erster Erkenntnisse folgt später systematische Beobachtung mit strukturierten Beobachtungssystemen. Das Verhalten wird dann nach bestimmten Kriterien protokolliert, um aus Theorien abgeleitete Hypothesen zu prüfen.

Werden die Beobachtungen im *Labor* durchgeführt, können situative Bedingungen besser als im *Feld,* d. h. in realen Situationen, manipuliert werden. Der Einfluss von Störvariablen unterliegt somit der Kontrolle der Beobachterin (interne Validität). Beispielsweise werden im Rahmen einer Studie zur Partnerschaftszufriedenheit Ehepaare im Labor gebeten, eine Aufgabe gemeinsam zu lösen. Die partnerschaftliche Interaktion könnte gefilmt und schließlich durch unabhängige Beobachter ausgewertet werden. Allerdings bleibt fraglich, inwieweit die Ergebnisse aus den Laborbeobachtungen auf das Verhalten außerhalb des Labors übertragbar sind (externe Validität). So ist offen, ob sich Paare im Labor ähnlich verhalten wie im häuslichen Kontext. Studien zur Kommunikation in Partnerschaften konnten aber zeigen, dass mittels Laborbeobachtungen gute Vorhersagen für das Alltagsverhalten möglich sind (z. B. Braukhaus, Hahlweg, Kröger, Groth & Fehm-Wolfsdorf, 2001; Hahlweg, Kaiser, Christensen, Fehm-Wolfsdorf & Groth, 2000). Vermutlich lässt sich dieser Befund darauf zurückführen, dass die Interaktionsmuster stark habitualisiert sind.

Eher in der Ethnologie verbreitet, in der Psychologie aber wegen Bedenken in Bezug auf mangelnde Objektivität selten, ist die *aktiv-teilnehmende Beobachtung.* Eine Beobachterin nimmt an der interessierenden Situation aktiv teil, ist z. B. mit eigenen Beiträgen in eine Gruppendiskussion involviert. Eine *passiv-teilnehmende Beobachterin* hingegen ist für die beobachteten Personen sichtbar, interagiert aber nicht mit ihnen (z. B. bei Verhaltensbeobachtungen im Kindergarten). Bei der *nicht teil nehmenden* Beobachtung beeinflusst die Beobachterin dagegen nicht einmal durch ihre physische Anwesenheit das Geschehen. Sie verfolgt es z. B. hinter einem Einwegspiegel oder analysiert Videoaufzeichnungen. Diese Form der Beobachtung weist die geringste Reaktivität auf, d. h. das zu beobachtende Verhalten wird relativ wenig durch die Tatsache, dass beobachtet wird, beeinflusst.

Unterschieden wird ferner in *offene* vs. *verdeckte* Beobachtungen. Verhalten im öffentlichen Leben ist prinzipiell zugänglich und darf insofern ohne Information der Betroffenen verdeckt beobachtet werden (z. B. bei Untersuchungsfragen wie:

»Bleiben Fußgänger an einer roten Ampel stehen oder überque-
ren sie die Straße?«, »Wie verläuft die Kontaktaufnahme in Dis-
kotheken?«). Eine Aufzeichnung ist ohne Einwilligung dagegen
nicht zulässig. Jedoch ist auch bei verdeckter Beobachtung zu
beachten, dass Personen zumindest implizit wissen, dass ihr
Verhalten in der Öffentlichkeit prinzipiell »unter Beobachtung«
steht (vgl. Mees, 1977) – man verhält sich in der Öffentlichkeit
üblicherweise kontrollierter als zu Hause. In einer Laborstudie
hingegen weiß die Person explizit, dass sie beobachtet wird (offene Beobachtung), was wiederum zu Reaktivität führen kann.
Beispielsweise werden sich Eltern im Labor eventuell mehr bemühen, »richtiges« Erziehungsverhalten zu zeigen als zu Hause.
Die Beobachtung zeigt uns insofern eher, was Eltern für richtig
halten, als welches Verhalten in der Familie typisch ist. Nach
einiger Zeit verfallen Personen im Labor allerdings häufig in
etablierte Kommunikationsmuster.

Die *unvermittelte* Beobachtung erfolgt direkt und zeitgleich
zur Verhaltensausführung (z. B. Strichliste während der Beobachtung des Freispiels im Kindergarten). Wird hingegen das
interessierende Verhalten aufgezeichnet, z. B. videografiert,
spricht man von *vermittelter* Beobachtung. Das hat den Vorteil,
dass das interessierende Verhalten mehrmals und, wenn nötig,
in Zeitlupe ausgewertet werden kann. Zudem können mehrere
Beurteiler den Sachverhalt unabhängig voneinander problemlos
einschätzen. Dadurch besteht die Möglichkeit, die Beobachterübereinstimmung (Reliabilität) zu untersuchen. Diese Methode
hat jedoch auch Nachteile (vgl. Greve und Wentura, 1997):

- Irrelevante Informationen werden bei der Aufnahme nur
  schlecht ausgeblendet (d. h. Kameras selegieren Information
  nicht nach Bedeutsamkeit, sondern nehmen alles auf). Dadurch
  erhöht sich auch der Bearbeitungsaufwand der Beurteiler.
- Bereits Kameraeinstellung, -bewegung und -standort können
  die Aufmerksamkeit der Beobachter beeinflussen, so dass es
  zur veränderten Wahrnehmung und Selektion des Beobachteten kommt.

Bei allen bisher skizzierten Beobachtungsarten nehmen wir an,
dass eine geschulte Person den Probanden beobachtet. Daneben

gibt es auch Beurteilungen durch *Laien*: Familienangehörige berichten über Alltagsinteraktionen oder Fremde schildern den ersten Eindruck von einem Gegenüber (Zero-Acquaintance-Paradigma; vgl. Borkenau & Liebler, 1995; Gosling et al., 2002; Marcus et al., 2006). Schließlich können Personen ihr Verhalten auch *selbst* beobachten. Beispielsweise erfolgt die Selbstbeobachtung eigenen alltäglichen Verhaltens anhand der Protokollierung mittels Taschencomputern (z. B. Buse & Pawlik, 1994), mittels elektronischer Tagebücher (z. B. Nezlek, Schütz, Schröder-Abé & Smith, 2009) oder auch im Rahmen der Therapie mittels Tages- oder Wochenprotokollen (z. B. Selbstbeobachtungsprotokolle bei Essstörungen; Jacobi, Thiel & Paul, 2008).

Methoden zur systematischen Beobachtung und Registrierung von Verhalten

Nach Mees (1977) liegen der systematischen Beobachtung verschiedene methodische Zugänge zugrunde: die isomorphe Deskription, die reduktive Deskription und die reduktive Einschätzung. Diese drei methodischen Zugänge werden im Folgenden näher erläutert.

Erklärung

▸ Bei der *isomorphen Deskription* soll das beobachtbare Verhalten und Erleben von einer Person in allen Facetten und Details beschrieben werden. Dieser Ansatz ist etwas utopisch, da eine vollständige Erfassung kaum möglich ist. Darüber hinaus liefert die isomorphe Deskription nur wenig wissenschaftliche Erkenntnisse, stellt aber zumindest einen Ausgangspunkt für weitere Untersuchungen dar. Techniken wie Video- oder Akustikaufnahmen kommen jedoch dem Ziel der isomorphen Deskription sehr nahe.

Bei der *reduktiven Deskription* wird das Verhalten einer Person nicht vollständig beschrieben, sondern anhand von wenigen Verhaltenskategorien charakterisiert. Diese Vorgehensweise reduziert im Vergleich zur isomorphen Deskription den Beobachtungs- und Protokollierungsaufwand. Wenn *nur bestimmte*, aber eben nicht alle Verhaltensweisen interessieren und somit beob-

achtet werden (z. B. wird lediglich die Häufigkeit aggressiven
Verhaltens eines Kindes innerhalb einer Schulklasse protokolliert), dann bildet die Gesamtheit dieser Verhaltenskategorien
ein sogenanntes *Zeichensystem*. Die vorher definierten »Zeichen«
(Indikatoren aggressiven Verhaltens) werden in einer Strichliste
abgetragen, um damit die Häufigkeit und Intensität zu ermitteln.
Ein *Kategoriensystem* zielt dagegen darauf ab, *jede* Verhaltens-
weise durch Beobachtung zu erfassen, diese dann aber bestimmten Oberbegriffen zuzuordnen. Es hilft der Beobachterin zu
entscheiden, welche beobachteten Verhaltensweisen protokolliert
werden müssen und in welche inhaltliche Rubrik (die Kategorie)
sie einzuordnen sind (z. B. protokolliert die Beobachterin alle
Verhaltensweisen einer Schulklasse während einer Unterrichts-
einheit). Um das zu ermöglichen, liegt der Beobachterin ein Pro-
tokollierungsbogen vor, auf dem die einzelnen Kategorien abgetragen sind. Beim Einsatz eines Kategoriensystems ist u. a. zu
entscheiden, welche *Auftretensform* des Verhaltens (wie Häufigkeit, Dauer oder Intensität) registriert werden soll. Durch ein
Kategoriensystem wird die Objektivität der Beobachtung erhöht.
Anforderungen an ein Kategoriensystem sind in dem nachstehenden Exkurs abgetragen. Der untenstehende Kasten zeigt Kategorien, die zur Beurteilung der Selbstdarstellungstaktiken von
Politikern im Wahlkampf verwendet wurden (Schütz, 1993).

Bei der *reduktiven Einschätzung* beurteilt eine Beobachterin
das Verhalten auf einer Ratingskala, beispielsweise hinsichtlich
dessen Intensität (z. B. beurteilt die Beobachterin, wie stark aggressiv das Verhalten ausgeprägt ist). Da sie das Verhalten nach
der Beobachtung einschätzt und nicht protokolliert, geht mehr
subjektive Interpretation ein als in den vorhergehenden Methoden. Aus diesem Grund fällt die Übereinstimmung zwischen
mehreren Beurteilungen meist niedriger aus als die zwischen
mehreren Beobachtungen. Die Übereinstimmung kann aber
erhöht werden, indem spezifische (statt globale) Verhaltensweisen beurteilt werden sollen. Beispielsweise wird im Rahmen
einer Beobachtung »aggressives Verhalten« erfasst. Aggressives
Verhalten entspricht in diesem Beispiel einer globalen Verhal-
tensweise, wohingegen »physische Übergriffe«, »Demütigungen«
etc. spezifischere Verhaltensweisen darstellen. ◄◄

Zusammenfassend lässt sich festhalten, dass die von Mees (1977) getroffene Unterscheidung auch den jeweiligen Abstraktionsgrad widerspiegelt. Wo die Beobachtung in der isomorphen Deskription noch sehr konkret ausfällt, ist sie in der reduktiven Einschätzung bereits sehr abstrakt. Daher ist die Spanne zwischen reduktiver Einschätzung und der Verhaltensbeurteilung, auf die wir im Folgenden eingehen werden, nicht sehr groß (vgl. auch Renner, 2005).

Anforderungen und Entwicklung von Kategoriensystemen
Die Entwicklung eines Kategoriensystems kann entweder theoriegeleitet oder materialgeleitet erfolgen. Theoriegeleitet bedeutet, dass es eine theoretische Begründung für die Wahl der Kategorien gibt (ähnlich zur rationalen Konstruktion von Testverfahren, vgl. Kap. 7.2). Eine materialgeleitete Vorgehensweise wird dann gewählt, wenn wenige Informationen zu dem Themengebiet vorliegen. In diesem Fall werden die einzelnen Kategorien erst nach der Beobachtung bzw. Sammlung von Ausgangsmaterial entworfen, je nachdem, welche Beobachtungseinheiten inhaltlich zu einer Kategorie zusammengefasst werden können. In der Praxis werden meist Mischformen (d. h. theorie- *und* materialgeleitet) verwendet.

Ein Kategoriensystem sollte erschöpfend, saturiert und disjunkt sein. *Erschöpfend* meint hier, dass alle beobachteten Verhaltensaspekte in Kategorien eingeordnet werden können. Verhaltensweisen, die inhaltlich nicht in die Kategorien passen, können einer Restkategorie zugeordnet werden. Sollte man eine Restkategorie verwenden, so ist zu beachten, dass nicht mehr als 10 % des Materials dieser Kategorie zugeschrieben werden, weil sie sonst bereits die Charakteristik einer Hauptkategorie erfüllen würde. Wurden alle Kategorien des Systems durch protokollierte Verhaltensweisen oder Textteile ausgefüllt, spricht man von *Saturiertheit. Disjunkt* sind Kategorien dann, wenn Verhalten stets genau einer Kategorie zugeordnet werden kann.

Beispiel
► *Kategoriensystem zur Beurteilung der Selbstdarstellungstaktiken von Politikern im Wahlkampf* (Schütz, 1993)

1. Offensive Selbstdarstellung
   1.1 Die Frage oder den Fragesteller kritisieren, das Thema ändern
   1.2 Auf der eigenen Meinung bestehen, andere Meinungen herabsetzen
   1.3 Den Rivalen bzw. rivalisierende Parteien angreifen, sich von diesen distanzieren
2. Defensive Selbstdarstellung
   2.1 Verleugnung: »Es fand nicht statt!«
   2.2 Umbenennen: »Es war anders!«
   2.3 Schuldzuweisungen vermeiden: »Ich bin unschuldig!«
       a) Verleugnung: »Ich war es nicht!«
       b) Sozialer Vergleich: »Das tut doch jeder!«
       c) Vergleich nach unten: »Andere tun viel Schlimmeres!«
       d) Rechtfertigung: »Ich habe es aus gutem Grund getan!«
   2.4 Die eigene Partei/den Koalitionspartner verteidigen
   2.5 Sich distanzieren (»Cutting off reflected failure«)
3. Assertive Selbstdarstellung
   3.1 Die eigene Persönlichkeit darstellen
       3.1.1 Wertorientierung demonstrieren: Darstellen von Werten/ethischen Richtlinien
       3.1.2 Bürgernähe demonstrieren (»I'm your man«)
       3.1.3 Selbstenthüllung: Gefühle, Privates preisgeben, Fehler einräumen
       3.1.4 Fairness demonstrieren
       3.1.5 Sich anbiedern: nett und höflich sein, freundliche Interaktion, Optimismus, positive Selbstbeschreibung
   3.2 Fähigkeiten darstellen
       3.2.1 Ziele und Meinungen darstellen
       3.2.2 Selbst-Promotion: Kompetenzen darstellen oder behaupten
       3.2.3 Belege: sich auf Status, Erfolg oder vergangenes Verhalten beziehen

Anmerkung: Neben diesen definierten Kategorien gab es ebenfalls eine Restkategorie. ◄◄

Methoden der Stichprobenziehung

In der Verhaltensbeobachtung unterscheidet man zwischen zwei Methoden der Stichprobenziehung: das Event-Sampling und das Time-Sampling. Nach einem Ereignisstichprobenplan (*Event-Sampling*) wird ein Verhalten immer dann protokolliert, wenn es innerhalb eines Beobachtungszeitraumes auftritt. Diese Beobachtungsvariante ist vor allem geeignet, um selten auftretende Verhaltensweisen möglichst vollständig zu erfassen. Beispielsweise kann man mittels Tagebuchverfahren Konflikte in Partnerschaften innerhalb von zwei Wochen verfolgen (z. B. Nezlek et al., 2009). Nach einem Zeitstichprobenplan (*Time-Sampling*) protokolliert man das Verhalten zu bestimmten Zeitpunkten oder in Intervallen (regelmäßig oder unregelmäßig). Diese Methode ist besonders geeignet, um eine möglichst repräsentative Verhaltensstichprobe zu gewinnen. Man könnte z. B. soziale Interaktionen von Studierenden in vorgegebenen Intervallen untersuchen. Häufig geht man dabei mittels der sogenannten Piepsertechnik vor, d. h. Probanden werden in bestimmten Zeitabständen »angepiepst«, um ihr momentanes Erleben oder Verhalten zu notieren. Sind die Intervalle unregelmäßig angelegt, kann Reaktivität auf Seiten eines Probanden weitestgehend verhindert werden, d. h. der Proband stellt sein Verhalten nicht bereits vorab auf die erwartete Verhaltensabfrage ein.

9.1.2 Verhaltensbeurteilung und Fremdeinschätzung von Eigenschaften

Bei der Beobachtung ist man bemüht, eine möglichst exakte Definition der Kategorien (z. B. Nicken) zu geben und den Registrierungsvorgang festzulegen (z. B. Zählen der Versprecher). Die Verhaltensbeurteilung hingegen zieht mehr subjektive Wertungen und Interpretationen heran (z. B. Einschätzung eines Verhaltens als hoch oder gering kooperativ). Zumeist geschieht die Beurteilung eines bestimmten Verhaltens hinsichtlich der Häufigkeit, Dauer oder Intensität, nachdem es beobachtet, aber nicht protokolliert wurde. Demnach unterscheidet sich die Beurteilung eines Verhaltens von der Registrierung eines Verhaltens darin, dass die Abstufungen der Ratingskala von verschiedenen Beur-

teilern auch unterschiedlich interpretiert werden können und
die Beurteilung nicht sehr verhaltensnah erfolgt. Beispielsweise
ist es oft nicht klar, wie häufig überhaupt »häufig« oder »manchmal« ist oder als wie lange Beurteiler den Zeitraum »kurz« einschätzen. Verhaltensbeurteilungen erfolgen meist in Bezug auf
abstrakte und komplexe Merkmale. Die Einschätzung dieser geschieht notwendigerweise häufig in subjektiver Weise. Völlig
interpretationsfrei ist allerdings auch eine »objektive« Verhaltensbeobachtung nicht, da z. B. die Benennung einer bestimmten
Kopfbewegung als »Nicken« bereits eine Deutung des Wahrgenommenen darstellt und der beobachteten Person unter Umständen sogar eine eigentlich nicht beobachtbare Absicht (Zustimmung) unterstellt wird (vgl. Greve & Wentura, 1997). Ein Beispiel
für einen Auswertungsbogen mit Kategoriensystem zur Beurteilung ängstlichen Verhaltens findet sich in **Abbildung 9.1.**

Ratingskala
1 = trifft nicht zu
2 = trifft kaum zu
3 = trifft eher zu
4 = trifft sehr zu

Ich vermute, diese Person ... (VP-Nr)	1	2	3	4	5	6	7	8	9	10	11	12	13	14	15
... verspürt Angst.	2	3	1	3	3	2	2	2	1	2	4	3	2	4	1
... ist nervös.	4	2	1	3	3	2	2	4	1	1	2	1	4	3	1
... ist angespannt.	4	3	1	3	2	2	3	1	1	2	1	2	3	1	1
... ist verkrampft.	3	3	1	3	1	2	2	2	1	1	2	1	3	1	1
... ist verärgert.	1	1	2	1	2	2	3	1	1	3	2	1	3	2	2
... ist aggressiv.	1	1	1	1	1	2	3	1	1	2	1	3	2	2	2
... ist genervt.	2	1	2	1	1	2	3	2	2	2	2	3	1	2	1
... ist gelangweilt.	2	1	1	1	1	1	2	2	2	3	1	3	1	1	1
... ist erfreut/freut sich.	1	2	1	1	2	3	1	2	3	1	1	2	2	1	2

Abb. 9.1: Beurteilung ängstlichen Verhaltens mittels Kategoriensystem

Von dem Kontinuum zwischen Verhaltensbeobachtung und
-beurteilung (Ellgring, 1996) lässt sich die *Fremdeinschätzung
von Eigenschaften* deutlicher abgrenzen. Eine Beurteilerin schätzt
bestimmte Verhaltensweisen einer anderen Person hinsichtlich

einer zugrundeliegenden Persönlichkeitseigenschaft ein. Die Fremdeinschätzung ist demzufolge relativ abstrakt und unterliegt in starkem Maße subjektiver Interpretation. Zum Zusammenhang von Fremd- und Selbsteinschätzung ist im Folgenden eine exemplarische Studie beschrieben.

Beispiel

▶ *»How extraverted is honey.bunny77@hotmail.de?«*

In ihrer Studie verglichen Back, Schmukle und Egloff (2008) die Selbst- und Fremdbeurteilungen von Persönlichkeitseigenschaften von E-Mail-Adressen-Besitzern bei Nullbekanntschaft (Zero-Acquaintance-Paradigma), d. h. die Beurteiler kannten die E-Mail-Adressen-Besitzer nicht. Hier ging man der Frage nach, ob allein die E-Mail-Adresse als Information ausreicht, um sich ein möglichst genaues Urteil über die Persönlichkeitseigenschaften des Besitzers der Adresse bilden zu können. Dazu schätzten sich 599 Besitzer von E-Mail-Adressen selbst hinsichtlich der Big Five und Narzissmus ein (Selbstrating) und wurden von 100 unabhängigen Beurteilern anhand ihrer E-Mail-Adressen hinsichtlich dieser Eigenschaften eingeschätzt (Fremdrating). Die Ergebnisse zeigen, dass

a) die Beurteiler in ihren Wahrnehmungen größtenteils übereinstimmten, d. h. es scheint Stereotype über Mail-Adressen zu geben, die zur Zuschreibung von Persönlichkeitseigenschaften führen.

b) Validität: Ebenfalls stimmten die Selbst- und Fremdratings überein. Allein die Mail-Adresse reichte als Information aus, um die Besitzer möglichst genau hinsichtlich ihrer Persönlichkeit (z. B. Narzissmus) einschätzen zu können. Extraversion bildete jedoch eine Ausnahme.

c) Cue Utilization: Zur Einschätzung der Persönlichkeit der E-Mail-Adressen-Besitzer ließen sich die Beurteiler von ganz bestimmten Merkmalen dieser Adressen leiten (*cues*), z. B. schlossen die Beurteiler von der Anzahl an Buchstaben in der Mail-Adresse auf die Persönlichkeitseigenschaft Gewissenhaftigkeit.

d) Cue Validity: Unter diesem Aspekt ging man der Frage nach, ob die von den Beurteilern herangezogenen Adressenmerkmale auch mit den selbsteingeschätzten Persönlichkeitseigenschaften der E-Mail-Adressen-Besitzer einhergingen. Die Zusammenhänge fielen moderat aus, z. B. hing selbsteingeschätzte Offenheit für Erfahrung (häufig auch Intellektualismus oder Kultur genannt) mit der Kreativität der Adressen zusammen.

e) Sensitivität: Die Fremdbeurteilungen fielen am wenigsten »sensibel« hinsichtlich der Einschätzung von Extraversion aus, d. h. die Adressenmerkmale, die die Beurteiler für Extraversionsurteile heranzogen, waren nicht für die Selbsteinschätzungen der Adressenbesitzer relevant.

Während also Offenheitsurteile über die Besitzer von Mail-Adressen meist relativ genau ausfielen, waren die Extraversionsurteile eher ungenau und fehlerbehaftet. Die Fremdeinschätzung von Extraversion anhand von E-Mail-Adressen scheint demnach im Gegensatz zur Einschätzung anderer Persönlichkeitseigenschaften ein schwierigeres Unterfangen zu sein. Der Cue »E-Mail-Adresse« reicht folglich nicht aus, um die Extravertiertheit einer sonst unbekannten Person genau beurteilen zu können. Andere Cues liefern auch andere Informationen: Beispielsweise konnte gezeigt werden, dass Gewissenhaftigkeit relativ gut beurteilt werden kann, wenn man den Arbeitsplatz einer Person sieht, emotionale Stabilität auf dieser Basis aber kaum (Gosling et al., 2002). Aus einer persönlichen Website kann wiederum Offenheit für Erfahrung relativ gut, Verträglichkeit aber eher nicht erschlossen werden (Marcus et al., 2006). Stärker interaktiv geprägte Eigenschaften wie Verträglichkeit oder Extraversion scheinen aus eher unidirektional orientierten Dokumenten beispielsweise weniger gut abgeleitet werden zu können, aus der Face-to-Face-Situation aber relativ genau (Borkenau & Liebler, 1995). ◄◄

9.1.3 Gütekriterien von Beobachtungsverfahren

Auch bei Beobachtungsverfahren zieht man die Gütekriterien Objektivität, Reliabilität und Validität heran. Die *Objektivität* der Verhaltensbeobachtung gibt dabei das Ausmaß an, in dem mindestens zwei Beobachter dasselbe Verhalten in gleicher Weise registrieren und bei Verwendung einer Ratingskala ähnlich einschätzen. Die *Reliabilität* ist bei Verhaltensbeobachtungen besonders eng mit der Objektivität verknüpft, da die Beobachterin zusammen mit dem Beobachtungssystem auch das Messinstrument darstellt. Die Genauigkeit der Verhaltensbeobachtung ist von den Kategorien eines Beobachtungssystems und davon abhängig, wie gut sie angewendet werden. Angestrebt wird hierbei eine standardisierte Anwendung des Kategoriensystems, um damit hohe Objektivität (eine Voraussetzung für Reliabilität) zu erreichen. Eine genaue Definition der Beobachtungskategorien und weitere Maßnahmen, wie ein Beobachtertraining, helfen dabei, das Verfahren zu standardisieren und seine Zuverlässigkeit so zu erhöhen.

Die Reliabilität wird meist aus der Beobachterübereinstimmung (Inter-Observer-Reliabilität) bzw. Beurteilerübereinstimmung (Inter-Rater-Reliabilität) ermittelt (für einen Überblick siehe Wirtz & Caspar, 2002). Die Übereinstimmung zwischen Beobachtern/Beurteilern prüft man in zweierlei Hinsicht: a) in welche Einheiten das beobachtete Verhalten untergliedert wurde und b) welchen inhaltlichen Kategorien die Beobachtungseinheiten zugeordnet wurden. Als Übereinstimmungskoeffizient wird meist Cohens Kappa[11] berechnet, der für zufällige Übereinstimmung korrigiert ist: Der prozentuale Anteil der Übereinstimmung zwischen zwei Beurteilern wird in Relation zu der Übereinstimmung gesetzt, die sich bei rein zufälligen Urteilen ergeben würde. Des Weiteren kann die Reliabilität aus der Internen Konsistenz berechnet werden, wenn die Beurteilung anhand mehrerer Items erfolgt. Die Bestimmung der Retest-Reliabilität eignet sich dann, wenn eine Beurteilung wiederholt stattfindet. Simon und Kreuzpointer (2008) formulieren jedoch Bedenken hinsichtlich der Bestimmung bzw. Auslegung von

---

11 Cohens Kappa kommt bei mindestens nominalskalierten Daten zum Einsatz; bei intervallskalierten Daten wird die Intraklassenkorrelation herangezogen (vgl. Wirtz & Caspar, 2002).

Reliabilität und Objektivität bei Ratingverfahren. Es wird argumentiert, dass die Berechnung der Inter-Rater-Übereinstimmung eigentlich keine Methode zur Bestimmung der Reliabilität, sondern zur Bestimmung der Objektivität ist. Dass die
Inter-Rater-Übereinstimmung als Indiz für die Reliabilität herangezogen wurde, liegt wohl daran, dass die Rater ursprünglich
als parallele Testformen verstanden wurden. Jedoch ist hier festzuhalten, dass bei einer Testung der Test das Instrument der
Datenerhebung darstellt und bei einem Ratingverfahren sowohl
der Rater als auch die Ratingskala zusammen das Instrument
sind. Da die Rater unterschiedliche Personen sind, stellen sie
auch unterschiedliche Instrumente dar. Demnach wäre die Annahme von Ratern als parallele Testformen nicht haltbar. Sollte
dies dennoch der Fall sein, dann müsste die Objektivität mit der
Reliabilität identisch sein (vgl. Definition oben). Aber wie bereits
in Kapitel 8 ausgeführt, ist dem nicht so. Wird hingegen die
Reliabilität aus der Übereinstimmung von wiederholten Ratings
eines Raters ermittelt, dann stellt dies eine adäquate Methode
der Reliabilitätsschätzung dar. Jedoch ist diese Methode auch
mit Problemen, z. B. aufgrund von Übungseffekten, verbunden.

Zur Bestimmung der *Validität* einer persönlichkeitspsychologischen Verhaltensbeobachtung richtet sich das Augenmerk
insbesondere auf Verhaltensweisen als Indikatoren für ein Persönlichkeitsmerkmal und auf die Bedeutung bestimmter Verhaltensweisen. *Inhaltsvalidität* ist dann gegeben, wenn die Kategorien eines Beobachtungssystems alle Verhaltensweisen
abbilden, die für einen interessierenden Verhaltensbereich relevant bzw. für ein hypothetisches Konstrukt indikativ sind. Die
Kriteriumsvalidität bezeichnet den Grad des korrelativen Zusammenhangs zwischen dem Ergebnis einer Verhaltensbeobachtung und einem Außenkriterium (z. B. Einkommen als Indikator von beobachtetem Berufserfolg). Die *Konstruktvalidität*
bestimmt, inwieweit sich die Ergebnisse einer Verhaltensbeobachtung auf theoretische Annahmen und andere Messungen,
die das interessierende Konstrukt betreffen, beziehen lassen (z. B.
geht beobachtete Aggressivität mit den Ergebnissen eines Fragebogens zur Erfassung von Aggressivität einher).

Beobachtungsfehler

Während des Beobachtungsvorganges können Fehler auftreten, die die Reliabilität und auch die Validität der Beobachtung verringern. Das liegt nicht zuletzt daran, dass die Informationsverarbeitungskapazität der Beobachter begrenzt ist. Insbesondere bei der *teilnehmenden Beobachtung* kann es sehr schwierig sein, einerseits das interessierende Verhalten zu protokollieren und andererseits am Geschehen beteiligt zu sein. Häufig kommen Beobachter an ihre Grenzen, wenn sie ihre Aufmerksamkeit auf mehrere Objekte, Personen etc. gleichzeitig richten sollen. Fehlerbehaftete Beobachtungen können ebenfalls aus der Erfassung sehr komplexer Merkmale resultieren.

Typische Fehler ergeben sich aus den Folgen des sogenannten *Halo-Effektes* (siehe auch Kap. 10.1). Der Halo-Effekt (Überstrahleffekt) umschreibt einen Beurteilungsfehler, bei dem die Beurteilung einer Person bzw. deren Verhaltensweisen durch eine hervorstechende Eigenschaft dominiert wird. Beispielsweise würde das Auftreten einer attraktiven Person im Bewerbungsgespräch positiver beurteilt als das Auftreten einer weniger attraktiven Person. Dion, Berscheid und Walster (1972) sprechen in diesem Fall vom »What is beautiful is good«-Effekt. Danach werden attraktiven Menschen mehr wünschenswerte Persönlichkeitseigenschaften zugeschrieben als unattraktiven. Die Wahrnehmung einer Eigenschaft überträgt sich also auf die Einschätzung weiterer Eigenschaften oder Verhaltensweisen.

Weitere Fehler können dadurch entstehen, dass die Motivation der Beobachtenden schwankt oder Ermüdungserscheinungen auftreten. Auch äußere Faktoren wie Lärm oder ein schlecht definiertes Beobachtungssystem können zu Fehlern führen. Schließlich kann sich mangelnde Vertrautheit mit dem Beobachtungssystem ungünstig auf die Ergebnisse auswirken.

Merke
▸ *Faktoren, die sich mindernd auf die Reliabilität von Beobachtungen auswirken*

- innere Faktoren:
  - limitierte Informationsverarbeitungskapazität
  - Wahrnehmungseffekte (z. B. Halo-Effekt, weiterführend siehe Kap. 10)
  - Motivationsverlust, Ermüdungseffekte
  - mangelnde Vertrautheit mit dem Beobachtungssystem
- äußere Faktoren:
  - Lärm, Tageszeit, Helligkeit
  - ungeeignetes Beobachtungssystem ◄◄

Bei der *Verhaltensbeurteilung* kann mangelnde Beurteilerübereinstimmung zusätzlich aus folgenden Faktoren resultieren (vgl. Wirtz & Caspar, 2002):

- Es ist möglich, dass verschiedene Beurteiler auch unterschiedliche Vorstellungen von dem Konstrukt haben, das sie beurteilen sollen. Zum Beispiel könnte eine Beurteilerin unter »verbaler Begabung« eine flüssige Ausdrucksweise verstehen, wohingegen eine andere Beurteilerin vor allem auf den Umfang des Wortschatzes achtet.
- Beurteiler verfügen häufig über unterschiedliche Schwellen in ihrer Entscheidung, ob ein bestimmtes Merkmal bei der Testperson vorliegt oder nicht. Beispielsweise liegt die Schwelle einer im Strafvollzug tätigen Psychologin bei der Bezeichnung von Verhalten als »aggressiv« vermutlich höher als die einer in der Erziehungsberatung tätigen Kollegin. Die Psychologin in der Erziehungsberatung würde eventuell bereits gewisse verbale Abwertungen als aggressiv bezeichnen, während die im Strafvollzug tätige Diagnostikerin diese z. B. als derben Humor interpretiert.
- Außerdem könnten die Abstufungen der Ratingskala, auf der das Verhalten beurteilt werden soll, von verschiedenen Beurteilern unterschiedlich interpretiert werden.
- Zudem ist die Beurteilung auch davon abhängig, in welchen Situationen die Beurteiler das Verhalten beobachtet und schließlich beurteilt haben. Aus diesem Grund sollte die Beurteilerübereinstimmung stets aus standardisierten Beurteilungssituationen erhoben werden.

Beobachtertrainings können Beobachtungsfehler reduzieren (vgl. Kanning, Hofer & Schulze Willbrenning, 2004). Hier müssen die zukünftigen Beobachter u. a. die Anwendung des Beobachtersystems an Beispielen üben (für einen Überblick zu Beobachtungsfehlern und Beobachtertraining siehe Greve & Wentura, 1997, Kap. 3). Ein in diesem Zusammenhang interessanter Forschungsbereich betrifft die »differentielle Psychologie des guten Beobachters«: Das heißt, bestimmte Persönlichkeitsmerkmale (z. B. Intelligenz, Empathie oder Verträglichkeit) kennzeichnen Beobachter, die treffsichere Einschätzungen der zu beurteilenden Person abgeben (z. B. Christiansen, Wolcott-Burnam, Janovics, Burns & Quirk, 2005; Letzring, 2008; Vogt & Colvin, 2003).

9.1.4 Non-reaktive Beobachtungsverfahren

Wie wir bereits ausgeführt haben, können einige Beobachtungsverfahren, wie die teilnehmende Beobachtung, Reaktivität in der Testperson auslösen. In Bereichen, in denen die Gefahr von Reaktivität besonders erhöht ist, werden als Gegenmaßnahme non-reaktive Beobachtungsverfahren eingesetzt. Diese sind so ausgelegt, dass Beobachtende und Beobachtete nicht in Interaktion treten bzw. der Beobachtungsvorgang unbemerkt bleibt. In der Regel verwendet man im Rahmen non-reaktiver Beobachtungsverfahren Methoden der Dokumentenanalyse. Die Beschaffenheit der Untersuchungsgegenstände oder der Dokumente wird dabei als Indikator für die zugrundeliegende Eigenschaft ausgewertet, z. B. das Tragen von Vereinsschals als Zeichen der Zugehörigkeit. Als Untersuchungsgegenstände können physikalische Spuren, Archive, Symbole, Schilder, Bücher etc. analysiert werden. Ein gesonderter Bereich widmet sich der Analyse von Texten (z. B. Inhaltsanalyse), der im Folgenden näher vorgestellt wird.

Beispiel
▶ *Inhaltsanalyse* (vgl. Mayring, 2003; Rustemeyer, 1992)
Neben der reinen Beobachtung des Verhaltens von Personen können auch Texte ausgewertet werden. Mittels Inhaltsanalyse klassifizieren und interpretieren Beurteiler den Inhalt von Tex-

ten, die von der beurteilten Person verfasst wurden (z. B. Essays, Tagebücher oder Homepages). Dabei wird der Text in mehrere Sinneinheiten zerlegt, um diese dann in Kategorien einzuordnen. Inhaltsanalysen sollten systematisch durchgeführt werden, und die Auswertung sollte anhand von mehreren Beurteilern geschehen (Intersubjektivität). ◄◄

Non-reaktive Beobachtungsverfahren haben den Vorteil, dass sie Daten der Testperson erfassen, ohne das Testergebnis selbst beeinflusst zu haben. Jedoch sind derartige Vorgehensweisen meist sehr aufwändig. Außerdem kann die Interpretation der beobachteten Spuren oder Dokumente gewissen Verzerrungen aufgrund des relativ großen Interpretationsspielraumes unterliegen.

9.2   Befragung

Abzugrenzen von der Beobachtung, bei der das Verhalten von Personen registriert, zusammengefasst und interpretiert wird, ist die Befragung. Sie zielt auf die Auswertung der subjektiven Sicht von Probanden ab. Während bei der Beobachtung der Beobachter und das Beobachtungssystem das Messinstrument darstellen, sind bei der Befragung der Fragebogen oder die im Interview gestellten Fragen die Messinstrumente. Die Rolle einer Diagnostikerin besteht lediglich in der Vorgabe der Instrumente. Von Interesse ist die Sicht der befragten Person, die damit »Informant in eigener Sache« ist (Strack, 2007, S. 7). Systematische Befragungen heben sich von Alltagskommunikation dadurch ab, dass sie stärker standardisiert und strukturiert sind und dass das Gespräch asymmetrischen Charakter hat: Eine Person fragt, die andere antwortet. Gespräche im Alltag verlaufen selten nach vorgegebenen Regeln (wenig standardisiert) und zeichnen sich durch ein symmetrisches Frage-Antwort-Muster aus. Beispielsweise bringt ein Fragesteller im Alltag Inhalte aus dem eigenen Leben ins Gespräch ein, wenn der Befragte von seinen Sorgen berichtet. Symmetrisch bedeutet in diesem Zusammenhang, dass beide Gesprächspartner den Inhalt und die

Richtung der Konversation bestimmen. In einer Befragung dagegen leitet meist nur der Interviewer das Gespräch an (vgl. auch Unterscheidung in symmetrische vs. komplementäre Kommunikation, Watzlawick, Beavin & Jackson, 2007). Die wissenschaftliche Befragung ist daher asymmetrisch und geht zielgerichtet, regelorientiert und zumeist theoriegeleitet vor.

9.2.1 Schriftliche vs. mündliche Befragungen

Eine zentrale Unterteilung betrifft die Trennung in schriftliche und mündliche Befragungen (vgl. auch Bortz & Döring, 2006).

Schriftliche Befragungen

Schriftliche Befragungen erfolgen meist mittels Fragebogen, die unter standardisierten Bedingungen vorgelegt werden. Schriftliche Befragungen haben dabei den Vorteil, dass sie:

- Kosten und Zeit sparen,
- bequem für die Befragten sind (z. B. Fragebogen zu Hause bearbeiten),
- Anonymität gewährleisten.

Durchführungsobjektivität kann bei schriftlicher Befragung sehr leicht erreicht werden, wenn die Bearbeitung unter standardisierten Bedingungen erfolgt, z. B. alle Teilnehmer zeitgleich und im gleichen Raum den Bogen ausfüllen.

Problematisch jedoch sind die meist relativ geringen *Rücklaufquoten* und die Repräsentativität der Antworten. Werden die Fragebogen nach dem Zufallsprinzip per Post verschickt (postalische Befragung), sind die Rücklaufquoten meist relativ gering. Dadurch ist die Repräsentativität der Ergebnisse gefährdet, da vor allem Personen antworten, die in irgendeiner Weise an der Untersuchung interessiert sind (vgl. folgendes Beispiel). Normalerweise stellt die Zusicherung von Anonymität einen Faktor dar, der sich positiv auf die Rücklaufquoten auswirkt. Jedoch kann Anonymität auch dazu führen, dass sich Probanden weniger verantwortlich für ihre Antworten fühlen und weniger sorgfältig antworten bzw. den Fragebogen nicht vollständig ausfüllen.

Rücklaufquoten sind aber durch verschiedene Faktoren beeinflussbar. Allein der Eindruck von Seriosität, z. B. das Logo der wissenschaftlichen Institution auf dem Titelblatt, oder die farbige Gestaltung des Fragebogens wirken sich günstig auf Rücklaufquoten aus (Hyman, 2000; Jones, 1979; Kaplowitz & Lupi, 2004). Das Anknüpfen an Themen, die für die Befragten relevant sind, leicht verständliche Fragen und verschiedene Anreize erhöhen ebenfalls die Rücklaufstatistik. Selbst bei Fragen zu sensiblen Themen (z. B. zu Drogenmissbrauch) kann die Rücklaufquote durch kleine monetäre Anreize erhöht werden (z. B. Mehlkop & Becker, 2007). Jedoch besteht bei hohen finanziellen Anreizen die Gefahr der Overjustification, wodurch Probanden das intrinsische Interesse an der Untersuchung verlieren oder sich bemühen, wunschgemäße Antworten als Gegenleistung für die Bezahlung zu produzieren. Weitere Einflussfaktoren auf die Teilnahmebereitschaft in Befragungen sind im Folgenden näher beschrieben.

 Beispiel

▶ *Motivation zur Teilnahme*

Marcus, Bosnjak, Lindner, Pilischenko und Schütz (2007) fanden heraus, dass der Umfang eines Fragebogens und die persönliche Relevanz des Themas die Rücklaufquoten bedeutsam beeinflussten (d. h. bessere Rücklaufquoten bei kurzen und relevanten Fragebogen). Finanzielle Anreize hatten lediglich einen moderaten Effekt. Weitere Möglichkeiten, die Teilnahmebereitschaft zu erhöhen und dementsprechend auch die Rücklaufquoten zu beeinflussen, bestanden durch andere Anreize wie persönliche Rückmeldungen. Individuelles Feedback wirkte bei weniger interessanten Untersuchungsthemen kompensatorisch und erhöhte so die Teilnahmequoten. Neben externen Anreizen spielen interne Faktoren wie Motive oder Persönlichkeitseigenschaften eine wichtige Rolle. In einer Untersuchung von Laux und Schütz (1996) wurde der Wunsch nach Selbsterfahrung besonders häufig als Grund für die Teilnahme genannt. Weitere wichtige Motive waren Interesse am Thema und der Wunsch, einen Beitrag für die Forschung zu leisten. Bosnjak und Batinic (1999) bestätigten diese Faktoren und identifizierten Neugier als weiteren

Faktor, der die Teilnahmebereitschaft erhöhte. In Bezug auf Persönlichkeitseigenschaften fanden Marcus und Schütz (2005), dass Teilnehmer einer Online-Studie höhere Werte auf den Dimensionen Offenheit für Erfahrung und Verträglichkeit aufwiesen und sich damit von den Personen unterschieden, die die Teilnahme verweigerten. In dieser Studie hatte man die seltene Gelegenheit, etwas über Nichtteilnehmer zu wissen, da deren private Websites vorlagen und systematisch ausgewertet werden konnten. ◄◄

Ein Problem bei postalischen Befragungen stellt die Unkontrollierbarkeit der Untersuchungssituation dar. Beispielsweise könnte Proband A den Fragebogen abends erschöpft ausfüllen, während ein Proband B die Fragen morgens konzentriert beantwortet. Für eine Diagnostikerin sind schriftliche Befragungen auch insofern problematisch, als sie nicht flexibel auf die Befragten reagieren kann. Mögliche Verständnisfragen können nicht beantwortet und bestimmte Gedanken und Hintergründe einer Antwort nicht miterfasst werden.

Spezialformen der schriftlichen Befragung sind z. B. Panel- und Trendbefragungen oder die webbasierte Befragung. Wie bereits im Kapitel 2 ausgeführt, unterscheidet man bezüglich der Zeitperspektive der Erhebung zwei Formen: querschnittliche und längsschnittliche Befragungen. Insbesondere in der Umfrageforschung kommt den längsschnittlich orientierten, sogenannten Panel-Befragungen, große Bedeutung zu.

Merke

► *Panel-Befragungen* werden häufig in der Soziologie aber z. B. auch in der Entwicklungspsychologie eingesetzt. Große Stichproben von Befragten werden über eine Zeit hinweg begleitet. Beispielsweise werden junge Ehepaare unmittelbar nach der Hochzeit befragt und die Befragung in bestimmten Abschnitten wiederholt, um zu prüfen, wie sich gewisse Aspekte der Beziehung (z. B. unter dem Einfluss von Kindern) verändern, in welchen Fällen es zu Trennung kommt etc. ◄◄

Eine dritte Form ist die *Trendforschung*. Hierbei untersucht man definierte Altersgruppen zu unterschiedlichen Zeitpunkten. Beispielsweise könnte man in den Jahren 1960, 1980 und 2000 jeweils 15-Jährige befragt haben (wie in den Shell-Jugendstudien), um Veränderungen im Erleben und Verhalten von Jugendlichen über die Zeit hinweg aufzuzeigen (auch Zeitgeistforschung genannt).

Das Internet bietet den entscheidenden Vorteil, dass man dort mit relativ einfachen Mitteln sehr große Stichproben rekrutieren kann. Außerdem sind mit der *webbasierten Befragung* folgende Vorteile verbunden (für einen Überblick siehe auch Batinic & Bosnjak, 2000):

- geringe Kosten,
- geringer Zeitaufwand,
- heterogene Stichproben (Gosling, Vazire, Srivastava & John, 2004),
- hohes Maß an Anonymität und folglich geringerer Einfluss der Tendenz, sozial erwünscht zu antworten.

Jedoch sind mögliche Verzerrungen durch die demografische Verteilung und das Phänomen der Selbstselektion zu beachten. Noch vor einigen Jahren war der Großteil der Internetnutzer männlich (Sieverding, 2005), mit höherem Bildungsniveau und Einkommen (Batinic & Bosnjak, 2000). Aufgrund des rapiden Anstiegs der Internetnutzung kann heute aber von einer Angleichung der demografischen Verhältnisse ausgegangen werden, insbesondere in den industrialisierten Ländern (vgl. http://www. internetworldstats.com/stats.htm). Der typische Internet-Nutzer grenzt sich durch bestimmte Eigenschaften von den Nicht-Nutzern ab, wie z. B. durch ausreichend Kompetenzen oder Vertrauen in die eigenen Fähigkeiten im Umgang mit dem Computer und dabei weniger Ängstlichkeit (vgl. Kohlmann, Eschenbeck, Heim-Dreger, Albrecht, Hole & Weber, 2005; Sieverding, 2005). Außerdem kann die wahrgenommene Anonymität im Falle der webbasierten Befragung auch dazu führen, dass die Probanden sich noch weniger als in der postalischen Befragung verpflichtet fühlen, aufrichtig zu antworten (Gosling et al., 2004). Ebenso wie bei der postalischen Befragung ist es zudem schwierig, die Erhebungssituation zu kontrollieren, um ausreichend Durchführungsobjektivität zu gewährleisten. Hinzu kommt, dass die Ergebnisse einer webbasierten Befragung stark von der Technik (d. h. Hard- und Software, Internetverbindung) abhängig sind, zudem eine Programmierung und Implementierung der Testmaterialien erforderlich ist. Durch zahlreiche neue Tools wird der Aufwand für die Erstellung einer Online-Befragung allerdings immer geringer.

In Online-Fragebogenstudien werden potenzielle Probanden meist per E-Mail angeschrieben und aufgefordert, einen webbasierten Fragebogen auszufüllen. Informationen über die Studie können auch in Chatrooms, Newsgroups oder auf Websites oder spezifischen Portalen erfolgen. Es konnte gezeigt werden, dass die über eine webbasierte Befragung ermittelten Validitäten und Reliabilitäten psychometrischer Instrumente mit denen aus der Papier- und Bleistiftbefragung gut übereinstimmen (z. B. bei Persönlichkeitsskalen; Gosling et al., 2004; Jude, Hartig & Rauch, 2005). Zur Anwendung kommt die webbasierte Befragung neuerdings auch in der Personalvorauswahl im organisations- bzw. persönlichkeitspsychologischen Kontext. Über das sogenannte »Internet-Recruiting« (E-Recruitment, E-Assessment, Online-Assessment) wird im Auftrag von Firmen oder anderweitigen Institutionen eine Vorauswahl an potenziell geeigneten Bewerbern getroffen. In Bezug auf herkömmliche »manuelle« Auswahlverfahren wurde bereits seit Längerem betont, dass sich der Aufwand für die Personalabteilungen insofern erhöht hat, als bedingt durch die Vereinfachung des Bewerbungsvorganges die Zahl der Bewerbungen angestiegen ist und demnach auch mehr ungeeignete Bewerber seligiert werden müssen. Unter anderem aufgrund dieser Problematik greift ein Großteil der Top-Firmen auf das Internet-Recruitment zurück. Für die Firmen ergeben sich daraus die Vorteile, dass sie potenziell geeignete Personen sehr schnell und ökonomisch befragen können und darüber hinaus Marketingeffekte erzielen. Der Zugang zum E-Assessment wird für die Interessenten über die Homepage der Firma bereitgestellt. Zum Einsatz kommen dabei meist Fragebogenverfahren als Screening-Instrumente, die über Computer und Internet implementiert sind. Neben herkömmlichen Fragebogenverfahren gibt es aber auch Online-Assessment-Center, in denen z. B. eine Gruppe von Teilnehmern online an Rollenspielen teilnimmt (siehe Eichstädt, 2005). Natürlich sind mit dieser Form des Assessments auch Probleme verbunden, die wir größtenteils bereits bei den zentralen Kritikpunkten der webbasierten Befragung aufgelistet haben, z. B.:

- weniger aufrichtige Antworten,
- (Un-)Kontrollierbarkeit der Erhebungssituation.

Ebenfalls können sich Nachteile für einzelne Bewerber ergeben, z. B. aufgrund unterschiedlicher Geschwindigkeiten des Internetzugangs und der daraus folgenden erschwerten Bearbeitung. Jedoch ist es für die Teilnehmer weitaus bequemer, über das Internet am Auswahlverfahren teilzunehmen, da dies unabhängig von Ort und Zeit geschieht (vgl. Kap. 11.2.2 sowie Hertel & Konradt, 2004).

Mündliche Befragungen

Typische Beispiele der mündlichen Befragung sind die Anamnese im psychiatrischen Kontext, die Exploration (z. B. in der Gesprächstherapie) und das Interview. In den meisten Fällen gilt das Interview als Oberbegriff für diagnostische Verfahren, die mittels Gesprächstechniken Informationen von einem Befragten erheben (vgl. auch Deegener, 2003; Kubinger, 2003).

 Definition
► *Anamnese:* Eine spezifische Form der mündlichen Befragung, bei der (meist im psychiatrischen bzw. psychotherapeutischen Kontext) die Vorgeschichte einer Störung bzw. deren Verlauf erfragt wird.

Exploration: Eine allgemein gehaltene Gesprächstechnik, bei der die Sichtweise des Befragten zu einem bestimmten Sachverhalt (z. B. Stimmungen, Bedürfnisse, Persönlichkeit) erkundet wird. Auf der Exploration aufbauend können Hypothesen für weitere Untersuchungen generiert werden.

Interview: Oberbegriff für Anamnese und Exploration, der aber noch stärker auf das Erfassen von sachlichen Informationen (vs. persönliche Sichtweisen) zielt. Jedoch muss nicht jedes Interview als Anamnese oder Exploration ausgelegt sein, z. B. zielen Einstellungsinterviews direkt darauf ab, die Eignung des Bewerbers oder der Bewerberin für die Anforderungen des Berufes zu überprüfen. ◄◄

Diese Verfahren sind sehr flexibel, da sie auf aktuelle Fragen oder Bedürfnisse der Befragten eingehen können. Zudem ist es mittels mündlicher Befragung möglich, spontane Reaktionen oder Verhaltensweisen der Probanden zu registrieren. Selbst nonverbale Reaktionen können vom Untersucher beobachtet und zur späteren Analyse einbezogen werden (z. B. nervöses Zupfen an der Kleidung). Die Erhebungssituation ist meist besser kontrollierbar als bei der schriftlichen Befragung, da hier der Interviewer den Untersuchungszeitpunkt und -raum festlegt. Darüber hinaus bietet das mündliche Gespräch die Möglichkeit, auch komplexe Sachverhalte zu eruieren und Antwortzeiten (z. B. verlängert durch Nachdenken) zu notieren. Ebenso können Antworten während der Befragung auf Vollständigkeit hin überprüft und eventuell durch Nachfragen ergänzt werden. Neben diesen Vorteilen hat die mündliche Befragung aber auch Nachteile.

Die mündliche Befragung ist stets mit höherem Kosten- und Zeitaufwand verbunden, da man sich jedem Probanden individuell widmen muss. Zudem ist es schwierig, die Befragung zu standardisieren, da die interviewende Person Einfluss auf die Befragungssituation haben kann (z. B. aufgrund von Alter, Geschlecht, Kleidung, Verhalten, Einstellung; vgl. z. B. Mika, 2002).

Merke
► Eigenschaften der Interviewenden beeinflussen die Antworten von Befragten. ◄◄

Das häufigste Verfahren im Bereich der mündlichen Befragung ist das *Interview*. Im Folgenden wird dieses Verfahren näher vorgestellt.

Beispiel

▶ *Das Interview als Methode psychodiagnostischer Befragung*

Das Interview wurde bereits als »Allerweltswerkzeug« bezeichnet und dient der Gewinnung diagnostischer Daten im Gespräch. Es ist eine vielseitige Methode, die weitgehend ohne technische Hilfsmittel auskommt. Das Interview ist die am häufigsten verwendete diagnostische Methode und zudem das »adaptivste« Verfahren, da (bei nicht vollständiger Strukturierung) die Anpassung an die Situation oder die vorausgegangenen Antworten möglich ist.

Entwicklung und Vorbereitung eines Interviews. Ein Interview muss ähnlich den Prinzipien der Testkonstruktion ebenfalls nach gewissen Schritten entwickelt werden. 1) Zunächst sollte das Thema definiert, zu anderen Themen abgegrenzt und theoretisch aufgearbeitet werden. 2) Danach wird das Thema hierarchisch strukturiert, also festlegt, was in welcher Reihenfolge gefragt werden soll. 3) Anschließend wählt man die Methode aus, also ob mit technischen Hilfsmitteln, standardisiert etc. vorgegangen werden soll. 4) Im nächsten Arbeitsschritt werden die Fragen generiert. Dabei kommt es darauf an, die konkreten Inhaltsbereiche des Themas in Fragen umzusetzen. 5) Folgende Aspekte sind bei der Fragenformulierung zu beachten:

• Präzisieren: Was genau will ich wissen?
• Sind die verwendeten Begriffe verständlich?
• Kann ich die Frage geschlossen stellen? Was bringt eine offene Frage?
• Welche Nachfragen ergeben sich aus der ersten Frage?
• Welche Ansprüche stellen Fragen an Vorkenntnis, Gedächtnis und Selbstreflexion?

6) Um die Zahl der Fragen festzulegen, ist zu beachten, wie viel Zeit für das Interview insgesamt zur Verfügung steht. 7) Nach der Fragenformulierung kommt es nun darauf an, die Gesamtstruktur zu entwickeln. 8) Dabei werden die Reihenfolge der Fragen festgelegt und Verbindungen zwischen den Fragen geschaffen, z. B. anhand von Überleitungen. 9) Außerdem muss man sich bei der Interviewplanung im Klaren sein, ob die verschiedenen Fragetypen wechseln sollen (für eine Darstellung von Fragetypen siehe Kap. 9.2.3). Das kann einerseits dazu füh-

ren, eine gewisse Aufmerksamkeit beim Interviewten zu erreichen, andererseits aber auch Verwirrung stiften. 10) Zusätzlich
sollte man Pufferfragen einbauen, die die Funktion haben, Aus-
strahlungseffekte vorausgehender Fragen zu mindern. Man fügt
sie ein, wenn man vermutet, dass die Beantwortung der ersten
Frage die Antwort auf die zweite Frage beeinflussen würde. 11)
Schließlich kann man erwägen, ergänzende Fragebogen einzusetzen und deren Kosten-Nutzen-Relation dabei berücksichtigen. 12) Danach wird die Instruktion geschrieben. Hier ist u. a.
zu erwägen, wie transparent der Sinn und Zweck des Interviews
für den Befragten durch die Einleitung werden soll. 13) Der
Rahmen eines Interviews wird durch die Handanweisung von
Interviewleitfäden abgesteckt. Ähnlich wie in Handbüchern von
Testverfahren gibt es auch eine Anweisung zum Interview. Diese enthält einen Leitfaden und hilfreiche Hinweise und Tipps,
nach denen das Interview durchgeführt werden soll. 14) Zusätzlich wird festgelegt, ob die Antworten des Interviewten anhand
standardisierter Protokollbogen oder in offenem Format notiert
werden sollen. 15) Im letzten Schritt sollte das so entwickelte
Interview an einer ersten Stichprobe von Probanden erprobt und
bei Bedarf revidiert werden. ◄◄

Neben der klassischen Interviewsituation, in der sich die Beteiligten gegenübersitzen, gibt es weitere Formen, die unter den
Begriff der mündlichen Befragung fallen. Eine Alternative zur
Face-to-Face-Situation bietet das *Telefoninterview*. Diese Form
der Befragung hat den Vorteil, Probanden relativ schnell, preis-
wert und einfach zu erreichen. Da viele der Kommunikations-
kanäle, die im Face-to-Face-Interview relevant sind, im Telefoninterview entfallen, kommt der Qualität bzw. Attraktivität der
Stimme besondere Bedeutung zu (vgl. Fuchs, 1994; Gutjahr,
1985; siehe auch Gutzeit, 2008). Sprechpausen, wie sie im herkömmlichen Interview strategisch eingesetzt werden, eignen
sich nicht für das telefonische Interview. Pausen sollten bei dieser Form der Befragung so kurz wie möglich gehalten werden,
da den Befragten bereits nach kurzer Zeit die Gegenwart des
Interviewers subjektiv »verlorengeht« (Gutjahr, 1985). Für Te-
lefonbefragungen ist stark strukturiertes Vorgehen mit relativ

einfachen Fragen geeignet, die ohne langes Nachdenken zu beantworten sind. Zudem konnte gezeigt werden, dass sich strukturierte Telefoninterviews auch zur objektiven, reliablen und
validen Vorselektion von Bewerbern in der Personalauswahl
eignen (z. B. Gulba, Moldzio & Daniels, 2005).

Mündliche Befragungssituationen können aufgrund des nahen
Kontaktes mit dem Interviewer für die Befragten unangenehm
sein, was wiederum zu Antwortverzerrungen führen kann (für
einen Überblick siehe Bortz & Döring, 2006). Welche Faktoren
einen Einfluss auf die Offenheit und Antwortbereitschaft der
Befragten haben, wird in folgendem Abschnitt näher erläutert.

Offenheit und Antwortbereitschaft bei Befragungen zu sensiblen Themen

In einer Literaturübersicht fassen Tourangeau und Yan (2007)
Voraussetzungen und Techniken des Einsatzes von sensiblen
Fragen in der Umfrageforschung zusammen. Ähnlich wie in der
Persönlichkeitsdiagnostik, in der Verzerrungen in den Antworten durch soziale Erwünschtheit zustandekommen können, stellt
die (Un-)Genauigkeit der Antworten in Umfragen ein zentrales
Problem dar, wenn tabuisierte Themen erfragt werden. Diese
Umfragen befassen sich meist mit Themen wie Drogenkonsum,
Abtreibung (vor allem in den USA), Sexualverkehr, Wahlteil-
nahme und Einkommen. Bei Umfragen, die sich neutralen Sachverhalten widmen, können Fehler in den Antworten der Befragten dadurch zustandekommen, dass die Fragen missverstanden
wurden, die erfragten Sachverhalte nicht der Introspektion zugänglich waren oder Heuristiken oder andere Strategien verwendet wurden, die dem Befragten die Beantwortung zwar er-
leichterten, aber letztlich zu Falschaussagen führten. In Bezug
auf sensible Fragen kommt ein weiterer Grund hinzu, nämlich
dass die Befragten schlichtweg keine ehrlichen Antworten geben
wollen. Beispielsweise gibt ein Großteil der Befragten, die regelmäßig Drogen konsumieren, an, dass sie keine Drogen nehmen
würden. Das Ausmaß dieses Antwortfehlers hängt vom Design
der Untersuchung und davon ab, wie peinlich bzw. folgenreich
die erfragten Inhalte den Befragten erscheinen.

Um die Gründe klären zu können, warum Befragte bisweilen keine ehrlichen Antworten geben, müssen drei Themenbereiche unterschieden werden:

1. *Tabuthemen:* Die Inhalte der Umfragen sind für die Befragten kein adäquates Gesprächsthema oder sie sind der Meinung, dass die Antwort die Interviewerin schlichtweg »nichts angeht«, weswegen sie die Antworten verweigern.
2. *Rechtliche Konsequenzen:* Insbesondere Themen wie Drogenmissbrauch oder Kriminalität können beim Interviewten Befürchtungen auslösen, die Mitteilung könne zu rechtlichen Konsequenzen führen.
3. *Soziale Erwünschtheit:* Da alle Abweichungen von einer sozialen Norm als sozial unerwünscht gelten, sind Befragte gehemmt, ehrliche Antworten auf Fragen zu geben, die auf ein sozial unerwünschtes Verhalten schließen lassen.

Merke
▶ Befragte weigern sich, Antworten auf sensible Fragen zu geben, bzw. beantworten sie nur ungenau, weil a) die Inhalte für sie tabu sind, b) sie Angst vor rechtlichen Folgen haben oder c) sie sich sozial erwünscht verhalten wollen. ◀◀

Antwortfehler können sich wiederum in drei Formen niederschlagen: Teilnahmebereitschaft, Antwortbereitschaft und Antwortqualität.

1. Teilnahmebereitschaft: Bereits wenn sich der Titel einer Umfrage oder die Einstiegsfrage auf ein sensibles Thema beziehen, kann sich das mindernd auf die Teilnahmeraten auswirken. Daher wird empfohlen, besonders sensible Fragen erst am Ende der Befragung zu stellen. Zudem haben Befragte häufig eine falsche Vorstellung davon, wie die Daten nach der Erhebung verarbeitet werden. Viele glauben, dass ihre Angaben an Dritte gelangen könnten. Es empfiehlt sich also, Anonymität zuzusichern und ebenfalls darauf hinzuweisen, dass die Daten nicht an andere Institutionen geleitet werden.
2. Antwortbereitschaft: Selbst wenn sich Interessenten entschlossen haben, an einer Umfrage teilzunehmen, kommt es

häufig vor, dass sie bei besonders sensiblen Fragen ihre Antwort verweigern.

3. Antwortqualität: Viele Menschen neigen dazu, bei Fragen, die sich auf besonders sozial unerwünschte Inhalte beziehen, falsche Angaben zu machen. Hier treten die Phänomene des *Over-* bzw. *Underreporting* auf. Diese Phänomene kommen insbesondere bei Häufigkeits- oder Mengenangaben vor. Je nachdem, welches Ausmaß eines Verhaltens als sozial erwünscht oder unerwünscht gilt, wird es entsprechend berichtet. Beispielsweise geben Interviewte meist geringeren Alkoholkonsum an, als dies tatsächlich der Fall ist (Underreporting), und (bei männlichen Interviewten) mehr sexuelle Kontakte als faktisch vorhanden (Overreporting, siehe auch Fuchs, 1994).

Merke

► Sensible Fragen wirken sich auf die Teilnahmebereitschaft, die Antwortbereitschaft und die Qualität der Antworten in Umfragen aus. ◄◄

Tourangeau und Yan (2007) fassen weiterhin Faktoren und Strategien zusammen, die sich günstig auf das Antwortverhalten der Befragten auswirken können.

1. Das Setting der Untersuchung beeinflusst die Antwortbereitschaft. Die verschiedenen Methoden der Umfrageforschung unterscheiden sich mitunter darin, wie stark der Einfluss des Interviewers ist. Beispielsweise wurde gezeigt, dass sich die Genauigkeit und die Bereitschaft zu Antworten verbessern lässt, wenn die Fragen bzw. die Instruktion von einer Papiervorlage oder einem Computer »gestellt« werden und nicht von einem Interviewer. Over- bzw. Underreporting kommen ebenfalls seltener vor, wenn die Fragen nicht im Beisein eines Interviewers beantwortet werden müssen und somit weniger Tendenzen zu sozial erwünschten Antworten bestehen. Es muss allerdings darauf hingewiesen werden, dass die rein körperliche Anwesenheit des Interviewers nicht zwingend zu Antwortverzerrungen führt. So zeigten beispielsweise Holbrook, Green und Krosnick (2003), dass Probanden in Telefoninterviews stärker sozial erwünschte

Antworten geben als in Face-to-Face-Interviews. Vermutlich sind die Befragten am Telefon misstrauischer als bei Befragungen von Angesicht zu Angesicht.

Merke

▶ *Methoden der Umfrageforschung*

- Face-to-Face-Interview
- Telefoninterview
- postalische Befragung
- computerbasierte Befragung
- webbasierte Befragung ◄◄

Neben dem Setting gibt es weitere, indirekte Methoden, die den Verzerrungseffekt reduzieren können.

2. Eine Möglichkeit ist die Randomized-Response-Technik:

Erklärung

▶ Bei *Randomized-Response* handelt es sich um eine Vorgehensweise, die tatsächlichen Anteile oder Mittelwerte in den Antworten der Befragten zu schätzen (nach Warner, 1965). Da viele Personen eher gehemmt sind, vor anderen preiszugeben, dass sie z. B. schon einmal gestohlen haben, könnte man sie bitten, nach jeder Frage verdeckt zwei Münzen zu werfen und lediglich dann die Wahrheit zu sagen, wenn sie zweimal »Kopf« geworfen haben, nach allen anderen Wurfergebnissen aber zu lügen. Egal, wie die Antworten der Personen ausfallen, weder die anderen Teilnehmer noch die Versuchsleiterin wissen, was die Antwort eigentlich bedeutet. Die Antwort »Ja« auf die Frage, ob der Proband bereits gestohlen hat, könnte einerseits bedeuten, dass der Proband tatsächlich einen Diebstahl begangen hat. Sie könnte aber auch bedeuten, dass der Proband noch nie gestohlen hat, weil der Münzwurf dem Probanden anzeigte, nun zu lügen. Durch Berücksichtigung der Wahrscheinlichkeit, mit der die Aussage gelogen ist, kann der tatsächliche Anteile von »Dieben« in der befragten Stichprobe errechnet werden. Die Randomized-Response-Technik hat den Vorteil, dass weniger Underreporting stattfindet als bei Face-to-Face-Interviews. ◄◄

Weitere Alternativen in diesem Bereich wären, dass die Probanden eine zufällige Zahl zu ihrer Antwort (z. B. bezüglich des
Einkommens) addieren oder über das Verhalten von Freunden
berichten. Die so ermittelten Antworten werden dann statistisch
korrigiert, um gute Schätzer für den »wahren« Mittelwert der
Probanden zu erhalten. Diese statistisch geprägten Verfahren
helfen also nicht, den individuellen Wert bzw. die Antwort des
Individuums zu rekonstruieren, sondern lediglich, die mittlere
Ausprägung in einer Stichprobe zu schätzen.

3. Eine weitere effektive Möglichkeit, die Genauigkeit der Antworten in sensiblen Umfragen zu steigern, stellt die *Bogus-Pipe-
line-Technik* dar. Dabei wird den Befragten deutlich gemacht,
dass die Untersucherin die wahren Antworten ermitteln kann,
unabhängig davon, wie die Befragten tatsächlich antworten. Es
handelt sich um eine Technik, mittels derer die Probanden insofern getäuscht werden, als ihnen mitgeteilt wird, dass ein Lü-
gendetektor oder physiologische Messungen Aufschluss über
ihre tatsächlichen Verhaltensweisen bzw. über die Tatsache, ob
sie die Wahrheit sagen, geben. Beispielsweise könnte die Person
während der Befragung an ein Gerät zur Pulsmessung ange-
schlossen werden oder es könnten Atem- oder Speichelproben
genommen werden, um diese (angeblich) auf Tabakkonsum oder
Ähnliches zu testen. Wie Roese und Jamieson (1993) in einer
Metaanalyse berichten, verringert diese Technik die Wahrscheinlichkeit sozial erwünschter Antworten und erhöht die Genauigkeit wie auch Gültigkeit der Angaben. Die Bogus-Pipeline-Tech-
nik ist zwar effektiv im Umgang mit sensiblen Fragen, wird
jedoch kaum in Umfragen verwendet, da mit der Täuschung von
Probanden ethische Probleme verbunden sind.

Definition

▶ *Bogus-Pipeline* ist eine Technik, bei der den Probanden
vermittelt wird, ihre tatsächlichen Verhaltensweisen könnten
von den Untersuchern eingesehen werden, um sie damit zu ehr-
lichem Antwortverhalten zu bewegen. ◀◀

4. Die Wortwahl der befragenden Person hat ebenfalls bedeutsamen Einfluss auf die Antworten der Befragten. So zeigten

Catania et al. (1996), dass Formulierungen, die bereits für das sozial unerwünschte Verhalten entschuldigten, zu erhöhter Offenheit bei den Befragten führten (z. B. »Manchmal überkommt es einen einfach und man raucht, ohne darüber nachzudenken. Wie viele Zigaretten rauchen Sie pro Tag?«). Ähnliche Effekte erzielen Formulierungen, die für den Befragten vertraute Begriffe beinhalten, z. B. »eine geraucht« statt »Tabak konsumiert«.

5. Eine weitere Technik ist das Abstimmen der demografischen Variablen von Interviewten und Interviewenden. Catania et al. (1996) wiesen darauf hin, dass die Offenheit der Antworten gesteigert werden konnte, wenn weibliche Interviewte von einer Interviewerin und männliche von einem Interviewer befragt wurden. Eine interessante Möglichkeit bietet zudem die Priming-Technik.

Definition
▶ *Priming* ist die (meist experimentelle) Aktivierung von mentalen Repräsentationen über Personen, Konzepte oder andere Wissensstrukturen (engl. für assoziative Bahnung). ◀◀

Rasinski, Visser, Zagatsky und Rickett (2005) primten ihre Versuchspersonen mit Zielwörtern in Bezug auf Ehrlichkeit. Die Aktivierung des Konzeptes Ehrlichkeit führte tatsächlich dazu, dass diese Personen ehrlichere Antworten in der nachfolgenden Befragung lieferten als Personen, bei denen neutrale Wörter geprimt wurden.

Zusammenfassend lässt sich festhalten, dass es mehrere Möglichkeiten gibt, den verzerrenden Effekten, die durch sensible Fragen hervorgerufen werden, mehr oder weniger gut zu begegnen. Die soeben vorgestellten Strategien dienen meist dazu, den Einfluss der Anwesenheit einer weiteren Person (z. B. einer Interviewerin) zu reduzieren oder die Motivation zur Teilnahme bzw. zu ehrlichen Antworten zu erhöhen. Ein letzter interessanter Befund zu diesem Thema ist in folgendem Beispiel beschrieben.

Beispiel
▶ Zu der in der Praxis gängigen Methode, versiegelte Kartons mit Einwurfschlitz zur Abgabe von ausgefüllten Fragebogen zu

verwenden, zeigen neuere Erkenntnisse, dass das Verfahren entgegen bisheriger Erwartungen keine positiven Effekte auf die Offenheit oder Antwortbereitschaft hat (Krosnick et al., 2002). ◄◄

9.2.2 Standardisierung und Strukturiertheit von Befragungen

Unterschieden werden Befragungen auch bezüglich ihres Aufbaus, der Durchführung und des verwendeten Antwortformats. *Standardisierte Befragungen* zeichnen sich dadurch aus, dass stets nach dem gleichen Prinzip vorgegangen wird. Schriftliche Instruktionen und Manuale, die die Vorgehensweise der Befragung festlegen, dienen der Standardisierung. *Strukturiertheit* bedeutet, dass die Teileelemente der Befragung (Fragen und Antwortmöglichkeiten) vorgegeben, klar verständlich und deren Abfolge festgelegt sind. Somit ist Strukturierung eine Voraussetzung für Standardisierung. Beide Aspekte dienen der Objektivität.

 Merke
► *Standardisiertheit*: Gleichheit des Vorgehens
Strukturiertheit: klare Item- und Antwort- sowie Reihenfolgevorgaben ◄◄

Üblich ist die Einteilung in standardisierte, teilstandardisierte und unstandardisierte Befragungsmethoden. Bei standardisierten Methoden ist der Wortlaut der Fragen und Antwortalternativen (wie im Fragebogen) vorgegeben. Bei unstandardisierten Befragungen erfolgt beides sehr individuell. Dazwischen liegt die teilstandardisierte Befragung (z. B. mit Vorgabe von Fragen, aber ohne Antwortalternativen). Im folgenden Kasten sind Beispiele für stark strukturierte und standardisierte Verfahren vorgestellt.

- Strukturiertes Klinisches Interview für DSM-IV (SKID-I und SKID-II), Achse I: Psychische Störungen, Achse II: Persönlichkeitsstörungen (dt. Bearbeitung von Wittchen, Zaudig & Fydrich, 1997)

- DIPS – Diagnostisches Interview bei psychischen Störungen (Schneider, In-Albon & Margraf, 2006)
- Kinder-DIPS – Diagnostisches Interview bei psychischen Störungen im Kindes- und Jugendalter (Schneider, Unnewehr & Margraf, 2009)
- CIDI – Composite International Diagnostic Interview (Wittchen & Semler, 1990)
- Multimodales Einstellungsinterview (Schuler, 1992)
- Behavior Description Interview (Janz, Hellervik & Gilmore, 1986)
- Situatives Interview (Latham, 1989)
- Strukturiertes Rollenspiel (Schuler, Funke, Moser & Donat, 1995)

9.2.3 Fragearten in der mündlichen Befragung

In der mündlichen Befragung kommt den gestellten Fragen eine besondere Rolle zu. Wie bereits oben beschrieben, kann die interviewende Person aufgrund ihres Auftretens oder ihrer Einstellung entscheidenden Einfluss auf den Verlauf des Gespräches bzw. auf die Antworten des Interviewten haben. Außerdem beeinflussen die verwendeten Fragen den Verlauf des Gespräches. Beispielsweise können sehr hart formulierte Fragen oder Fragen zu Tabuthemen beim Interviewten Unsicherheit oder Resignation auslösen. Der Art und Weise, wie Fragen formuliert sind, ihrem Inhalt und der Reihenfolge kommen insofern besondere Bedeutung zu.

Reihenfolge der Fragestellungen

Die relative Position einer Frage innerhalb eines Fragenkomplexes hat entscheidenden Einfluss auf die Art der Beantwortung. Wenn von Reihenfolgeeffekten die Rede ist, dann sind damit nicht die Auswirkungen der Reihenfolge per se gemeint, sondern die Auswirkungen einer vorangegangenen Frage auf die Beantwortung der nachfolgenden (siehe Strack, 2007; Werth, 2004). Dieser Effekt kommt meist dadurch zustande, dass aufgrund der vorangegangenen Frage bestimmte Informationen zugänglicher werden, die dann einen Einfluss auf die Beantwortung der folgenden Frage haben. Es gibt mehrere Bedingungen, die dafür ausschlaggebend sind, wie die Informationen in die Antwort eingehen: die Art des inhaltlich und zeitlich wahrgenommenen Zusammenhangs, die Art der Informationsverarbeitung und der Wechsel von speziellen und allgemeinen Fragen. Je nachdem, wie diese Bedingungen tatsächlich ausgeprägt sind, kann es zu Assimilations- oder Kontrasteffekten kommen:

Beispielsweise zeigten Strack, Schwarz und Gschneidinger (1985), dass ein *Assimilationseffekt* dann auftritt, wenn aufeinanderfolgende Fragen die gleiche Zeitperspektive beinhalten, die Information aus der ersten Frage floss also in die Beantwortung der zweiten Frage ein. Probanden sollten z. B. über positive oder negative Ereignisse aus ihrem Leben nachdenken und im Folgenden ihre derzeitige Lebenszufriedenheit beurteilen. Hier zeigte sich, dass, je nachdem, ob über positive oder negative *aktuelle* Ereignisse nachgedacht wurde, auch die Lebenszufriedenheit entsprechend dieser Valenz beurteilt wurde (Assimilation). Im Gegensatz dazu trat aber bei einer wahrgenommenen zeitlichen Distanz zwischen den Inhalten der beiden Fragen ein *Kontrasteffekt* auf, d. h. wenn in der ersten Frage darauf hingewiesen wurde, dass die Probanden an Lebensereignisse der *Vergangenheit* denken sollten, dann wurde die Information (positiv oder negativ) als Vergleichsmaßstab für die Beantwortung der zweiten Frage genutzt. Beispielsweise wurde die derzeitige Lebenszufriedenheit auf das Nachdenken über vergangene negative Lebensereignisse folglich positiver beurteilt, als wenn an positive Ereignisse gedacht wurde (Kontrast). Wenn also ein zeitlicher Bezug gegeben ist, dann ist die Information aus einer vorangegangenen Frage repräsentativ für die folgende Frage, nicht jedoch, wenn eine zeitliche Distanz wahrgenommen wird.

Darüber hinaus spielt auch die Art der Informationsverarbeitung eine wichtige Rolle. Wenn die vorangehende Frage durch eine bildliche Verarbeitung beantwortet wird und dadurch eine gewisse Stimmung im Probanden induziert wird (z. B. »Wie verlief die Geburtstagsfeier mit Ihren Freunden?«), kommt es in der Beantwortung der zweiten Frage (z. B. »Wie zufrieden sind Sie mit Ihrem Leben?«) zu einem Assimilationseffekt, d. h. die Stimmung aus der ersten Frage überträgt sich sozusagen auf die Beurteilung der folgenden. Wird die erste Frage jedoch eher sachlich-neutral verarbeitet (z. B. »Wie haben Sie die Feier organisiert?«), tritt in der Beurteilung der zweiten Frage ein Kontrasteffekt auf. Außerdem kann es zu einem Assimilationseffekt kommen, wenn auf eine spezifische Frage eine allgemeine Frage folgt. Beispielsweise würde die Information aus der Frage »Wie beliebt bist du in deiner Klasse?« (spezifisch) in die Beantwortung der Frage »Wie gut gefällt dir der Schulalltag?« (allgemein) eingehen. Geht jedoch die allgemeine Frage der spezifischen voran, tritt kein Assimilationseffekt auf (d. h. zunächst »Wie gut gefällt dir der Schulalltag?«, danach »Wie beliebt bist du in deiner Klasse?«).

Doch wie kann diesen Problemen begegnet werden? Einerseits sollte man sich dieser Effekte bewusst sein, bevor die Fragen formuliert werden. Hier scheint es recht wirkungsvoll zu sein, eine kurze Einleitung vor den eigentlichen Fragen zu liefern, die den Probanden den Gesamtzusammenhang verdeutlicht und damit einen Überblick über den Inhalt der folgenden Themen gibt. Außerdem eignen sich Füllfragen zwischen den betreffenden Fragen, um den »unbewussten« Informationstransfer zu verhindern. Sollte das nicht möglich sein, können die Fragen auch optisch getrennt werden.

Funktionale Unterscheidung von Fragen

Fragen haben ganz unterschiedliche Funktionen. Neben der Erhebung von Sachverhalten dienen Fragen besonders am Anfang des Gesprächs dazu, sich gleichsam warm zu reden (»Warming-Up«). Es geht darum, die Befragten mit der Situation vertraut zu machen und Äußerungshemmungen abzubauen. Weitere Funktionen können sein, die Motivation zur Teilnahme zu erhöhen oder Informationsbedarf bei den Befragten zu eruieren.

   Demnach lassen sich Fragen in Kontakt- oder Einleitungsfragen, in Überleitungs- oder Übergangsfragen sowie Kontrollfragen unterscheiden. Beim ersten *Kontakt* setzt man manchmal sogenannte »Eisbrecher«-Fragen ein. Diese gehen nicht in die eigentliche Auswertung ein, dienen aber dazu, die möglicherweise anfangs angespannte Atmosphäre aufzulockern. Im Folgenden kann der Gesprächsverlauf durch *Überleitungsfragen* gestaltet werden. Wenn ein Proband etwa sehr ausschweifend antwortet, kann ein neues Thema mit einer kurzen Zusammenfassung des Gesagten angeschnitten werden (»Sie haben mir jetzt … geschildert. Wenden wir uns einem verwandten Thema zu. Was meinen Sie …?«). Kontrollfragen dienen vorrangig dazu, Unklarheiten mit Fingerspitzengefühl zu klären (»Habe ich das jetzt richtig verstanden, dass …« oder »Ich verstehe … noch nicht.«, »Können Sie mir das noch einmal erklären?«).

Formale Unterscheidung von Fragen

Offene vs. geschlossene Fragen. Formal unterscheidet man in gebundene Itemformate (d. h. es werden geschlossene Fragen verwendet) und in freie Itemformate (unter Verwendung offener Fragen). Neben den in Kapitel 7.3 beschriebenen Itemformaten für den Fragebogen können in Bezug auf das Face-to-Face-Interview bei *geschlossenen Fragen* sogenannte Identifikationsfragen (auch »W-Fragen« genannt: wer, wie, was, wo, warum), Selektionsfragen und Ja-Nein-Fragen eingesetzt werden. Selektionsfragen haben mehrere Antwortalternativen (z. B. »War es A oder B?«). Ja-Nein-Fragen bieten lediglich Zustimmung oder Ablehnung als Antwortalternativen (z. B. »Sie wollten sich also vergewissern, dass die Tür wirklich zugeschlossen war?«). Zweistufige Selektions- und Ja-Nein-Fragen fallen bei standardisierten Fragebogen also unter das Forced-Choice-Itemformat. Geschlossene Fragen können dazu dienen:

- Detailaspekte zu klären,
- bei gehemmten Probanden ein Gespräch einzuleiten.

Offene Fragen dienen hingegen der ausführlichen Information. Meist wird mehr als ein Satz als Antwort erwartet. Ihre Anwendung ist besonders dann sinnvoll, wenn Zusammenhänge oder Beispiele erfragt werden sollen.

Direkte vs. indirekte Fragen. Fragen können sich zusätzlich hinsichtlich ihrer Direktheit unterscheiden. *Direkte Fragen* sind ökonomisch, können aber als unangenehm erlebt werden und in sensiblen Bereichen sozial erwünschte Antworten provozieren. *Indirekte Fragen* eignen sich dafür, dieses Problem zu umgehen, da die Intention des Fragestellers hier weniger transparent ist. Beispielsweise stellt man direkt die Frage »Haben Sie Freunde?« und indirekt »Wie verbringen Sie die Wochenenden?«. Hätte man direkt gefragt, ob jemand Freunde hat, kann das sozial erwünschte Reaktionen begünstigen. Dagegen provozieren indirekte Fragen in weit geringerem Ausmaß sozial erwünschte Antworten. Zudem können indirekte Fragen gestellt werden, wenn man wissen möchte, ob etwas bzw. was dem Befragten überhaupt wichtig oder präsent ist. Beispielsweise ermittelt man mit der Frage »Wie verbringen Sie die Wochenenden?« zusätzlich, welche Freizeitaktivitäten den Befragten in den Sinn kommen, also besonders salient sind.

Bestimmtheit. Fragen unterscheiden sich auch in ihrer Bestimmtheit. So unterscheidet Gutjahr (1985) vier Grade der Bestimmtheit. Mit jedem höheren Grad kommen weitere Bestimmungen hinzu, wächst die Vollständigkeit der Fragen und sinkt der Beantwortungsspielraum der Befragten:

- Der erste Grad spiegelt eine völlig unbestimmte, sachneutrale Aufforderung wider (z. B. »Was ist Ihre Haltung dazu?«).
- Beim zweiten Grad hilft eine offene Frage, den Sachverhalt zu bestimmen (z. B. »Wie bereiten Sie sich auf eine Prüfung vor?«).
- Der dritte Grad beinhaltet gezielte Fragen, um die Art und Weise der Antwort des Befragten noch näher zu bestimmen (z. B. »Bitte schildern Sie genau, wie Sie sich auf eine Prüfung vorbereiten!«).
- Eine vollständige Frage, die den interessierenden Sachverhalt thematisiert, entspricht dem vierten Grad (z. B. »Können Sie genau schildern, was Sie alles tun, wenn Sie sich auf eine Prüfung vorbereiten?«).

Bei einer Befragung ist zudem zu entscheiden, ob man *Suggestivfragen* verwenden möchte. Suggestivfragen legen eine be-

stimmte Antwort nahe und sind daher im Allgemeinen problematisch. Mit solchen Fragen legt ein Interviewer dem Befragten
die Antwort quasi »in den Mund«. Daher sollten Fragen wie
»Finden Sie auch, dass …?« oder »Machen Sie sich immer vor
dem Training warm?« umformuliert werden in: »Wie sehen Sie
…?« oder »Wie beginnen Sie Ihr Training?«. Handelt es sich aber
um eine Befragung zu tabuisierten Themen, kann mithilfe gezielt
eingesetzter suggestiver Elemente dem Probanden die nicht sozial erwünschte Antwort erleichtert werden (z. B. »Viele Menschen haben Schwierigkeiten mit Kollegen. Ist das auch ein
Thema für Sie?«).

9.2.4   Probleme bei Befragungen

Wie bereits erwähnt, hat die Methode der Befragung prinzipi-
elle Grenzen. Die Befragten müssen mittels Introspektion in sich
»hineinschauen« und über sich berichten. Diese Berichte können
aber dadurch verzerrt sein, dass Probanden versuchen, vergangene Ereignisse im Nachhinein zu rekonstruieren, zu rechtfer-
tigen oder zu verstehen. Baumeister und Newman (1994) zeigen
vier Motive auf, die unsere Rekonstruktionen von Geschehenem
beeinflussen: das Bedürfnis nach Sinn, nach Rechtfertigung,
nach Kontrollierbarkeit und nach Selbstwertschutz bzw. -erhö-
hung. Das Motiv nach Rechtfertigung spielt z. B. dann eine Rolle, wenn die Beteiligten bei interpersonalen Konflikten die
Schuld am Konflikt jeweils bei der Gegenpartei sehen (Schütz,
1994). Extrem zeigt sich das Phänomen im Film *Rashomon* (siehe Beispiel).

Beispiel

▶ *»Rashomon« – ein japanischer Filmklassiker* (Kurosawa &
Hashimoto, 1950)

   In dem preisgekrönten Film wird ein Gewaltverbrechen
mehrmals aus den unterschiedlichen Perspektiven der Betroffenen gezeigt. Die jeweils Betroffenen sind in ihrer Version der
Dinge bemüht, in gutem Licht zu erscheinen. Eine Auflösung
der Widersprüche erfolgt nicht. Deutlich wird aber die Schwierigkeit einer objektiven Sicht konflikthafter Ereignisse. ◀◀

Grundsätzlich ist es schwieriger, über Hintergründe des eigenen Handelns als über dessen Verlauf zu berichten, da die Hintergründe den Betroffenen nicht notwendigerweise bewusst sein müssen. Wie Nisbett und Wilson (1977) in einer einflussreichen Studie zeigten, wurden Testkäufer beispielsweise durch die Aufstellung von Produkten im Regal in ihrer Kaufentscheidung beeinflusst, ohne sich dessen bewusst zu sein. Die Käufer konnten zwar angeben, was sie kauften, jedoch nicht, was ihre Entscheidung beeinflusst hatte.

In vielen Fällen ist das Ziel diagnostischer Befragungen aber nicht das objektive Eruieren von Sachverhalten, sondern die Erfassung der Perspektive des Individuums. Beispielsweise ist für den Zusammenhang zwischen eingeschätzter physischer Attraktivität und psychischer Gesundheit bei Jugendlichen die subjektive Perspektive wichtiger als die objektive. Wer sich hübsch fühlt, nicht wer hübsch ist, fühlt sich wohl. Im Zusammenhang mit psychischer Gesundheit steht weniger die von anderen Personen eingeschätzte »objektive« Attraktivität als das Selbsturteil der Person, wie attraktiv sie sich empfindet (vgl. Feingold, 1992).

In den vergangenen Kapiteln haben wir immer wieder auf die Vorteile und Probleme der verschiedenen diagnostischen Verfahren hingewiesen. Welche Probleme sich allgemein bei der Anwendung diagnostischer Verfahren ergeben, wird im folgenden Kapitel zusammenfassend erläutert.

Zusammenfassung

Beobachtung und Befragung stellen neben der Testung weitere Methoden der psychologischen Diagnostik dar. Mittels Beobachtung können auch subjektive, nebensächliche und nicht bewusste Sachverhalte von Testpersonen erfasst werden, ohne dass diese dazu selbst Stellung nehmen müssen. Als Beobachtungsverfahren gibt es die Verhaltensbeobachtung, die Verhaltensbeurteilung und die Fremdeinschätzung von Eigenschaften, wobei die beiden Letzteren stärker interpretierend angelegt sind (vgl.

auch isomorphe Deskription, reduktive Deskription und reduktive Einschätzung). Beobachtungsverfahren lassen sich zudem einteilen in unsystematische vs. systematische Beobachtung, Labor- vs. Feldbeobachtung, teilnehmende vs. nicht-teilnehmende, offene vs. verdeckte, vermittelte vs. unvermittelte und Selbst- vs. Fremdbeobachtung. Als Gütekriterien werden auch hier Objektivität, Reliabilität und Validität angelegt. Die Beobachter- bzw. Beurteilerübereinstimmung gibt Hinweise auf die Reliabilität und wird meist als Cohens-Kappa-Koeffizient angegeben. Beobachtungsfehler können die Reliabilität des Beobachtungsvorganges schmälern und lassen sich durch den gezielten Einsatz von Beobachtertrainings reduzieren. Als Befragungsarten sind schriftliche und mündliche Varianten anzuführen. Zu den schriftlichen Befragungen zählen traditionelle Paper-and-Pencil-Fragebogen, aber auch postalische oder webbasierte Befragungsmethoden. Als Spezialformen sind unter längsschnittlicher Perspektive die Panel- und Trendbefragungen zu nennen. Im Bereich mündlicher Befragungen werden am häufigsten Interviews (unstandardisiert bis vollstandardisiert, unstrukturiert bis vollstrukturiert) eingesetzt. Insbesondere im klinisch-psychologischen Bereich sind Anamnese und Exploration als spezielle Arten der Befragung zu unterscheiden. Interviewer sollten neben inhaltlichem Wissen bezüglich des Untersuchungsgegenstandes auch über Wissen verfügen, wie mit sensiblen Themen umzugehen ist und welche Fehler während des Befragungsprozesses auftreten können. Prinzipiell gilt, dass Befragungen möglichst strukturiert und standardisiert sein sollten, um Objektivität zu gewährleisten. Je nach inhaltlichem Bezug muss auch der Einsatz verschiedener Arten von Fragen zu einem bestimmten Zeitpunkt abgewogen werden. Beispielsweise können Suggestivfragen den Einstieg in ein sensibles Themengebiet erleichtern, führen aber in anderen Fällen zu verzerrten Antworten.

Literaturempfehlungen

Batinic, B. (2000). *Internet für Psychologen* (2. Aufl.). Göttingen: Hogrefe.

Bortz, J. & Döring, N. (2006). *Forschungsmethoden und Evaluation für Human- und Sozialwissenschaftler* (4. Aufl., Kap. 4). Heidelberg: Springer.

Greve, W. & Wentura, D. (1997). *Wissenschaftliche Beobachtung. Eine Einführung* (2. Aufl.). Weinheim: Beltz PVU.

Gröben, N. & Rustemeyer, R. (2002). Inhaltsanalyse. In E. König & P. Zedler (Hrsg.), *Qualitative Forschung* (S. 233–258). Weinheim: Beltz.

Gutjahr, G. (1985). *Psychologie des Interviews*. Heidelberg: I. H. Sauer-Verlag.

Renner, K.-H. (2005). Verhaltensbeobachtung. In H. Weber & T. Rammsayer (Hrsg.), *Handbuch der Persönlichkeitspsychologie und Differentiellen Psychologie* (S. 149–157). Göttingen: Hogrefe.

Renner, A. Schütz & F. Machilek (Hrsg.). (2005). *Internet und Persönlichkeit. Differentiell-psychologischen und diagnostische Aspekte der Internetnutzung*. Göttingen: Hogrefe.

Fragen zur Selbstüberprüfung

1. Wann sollte man statt einer Befragung eine Beobachtung durchführen?
2. Welche Formen der Verhaltensbeobachtung kann man unterscheiden?
3. Unterscheiden Sie zwischen Time- und Event-Sampling als Methoden der Stichprobenziehung bei Verhaltensbeobachtungen!
4. Wodurch kann es bei Beobachtungen zu Fehlern kommen und wie kann man sie reduzieren?
5. Stellen Sie die Vor- und Nachteile der schriftlichen Befragung denen der mündlichen gegenüber!
6. Warum kann es dazu kommen, dass interviewte Personen unehrliche Aussagen machen? Wie kann man versuchen, dem entgegenzuwirken?
7. Welche Rolle spielt die Reihenfolge der Fragen in der mündlichen Befragung?

10 Probleme bei der Anwendung diagnostischer Verfahren

Im diagnostischen Prozess können verschiedene Fehler und Probleme auftreten. Mangelnde psychometrische Qualität der Verfahren oder ungenügende Standardisierung der diagnostischen Situation können hierbei eine Rolle spielen. Vor allem kommen als Fehlerquellen die beteiligten Menschen in Frage: die diagnostisch tätigen Psychologinnen und Psychologen (im Folgenden der Einfachheit halber »die Testenden« genannt) und die Menschen, die diagnostiziert werden (»die Getesteten«). Bei den Testenden können Wahrnehmungstendenzen und -fehler eine Rolle spielen, bei der getesteten Person Antworttendenzen und Selbstdarstellung. Im Folgenden gehen wir zunächst auf Fehlerquellen bei den Testenden, dann auf solche bei den Getesteten ein.

10.1 Fehlerquellen auf Seiten der Testenden

Insbesondere in Testsituationen, in denen viel Spielraum in der Durchführung, Auswertung und Interpretation besteht, können Verzerrungseffekte auftreten. Bei standardisierten Fragebogenverfahren hingegen ist der Einfluss der Testenden auf ein Minimum reduziert, so dass Verzerrungen kaum zum Tragen kommen. Durch die Standardisierung des Ablaufes, der Auswertung und der Interpretation wird die Objektivität des diagnostischen Prozesses gewährleistet.

In mündlichen unstandardisierten Befragungen sowie in Verhaltensbeobachtungen und -beurteilungen spielen subjektive Einflüsse dagegen eine große Rolle. In diesem Prozess der *Personenwahrnehmung* können zahlreiche Verzerrungen im Beobachtungs- und Beurteilungsprozess auftreten, auf die wir im Folgenden eingehen.

Wahrnehmungsverzerrungen und Urteilsfehler

Die Wahrnehmung eines Beobachtungsgegenstandes, aber auch die daraus resultierende Beurteilung kann aufgrund habitueller Wahrnehmungstendenzen und aufgrund von Merkmalen der Beobachtungssituation beeinträchtigt sein. Zum Beispiel neigen viele Menschen dazu, ihre Aufmerksamkeit auf negative Verhaltensweisen zu richten – »bad is stronger than good«, wie Baumeister, Bratslavsky, Finkenauer und Vohs (2001) anschaulich feststellen – und berücksichtigen gegenteilige Verhaltensaspekte und situative Rahmenbedingungen ungenügend. Es besteht also die Gefahr, dass die Testenden ihre Aufmerksamkeit in der Beobachtungssituation selektiv auf negative Verhaltensaspekte richten.

Eine wichtige Form von Verzerrungseffekten stellen die sogenannten *Attributionsfehler* dar. Unter Attribuierung versteht man den Prozess, in dem Menschen bestimmten Geschehnissen eine Ursache zuschreiben, um sie sich besser erklären zu können. Von Bedeutung ist insbesondere, ob man die Ursache für das Handeln eines Getesteten in dessen Eigenschaften und Motiven (internale Attribution) oder in Merkmalen der Situation (externale Attribution) begründet sieht.

Definition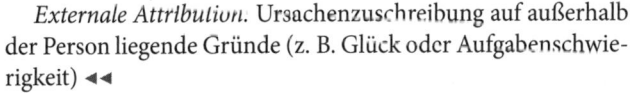
▶ *Internale Attribution:* Ursachenzuschreibung auf in der Person liegende Gründe (z. B. Anstrengung oder Fähigkeit)
   Externale Attribution. Ursachenzuschreibung auf außerhalb der Person liegende Gründe (z. B. Glück oder Aufgabenschwierigkeit) ◀◀

Beispielsweise kann der *fundamentale Attributionsfehler* die Ergebnisse der Untersuchung verzerren (Ross, 1977). Zahlreiche Studien belegen, dass Beobachter den Einfluss der Situation im Vergleich zu Personenfaktoren unterschätzen. Dabei kann z. B. das Bemühen, das Verhalten anderer Personen kontrollieren und vorhersagen zu können, eine Rolle spielen, aber auch die Beobachtungsperspektive, da in dem Moment der Beobachtung die beobachtete Person im Mittelpunkt der Aufmerksamkeit steht

– im Gegensatz zu situativen Umgebungsfaktoren. Aus diesem Grund sollte in Beobachtertrainings nicht nur auf habituelle Wahrnehmungsmuster hingewiesen werden, sondern auch Sensibilität für die »auslösende« Situation geweckt werden.

Erklärung

► Der *fundamentale Attributionsfehler* ist eine Verzerrungstendenz und umschreibt die Neigung von Beurteilern, die Situation als Ursache für Verhalten zu unterschätzen und Eigenschaften der beobachteten Personen als Ursache zu überschätzen. Wenn ein Kind beispielsweise im Deutschunterricht nicht einmal die erste Strophe des zu lernenden Gedichts vor der Klasse aufsagen kann, könnte die Lehrkraft zu dem Schluss gelangen, das Kind habe sich nicht vorbereitet und sei unmotiviert. Dass das Kind aufgrund der Leistungssituation und der damit verbundenen Aufregung die gelernte Information möglicherweise nicht abrufen kann, wird dabei aber nicht berücksichtigt. ◄◄

Ein weiterer Attributionsfehler auf Seiten der Testenden ist der sogenannte *Actor-Observer-Bias* (Jones & Nisbett, 1972). Menschen neigen dazu, ihr eigenes Verhalten stärker als das anderer Menschen auf äußere Umstände zurückzuführen. Diese Tendenz wird auch dadurch begünstigt, dass man situative Notwendigkeiten und Beschränkungen bei sich selbst genauer kennt als bei anderen. Beide Fehler können dazu führen, dass im diagnostischen Prozess der Einfluss von Personmerkmalen überschätzt und Aspekte der Situation nicht ausreichend berücksichtigt werden.

Betrachtet man die Eigenschaften oder Verhaltensweisen der Getesteten, können bestimmte Aspekte das Gesamturteil (das sich objektiv aus allen beobachteten Details zusammensetzen sollte) dominieren. Man spricht vom *Halo-Effekt* (Thorndike, 1920, siehe Kap. 9.1.3 Beobachtungsfehler), wenn bestimmte auffällige Personenmerkmale die Wahrnehmung anderer quasi wie ein Heiligenschein »überstrahlen«. Beispielsweise werden attraktive Personen bei gleicher Leistung im Allgemeinen positiver beurteilt als weniger attraktive. Bei negativen Merkmalen wird umgekehrt auch vom *Horns-Effekt* (wie »Teufelshörner«) gesprochen.

Ein weiteres Beispiel dafür, wie Vorinformationen die Beurteilung beeinflussen können, ist die sogenannte *sich selbst erfüllende Prophezeiung* (Rosenthal & Jacobsen, 1968). Dieses Phänomen (auch bekannt als *self-fulfilling prophecy*) ist dadurch gekennzeichnet, dass sich die Testenden entsprechend ihrer auf Vorinformationen basierenden Erwartungen verhalten (ohne sich dessen notwendigerweise bewusst zu sein) und damit das tatsächliche Verhalten der Getesteten beeinflussen. So kann eine Lehrkraft, die meint, eine ihrer Schülerinnen sei hochbegabt, durch die Art und Weise, wie sie auf dieses Kind unterstützend reagiert, dazu beitragen, dass das Kind tatsächlich bessere Leistungen erbringt (siehe auch Kap. 11.2.1).

Wie bereits erläutert, stellt die Situation bzw. die Art und Weise, wie bzw. welche Informationen in der Beobachtungssituation präsentiert werden, eine Determinante von Beurteilungsfehlern dar. Die Auftretensreihenfolge von Informationen kann z. B. in den sogenannten *Primacy-* oder *Recency-Effekten* resultieren (Hovland, 1957). Solche Reihenfolgeeffekte bezeichnen Verzerrungstendenzen in der Personenbeurteilung, die mit der relativen Position der zu beurteilenden Eigenschaften einhergehen. Beispielsweise könnten extreme Beurteilungen am Anfang den weiteren Verlauf der Beurteilung entsprechend beeinflussen. Der Primacy-Effekt zeichnet sich dadurch aus, dass die ersten Informationen über eine getestete Person besser erinnert werden als die folgenden bzw. die ersten Informationen die Gesamtinterpretation stärker beeinflussen als nachfolgende. Unter dem Recency-Effekt ist die Tendenz zu verstehen, die zuletzt aufgenommene Information über eine Person stärker zu gewichten als die vorherigen. Auf den diagnostischen Prozess angewendet, ist aus diesen Befunden abzuleiten, dass man darauf achten sollte, Informationen, die zu Beginn oder am Ende auftreten, nicht zu stark zu gewichten.

Bestimmte Urteilsfehler kennzeichnen die Art und Weise, wie die Testenden die Welt und andere Menschen sehen, und sagen insofern mehr über sie selbst als über die Getesteten aus. Bei diesen Urteilsfehlern stehen also die Dispositionen der Diagnostizierenden im Vordergrund. Beispielsweise urteilen manche

Menschen besonders streng, während andere in ihrem Urteil besonders vorsichtig und zurückhaltend sind. Der *Milde-* und der *Härte-Fehler* (leniency, severity) beziehen sich darauf, dass eine Versuchsleiterin dazu tendieren mag, die zu beurteilende Person als besonders positiv oder besonders negativ einzuschätzen (nach Saal & Landy, 1977). Alternativ können Testende dazu neigen, die Getesteten eher im mittleren Bereich der Skala einzuordnen, d. h. die Extrempole der Skala werden nicht verwendet. In diesem Fall spricht man von der *Tendenz zur Mitte*. Eine Ursache für diese Tendenz könnte darin liegen, dass eine Testleiterin sich scheut, extreme Urteile abzugeben, oder bislang keine Erfahrungen mit Ereignissen oder Gegebenheiten der extremen Punkte der Skala gemacht hat. Ohne diese »Erfahrung« würde sie die Extrempole der Skala für noch eintretende oder zu erwartende Ereignisse reservieren und beurteilt »vorsichtshalber« vorerst weniger extrem. Auch Dispositionen wie Unsicherheit oder niedriger Selbstwert können zu diesem vorsichtigen Antwortverhalten beitragen (siehe Baumeister, Tice & Hutton, 1989). Dieser Effekt kann reduziert werden, wenn den diagnostisch Tätigen im Rahmen eines Beobachtertrainings Extrembeispiele von beiden Polen vorgelegt werden (Bezugsrahmentraining, vgl. Melchers & Kleinmann, 2007).

Stimmungseffekte bei Beurteilung und Erinnerung

Neben kognitiven Wahrnehmungsverzerrungen können Emotionen ausschlaggebend für Beurteilungsfehler sein. In positiver Stimmung neigen Menschen dazu, positive Prognosen abzugeben. Dies liegt daran, dass Informationen aufgrund der aktuellen Emotionen so gefiltert werden, dass positive Sachverhalte besonders gut erinnert werden (Bower, 1981; Fiske & Tailor, 1991). In negativer Stimmung hingegen verarbeiten Personen Informationen weniger heuristisch (»Daumenregeln« folgend), sondern sehr gründlich und achten stärker auf Details (Schwarz, Bless & Bohner, 1991). Das Problem liegt folglich darin, dass die Genauigkeit wie auch die Positivität der Beurteilung von der Stimmung der Testenden abhängig sind (siehe z. B. Forgas, Goldenberg & Unkelbach, 2009). Eine Diagnostikerin sollte in positiver Stimmung also besonders genau darauf achten, die einzelnen Informationen systematisch und regelgeleitet zu integrieren. Ähnliches gilt für *Erinnerungsfehler*. Auch in diesem Fall gilt, dass in positiver Stimmung vor allem positive Ereignisse erinnert werden und umgekehrt. Erinnerungsfehler können aber auch aus den begrenzten kognitiven Kapazitäten der Beobachter resultieren, da diese ihre Aufmerksamkeit auf ein meist komplexes Geschehen richten und demnach nur einen Bruchteil an Aufmerksamkeitsressourcen für die jeweils beobachteten Aspekte aufwenden können.

Merke

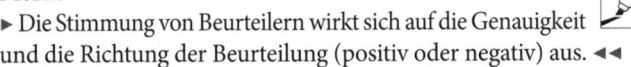

▶ Die Stimmung von Beurteilern wirkt sich auf die Genauigkeit und die Richtung der Beurteilung (positiv oder negativ) aus. ◀◀

Fehler in der Gruppe

Ein weiteres Phänomen, das Beurteilungen beeinflusst, ist die *Gruppenpolarisierung*. Gruppenurteile fallen typischerweise extremer aus als Einzelurteile. Das kann gravierende Konsequenzen für Entscheidungen haben, die auf Gruppenurteilen basieren, wie z. B. bei der Beurteilung von Kandidaten im Assessment Center. Ist Konsens verlangt, werden typischerweise extremere Urteile gefällt. Beispielsweise befragten in einer klassischen Studie Moscovici und Zavalloni (1969) die Teilnehmer in Bezug auf ihre Einstellung gegenüber dem damaligen französischen Präsidenten de Gaulle. Nachdem die Probanden ihre persönliche Meinung privat mitgeteilt hatten, sollten sie diese Einstellungen in einer Gruppe diskutieren. Hier zeigte sich die erwartete Verschiebung in Richtung Extremisierung der Urteile: Interessanterweise näherten sich die (ursprünglich wenig extremen) individuellen Einstellungen der Gruppenmitglieder nach der Gruppendiskussion an das Gesamturteil der Gruppe an. Gruppenpolarisierung entsteht zumeist dadurch, dass Personen mit besonders hervorstehenden Positionen zuerst ihre Meinung äußern und dadurch besonders starken Einfluss auf die folgenden Entscheidungen ausüben. Darauf folgend pflichten ihnen weitere Personen bei und andere werden verunsichert. Gruppenpolarisierung kann durch die Einhaltung bestimmter Regeln entgegengewirkt werden. Beispielsweise sollte eine statushohe Person (z. B. Vorgesetzte) nicht zuerst das Wort ergreifen und nicht längere Redezeit erhalten als andere. Eine andere Möglichkeit, der Polarisierung vorzubeugen, ist, dass Urteile zunächst individuell unter Anonymität abgegeben werden und anschließend rechnerisch der Mittelwert gebildet wird.

 Merke

▶ *Gruppenpolarisierung* bedeutet, dass Beurteilungen, die in einer Gruppe getroffen werden, extremer ausfallen als Beurteilungen, die von einzelnen Personen getroffen werden. ◀◀

Bei der Gruppenpolarisierung spielt *Konformitätsdruck* eine wichtige Rolle. Gruppenmitglieder neigen dazu, sich der Meinung einer statushohen Person oder einer vermuteten Mehrheitsmeinung zu unterwerfen. Eines der bekanntesten Experimente zum Konformitätsdruck wurde von Asch (1955) durchgeführt. Probanden sollten nacheinander ein Urteil über die Länge von Linien abgeben. Es konnte gezeigt werden, dass Personen sich den (falschen) Längenschätzungen ihrer Vorgänger anschlossen, obwohl ihre eigene Wahrnehmung deutlich vom Vorgängerurteil abwich.

Visuelle und olfaktorische Einflüsse

Insbesondere in der Personalauswahl werden Verzerrungseffekte bei der Beurteilung von Personen intensiv diskutiert und erforscht. Bekannt ist, dass visuelle Eindrücke großen Einfluss haben, wenn es um die Frage geht, ob man sich von Menschen angezogen oder abgestoßen fühlt (vgl. Hassebrauck & Nicketta, 1993). Bislang noch weniger untersucht sind olfaktorische Einflüsse (siehe dazu folgendes Beispiel).

 Beispiel

▶ *Zum Einfluss geschlechtstypischer Parfüme auf die Bewerberauswahl*

In einer Studie von Sczesny und Stahlberg (2002) wurden männliche und weibliche Versuchspersonen gebeten, sich in die

Rolle eines Personalleiters bzw. einer Personalleiterin zu verset-
zen und potenzielle Bewerber und Bewerberinnen danach zu
beurteilen, ob sie diese als Juniormanager einstellen würden und
wie sicher sie sich in diesem Urteil sind. Die Bewerbungsunter-
lagen wurden mit maskulin anmutendem, typisch femininem
oder gar keinem Parfüm (Kontrollgruppe) versehen. Die Ergebnisse zeigten, dass sowohl männliche als auch weibliche Bewerber dann mit größerer Sicherheit »eingestellt« wurden, wenn
ihre Unterlagen den typisch maskulinen Duft getragen hatten.
Die Autorinnen nehmen an, dass die Wahrnehmung des Parfüms
entsprechende Geschlechtsstereotype aktivierte. Geschlechtsstereotype im Sinne des »Think manager – think male«-Phänomens
(vgl. Schein, Mueller, Lituchy & Liu, 1996) bewirken, dass weibliche Attribute weniger als männliche mit Führungskompetenz
assoziiert werden. ◄◄

Weitere Kontextfaktoren wie die Kleidung der Bewerber beeinflussen ebenfalls die Beurteilung. Wenn die meisten Bewerber
einen schwarzen Anzug tragen und dezente schwarze Halbschu-
he, dann fällt jemand, der Westernstiefel und texanischen Hals-
schmuck statt Krawatte trägt, besonders auf.

Wie man an diesem und an den vorhergehenden Beispielen
erkennen kann, können viele triviale Faktoren in der diagnostischen Situation, insbesondere in der Face-to-Face-Situation des
Einstellungsinterviews, Einfluss nehmen. Eine Zusammenfassung der Verzerrungseffekte, die in der Personenbeurteilung auf
Seiten des Beurteilers auftreten können, findet sich in nachfolgendem Kasten.

Verzerrungseffekte auf Seiten des Beurteilers

- Fundamentaler Attributionsfehler
- Actor-Observer-Bias
- Halo-Effekt
- Sich selbst erfüllende Prophezeiung
  (self-fulfilling prophecy)
- Primacy- und Recency-Effekt

- Milde- und Härte-Fehler
- Tendenz zur Mitte
- Stimmungseffekte und Erinnerungsfehler
- Gruppenpolarisierung
- Konformitätsdruck
- Visuelle und olfaktorische Einflüsse im direkten Kontakt

Was kann gegen diese Verzerrungseffekte unternommen werden?

Um Fehler und Verzerrungen in wenig standardisierten Situationen zu reduzieren, können verschiedene Maßnahmen ergriffen werden. Beispielsweise achtet man darauf, dass Beobachtungen von Beurteilungen getrennt werden, man führt Beobachterschulungen durch, gibt dabei Richtlinien zur Beurteilung an die Hand und sichert das Urteil eines Beobachters intersubjektiv durch das anderer Personen ab. Insbesondere das Bezugsrahmentraining (vgl. oben) und das Verhaltensbeobachtungstraining, in dem die Trennung von Beobachtung und Beurteilung wie auch vollständige Protokollierung des Verhaltens geschult werden, können z. B. bei der Durchführung von Assessment Centern im Rahmen des Beobachtereinsatzes empfohlen werden (Woehr & Huffcut, 1994). Die Objektivierung von Urteilen kann auch durch Spezifizierung erfolgen: So werden Beurteilungen reliabler, wenn sie sich auf ganz konkrete Verhaltensweisen beziehen (z. B. »Person X macht y-mal Sport pro Woche.«), als wenn sie allgemeine Einschätzungen betreffen (»Person X ist sportlich.«).

Merke
► Beurteilungen spezifischer Verhaltensweisen weisen eine höhere Reliabilität auf als Beurteilungen globalen Verhaltens. ◄◄

Weiterhin sollte vermieden werden, dass Personen, die zur Beobachtung eingesetzt werden, Vorinformationen über die Probanden erhalten (»sehr vielversprechende Kandidatin«), um Überstrahleffekte zu vermeiden. Um derartigen Fehlern vorzubeugen, sollte im Rahmen sogenannter Beobachtertrainings über die verschiedenen Fehler aufgeklärt und der Umgang mit den Beobachtungsinstrumenten, Checklisten etc. geübt werden. Ebenso ist es ratsam, über Verzerrungstendenzen zu informieren und die Beteiligten zu ermutigen, auch divergierende Einschätzungen kundzutun.

Merke

▶ *Möglichkeiten der Objektivierung in nicht-standardisierten Prozessen:*

- Trennung von Beobachtung und Bewertung
- Beobachterschulung
- Einsatz mehrerer Beobachtungspersonen ◄◄

Die Umkehrung von Verzerrungstendenzen – Überkorrektur

Viele Beobachter sind bestrebt, vorurteilsbehaftete Einschätzungen zu vermeiden, und bemühen sich um objektive Urteile. Aufgrund des Bemühens, eine Verzerrung in eine bestimmte Richtung zu unterlassen, kann es allerdings zu einer sogenannten *Überkorrektur* kommen. Zum Beispiel könnte ein Beobachter, der nicht sexistisch sein will, bei männlichen Bewerbern besonders genau nach Schwächen schauen, bei weiblichen besonders intensiv nach Stärken. Dieses Phänomen wird als Überkorrektur bezeichnet. Das nachstehende Beispiel beschreibt eine Studie zu diesem Verzerrungseffekt.

Beispiel

▶ *Überkorrektur*

Die Untersuchung von Sczesny und Kühnen (2004) widmete sich der Frage, inwieweit sich die Wahrnehmung des biologischen Geschlechtes und der äußeren Erscheinung von Männern und Frauen auf die Beurteilung ihrer Führungskompetenz auswirken. In älteren Studien wurde immer wieder festgestellt, dass Frauen weniger Führungskompetenz zugeschrieben wird als Männern. Allerdings zeigen sich diese Unterschiede in neueren Untersuchungen nicht mehr, manchmal finden sich sogar gegenteilige Ergebnisse. Die Autoren nahmen an, dass bei entsprechend eingestellten Beurteilern (z. B. liberal eingestellte Studierende) eine Überkorrektur in der Beurteilung von Frauen zu diesen günstigen Ergebnissen führte (»reverse discrimination effect«). Allerdings handelt es sich hierbei um komplexe kognitive Vorgänge, die Ressourcen benötigen. Es ist also davon auszugehen, dass Überkorrekturen nur bei ausreichender kognitiver Kapazität erfolgen, sich die Person dagegen unter Stress oder Zeitdruck durch ihre spontanen Einstellungen und Vorurteile leiten lässt. Zweitens kann eine solche Korrektur nur erfolgen, wenn die Person sich bewusst ist, dass Stereotype den Urteilsprozess beeinflussen können.

In dieser Studie wurden nun einerseits das biologische Geschlecht und andererseits physische Merkmale (Frisur, Gesichtsform etc.) untersucht. Man ging davon aus, dass die studentischen Beurteiler beim biologischen Geschlecht zwar Überkorrektur vornehmen, wenn sie ausreichend kognitive Kapazitäten haben, dass Einflüsse physischer Merkmale aber nicht bewusst einkalkuliert und daher auch nicht korrigiert werden. Im Experiment wurden den Probanden Fotografien von Männern und Frauen unterschiedlicher äußerer Erscheinung (eher maskulin, eher feminin) vorgelegt. Diese sollten sie anhand von Eigenschaften, die typisch für Führungskräfte sind, einschätzen. Einem Teil der Beurteiler standen nur eingeschränkt kognitive Kapazitäten zur Verfügung, da zusätzlich eine Gedächtnisaufgabe bearbeitet wurde. Eine Überkorrektur beim biologischen Geschlecht erfolgte nur dann, wenn den Befragten genügend kognitive Ressourcen zur Verfügung standen. In Bezug auf maskuline vs. feminine Erscheinung entsprachen die Einschätzungen allerdings in beiden Fällen weiterhin Geschlechtsstereotypen. Bezogen auf subtile geschlechtsassoziierte Merkmale gilt insofern weiterhin: Think manager – think male (vgl. Schein et al., 1996). ◄◄

10.2   Fehlerquellen auf Seiten der Getesteten

Messungen können ebenfalls durch die getestete Person verfälscht werden. Dieser Prozess wird auch als Reaktivität bezeichnet. Damit ist gemeint, dass das gezeigte Verhalten in der diagnostischen Situation anders ausfällt, als es ohne Testung der Fall wäre. Beispielsweise bemühen sich Eltern, die im Labor im Hinblick auf ihren Erziehungsstil beobachtet werden, um besonders »gutes« Erziehungsverhalten. In Bezug auf Fragebogenverfahren könnte eine Person beim Ausfüllen dazu animiert werden, über bestimmte Themen erstmalig nachzudenken und sich hierzu eine Meinung zu bilden. Non-reaktive Messungen liegen vor allem dann vor, wenn die diagnostische Auswertung von Dokumenten im Nachhinein erfolgt (z. B. Auswertung von Tagebuchaufzeichnungen oder Korrespondenz).

Prinzipiell können Probleme bei der getesteten Person darin begründet liegen, dass sie über bestimmte Informationen nicht verfügt (mangelnde Fähigkeit zur Introspektion/Selbstignoranz, Wilson, 2002; Selbsttäuschung, Paulhus, Fridhandler & Hayes, 1997) oder dass sie Informationen zurückhält oder versucht, die Ergebnisse zu manipulieren (soziale Erwünschtheit und Selbstdarstellung, vgl. Schütz & Marcus, 2004). Dort, wo die Getesteten zu bestimmten Informationen keinen Zugang haben, stoßen Befragungen an ihre Grenzen und alternative Methoden wie Verhaltensbeobachtungen sollten eingesetzt werden. Nisbett und Wilson (1977) zeigten, dass Befragte prinzipiell eher darüber Auskunft geben können, *was* sie getan haben, als *warum* sie es getan haben (Verhalten vs. Motive).

In der Literatur werden die Begriffe Selbstdarstellung, »impression management« und soziale Erwünschtheit häufig synonym gebraucht. Jedoch handelt es sich um Konzepte, die etwas unterschiedliche Bedeutungen haben (Leary & Kowalski, 1990; Schlenker, 1980).

Definition
▶ *Selbstdarstellung (self-presentation)*: Einen gewünschten Eindruck von sich selbst beim Gegenüber fördern.
  Eindruckslenkung (impression management): Im Gegensatz zur Selbstdarstellung kann sich Eindruckslenkung auf unterschiedliche Personen oder Objekte beziehen (z. B. in der Werbung positive Eindrücke bzgl. eines Produktes generieren). Selbstdarstellung ist insofern die Teilmenge der Eindruckslenkung, bei der sich die Eindrücke auf die eigene Person beziehen.

Soziale Erwünschtheit (social desirability): Die Tendenz, sich entsprechend sozialer Normen zu verhalten. ◄◄

Verfälschungen im Sinne sozial erwünschter Antworten oder vorteilhafter Selbstdarstellung werden insbesondere in Bezug auf Fragebogen diskutiert, sind darauf aber nicht notwendigerweise beschränkt (wie unten ausgeführt wird). Insbesondere in der Personalauswahl spielt Selbstdarstellung im Sinne einer Faking-Good-Strategie eine Rolle, da den meisten Personen in einer Bewerbungssituation der positive Effekt einer günstigen Selbstdarstellung durchaus bewusst ist und sie in der Regel bemüht sind, sich optimal zu präsentieren.

Im Vergleich zwischen Persönlichkeitsfragebogen und Leistungstests gilt, dass Faking Good nur in Persönlichkeitsfragebogen möglich ist: Man kann sich als extravertierter beschreiben, als man ist, man kann im Test aber nicht intelligenter antworten, als man ist. Eine Ausnahme hierzu gilt für die Effekte von Testknackertrainings, durch die die Ergebnisse auch bei Leistungstests positiv verzerrt werden könnten.

Seltener ist Faking Bad. Beispielsweise könnten sich Personen absichtlich schlechter darstellen, als sie eigentlich sind, um ihre Mitstreiter nicht zu beschämen (White, Sanbonmatsu, Croyle & Smittpatana, 2002). Weitreichender sind die Konsequenzen, wenn jemand durch schlechte Leistungen Frühverrentung erreichen oder im juristischen Kontext als schuldunfähig gelten will.

Neben den meist bewussten Strategien des Faking Good oder Faking Bad können auch unbewusste Fehler bei der Selbstbeurteilung das Ergebnis einer Testung beeinflussen. So haben Menschen meist ein in gewisser Weise verzerrtes Bild von sich selbst. Beispielsweise richten sie ihre Aufmerksamkeit insbesondere auf solche Informationen, die dem Selbstwert dienlich sind. Informationen, die sie in weniger gutem Licht erscheinen lassen, werden weniger beachtet. Diese Tendenzen gehen auf das Motiv nach Selbstwerterhöhung (vgl. Taylor & Brown, 1988) zurück. Im Sinne eines *self-serving bias* (Miller & Ross, 1975) neigen Menschen ferner dazu, die Ursache für eigene Erfolge bei sich selbst zu suchen (sich z. B. als begabt zu sehen) und Ursachen für ihre Misserfolge außerhalb ihrer selbst begründet zu sehen (z. B. die Aufgaben als unfair zu interpretieren). Neben der Tendenz zur Selbstwerterhöhung spielt auch das Motiv nach Selbstkonsistenz eine Rolle bei der Selbstbeurteilung, d. h. Menschen sind bestrebt, Informationen zu erhalten, die ihr Selbstkonzept bestätigen. Beispielsweise zeigte Swann (1983), dass Versuchsteilnehmer ihre Erinnerungen vor allem an selbstkonsistenten Informationen ausrichten, weniger an Informationen, die nicht mit ihrem Selbstbild übereinstimmen (*self-verification*). Insbesondere bei retrospektiven Selbstbeurteilungen interpretieren Testpersonen ihr Handeln häufig derart, dass sich ein konsistentes Bild ihrer selbst ergibt.

Merke
▶ Selbstbeurteilungen können durch die Motive nach Selbstwerterhöhung (bzw. -erhaltung) und Selbstkonsistenz verzerrt vorliegen. Ereignisse werden in selbstwertdienlicher bzw. -konsistenter Weise erinnert und interpretiert. ◄◄

10.3 Selbstdarstellung in der Diagnostik: Problem oder Chance?

Wie wir gezeigt haben, spielen Verzerrungen durch soziale Erwünschtheit und Selbstdarstellung eine wichtige Rolle. In der psychologischen Forschung wurden bislang sowohl einzelne Strategien der Eindruckslenkung (Schütz, 1998) als auch die habituelle Neigung zur Selbstdarstellung (Selbstüberwachung/ Self-Monitoring; Laux & Renner, 2002; Snyder, 1974, 1987) untersucht. Die Wahl einer konkreten Selbstdarstellungsstrategie in einer bestimmten Situation wird einerseits durch situative Bedingungen, andererseits durch Akteursmerkmale beeinflusst (Leary & Kowalski, 1990).

Merke
▶ Selbstdarstellung kann sowohl habituell sein (z. B. Self-Monitoring) als auch situativ bedingt. ◄◄

Im diagnostischen Kontext ist Selbstdarstellung auch als Einflussfaktor auf das Ergebnis einer diagnostischen Untersuchung von Bedeutung. So kann ein Testergebnis dadurch beeinflusst sein, dass die Testperson sich bemüht, vor der Testleiterin einen guten Eindruck zu machen. Ebenfalls denkbar ist, dass die Person sich selbst etwas beweisen will (sich also quasi selbst Publikum ist, *self-as-audience*; Snyder, Higgins & Stucky, 1983). Selbstdarstellung in der diagnostischen Situation kann dem Erzielen bestimmter Vorteile (z. B. eine Stelle zu erhalten), der Erhöhung des Selbstwerts oder der Regulation von Emotionen dienen (vgl. Laux & Weber, 1993).

Merke

► Personen stellen sich in der diagnostischen Situation besonders günstig dar, um der Testleiterin, dritten Personen oder sich selbst ein bestimmtes Bild der eigenen Person zu vermitteln (Faking Good). Dieses Bild wird von der Person üblicherweise als vorteilhaft, nicht immer aber als positiv gesehen. Bei der Begutachtung in einem Verfahren auf Frühverrentung mag jemand etwa bemüht sein, eigene Defizite zu betonen (Faking Bad). Wenn das Bild im Einklang mit sozialen Normen steht, dann entspricht das Selbstdarstellungsverhalten sozial erwünschtem Verhalten. ◄◄

Nachdem wir erläutert haben, dass bestimmte Verzerrungen das diagnostische Ergebnis beeinflussen, stellt sich die Frage, ob diese Verzerrungen eine mutwillige Täuschung bzw. Manipulation darstellen oder die Person authentisch widerspiegeln. Neue Befunde zeigen, dass Selbstdarstellungsfähigkeiten nicht notwendigerweise mit der Motivation zu Täuschung oder Manipulation einhergehen. Häufig ist es sogar so, dass sozial kompetente Personen motiviert sind, sich so genau wie möglich darzustellen (vgl. Hogan, Barret & Hogan, 2007; Laux & Renner, 2002). Mummendey (1995) stellt gar in Frage, ob es überhaupt Persönlichkeit jenseits von Selbstdarstellung gibt. Ist nicht das, was wir mit diagnostischen Selbstbeschreibungsverfahren ermitteln, die Beschreibung einer Person, so wie sie sich selbst wahrnimmt bzw. gern wahrnehmen möchte? Kann man per

Fragebogen überhaupt so etwas wie »wahre Persönlichkeitseigenschaften« erfassen (vgl. auch die Debatte um verschiedene Aspekte des Selbst: privates vs. öffentliches Selbst, Baumeister, 1986; possible selves, Markus & Nurius, 1986; Real- vs. Ideal-Selbst, Rogers, 1961)?

Wie kann die Tendenz zur sozialen Erwünschtheit erfasst und korrigiert werden?

Da Selbstdarstellung bzw. soziale Erwünschtheit lange Zeit als das bedeutendste Problem in der Persönlichkeitsdiagnostik gesehen wurde, richtete sich viel Aufmerksamkeit auf die Erfassung bzw. Kontrolle dieser Tendenz. Soziale Erwünschtheit hat deutliche Auswirkungen auf bestimmte Aspekte des gemessenen Merkmals. So konnte gezeigt werden, dass die mittleren Antworten von Probanden in einer Bewerbungssituation um ca. 0.5 – 1 Standardabweichungen positiver ausfallen als die mittleren Antworten in einer eher neutralen Situation (Viswesvaran & Ones, 1999). Dieser Mittelwertsunterschied, der auf den Einfluss der sozialen Erwünschtheit zurückgeführt wird, ist in **Abbildung 10.1** verdeutlicht. Der hier ausgewertete Fragebogen ist folglich *anfällig* für Verzerrungen durch soziale Erwünschtheit.

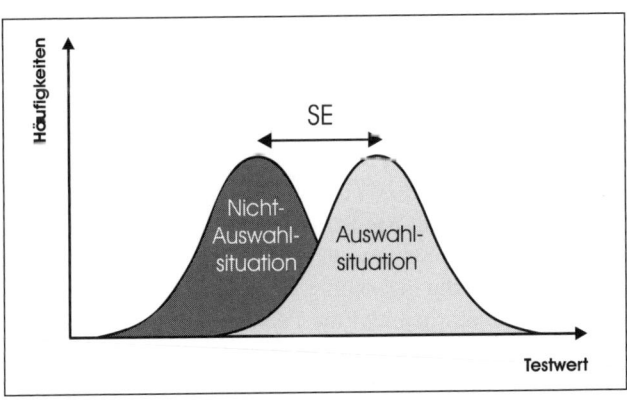

Abb. 10.1: Häufigkeitsverteilungen der Testwerte in einer Bewerbungssituation (Auswahl) und einer Nicht-Auswahlsituation, SE = soziale Erwünschtheit

Die *Anfälligkeit von Fragebogen* gegenüber sozialen Erwünscht-heitstendenzen wird meist im Labor-Setting ermittelt, indem die Probanden den zu untersuchenden Fragebogen nach einer *Standardinstruktion* ausfüllen (»Bitte antworte so ehrlich wie möglich. Deine Antworten bleiben anonym.«). Kontrastiert werden diese Baseline-Befunde mit solchen, die sich ergeben, wenn die Probanden den gleichen Fragbogen mit einer *Faking-Good-Instruktion* ausfüllen (»Bitte antworte so, dass Du Dich besonders günstig darstellst, um bei dem Test besonders gut abzuschneiden, aber verstelle Dich nicht allzu auffällig, damit Du nicht als Schwindler dastehst!«, Herzberg, 2004, S. 23). In solchen Studien zeigt sich der Soziale-Erwünschtheits-Effekt dann, wenn die Antworten beider Instruktionen voneinander abweichen (d. h. wenn die Antworten aus dem Fragebogen unter der Faking-Good-Instruktion positiver ausfallen als unter der Standardinstruktion). Der Leser oder die Leserin sollte nun nicht annehmen, dass soziale Erwünschtheit bei jeder Beantwortung eines Fragebogens genauso stark ausgeprägt ist, wie es die Differenz von ca. 0.5 Standardabweichungen vermuten lässt. Diese Differenz gibt lediglich darüber Aufschluss, dass es prinzipiell möglich ist, einen Fragebogen in bestimmtem Umfang verzerrt zu beantworten. Neuere Ergebnisse einer Studie von Hogan et al. (2007) zeigen z. B., dass Faking Good lediglich bei 5.2 % der Getesteten beim Ausfüllen eines Persönlichkeitsfragebogens in einer tatsächlichen Bewerbungssituation vorkam (vgl. auch die Metaanalyse von Birkeland, Manson, Kisamore, Brannick & Smith, 2006 zum geringeren Ausmaß der Verfälschung in realen Bewerbungssituationen).

Gleichwohl hat sich ein Großteil der Forschung zu sozialer Erwünschtheit damit beschäftigt, den Einfluss dieses Verzerrungseffektes zu minimieren bzw. zu korrigieren. Beispielsweise werden recht häufig sogenannte *Validitätsskalen* eingesetzt, um soziale Erwünschtheit als eine Persönlichkeitseigenschaft zu messen. Da davon auszugehen ist, dass die Disposition zu sozialer Erwünschtheit ebenfalls in das Testergebnis von Persönlichkeitsinventaren (z. B. in der Personalauswahl) eingeht, wird die über Validitätsskalen ermittelte soziale Erwünschtheitstendenz aus den Testwerten der Probanden im Persönlichkeitsinventar herausgerechnet. Jedoch sollte u. a. beachtet werden, dass auch die Validität von Skalen zur Erfassung sozialer Erwünschtheit zu prüfen ist. So kritisiert Paulhus (1984) frühere Ansätze und unterscheidet hinsichtlich des Konstruktes soziale Erwünschtheit in die beiden Tendenzen Fremdtäuschung (impression management) und Selbsttäuschung (self-deception).

Definition

▸ *Fremdtäuschung*: »die bewusste Verfälschung der Antwort mit dem Ziel, gegenüber dem Fragesteller oder einem Zielpublikum ein möglichst günstiges Bild abzugeben« (Musch, Brockhaus & Bröder, 2002, S. 121)

Selbsttäuschung: »die Tendenz zu einem Antwortverhalten (…), das dem Schutz des Selbstbildes und des Selbstwertgefühls dient (…), als eine Tendenz, die Realität in einer optimistischen Weise verzerrt wahrzunehmen.« (Musch et al., 2002, S. 121) ◂◂

Da angenommen wird, dass die Selbsttäuschung nicht zum Faking Good in der Bewerbungssituation beiträgt, sollten folglich solche Validitätsskalen verwendet werden, die lediglich Fremdtäuschung erfassen oder diese von Selbsttäuschung trennen (wie die Skala von Paulhus, 1984, und die deutsche Version von Musch et al., 2002). Beispielsweise wird bei der relativ häufig eingesetzten Marlowe-Crowne-Skala lediglich ein Wert für soziale Erwünschtheit ermittelt und nicht zwischen Fremd- und Selbsttäuschung differenziert. Eine weitere Möglichkeit, um mit dem Problem sozialer Erwünschtheit umzugehen, ist, ein Forced-Choice-Format (vgl. Kap. 7.3) zu verwenden und darauf zu achten, dass beide Antwortalternativen gleich sozial erwünscht formuliert sind. In diesem Fall dürfte die Tendenz zu sozial erwünschten Antworten das Ergebnis nicht inhaltlich beeinflussen. Weiterhin können Korrekturformeln verwendet werden, um zu prüfen, inwieweit sich die Antworten einer Faking-Good-Instruktion durch soziale Erwünschtheit vorhersagen lassen (z. B. Herzberg, 2004). Jedoch sollte darauf verwiesen werden, dass die Wirksamkeit von Korrekturformeln noch nicht ausreichend überprüft ist. Ein effektiverer Weg, soziale Erwünschtheit zu reduzieren, ist, in der Instruktion (z. B. bei Forschungsfragen)

Anonymität zuzusichern und um ehrliche Beantwortung zu bitten. Manchmal wird auch versucht, durch vorgegebenen Zeitdruck bei der Bearbeitung und damit verringerte kognitive Kapazitäten den Effekt der sozialen Erwünschtheit zu mindern (siehe auch Hofmann et al., 2005). Eine Zusammenfassung von den Möglichkeiten des Umgangs mit sozialer Erwünschtheit sind im Folgenden zu finden.

Merke

▶ *Umgang mit dem Problem sozialer Erwünschtheit*

- Skalen zur Erfassung sozialer Erwünschtheit
- Korrekturformeln
- Forced-Choice-Format mit gleich sozial erwünschten Antwortalternativen
- Zusicherung von Anonymität
- Aufforderung zu ehrlicher Testbearbeitung
- Bogus Pipeline ◀◀

Jedoch bleibt festzuhalten, dass derart positive Antworten von Probanden nicht zwingend ein Indiz für etwas Negatives sein müssen (wie Anfälligkeit des Fragebogens, Verzerrungseffekte, Täuschung etc.). Möglicherweise wird hier eine tatsächlich vorhandene Persönlichkeitseigenschaft gemessen, die auch in anderen Kontexten relevant und nicht notwendigerweise negativ ist – z. B. die Tendenz, sich an Erwartungen anderer zu orientieren und sich an diese anzupassen. Insofern stellt sich prinzipiell die Frage, ob Selbstdarstellung in der Diagnostik als »Messfehler« zu sehen ist, der beseitigt oder kontrolliert werden muss, oder wie Marcus (2003a) treffend formuliert: »Sind sozial erwünschte Antworten wirklich nicht wünschenswert?«.

Sozial erwünschte Antworten – ein Problem?

Weil Studien zeigten, dass Probanden ihre Skalenwerte auf Persönlichkeitsfragebogen bewusst verzerren können, forderten zahlreiche Autoren, in der Personalauswahl auf Persönlichkeitstests zu verzichten. Marcus (2003a, b) argumentiert allerdings, dass diese Forderung übertrieben ist, da soziale Erwünschtheit lediglich zu Mittelwertsverschiebungen führt (vgl. **Abb. 10.1**). Wie empirische Untersuchungen zeigen, ist die Kriteriumsvalidität nicht beeinträchtigt. Korrelationen zwischen Prädiktor (Testergebnis) und Kriterium (Berufserfolg) verändern sich nicht, wenn der Einfluss sozialer Erwünschtheit auspartialisiert wird (d. h. wenn die aus Validitätsskalen ermittelte soziale Erwünschtheitstendenz aus der Korrelation herausgerechnet wird). So zeigt eine Metaanalyse (mit über mehr als 400 000 Teilnehmern) von Ones, Viswesvaran und Reiss (1996), dass der Unterschied zwischen den Kriteriumsvaliditäten verschiedener Messverfahren mit und ohne Korrektur praktisch bei Null liegt. Kriteriumsvalidität ist aus Praxisperspektive das wichtigste Gütekriterium, da sie zeigt, wie gut das Verfahren ein Außenkriterium, z. B. Berufserfolg, vorhersagt.

Jedoch wirken sich die durch soziale Erwünschtheitstendenzen hervorgerufenen Mittelwertsunterschiede auf die Testnormen aus. Testnormen orientieren sich meist an stichprobenbezogenen Kennwerten wie dem Mittelwert. Daher wird vorgeschlagen, pro untersuchter Stichprobe (z. B. Auswahl- und Nicht-Auswahl-Situationen) unterschiedliche Testnormen zu verwenden (z. B. Marcus, 2004). Hierfür wäre es notwendig, dass Testverfahren zur Eignungsdiagnostik auch an Bewerberpopulationen normiert werden (Viswesvaran & Ones, 1999) – eine Empfehlung, die z. B. in den Richtlinien zur DIN 33430 verankert ist.

Allerdings dürften veränderte Testnormen wenig oder keine Effekte auf die Personalselektion haben, wenn dort eine a priori festgelegte Zahl der jeweils besten Personen zur Einstellung ausgewählt wird. In diesem Fall wird das Auswahlkriterium (Cut-Off-Wert, vgl. Kap. 1.3 und folgender Exkurs) anhand der Selektionsquote festlegt und eben nicht anhand der Testnormen (siehe **Abb. 10.2**).

Einteilung von Testpersonen anhand von Cut-Off-Werten
Der Cut-Off-Wert ist ein definierter Testwert, welcher in Bezug auf das interessierende Merkmal geeignete von ungeeigneten Testpersonen trennt. Jedoch sind die entsprechenden Verteilungen von geeigneten und ungeeigneten Personen

nicht trennscharf abzugrenzen, es bleiben immer Überlappungsbereiche (z. B. Personen, die eigentlich geeignet sind, aber als unter dem Cut-Off und somit als ungeeignet eingestuft werden). Alle Personen, die oberhalb des Cut-Offs liegen, gelten als »geeignet« oder »positiv« (vgl. auch **Abb. 10.2**). Personen, die einen Testwert unterhalb des Cut-Offs haben, gelten als »ungeeignet« oder »negativ«. Nun kann es passieren, dass die Getesteten fälschlicherweise in einen Bereich eingeordnet werden, der nicht ihren tatsächlichen Merkmalsausprägungen entspricht (die Einordnung war also »falsch«). Es ergeben sich vier Möglichkeiten der korrekten oder fehlerhaften Einordnung von Personen:

1. true positive: Die Person wurde korrekterweise als geeignet eingestuft.
2. true negative: Die Person wurde korrekterweise als ungeeignet eingestuft.
3. false positive: Die Person wurde fälschlich als geeignet eingestuft.
4. false negative: Die Person wurde fälschlich als ungeeignet eingestuft.

Es ist leicht nachvollziehbar, dass Cut-Off-Werte so angelegt sein sollten, dass die korrekten (true) Einordnungen deutlich die fälschlichen (false) Einordnungen übersteigen. Die Entscheidung über solche Werte bei der Testentwicklung basiert meist auf einem Kompromiss zwischen wissenschaftlichen, persönlichen, sozialen und ökonomischen Werten sowie auf praktischen Erwägungen (Wieczerkowski & Oeveste, 1982, S. 929).

Jenseits der diskutierten Probleme zur Kriteriumsvalidität ist es jedoch möglich, dass sozial erwünschtes Verhalten die Konstruktvalidität beeinflusst. Da das Messergebnis in einem Persönlichkeitsinventar nicht nur die zu erfassende Eigenschaft anzeigt, sondern auch den Versuch des Bewerbers widerspiegeln kann, sich optimal zu präsentieren, fallen die Interkorrelationen einzelner Skalen in Bewerbungskontexten anders als in Standardkontexten aus. So finden sich in Bewerberstichproben erhöhte Skaleninterkorrelationen bei mehrdimensionalen Verfahren, wodurch sich in Faktorenanalysen ein starker erster Faktor extrahieren ließ: der *ideal employee factor* (Schmit & Ryan, 1993). Allerdings sollte in Betracht gezogen werden, dass auch andere Verfahren in Bewerbungskontexten Probleme mit der Konstruktvalidität haben, da typischerweise keine reine Messung der jeweiligen Eigenschaft erfolgt. Beispielsweise kann man argumentieren, dass das Ergebnis eines Intelligenztests außer durch die kognitiven Fähigkeiten eines Bewerbers auch durch das Ausmaß seiner Testangst beeinflusst wird – Personen mit hoher Testangst sind in ihrer Leistungsfähigkeit beeinträchtigt und werden schlechter abschneiden als andere mit gleicher Fähigkeit (vgl. Marcus, 2003a).

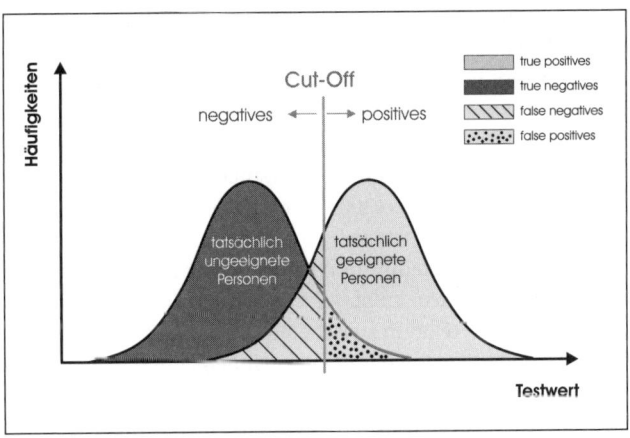

Abb. 10.2: Einteilung in »positives« und »negatives« anhand von Cut-Off-Werten

Es kann also festgehalten werden, dass in der Bewerbungssituation neben der zu erfassenden Eigenschaft ebenfalls die Tendenz, sich sozial erwünscht zu verhalten, (und möglicherweise noch andere Dispositionen und Messfehler) in das Testergebnis eingehen. Im Gegensatz zu Studien, die auf die negativen Aspekte von sozialer Erwünschtheit fokussierten, untersuchten

Pauls und Crost (2005), ob diese Tendenz als soziale Kompetenz gesehen werden kann. Sie prüften u. a., wie das Faking von Persönlichkeitsfragebogen mit Intelligenz oder anderen Fähigkeiten einhergeht. Die Ergebnisse zeigen, dass Probanden sich an vorgegebene Bewerbungssituationen anpassten und sich entsprechend unterschiedlich sozial erwünscht verhielten: Je nachdem, ob sich eine Bewerbung auf die Anstellung als Organisations- oder als Klinischer Psychologe bezog, fielen auch die Werte der Probanden auf dem NEO-FFI (Borkenau & Ostendorf, 1993) zur Erfassung der Big Five unterschiedlich aus. Die Tendenz, sozial erwünscht zu antworten, stand darüber hinaus mit den Ausprägungen der Testpersonen in einem Intelligenztest in Zusammenhang. Dieser Befund weist darauf hin, dass sozial erwünschtes Antwortverhalten auch als kognitive Kompetenz gesehen werden kann. Insgesamt muss soziale Erwünschtheit also nicht unbedingt als eine Gefahr für die Validität von Persönlichkeitsmessungen gesehen werden, sie kann eine positive, adaptive und vorhersagbare Variable in der Personalauswahl darstellen.

Um diese positive Komponente sozialer Erwünschtheit bestimmen und sie gezielt in der Personalauswahl einsetzen zu können, schlägt Marcus (2003a) vor, einen Koeffizienten zu bestimmen, der angibt, wie gut jemand ein im Unternehmen gewünschtes Profil erkennt und diesem in der Bewerbungssituation entspricht (*ideal employee coefficient*). Dieser Koeffizient wird aus der Korrelation zwischen den Testergebnissen der Bewerber und einem von dem Unternehmen empfohlenen Idealprofil berechnet. Beispielsweise schätzten Vorgesetzte den hypothetischen »idealen Mitarbeiter« auf einem Fragebogen ein und Bewerber (bzw. Probanden) füllten den Fragebogen ebenfalls aus (vgl. Marcus, 2003a). Es zeigte sich, dass dieser Koeffizient eine deutlich höhere Kriteriumsvalidität aufwies als die (sonst zur Personalauswahl herangezogenen) Testwerte. Je besser Personen die Anforderungen einer Bewerbungssituation einschätzen konnten, desto besser schnitten sie also auch in der Vorgesetztenbeurteilung ab. Die Kompetenz von Bewerbern, sich an das Idealprofil eines potenziellen Mitarbeiters anzunähern, besaß in Bezug auf das Kriterium Vorgesetztenbeurteilung inkrementelle Validität über die sonst zur Auswahl herangezogenen Prädiktoren. Insofern zeigt sich, dass die sonst negativ gesehene und meist aus den Testwerten auspartialisierte Selbstdarstellungskompetenz einen in der Tat bedeutsamen Beitrag zur Personalauswahl leisten kann.

Zusammenfassend kann also geschlossen werden, dass soziale Erwünschtheit auch als Fähigkeit verstanden werden kann, sich den Anforderungen der Bewerbungssituation anzupassen. Mehrere Autoren (Kleinmann, 1993; Marcus, 2003a) sprechen in diesem Kontext von rezeptiver Selbstdarstellungskompetenz. Es geht hier um die kognitive Komponente sozialer Intelligenz. Bewerber, die die vorherrschenden Anforderungen erfassen können, zeigen also sozial intelligentes und adaptives Verhalten. Insofern sollte soziale Erwünschtheit nicht länger als »Messfehler« behandelt, sondern in der Personalauswahl genutzt werden.

10.4 Auswege aus der Problematik? Indirekte Verfahren

Bei den bislang besprochenen Verfahren handelt es sich um direkte diagnostische Verfahren, da das Konstrukt auf direktem Wege und relativ transparent erfasst wird. Eine Alternative stellen indirekte Verfahren dar. Diese heißen *indirekt*, weil eine Testperson bestimmte Leistungen erbringen muss, die indirekt auf die zugrundeliegende Fähigkeit oder Eigenschaft schließen lassen. Mit indirekten Verfahren können auch Inhalte erfasst werden, die den Testteilnehmern selbst nicht zugänglich sind. Indirekte Verfahren gelten als non-reaktiv, da der Vorgang des Messens den zu erfassenden Testwert (z. B. Reaktionszeiten, Pulsschlag etc.) nur wenig beeinflusst. Einige Autoren argumentieren, dass indirekte Verfahren relativ unverfälschbar sind, weil die getestete Person weder Testintention und Bezug zwischen gezeigtem Verhalten und resultierender Interpretation (Hofmann & Kubinger, 2001) noch den Messvorgang durchschauen kann (Kubinger, 2006). Indirekte Verfahren haben also geringe

Transparenz bezüglich der Messprozedur und Messintention (für eine Erläuterung des Zusammenhangs zwischen Non-Reaktivität und Verfälschbarkeit siehe nachstehende Erklärung). Geringe Transparenz kann helfen, Verzerrungen, z. B. durch soziale Erwünschtheit, zu reduzieren. Indirekte Verfahren sind daher solchen Verzerrungen in der Tat weniger stark unterworfen als Selbstbeschreibungsfragebogen, allerdings sind auch sie in gewissem Maße verfälschbar.

 Erklärung

▶ *Zusammenhang zwischen Non-Reaktivität und Verfälschbarkeit von Testverfahren*

Manchmal wird angenommen, es gäbe einen kausalen Zusammenhang zwischen Non-Reaktivität und Unverfälschbarkeit von diagnostischen Verfahren. Jedoch müssen diese beiden Charakteristika von Testverfahren nicht zwingend miteinander einhergehen. Beispielsweise ist die Analyse von klassischen (nicht strukturierten) Tagebuchaufzeichnungen eine non-reaktive Vorgehensweise, da diese nach der Erhebung der Daten erfolgt, obgleich der Inhalt der Tagebücher natürlich Phänomenen der Selbsttäuschung unterliegen kann. ◄◄

Als eine Unterform der indirekten Verfahren, der sich aktuell ein Forschungsbereich in der Diagnostischen Psychologie verstärkt widmet, sind die *objektiven Persönlichkeitstests* zu nennen. Bereits Raymond B. Cattell (1957) schlug vor, Persönlichkeitseigenschaften multimethodal zu erfassen, d. h. beispielsweise durch Leistungstests, Verhaltensbeobachtungen, Selbstbeschreibungen und/oder psychophysiologische Messmethoden, um damit zum Informationsgewinn beizutragen. Cattell gliederte diese Analyseverfahren in die Erfassung von sogenannten T-Daten (objektive Tests), Q-Daten (Fragebogen) und L-Daten (Verhaltensbeobachtung und Lebensdaten). Objektive Persönlichkeitstests fallen nach Cattell folglich unter die Erfassung von T-Daten, da sie ähnlich wie Leistungstests funktionieren, aber Persönlichkeitseigenschaften messen (vs. Leistung oder Intelligenz). Leistungen, die in objektiven Persönlichkeitstest erbracht werden, bestehen beispielsweise aus dem Vergleichen von Flächengrößen (Arbeitshaltungen; Kubinger & Ebenhöh, 2002). Erhoben werden Testwerte wie Reaktionszeiten, Anzahl bearbeiteter Aufgaben oder Bearbeitungszeiten, anhand derer auf die zugrundeliegende Eigenschaft (wie z. B. Frustrationstoleranz) geschlossen wird. Einer der ersten objektiven Persönlichkeitstests ist die von Cattell entwickelte Objektive Testbatterie (OA-TB 75; deutsche Version von Häcker, Schmidt, Schwenkmezger & Utz, 1975). Schmidt (1975) definiert objektive Persönlichkeitstests folgendermaßen:

Definition

▶ »*Objektive Tests* [Hervorhebung v. Verf.] (...) sind Verfahren, die unmittelbar das Verhalten eines Individuums in einer standardisierten Situation erfassen, ohne daß dieses sich in der Regel selbst beurteilen muß. Die Verfahren sollen (...) keine Augenschein-Validität haben« (S. 19). ◀◀

Objektive Persönlichkeitstests heißen deswegen *objektiv*, weil sie sich durch eine besonders hohe Erfassungsobjektivität auszeichnen (Pawlik, 2006): Ein Verfahren ist dann erfassungsobjektiv, wenn die Getesteten das Testergebnis nicht verfälschen können. Objektivität bezieht sich hier also nicht primär auf die drei Arten des Hauptgütekriteriums Objektivität (d. h. Durchführungs-, Auswertungs- und Interpretationsobjektivität), die den Prozess der Messung charakterisieren, sondern auf das Ergebnis der Messung. Mithilfe von objektiven Persönlichkeitstests sollen also die im vorigen Abschnitt ausgiebig diskutierten Probleme von Selbstbeschreibungfragebogen – z. B. mangelnde Fähigkeit zur Introspektion und das Problem der Verfälschbarkeit von Fragebogen – umgangen werden, um Persönlichkeitseigenschaften möglichst unverfälscht zu erfassen (häufig durch den Einsatz computergestützter Verfahren). Verzerrungstendenzen sind nicht völlig auszuschließen, jedoch fallen sie weitaus geringer aus als bei direkten Verfahren (siehe **Abbildung 10.3**). Außerdem sollten diese Verfahren nicht anfällig gegenüber dem »intuitiven Vorverständnis« von Testpersonen zum Test sein. Das kann sichergestellt werden, indem die Instruktion so formuliert wird, dass alle Testteilnehmer dieselben Erwartungen zur Testbearbeitung mitbringen.

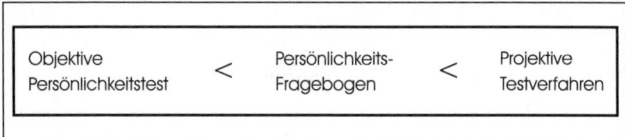

Abb. 10.3: Verfälschbarkeit der Testergebnisse unterschiedlicher Arten von Testverfahren zur Messung von Persönlichkeitseigenschaften

Des Weiteren zeichnen sich objektive Persönlichkeitstests meist durch Sprachfreiheit und Kulturfairness aus, da sie weit weniger sprachgebunden als Selbstbeschreibungsfragebogen aufgebaut sind und demnach leichter in anderen Kulturen übernommen werden können (z. B. sind die entsprechenden Items häufig figuraler und nicht verbaler Natur).

Objektive Persönlichkeitstests

- Gestaltwahrnehmungstest (Objektiver Persönlichkeitstest zur Erfassung der Feldabhängigkeit; Hergovich & Hörndler, 1994)
- Arbeitshaltungen (Kubinger & Ebenhöh, 2002)
- BAcO-D (Belastbarkeits-Assessment: computerisierte Objektive Persönlichkeits-Testbatterie; Ortner, Kubinger, Schrott, Radinger & Litzenberger, 2006)
- ILICA (Simulationstest zur Erfassung des Entscheidungsverhaltens; Möseneder & Ebenhöh, 1996)
- OLMT (Objektiver Leistungsmotivationstest; Schmidt-Atzert, 2004)
- LAsO (Lernen Anwenden – systematisch Ordnen zur Lernpotenzialanalyse; Fill Giordano & Litzenberger, 2005)
- LEWITE (Lexikon-Wissen-Test; Wagner-Menghin, 2004)
- HKSD (Hyperkinetisches Syndrom Diagnostikum; Häusler, 2004)

Im Folgenden möchten wir exemplarisch den Objektiven Leistungsmotivationstest (OLMT; Schmidt-Atzert, 2004) vorstellen. Zur Erfassung der Leistungsmotivation (bzw. des Leistungsmotivs) haben wir bereits den TAT als projektives Verfahren und das MMG als semiprojektives Verfahren beschrieben (vgl. Kap. 3.2). Beim OLMT bearbeitet die Testperson eine am Computer vorgegebene »Straße« in Schlangenform, die in 100 aufeinanderfolgende Felder unterteilt ist. Dabei drückt die Testperson entweder eine Taste, die für »rechts« steht, oder eine Taste, die für »links« steht, um sich dadurch auf der kurvigen Straße vorwärtszubewegen. Ziel ist, möglichst schnell möglichst viele Felder zu passieren. Für den Fall, dass die Testperson die falsche Taste drückt (z. B. »rechts«, obwohl man nur durch »links« weiterkommt), ertönt ein Warnsignal. Die Getesteten absolvieren drei Durchgänge, wobei sie stets über die eigene erbrachte Leistung informiert werden. Im zweiten Durchgang gibt das Computerprogramm eine bestimmte Anzahl an zurückzulegenden Feldern als Ziel vor und im dritten Durchgang kommt ein systemgenerierter Gegenspieler hinzu, den es zu überholen gilt. Das Arbeitstempo wird anhand der Anzahl der passierten Felder erfasst und als Anstrengungsmaß interpretiert. Dabei stellt die Leistung des ersten Durchgangs eine Vergleichsbasis für die Leistung in Durchgang 2 (»Motivation durch Ziele«) und die Leistung in Durchgang 3 (»Motivation durch Konkurrenz«) dar. So wird erfasst, inwiefern sich die Testperson durch derartige Anreize verbessert. Außerdem kann das Anspruchsniveau der Person erhoben werden, indem ihre Angaben vor den beiden letzten Durchgängen ausgewertet werden, bei denen sie benennen, wie viele Felder sie plant zurückzulegen. Die Differenz aus der Zielsetzung und der tatsächlichen Leistung ergibt hier das Anspruchsniveau.

Kritische Betrachtung objektiver Persönlichkeitstests

Auch wenn objektive Persönlichkeitstests aufgrund ihres Unverfälschbarkeitsanspruches vielversprechend scheinen, können sie zum gegenwärtigen Zeitpunkt nicht allen psychometrischen Gütekriterien vollständig gerecht werden (siehe Ortner et al., 2007). Es erscheint z. B. bei vielen Verfahren nur wenig sinnvoll, die Retest-Reliabilität zu bestimmen. Dies liegt daran, dass viele objektive Persönlichkeitstests für die Probanden unerwartete

Elemente enthalten, die bei einer zweiten Testung ihren »Überraschungscharakter« verlieren, was die Retest-Reliabilität reduziert. Da die Reaktion auf diese kritischen Sequenzen jedoch häufig zentraler Bestandteil der zu erfassenden Persönlichkeitseigenschaft ist (z. B. Frustrationstoleranz), ist es weiterhin nicht sinnvoll, solche Verfahren mehrmals bearbeiten zu lassen. Ein großes Problem stellt auch die Bestimmung der Konstruktvalidität von objektiven Persönlichkeitstests dar. Da es nur relativ wenige konstruktnahe bzw. konstruktfremde Testverfahren ähnlicher methodischer Konzeption gibt, kann konvergente und diskrimante Validität nur selten gut bestimmt werden. Bei vielen objektiven Persönlichkeitstests muss insofern die Frage gestellt werden, welches Konstrukt sie tatsächlich erfassen. In einer Studie zur Überprüfung der psychometrischen Qualität dreier objektiver Persönlichkeitstests, die jeweils Risikobereitschaft erfassen sollen, fanden Santacreu, Rubio und Hernández (2006) aber beachtliche Interkorrelationen zwischen $r = .51$ und $r = .79$. Studien, die den Zusammenhang zu konstruktnahen Fragebogenverfahren untersuchten, ermittelten dagegen, erwartungskonform, geringe Zusammenhänge. Wie bei direkten Verfahren besteht schließlich auch bei indirekten und speziell den objektiven Persönlichkeitstestverfahren das Problem der Methodenspezifität, z. B. spiegeln die Ergebnisse von Persönlichkeitstests nicht zu 100 % die Eigenschaftsunterschiede von Personen wider, sondern zu einem gewissen Anteil auch die Unterschiede in den Erfassungsmethoden (*Methodenvarianz*). Beispielsweise können zwei Verfahren, die voneinander unabhängige Persönlichkeitseigenschaften erfassen, dennoch hoch miteinander korrelieren, weil Probanden mit demselben Aufgabentypus umgehen müssen (vgl. z. B. Santacreu, Rubio, & Hernández, 2006). Der Effekt ist also hauptsächlich auf die Methode zurückzuführen und nicht auf die erfasste Eigenschaft (vgl. Kap. 8.1). Für die weitere Forschung wird also empfohlen, im Sinne des Multitrait-Multimethod-Ansatzes konstruktnahe und konstruktfremde Verfahren miteinander zu vergleichen und das Ausmaß an Methodenvarianz zu bestimmen (vgl. Ortner et al., 2007). Es kann festgehalten werden, dass objektive Persönlichkeitstests zwar den Anspruch haben, Persönlichkeit verfälschungsresistenter zu erfassen als Selbstbeschreibungsfragebogen, es aber in vielen Fällen noch nicht hinreichend geklärt ist, welche Persönlichkeitskonstrukte im Einzelnen erhoben werden.

Methoden zur Erfassung impliziter Einstellungen

Wie bereits hervorgehoben, zielen indirekte Verfahren darauf ab, Aspekte des Erlebens und Verhaltens zu erfassen, die sonst nicht dem Bewusstsein der Probanden per Introspektion zugänglich sind. Man spricht auch von impliziten Einstellungen, Stereotypen, Persönlichkeitsmerkmalen oder Selbstkonzepten. Ein besonders bekanntes indirektes Verfahren ist der Implizite Assoziationstest (IAT) nach Greenwald, McGhee und Schwartz (1998). Tests dieser Verfahrensgruppe wurden ursprünglich zur Erfassung von Einstellungen, Stereotypen oder Vorurteilen entwickelt. Die IATs sind computergestützte Verfahren, die Einstellungen nicht direkt über Selbstberichte, sondern indirekt über Reaktionszeiten erfassen (vgl. Rudolph, Schröder & Schütz, 2006). Hintergrund sind die sogenannten Zwei-Prozess-Theorien (z. B. Strack & Deutsch, 2004), die bei der Informationsverarbeitung ein reflexives und ein impulsives System unterscheiden. Wie Menschen Informationen verarbeiten, läuft demzufolge teils bewusst und regelbasiert ab (reflexiv), teils unbewusst und intuitiv (impulsiv). Verhalten resultiert in diesen Modellen aus dem Zusammenspiel beider Systeme. Elemente des reflexiven Systems werden mit direkten Erhebungsmethoden erfasst und vorhergesagt (z. B. Selbstbeschreibungsfragebogen oder Interviews). Zur Erfassung von impliziten Einstellungen als Bestandteile des impulsiven Systems dienen indirekte Methoden, z. B. auf der Basis von Reaktionszeiten (vgl. **Abbildung 10.4**).

Die im IAT gewonnenen Reaktionszeiten sollen darüber Aufschluss geben, wie stark verschiedene Konzepte miteinander assoziiert sind, z. B. wie gut eine über die Darbietung von Wörtern oder Bildern mental aktivierte Dimension (z. B. Personengruppen, das Selbst etc.) mit bestimmten Attributen (z. B. positiv und negativ) assoziiert ist. Je stärker die aktivierte Dimension mit dem Attribut assoziiert ist, desto schneller sollte die Reaktion sein.

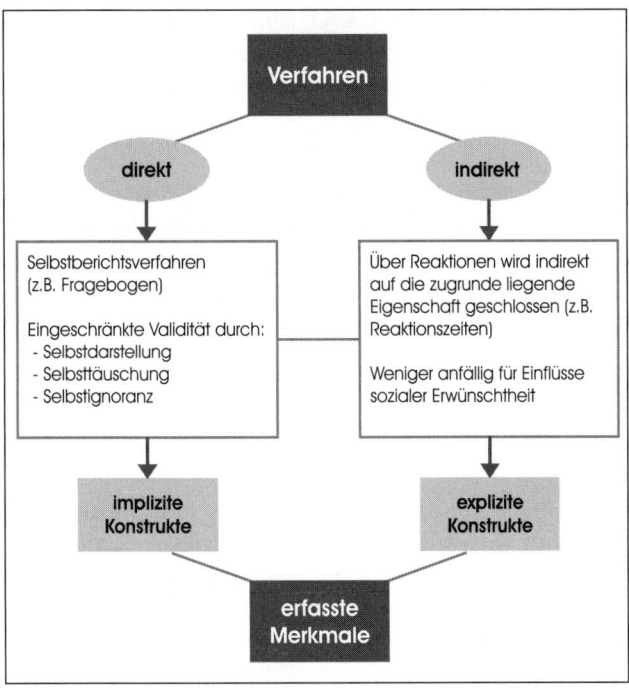

Abb. 10.4: Beziehung zwischen direkten und indirekten Verfahren
sowie expliziten und impliziten Konstrukten

Beurteilungen des IAT schwanken zwischen Euphorie und Skepsis. Insgesamt sind die Befunde ermutigend, zeigen aber, dass noch Optimierungsbedarf besteht. Obwohl der IAT zunächst als *relativ* verfälschungssicher galt (für aktuelle Forschung siehe z. B. Fiedler & Blümke, 2005; Schröder-Abé, Röhner, Rudolph & Schütz, 2009; Steffens, 2004), sind bewusste Beeinflussungen offensichtlich möglich. Die interne Konsistenz ist hoch, allerdings fällt die Retest-Reliabilität relativ gering aus, was darauf hindeutet, dass das Verfahren in relativ hohem Maße auch State-Anteile erfasst. Die konvergente Validität ist in Bezug auf direkte Maße gering. Allerdings unterliegt dieser Zusammenhang über verschiedene Domänen hinweg Schwankungen, die u. a. auf Methodenfaktoren oder das in direkten Verfahren mögliche

Ausmaß an Spontaneität zurückgehen (Hofmann, Gawronski, Gschwender, Le & Schmitt, 2005). Geringe Zusammenhänge zwischen verschiedenen indirekten Methoden, die alle dasselbe Konstrukt messen sollen (z. B. im Bereich impliziter Selbstwertschätzung, vgl. Rudolph, Schröder-Abé, Schütz, Gregg & Sedikides, 2008) zeigen, dass die indirekten Verfahren methodisch noch größere Unterschiede aufweisen als die expliziten Verfahren untereinander.

Neben dem IAT wurden in verschiedenen Forschungsbereichen weitere Verfahren entwickelt: Dabei haben sich der Single Category IAT (SC-IAT; Karpinski & Steinman, 2006) und die Go/No-Go Association Task (GNAT; Nosek & Banaji, 2001) als reliable Verfahren herausgestellt, wohingegen andere Verfahren wie die Initials Preference Task (IPT; Koole & Pelham, 2003; Nuttin, 1985), Extrinsic Affective Simon Task (EAST; De Houwer, 2003), Identification EAST (De Houwer & De Bruycker, 2007), Duplicate IPT (Rudolph et al., 2008) geringere Reliabilitäten aufwiesen (vgl. Rudolph et al., 2008).

Zumindest für die Messung von Selbstwertschätzung kann zusammenfassend festgehalten werden, dass der IAT im Moment eine der besten indirekten Methoden zur Erfassung impliziter Einstellungen darstellt, jedoch sollten die psychometrischen Eigenschaften (für die Individualdiagnostik) weiter optimiert werden. Der IAT wird erfolgreich auch zur Erfassung anderer Konstrukte, wie z. B. der impliziten Leistungsmotivation, eingesetzt. Wie Brunstein und Schmitt (2004) zeigen, sagt der Leistungs-IAT erfolgreich die Bemühungen von Studenten vorher, ihre Leistungen zu verbessern, und zeichnete sich durch bessere Gütekriterien als projektive Verfahren wie der TAT aus.

Zusammenfassung

Probleme bei der Anwendung, Auswertung und Interpretation diagnostischer Verfahren können aus der mangelnden psychometrischen Qualität der eingesetzten Verfahren oder der ungenügenden Standardisierung der diagnostischen Situation resultieren. Neben diesen externen Einflussfaktoren finden sich aber auch Verzerrungstendenzen bei Testenden und Getesteten. Da die Testenden für die Durchführung, Auswertung und Interpretation eines Tests zuständig sind, stellen sie eine mögliche Fehlerquelle dar. Verzerrungen können z. B. durch Wahrnehmungstendenzen und Attributionsfehler, aber auch durch die Reihenfolge dargebotener Information, dispositionale Beurteilungstendenzen, Stimmungs- und Erinnerungsfehler, Gruppenurteile und die Gabe von Vor- bzw. Hintergrundinformation entstehen. Verzerrungseffekte dieser Art können u. a. durch die gezielte Trennung von Beobachtung und Beurteilung vermieden werden. Im Rahmen von Beobachtertrainings sollten die Testenden auf potenzielle Verzerrungstendenzen hingewiesen werden. Seitens der Getesteten können vor allem folgende Probleme auftreten: soziale Erwünschtheit, Selbstdarstellung und mangelnde Introspektionsfähigkeit. Das Problem der Anfälligkeit von Persönlichkeitsfragebogen für soziale Erwünschtheitstendenzen wird aktuell viel diskutiert, wobei sich einige Autoren gegen den Einsatz von Persönlichkeitsfragebogen in der Personalauswahl aussprechen, andere hingegen die Besonderheiten und Potenziale von sozialer Erwünschtheit als adaptive Persönlichkeitseigenschaft sehen. Eine Alternative zur Selbstbeschreibung sind indirekte Verfahren wie objektive Persönlichkeitstests. Obwohl sie ursprünglich dafür konstruiert wurden, Persönlichkeit relativ verfälschungssicher zu erfassen, können mögliche Verfälschungen, z. B. im Sinne des Faking Bad, nicht völlig ausgeschlossen werden. Außerdem ist bislang nicht ausreichend geklärt, ob sie tatsächlich Persönlichkeitseigenschaften messen. Innerhalb der indirekten Verfahren spielen Methoden zur Erfassung impliziter Konstrukte eine wichtige Rolle. Hierbei steht im Vordergrund, anhand von Reaktionszeiten oder anderen impliziten Maßen auf zugrundeliegende Einstellungen zu schließen (z. B. der Implizite Assoziationstest).

Literaturempfehlungen

Gawronski, B. & Conrey, F. R. (2004). Der Implizite Assoziationstest als Maß automatisch aktivierter Assoziationen: Reichweite und Grenzen. *Psychologische Rundschau, 55* (3), 118–126.

Kanning, U. P. (1999). *Die Psychologie der Personenbeurteilung.* Göttingen: Hogrefe.

Ortner, T. M., Proyer, R. T. & Kubinger, K. D. (Hrsg.) (2006). *Theorie und Praxis Objektiver Persönlichkeitstests.* Bern: Huber.

Fragen zur Selbstüberprüfung

1. Was versteht man unter Attribution? Unterscheiden Sie zwischen internaler und externaler Attribuierung!

2. Welche Wahrnehmungsverzerrungen und Urteilsfehler auf Seiten der Testenden haben Sie kennengelernt?

3. Wie kann sich die Stimmung einer Testleiterin auf ihre Erinnerungen und Diagnosen auswirken?

4. Wie kann man die Objektivität in nicht-standardisierten Testsituationen erhöhen?

5. Stellen Sie einige bewusste und unbewusste Beurteilungsfehler seitens der Getesteten vor!

6. Was versteht man unter Faking Good bzw. Faking Bad? Wann tritt diese Problematik besonders auf?

7. Welche Möglichkeiten gibt es, den Einfluss sozialer Erwünschtheit auf das Testergebnis zu verringern?

8. Warum kann sozial erwünschtes Antwortverhalten auch als kognitive Kompetenz (soziale Intelligenz) gesehen werden?

9. Welche Vorteile bieten objektive Persönlichkeitstests und welche Nachteile sind mit ihrem Einsatz verbunden?

11   Integration und Ausblick

Dieses Lehrbuch soll helfen, einen Überblick sowie tieferes Verständnis zu zentralen Themen der psychologischen Diagnostik zu gewinnen. Dazu haben wir die grundlegenden Konzepte, exemplarische Testverfahren und die methodisch-theoretischen Grundkonzeptionen psychologischer Diagnostik vorgestellt.

Umfragen bei Arbeitgebern zeigen, dass Kompetenzen im Bereich wissenschaftlich fundierter Diagnostik von Personen mit einem Hochschulabschluss im Fach Psychologie in besonders starkem Maße erwartet werden. Eine von der Deutschen Gesellschaft für Psychologie (DGPs) in Auftrag gegebene Befragung stellte fest, dass Psychodiagnostik eine der am meisten nachgefragten Kompetenzen von Psychologinnen und Psychologen auf dem Arbeitsmarkt ist (Schneider, 2005). Geschätzt wird auch die Fähigkeit, wissenschaftliche Studien zu konzipieren und auszuwerten. Gerade wegen ihrer methodischen Kompetenzen und der Beherrschung eines entsprechenden Instrumentariums werden Psychologen für viele Fragen in der Wirtschaft und psychosozialen Arbeitsfeldern anderen Berufsgruppen wie Sozialpädagogen oder Betriebswirten vorgezogen. Im Einklang mit diesen Anforderungen wird auch an die neu eingerichteten Bachelor- und Masterstudiengänge im Fach Psychologie der Anspruch gestellt, in starkem Maße Methoden- und diagnostische Kenntnisse zu vermitteln. Einzelne Arbeitsfelder, in denen diagnostische Kompetenzen erwartet werden, und konkrete Aufgaben in diesen Bereichen sind in folgendem Kasten aufgelistet.

Klinische Psychologie:	Diagnose von psychischen Störungen, Indikationsentscheidung, Evaluation (z. B. von Therapieerfolg oder Wirksamkeit von Psychotherapie)

Gesundheits-psychologie:	Vorhersage von Risiko- oder gesundheitsbezogenem Verhalten durch Persönlichkeitseigenschaften, Evaluation von Interventionen
Arbeits-psychologie:	Identifikation und Modifikation von Arbeitsbedingungen (z. B. Aspekte des Arbeitsschutzes), Identifikation und ggf. Modifikation von Arbeitsmotivation
Organisations-psychologie:	Eignungsdiagnostik
Pädagogische Psychologie:	Schuleingangsdiagnostik, Schulwechsel, Diagnose von Lernstörungen, Evaluation von Interventionen
Verkehrs-psychologie:	Fahreignungsdiagnostik
Rechts-psychologie:	Gutachtenerstellung zur Glaubhaftigkeit von Zeugenaussagen, Schuldfähigkeit, Fragen des Sorgerechts

Die wissenschaftlich orientierte Diagnostik hat in den letzten Jahrzehnten wachsende Bemühungen zur Qualitätssicherung erfahren. Beispielsweise gelten seit 2002 in der berufsbezogenen Eignungsdiagnostik klar definierte Richtlinien zur Qualitätssicherung (DIN 33430; Kersting, 2008). Darin sind auch Kompetenzen der diagnostisch Tätigen geregelt. Die entsprechenden Inhalte werden in der Regel im Psychologiestudium vermittelt oder können mittels Fortbildungsveranstaltungen erworben werden. Der Nachweis der Qualifikation ist auch über eine entsprechende Lizenz der Deutschen Psychologen Akademie (DPA) möglich. Genauere Informationen zur diagnostischen Tätigkeit in der Praxis finden sich unter den folgenden Web-Adressen.

www.dgps.de
www.bdp-verband.org
www.dpa-bdp.de

Psychologische Diagnostik ist wichtig, um fundierte Entscheidungen treffen zu können, wenn es um Fähigkeiten und Eigenschaften von Individuen geht. Im Gegensatz zu alltagsdiagnos-
tischem Vorgehen arbeitet die wissenschaftliche Diagnostik nach
festgelegten Regeln und unterliegt damit in geringerem Maße
subjektiven Verzerrungen.

Die psychologische Diagnostik nutzt wissenschaftlich fundierte Verfahren, um Zustände und Eigenschaften von Menschen
oder Systemen zu diagnostizieren und so Vorhersagen bzw. Entscheidungen abzuleiten. Die verwendeten Verfahren haben bestimmten Standards zu genügen, die sich vor allem in den psychometrischen Gütekriterien widerspiegeln. Anhand von
Rezensionen in Fachzeitschriften oder Portalen der Fachverbän-
de kann sich der praktisch tätige Diagnostiker über die Qualität
einzelner Verfahren informieren (www.zpid.de/TK). Seit 2006
liegen einheitliche Kriterien für Rezensionen vor, damit ein Vergleich von Testverfahren erleichtert wird (Testkuratorium, 2006).
Zudem können Praktiker Checklisten aus dem DIN-Screen von
Kersting (2006) nutzen, um eine möglichst fundierte Entscheidung darüber treffen zu können, inwieweit die Anforderungen
der DIN bei einem vorliegenden Verfahren zur beruflichen Eignungsbeurteilung erfüllt sind.

Wir haben in Kapitel 2 mehrere diagnostische Strategien vorgestellt und kommen zu dem Schluss, dass es häufig nützlich ist,
diese zu kombinieren. Empfehlenswert ist es ferner, die Qualität
von Entscheidungen durch die Integration unterschiedlicher
Methoden abzusichern. Eine solche multimethodale Herangehensweise ist zentraler Bestandteil in der psychologischen Gutachtenerstellung und im Assessment Center (vgl. Kap. 8.1).

11.1 Gutachtenerstellung

Zur Veranschaulichung multimethodaler Vorgehensweisen und
der Datenintegration gehen wir abschließend auf das psychologische Gutachten ein.

Definition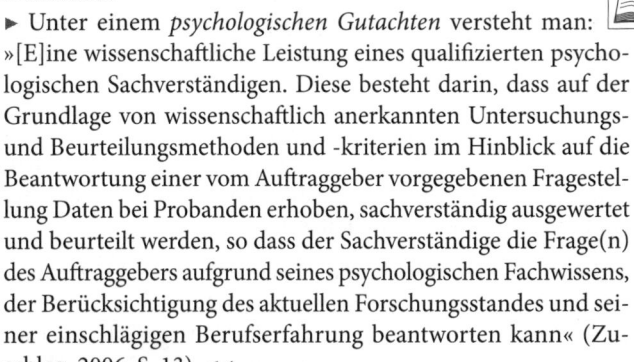

▶ Unter einem *psychologischen Gutachten* versteht man: »[E]ine wissenschaftliche Leistung eines qualifizierten psychologischen Sachverständigen. Diese besteht darin, dass auf der Grundlage von wissenschaftlich anerkannten Untersuchungs- und Beurteilungsmethoden und -kriterien im Hinblick auf die Beantwortung einer vom Auftraggeber vorgegebenen Fragestellung Daten bei Probanden erhoben, sachverständig ausgewertet und beurteilt werden, so dass der Sachverständige die Frage(n) des Auftraggebers aufgrund seines psychologischen Fachwissens, der Berücksichtigung des aktuellen Forschungsstandes und seiner einschlägigen Berufserfahrung beantworten kann« (Zuschlag, 2006, S. 13). ◀◀

Gutachten werden in ganz unterschiedlichen Bereichen verlangt. In der Umwelt- und Architekturpsychologie geht man beispielsweise der Frage nach, ob Spielplätze, Wohn- oder Arbeitsgebäude, die Verkehrsplanung etc. aus der Perspektive der Nutzer angemessen gestaltet sind. In der Verkehrspsychologie werden z. B. Fahreignungsuntersuchungen nach Führerscheinentzug durchgeführt, um in einem Gutachten zur Verkehrstauglichkeit der begutachteten Person Stellung zu nehmen (Medizinisch Psychologische Untersuchung). In forensischen Gutachten wird die Schuldfähigkeit von Angeklagten oder die Glaubhaftigkeit von Zeugenaussagen beurteilt. *Glaubhaftigkeitsgutachten* werden vor allem dann erstellt, wenn das Gericht den Tathergang auf der Basis von Opferzeugen rekonstruieren muss (z. B. bei Verdachtsprüfung auf sexuellen Kindesmissbrauch). Als Beurteilungskriterien gelten Persönlichkeitsmerkmale wie Intelligenz, Fantasieneigung, Realitätsbezug, Gedächtniskapazität, Suggestibilität, Tendenz zu sozial erwünschtem Verhalten etc., um z. B. festzustellen, ob ein Zeuge zur Konstruktion einer erfundenen Aussage in der Lage wäre und ob es Motive zu einer Falschaussage gibt. Darüber hinaus werden die Entstehung der Aussage selbst und die Entwicklung im Laufe der sachverständigen Befunderhebung untersucht. Man beachtet beispielsweise die Bedingungen, unter denen die Erstaussage stattfand, und wie sich die Aussagen entwickelten. Auf die *Schuldfähigkeit* eines Angeklagten wird im Gutachten zur Steuerungsfähigkeit Stellung genommen. Beurteilt wird, ob ein Angeklagter fähig war, das Unrecht seiner Tat einzusehen oder entsprechend seiner Einsicht zu handeln.

Nach Fisseni (1992) sollte ein psychologisches Gutachten aus folgenden fünf Teilen bestehen (für eine ausführliche Darstellung von Checklisten zur Gliederung und Erstellung psychologischer Gutachten siehe auch Westhoff & Kluck, 2003):

1. In der *Übersicht* wird kurz die Fragestellung beschrieben und grob die Untersuchung zusammengefasst.
2. Die *Vorgeschichte* informiert über die Hintergründe und Fakten, die den Sachverständigen zu Beginn der Untersuchung vorlagen. Diese Angaben sind in der Regel im *Konjunktiv* formuliert, weil sie aus zweiter Hand stammen (z. B. »Sie sei in der Schule gehänselt worden.«).
3. Im *Untersuchungsbericht* werden die verwendeten Methoden und erzielten Ergebnisse dargestellt. Es handelt sich um eine Sammlung von Ergebnissen, die im Präteritum (z. B. »Frau Meyer erzielte im Intelligenztest einen Normwert von 105.«) und unpersönlich (»Dieser Wert spricht für durchschnittlich ausgeprägte Intelligenz.«) formuliert sind. So soll deutlich gemacht werden, dass es sich um einmalige Testleistungen in der Vergangenheit handelt, die erst dann Rückschlüsse auf die Person zulassen, wenn sich entsprechende Hinweise verdichten (Mehrfachbeleg bei der Befunderstellung).
4. Auf den Bericht folgt der *Befund*. Die Daten, die den Sachverständigen aus der Vorgeschichte und dem Untersuchungsbericht vorliegen, werden in diesem Gutachtenteil zusammengefasst und interpretiert. Dieses Vorgehen kann durch eine *Befundskizze* erleichtert werden. In der Befundskizze werden tabellenartig alle verwendeten Methoden, die jeweils erfassten Merkmale und die entsprechenden Ergebnisse abgetragen. Wenn mehrere Indikatoren für ein Merkmal sprechen (*Mehrfachbeleg*), geht dieses Ergebnis in den Befund mit ein. Die solchermaßen abgesicherten Befunde werden nun im Präsens und in persönlicher Form beschrieben (z. B. »Frau Meyer verfügt über durchschnittlich ausgeprägte Intelligenz.«).

5. Im Rahmen der *Schlussfolgerung* wird die ursprünglich gestellte Frage beantwortet. Hierbei ist insbesondere auf Ver-
   ständlichkeit für den Adressaten zu achten. Des Weiteren gilt,
   dass die Sachverständigen, z. B. bei Gericht, eine Gehilfen-
   rolle und somit eine beratende Funktion haben, nicht aber
   selbst Entscheidungen treffen. Schließlich ist darauf zu achten,
   dass es nur um die Beantwortung der Fragestellung geht, nicht
   um eine umfassende Darstellung anderer Aspekte der Gesamtpersönlichkeit der untersuchten Person.

Empfehlungen zur Vermeidung von Fehlern bei der Gutachtenerstellung fasst Schmidt (1999) zusammen (siehe **Tabelle 11.1**). Beispielsweise sollte darauf geachtet werden, dass das
Gutachten transparent aufgebaut und verständlich formuliert
ist, so dass auch Laien, die Begutachteten oder psychologisch
nicht geschulte Personen die darin angesprochenen Inhalte verstehen können. Auch sollten alle Aussagen treffend und belegbar
sein. Sie sollten nicht verabsolutierend, übertrieben negativ oder
abwertend sein. Wie bereits erwähnt, dient ein Gutachten nicht
dazu, eine Situation oder bestimmte Zusammenhänge in detek-
tivischer Manier in allen Facetten zu 100 % aufzudecken und
mit der persönlichen Meinung der Sachverständigen zu versehen, sondern in möglichst objektiver Weise eine Entscheidungs-
hilfe zu einer konkreten Fragestellung für ausführende Instanzen
bereitzustellen.

   Während sich die Psychologie in der Vergangenheit auf
Schwächen und Defizite von Menschen konzentrierte (z. B. Diagnose von Störungen, Fehlverhalten etc.), hat sich seit den 90er
Jahren ein Trend in Richtung Positiver Psychologie herauskris-
tallisiert (vgl. Auhagen, 2004; Seligman & Csikszentmihalyi,
2000, aus dem Sonderheft des American Psychologist, 55(1);
siehe auch Schütz & Hoge, 2007). Im Sinne der Positiven Psychologie wird gefordert, den Fokus der Aufmerksamkeit weniger
auf Defizite und Schwächen zu richten, als vielmehr positive
Eigenheiten, Ressourcen und kompensatorische Strategien zu
betonen. Dieser Trend sollte in gewissem Maß auch in einem
psychologischen Gutachten zum Ausdruck kommen, d. h. Gut-
achter sind gefordert, nicht nur negative Eigenschaften zu nen-

nen, sondern auch auf kompensatorische Aspekte und Möglich-keiten der Intervention zu achten. Schließlich sollte stets deutlich gemacht werden, worauf sich Aussagen begründen, wann Fakten berichtet und wann Interpretationen vorgenommen werden.

Tab. 11.1: Empfehlungen bei der Gutachtenerstellung (nach Schmidt, 1999)

zu vermeiden	anzustreben
unklarer Aufbau des Gutachtens	transparenter Aufbau
Standardformulierungen	Abstimmung des Gutachtens auf seinen Empfänger
vage Aussagen, Floskeln	präzise und belegte Aussagen
verabsolutierende Aussagen (z. B. »In der Schule kann sich X nicht konzentrieren.«)	Wahrscheinlichkeitsaussagen und situativ spezifizierte Aussagen (»Wenn er Misserfolg erlebt, reagiert X ...«)
stark negativ getönte Aussagen	Darstellung von gesunden, kompensatorischen Anteilen; Möglichkeiten zur Intervention
Fachtermini	Fachtermini und Expertensprache sind oft unerlässlich, müssen jedoch erläutert werden
Unklarheit über die Herkunft von Informationen	genaue Quellenangaben
Konfundierung von Deskriptionen und Interpretationen	präzise Trennung von Deskriptionen und vergleichenden sowie interpretativen Anteilen

11.2 Aktuelle Entwicklungen

In den vorangehenden Kapiteln (insbesondere Kapitel 4) haben wir viele Testverfahren vorgestellt, die in ihrer Grundkonzeption schon seit Langem in der Diagnostik angewendet werden. In den letzten Abschnitten möchten wir nun einen Ausblick auf neuere Entwicklungen geben. So wird Diagnostik immer stärker computer- oder webbasiert eingesetzt. Vorteile dieser Form der

Testadministration ergeben sich vor allem durch eine höhere Objektivität bei der Durchführung und Auswertung sowie durch größere Ökonomie bei mehrfachen Testungen (vgl. Wagner-Menghin, 2003).

Sehr intensiv diskutiert wird derzeit auch die Nutzung von Tests und Fragebogen zur Auswahl von Studienbewerbern bei einem bestehenden Missverhältnis zwischen der Anzahl an Bewerbern und Studienplätzen. Durch die Zuhilfenahme von Studierfähigkeitstests wird darüber hinaus angestrebt, die Studienerfolgsprognose und Studienzufriedenheit zu verbessern. Mithilfe dieser Tests soll die Eignung von Studierenden für ein Hochschulstudium geprüft und gezielte Beratung zu den individuellen Kompetenzbereichen ermöglicht werden. In Deutschland werden derzeit Studierfähigkeitstests erprobt, die Studienerfolg im Fach Psychologie über die Abiturnote hinaus vorhersagen sollen. In Österreich ist der Einsatz solcher Studierfähigkeitstests bereits Standard. Damit sich ein Bewerber selbst ein Bild über die Eignung für das jeweilige Studienfach machen kann, ohne Konsequenzen befürchten zu müssen, gibt es neuerdings in einigen Studienfächern sogenannte Self-Assessments, die zumeist über die Homepage der Universität abgerufen werden können, bevor man sich für einen entsprechenden Studiengang einschreibt. Studierfähigkeitstests und Self-Assessments werden im Folgenden näher vorgestellt.

11.2.1 Studierfähigkeitstests

Seit der Einführung des siebten Gesetzes zur Änderung des Hochschulrahmengesetzes (HRG) vom 28.08.2004 sind deutsche Universitäten verpflichtet, 60 % der Studienplätze von Numerus-Clausus-Fächern selbst zu vergeben. Die übrigen 40 % werden nach den Kriterien Abiturnoten (20 %) bzw. Wartezeit (20 %) zugeteilt (für einen Überblick zu den Verfahrensweisen in Österreich und der Schweiz siehe folgendes Beispiel). Stemmler (2005) schätzt, dass dadurch allein im Fach Psychologie ca. 1 525 Bewerber pro Hochschule bearbeitet werden müssen. Dieser Herausforderung kann man sich nur mit standardisierten Instrumenten stellen. Alternativen wie individuelle Interviews scheiden aus ökonomischen Gründen aus. Außerdem ist zumindest für unstrukturierte Interviews die prognostische Validität nicht zufriedenstellend (Hell, Trapmann, Weigand, Hirn & Schuler, 2005).

Beispiel

► Der österreichische Nationalrat beschloss am 08.07.2005 eine Novelle des Universitätsgesetzes. Demnach können alle Universitäten in acht Studienfächern, die in Deutschland bis dato über den Numerus Clausus beschränkt waren (d. h. Biologie, Medizin, Pharmazie, Psychologie, Tiermedizin, Zahnmedizin, Betriebswirtschaft, Publizistik), Verfahren zur Studierendenauswahl einsetzen. Dieser Beschluss entstand als Reaktion auf das Urteil des Europäischen Gerichtshofes vom 07.07.2005, in dem der zulassungsbeschränkte Zugang ausländischer Studierender in Österreich für rechtswidrig erklärt wurde und sich in der Folge eine unüberschaubare Anzahl deutscher Studierender für ein Studium an österreichischen Universitäten bewarb. In der Schweiz werden die Zulassungsbeschränkungen dann aktiv, wenn das Verhältnis aus Studienbewerbern und Studienplätzen 12:10 übersteigt. Vorrangig wird der Eignungstest für das Medizinstudium (EMS) eingesetzt. In besonders begehrten Studienfächern können die Universitäten auch intern Eignungstests zur Auswahl verwenden. ◄◄

Als mögliche Kriterien für die Auswahl nennt das HRG (§ 32, Abs. 3) folgende Merkmale: Abiturnote, gewichtete Einzelnoten, Studierfähigkeitstests, Art der Berufsausbildung oder -tätigkeit, Auswahlgespräche und/oder die Kombination dieser Kriterien.

Bislang wurde die Abiturnote als bester Prädiktor für Studienerfolg in der Studierendenauswahl besonders stark gewichtet. Allerdings wird davor gewarnt, ihre Bedeutsamkeit zu überschätzen. Problematisch ist beispielsweise, dass verschiedene Bundesländer unterschiedliche Kriterien für die gleiche Abiturnote zugrundelegen. Testfairness ist insofern bei allgemeinen Studierfähigkeitstests in stärkerem Maße gegeben. Außerdem haben Studierfähigkeitstests neben ihrem diagnostischen Charakter auch intervenierenden Charakter, d. h. die Vorbereitung auf den Test wirkt sich förderlich auf den anfänglichen Studien-verlauf aus. Studierfähigkeitstests haben gegenüber der Abitur-note zusätzlich den Vorteil, dass sie fachspezifische Eignung besser vorhersagen können.

In der hochschulinternen Studierendenauswahl wurde neben der Abiturnote ebenfalls den Ergebnissen aus Bewerbungsinter-views besondere Bedeutung zugemessen. Dass diese Verfahrens-weise aber fehlerbehaftet sein kann (z. B. durch mangelnde Ob-jektivität und Verzerrungstendenzen, vgl. Kap. 10), wurde bisher nur wenig beachtet. Es ist davon auszugehen, dass durch das Einbeziehen bestimmter Informationen über den Bewerber (z. B. Aussehen) Verzerrungen, z. B. durch den Pygmalion-Effekt, entstehen (siehe Erklärung). Analog zu dem im Kasten beschrie-benen Befund kann es insbesondere bei unstrukturierten Inter-views ohne standardisierte Auswertungsschemata auch dazu kommen, dass Interviewer sich von Vorinformationen in ihren Fragen und in ihrer Interpretation der Antworten leiten lassen – und so die eigenen Vorurteile bestätigen.

Erklärung

▶ *Pygmalion-Effekt*: Häufig wird der Pygmalion-Effekt syn-onym für sich selbst erfüllende Prophezeiungen bzw. den Ro-senthal-Effekt (vgl. Kap. 10.1) verwendet. Meist ist damit aber ein Erwartungseffekt in der Schule gemeint, d. h. Lehrkräfte beein-flussen allein durch ihre Erwartungen, die sie von ganz bestimm-ten Schülern oder Gruppen von Schülern haben, unabsichtlich das tatsächliche Verhalten dieser Kinder und Jugendlichen. Die Lehrererwartung wird dadurch wiederum bestätigt. Rosenthal demonstrierte den Pygmalion-Effekt an einer Reihe von Experi-menten im Klassenzimmer (vgl. Rosenthal & Jacobsen, 1968), bei denen sich herauskristallisierte, dass allein die Erwartung von hoher Intelligenz bei bestimmten Schülern tatsächlich zu einem Anstieg der Leistung in Intelligenztests führte. ◀◀

Dementsprechend sollten Auswahlgespräche laut DGPs (2004) nicht in die Studierendenauswahl eingehen, weil sie keine inkre-mentelle Validität gegenüber Abiturnote oder Studierfähigkeits-tests zur Vorhersage des Studienerfolgs aufweisen (Hell et al.,

2005) und zudem stark subjektiv geprägt sind. In ihrer Meta-analyse aus 44 Einzelstudien zeigten Hell et al. (2005), dass sich der Strukturiertheitsgrad von Interviews als entscheidend für die Qualität der Vorhersage herausstellte. Jedoch scheinen auch strukturierte Interviews letztlich nicht geeignet, um über Schulnoten und Studierfähigkeitstests hinaus Varianz im Studienerfolg aufzuklären (inkrementelle Validität). Insofern wurde alternativ vorgeschlagen, Studierfähigkeitstests ergänzend zu Schulnoten in der Studierendenauswahl einzusetzen. In der Vergangenheit wurden Studierfähigkeitstests vor allem im angloamerikanischen Raum verwendet (z. B. Scholastic Aptitude Test; SAT). Inzwischen finden sie auch in deutschsprachigen Raum zunehmend Verbreitung.

Um den Anforderungen an eine qualifizierte Auswahl von Studierenden gerecht zu werden, berief der Vorstand der Deutschen Gesellschaft für Psychologie (DGPs) im Oktober 2004 eine Kommission zur Auswahl von Studierenden im Fach Psychologie durch die Hochschulen ein. In dieser Kommission sollte im Rahmen der gesetzlichen Vorgaben ein Auswahlverfahren entwickelt werden. Anhand empirischer Befunde und Anforderungsanalysen wurde von Wilhelm und Köller ein Studierfähigkeitstest für die Psychologie entwickelt, der auch auf andere Studienfächer übertragen werden kann (vgl. Wilhelm et al., 2006). Dieser Studieneignungstest umfasst vier Module:

- einen fachspezifischen Verständnistest Psychologie,
- einen studienfachbezogenen Wissenstest Biologie und Mathematik,
- einen Wissenstest zum Verstehen englischsprachiger Texte,
- einen Test zur Erfassung des analytischen und schlussfolgernden Denkens.

Es handelt sich dabei um ein Papier- und Bleistiftverfahren, das ca. vier bis fünf Stunden für die Durchführung in Anspruch nimmt. Die Organisation des Auswahlprozesses wird von einer unabhängigen Institution gehandhabt. Die Entscheidung für oder gegen die Platzvergabe richtet sich nach dem Testergebnis und der durchschnittlichen Abiturnote der Bewerber. Die Universität legt die Gewichtung dieser Anforderungen je nach Profil oder Schwerpunkt selbst fest. Derzeit nehmen ca. 20 psychologische Institute deutscher Universitäten an dem von der DGPs empfohlenen Verfahren teil (DGPs, 2006). Die DGPs empfiehlt, Informationen über die Module und die jeweiligen Übungsaufgaben vor der Durchführung auf der Homepage der Universität zu veröffentlichen, so dass die Bewerberinnen und Bewerber die Möglichkeit haben, sich ausreichend vorzubereiten.

11.2.2 Self-Assessment

Bereits im Vorfeld von Auswahltests oder als Alternative dazu werden webbasierte Tests zur Beratung von Interessenten angeboten, sogenannte Self-Assessments. Bei diesen Tests bearbeiten die Studierenden Aufgaben und Fragen, um ihre Eignung für ein bestimmtes Studienfach zu ermitteln. Nach automatisierter Auswertung erhalten sie eine Rückmeldung zu ihrem spezifischen Fähigkeits- und Eigenschaftsprofil und den Anforderungen des Studiengangs. Durch diese soll das Risiko individueller Fehlentscheidungen reduziert werden und eine informierte Entscheidung für ein Studienfach möglich werden, das dem eigenen Neigungs- und Fähigkeitsprofil möglichst gut entspricht. Da das Self-Assessment in einem Beratungs- und nicht in einem Auswahlkontext angesiedelt ist, darf von geringer Motivation zur Testverfälschung ausgegangen werden.

Am Lehrstuhl für Betriebs- und Organisationspsychologie der Rheinisch-Westfälischen Technischen Hochschule Aachen wurde bereits vor mehreren Jahren ein Self-Assessment konstruiert, um Studieninteressenten Rückmeldungen über fachspezifische Fähigkeiten und Interessen zu geben (Zimmerhofer & Hornke, 2005). Über das Internet können diese Verfahren von Interessenten eigenständig durchgeführt werden und sind anonym, freiwillig und kostenfrei. Zur Erstellung von Anforderungsprofilen für die Fächer Informatik, Elektrotechnik und Technische Informatik wurden Fakultätsangehörige und Experten diverser Institutionen befragt. Die genannten Anforderungen betreffen kognitive Merkmale und nicht-kognitive Merkmale, wie Zielorientierung, Selbstwirksamkeit, Leistungsmotivation und Interessen. Nach Bearbeitung des Fragebogens erscheint automatisch eine Rückmeldung, die sowohl deskriptive als auch normative Testergebnisse, allgemeine Tipps sowie einige Hinweise zu den Lösungswegen bei falsch beantworteten Items beinhaltet. Das Self-Assessment hat also insofern nicht nur diagnostische Funktion, sondern geht bereits in den Interventionsbereich über. Nach Abschluss des Self-Assessments hat der Teilnehmer die Möglichkeit, ergänzend die Studienberatung zu nutzen. Hier kann, aufbauend auf den Testergebnissen, gezielt beraten werden, z. B. wie bestimmte Defizite durch Ergänzungskurse ausgeglichen werden können. Weitere Self-Assessment-Tools wurden z. B. an den Universitäten Bochum, Chemnitz, Frankfurt am Main, Freiburg, Hohenheim, Koblenz-Landau und Lüneburg entwickelt (vgl. z. B. Schütz, Bößneck, Bartholdt, Rottloff & Müller, in Druck). Die Web-Links zu diesen Tools sind im folgenden Kasten aufgeführt.

Weblinks zu einigen aktuellen Self-Assessment-Tools an deutschen Universitäten

- RWTH Aachen: Self-Assessment für Studieninteressierte
  http://www.assess.rwth-aachen.de/
- RWTH Aachen: Self-Assessment for International Students
  http://www.global-assess.rwth-aachen.de/tu9/
- Ruhruniversität Bochum (BORAKEL): Online-Beratungstool für Studieninteressenten
  http://www.rub.de/borakel/
- J.-W.-Goethe-Universität Frankfurt am Main: Self-Assessment Psychologie
  https://www.gdv.informatik.uni-frankfurt.de/self-assessment/Psychologie/
- Albert-Ludwigs-Universität Freiburg: Self Assessment Informatik
  http://www.psaw.uni-freiburg.de/selfassessment/informatik/
- Universität Hohenheim: Hohenheimer Online-Test für Studieninteressierte
  http://www.was-studiere-ich.de/

- Universität Koblenz-Landau: Report Entwicklung beruflicher Handlungskompetenz im Organisationsbereich der Lehrerbildung des Zentrums für Lehrerbildung
  http://www.uni-landau.de/schulprakt-studien/rebholz.htm
- Leuphana Universität Lüneburg: Self-Assessment und Entwicklungsberatung für Lehramtsstudierende
  http://www.cct-germany.de/
- Technische Universität Chemnitz: Self-Assessment-Tool
  http://www.tu-chemnitz.de/informatik/saci/

11.3 Schlusswort

Es kann zusammengefasst werden, dass alltagspsychologische Herangehensweisen in der Diagnostik unangemessen sind. Wissenschaftlich fundierte Diagnostik ist Grundvoraussetzung für validen und reliablen Erkenntnisgewinn. Demzufolge stellen diagnostische Kompetenzen auch einen Grundbaustein für viele psychologische Tätigkeiten in der Praxis dar. So fordern Unternehmen, Kliniken oder andere Arbeitgeber explizit methodisches »Know-how« von den Absolventen. Aus diesem Grund ist das Psychologiestudium stark methodisch geprägt und vermittelt den Studierenden diagnostische Kompetenzen. Eine fundierte Ausbildung in psychologischer Diagnostik ist insofern ein erster Schritt in Richtung eines erfolgreichen Berufseintritts nach dem Studium. Trotz der relativ ausführlichen methodisch-diagnostisch geprägten Ausbildung im Studium reichen die dort gewonnenen Erkenntnisse aber meist nicht aus, um im Beruf über Jahrzehnte schließlich erfolgreich und kompetent Psychodiagnostik betreiben zu können. Es ist empfehlenswert, Weiterbildungen in Anspruch zu nehmen und das diagnostische Wissen stetig zu aktualisieren. Um auf dem aktuellen Stand zu bleiben, wird eine regelmäßige Fortbildung (z. B. nach der DIN 33430 alle fünf Jahre) empfohlen.

Im Bereich der Testentwicklung zeigt sich ein Trend zu immer mehr Standardisierung und Objektivierung des Erhebungsvorganges, was nicht zuletzt auf den verstärkten Einsatz von computergestützter Diagnostik zurückgeführt werden kann. Die rasante Entwicklung von immer neuen Verfahren führt bei Anwendern bisweilen auch zur Überforderung und Ratlosigkeit bezüglich der Entscheidung, welche Tests für welche Fragestellungen am besten einzusetzen sind. Um dieser Problematik gerecht zu werden, wurden Qualitätssicherungsinstrumente wie die DIN 33430 oder auch Testbeurteilungssysteme (z. B. nach dem Testkuratorium) eingeführt. Demnach sollten Testverfahren alle acht Jahre auf ihre Normwerte hin aktualisiert werden, um neuen technischen Entwicklungen, aber auch Veränderungen der Merkmalsausprägung in der Bevölkerung gerecht zu werden (vgl. Kasten Flynn-Effekt, Kap. 4.2.1). Neuere Bestrebungen richten sich auf die Einführung eines »EuroTests« durch die European Federation of Psychologists' Associations als ein Zertifizierungssystem für psychologische Diagnostik innerhalb Europas.

Nachdem in der Mitte des 20. Jahrhunderts die psychologische Diagnostik als »Vermessung« des Menschen verrufen war, ist die aktuelle Stimmung in der Bevölkerung, aber auch in Praxis und Wissenschaft wieder testfreundlicher. Gegenwärtig kann die psychologische Diagnostik auf qualitativ hochwertige Testverfahren, aber auch auf hervorragend geschulte Diagnostikerinnen und Diagnostiker zurückgreifen.

Literaturempfehlungen

Boerner, K. (2004). *Das psychologische Gutachten. Ein praktischer Leitfaden* (7. Aufl.). Weinheim: Beltz.

Diskussionsforum (2005). Studierendenauswahl. *Psychologische Rundschau, 56* (2).

Kersting, M. (2008). *Qualität in der Diagnostik und Personalauswahl – der DIN-Ansatz.* Göttingen: Hogrefe.

Reimann, G. (2009). *Moderne Eignungsbeurteilung mit der DIN 33430.* Wiesbaden: VS Verlag.

Volbert, R. & Steller, M. (2004). Die Begutachtung der Glaubhaftigkeit. In Venzlaff, U. & K. Foerster (Hrsg.), *Psychiatrische Begutachtung* (S. 693–728). München: Urban & Fischer.

Westhoff, K. & Kluck, M.-L. (2003). Psychologische Gutachten schreiben und beurteilen (4. Aufl.). Berlin: Springer.

Fragen zur Selbstüberprüfung

1. Was ist unter einem psychologischen Gutachten zu verstehen?
2. Aus welchen Teilen sollte nach Fisseni (1992) ein psychologisches Gutachten bestehen?
3. Warum setzt man Studierfähigkeitstests ein und welche Vorteile haben sie (z. B. gegenüber der Abiturnote)?
4. Was versteht man unter dem Pygmalion-Effekt?
5. Wozu dienen sogenannte Self-Assessments?

Literatur

Amelang, M. & Bartussek, D. (1990). *Differentielle Psychologie und Persönlichkeitsforschung* (3. Aufl.). Stuttgart: Kohlhammer.

Amelang M. & Hornke L. (Hrsg.). (in Druck). *Enzyklopädie der Psychologie, Serie Psychologische Diagnostik, Band 4: Verfahren zur Persönlichkeitsdiagnostik.* Göttingen: Hogrefe.

Amelang, M. & Schmidt-Atzert, L. (2006). *Psychologische Diagnostik und Intervention* (4. Aufl.). Heidelberg: Springer.

Amelang, M. & Zielinski, W. (2004). *Psychologische Diagnostik und Intervention* (3. Aufl.). Berlin, Heidelberg: Springer.

American Psychiatric Association (APA). (1980). *Diagnostic and Statistical Manual of Mental Disorders* (3rd ed.). Washington, DC: American Psychiatric Association.

American Psychiatric Association (APA). (1994). *Diagnostic and Statistical Manual of Mental Disorders* (4th ed.). Washington, DC: Authors.

Anastasi, A. & Urbina, S. (1997). *Psychological testing* (7th ed.). Upper Saddle River, NJ: Prentice-Hall.

Angleitner, A., Ostendorf, F. & John, O. P. (1990). Towards a taxonomy of personality descriptors in German: A psycho-lexical study. *European Journal of Personality, 4* (2), 89–118.

Asch, S. E. (1955). Opinions and social pressure. *Scientific American, 193* (5), 31–35.

Asendorpf, J. (2000). Idiographische und nomothetische Ansätze in der Psychologie. *Zeitschrift für Psychologie, 208,* 72–90.

Asendorpf, J. B. (2007). *Psychologie der Persönlichkeit* (4. Aufl.). Heidelberg: Springer.

Asendorpf, J. B. & van Aken, M. A. G. (1993). Deutsche Versionen der Selbstkonzeptskalen von Harter. *Zeitschrift für Entwicklungspsychologie und Pädagogische Psychologie, 25* (1), 64–86.

Aster, M. v., Neubauer, A. & Horn, R. (2006). *WIE. Wechsler Intelligenztest für Erwachsene. Deutschsprachige Bearbeitung und Adaptation des WAIS III von David Wechsler.* Frankfurt am Main: Harcourt.

Auhagen, A. E. (2004). *Positive Psychologie. Anleitung zum »besseren« Leben.* Weinheim: Beltz.

Back, M. D., Schmukle, S. C. & Egloff, B. (2008). How extraverted is honey.bunny77@hotmail.de? Inferring personality from e-mail addresses. *Journal of Research in Personality, 42,* 1116–1122.

Bales, R. F. Cohen, S. P. & Williamson, S. A. (1979). *SYMLOG: A system for the multiple level observation of groups.* New York: Free Press.

Bales, R. F. & Cohen, S. P. (1982). *SYMLOG. Ein System für die mehrstufige Beobachtung von Gruppen.* Stuttgart: Klett-Cotta.

Bargh, J. A., Chen, M. & Burrows, L. (1996). Automaticity of social behavior: Direct effects of trait construct and stereotype activation on action. *Journal of Personality and Social Psychology, 71* (2), 230–244.

Basaglia, F. O. (1985). *Gesundheit, Krankheit. Das Elend der Medizin.* Frankfurt am Main: Fischer.

Batinic, B. (2000). *Internet für Psychologen* (2. Aufl.). Göttingen: Hogrefe.

Batinic, B. & Bosnjak, M. (2000). Fragebogenuntersuchungen im Internet. In B. Batinic (Hrsg.), *Internet für Psychologen* (2. Aufl., S. 287–317). Göttingen: Hogrefe.

Baumeister, R. F. (Ed.). (1986). *Public self and private self.* New York: Springer.

Baumeister, R. F. & Newman, L. S. (1994). How stories make sense of personal experiences: Motives that shape autobiographical narratives. *Personality and Social Psychology Bulletin, 20* (6), 676–690.

Baumeister, R. F., Bratslavsky, E., Finkenauer, C. & Vohs, K. D. (2001). Bad is stronger than good. *Review of General Psychology, 5* (4), 323–370.

Baumeister, R. F., Tice, D. M. & Hutton, D. G. (1989). Self-presentational motivations and personality differences in self-esteem. *Journal of Personality, 57* (3), 547–579.

Baumeister, R., Bratslavsky, E., Muraven, M. & Tice, D. (1998). Ego depletion: Is the active self a limited resource? *Journal of Personality and Social Psychology, 74* (5), 1252–1265.

Bäumler, G. (1974). *LGT-3. Lern- und Gedächtnistest 3.* Göttingen: Hogrefe.

Becker, P. (1988). Skalen für Verlaufsstudien der emotionalen Befindlichkeit. *Zeitschrift für Experimentelle und Angewandte Psychologie, 34* (3), 345–369.

Becker, P. (1989). *TPF. Trierer Persönlichkeitsfragebogen.* Göttingen: Hogrefe.

Becker, P. (1997). *IAF. Interaktions-Angst-Fragebogen* (3. Aufl.). Göttingen: Beltz.

Becker, P. (2003). *TIPI. Trierer Integriertes Persönlichkeitsinventar.* Göttingen: Hogrefe.

Beckmann, D., Brähler, E. & Richter, H.-E. (1990). *GT. Gießen-Test. Ein Test für Individual- und Gruppendiagnostik* (4. Aufl.). Bern: Huber.

Behr, M. & Becker, M. (2004). *SEE. Skalen zum Erleben von Emotionen.* Göttingen: Hogrefe.

Bellak, L. & Bellak, S. S. (1955). *C.A.T. Der Kinder-Apperzeptions-Test.* Göttingen: Hogrefe.

Bellak, L. & Bellak, S. S. (1994). *C.A.T.-H. Children's Apperception Test (Human Figures)* (11th Printing). Larchmont, NY: C.P.S.

Berufsverband Deutscher Psychologinnen und Psychologen e.V. (1999). *Ethische Richtlinien der Deutschen Gesellschaft für Psychologie e.V. (DGPs) und des Berufsverbandes Deutscher Psychologinnen und Psychologen e.V. (BDP).* Bonn: Deutscher Psychologen Verlag.

Berufsverband Deutscher Psychologinnen und Psychologen e.V. (2008). *Ethische Richtlinien der Deutschen Gesellschaft für Psychologie e.V. (DGPs) und des Berufsverbandes Deutscher Psychologinnen und Psychologen e.V. (BDP).* Zugriff am 19.03.2009. Verfügbar unter http:// www.bdp-verband.org/bdp/verband/ethik

Birkeland, S. A., Manson, T. M., Kisamore, J. L., Brannick, M. T. & Smith, M. A. (2006). A meta-analytic investigation of job applicant faking on personality measures. *International Journal of Selection and Assessment, 14* (4), 317–335.

Boerner, K. (2004). *Das psychologische Gutachten. Ein praktischer Leitfaden* (7. Aufl.). Weinheim: Beltz.

Bond, T. G. & Fox, C. M. (2001). *Applying the Rasch model. Fundamental measurement in the human sciences.* Mahwah, NJ: Lawrence Erlbaum Associates.

Boring, E. G. (1923). Intelligence as the tests test it. *New Republic, 35,* 35–37.

Borkenau, P. & Liebler, A. (1992). Trait inferences: Sources of validity at zero acquaintance. *Journal of Personality and Social Psychology, 62* (4), 645–657.

Borkenau, P. & Liebler, A. (1995). Observable attributes as manifestations and cues of personality and intelligence. *Journal of Personality, 63* (1), 1–25.

Borkenau, P. & Ostendorf, F. (1993). *NEO-FFI. NEO-Fünf-Faktoren-Inventar nach Costa & McCrae – Deutsche Fassung.* Göttingen: Hogrefe.

Borkenau, P. & Ostendorf, F. (2008). *NEO-FFI. NEO-Fünf-Faktoren-Inventar nach Costa & McCrae* (2. Aufl.). Göttingen: Hogrefe.

Bortz, J. & Döring, N. (2006) *Forschungsmethoden und Evaluation für Human- und Sozialwissenschaftler* (4. Aufl.). Heidelberg: Springer.

Bosnjak, M. & Batinic, B. (1999). Determinanten der Teilnahmebereitschaft an internet-basierten Fragebogenuntersuchungen am Beispiel E-Mail. In B. Batinic, W. Bandilla, L. Gräf & A. Werner (Hrsg.), *Online Research. Methoden, Anwendungen und Ergebnisse* (S. 145–157). Göttingen: Hogrefe.

Bower, G. H. (1981). Mood and memory. *American Psychologist, 36* (2), 129–148.

Brähler, E., Holling, H., Leutner, D. & Petermann, F. (Hrsg.). (2002). *Brickenkamp Handbuch psychologischer und pädagogischer Tests* (3. Aufl., Band 1 und 2). Göttingen: Hogrefe.

Brandstätter, E. & Mücke, R. (2009). Interpreting test results. *Personality and Individual Differences, 46*, 183–186.

Braukhaus, C., Hahlweg, K., Kröger, C., Groth, T. & Fehm-Wolfsdorf, G. (2001). »Darf es ein wenig mehr sein?« Zur Wirksamkeit von Auffrischungssitzungen bei der Prävention von Beziehungsstörungen. *Verhaltenstherapie, 11* (1), 55–62.

Brem-Gräser, L. (2006). *Familie in Tieren* (9. Aufl.). München: Ernst Reinhardt.

Brickenkamp, R. (2002). *Test d2 Aufmerksamkeits-Belastungs-Test* (9. Aufl.). Göttingen: Hogrefe.

Briggs, D. C. (2001). The effect of admissions test preparation: Evidence from NELS-88. *Chance, 14* (1), 10–18.

Brunstein, J. C. & Schmitt, C. H. (2004). Assessing individual differences in achievement motivation with the Implicit Association Test. *Journal of Research in Personality, 38* (6), 536–555.

Bühner, M. (2006). *Einführung in die Test- und Fragebogenkonstruktion* (2. Aufl.). München: Pearson Studium.

Buse, L. & Pawlik, K. (1994). Differenzierung zwischen Tages-, Setting- und Situationskonsistenz ausgewählter Verhaltensmerkmale, Maßen der Aktivierung, des Befindens und der Stimmung in Alltagssituationen. *Diagnostica, 40* (1), 2–26.

Buss, D. M. & Craik, K. H. (1980). The frequency concept of disposition: Dominance and prototypically dominant acts. *Journal of Personality, 48* (3), 379–392.

Campbell, D. T. & Fiske, D. W. (1959). Convergent and discriminant validation by the multitrait-multimethod matrix. *Psychological Bulletin, 56* (2), 81–105.

Caspar, F. (1989). *Beziehungen und Probleme verstehen. Eine Einführung in der Praxis der psychotherapeutischen Plananalyse*. Bern: Huber.

Caspar, F. (2007). *Beziehungen und Probleme verstehen. Eine Einführung in der Praxis der psychotherapeutischen Plananalyse* (3. Aufl.). Bern: Huber.

Caspar, F. M. & Grawe, K. (1982). *Vertikale Verhaltensanalyse (VVA). Analyse des Interaktionsverhaltens als Grundlage der Problemanalyse und Therapieplanung*. Bern: Universität.

Catania, J. A., Binson, D., Canchola, J., Pollack, L. M., Hauck, W. & Coates, T. J. (1996). Effects of interviewer gender, interviewer choice, and item wording on responses to questions concerning sexual behaviour. *Public Opinion Quarterly, 60* (3), 345–375.

Cattell, R. B. (1943). The description of personality: Basic traits resolved into clusters. *Journal of Abnormal and Social Psychology, 38*, 476–506.

Cattell, R. B. (1957). *Personality and motivation structure and measurement*. Oxford, UK: World Book Company.

Cattell, R. B. (1963). Theory of fluid and crystallized intelligence: A critical experiment. *Journal of Educational Psychology, 54* (1), 1–22.

Cattell, R. B. (1972). The 16 P.F. and basic personality structure: A reply to Eysenck. *Journal of Behavioral Science, 1* (4), 169–187.

Christiansen, N., Wolcott-Burnam, S., Janovics, J., Burns, G. & Quirk, S. (2005). The good judge revisited: Individual differences in the accuracy of personality judgments. *Human Performance, 18* (2), 123–149.

Cierpka, M. (Hrsg.). (2003). *Handbuch der Familiendiagnostik* (2. Aufl.). Berlin: Springer.

Conn, S. R. & Rieke, M. L. (1994). *The 16PF fifth edition (technical manual)*. Champaign, IL: Institute for Personality and Ability Testing (IPAT).

Costa, P. T., Jr. & McCrae, R. R. (1992). Four ways five factors are basic. *Personality and Individual Differences, 13* (6), 653–665.

Cronbach, L. J. & Meehl, P. E. (1955). Construct validity in psychological tests. *Psychological Bulletin, 52* (4), 281–302.

Deegener, G. (2003). Exploration. In K. D. Kubinger & R. S. Jäger (Hrsg.), *Schlüsselbegriffe der psychologischen Diagnostik* (S. 131–135). Weinheim: Beltz.

De Houwer, J. (2003). The Extrinsic Affective Simon Task. *Experimental Psychology, 50* (2), 77–85.

De Houwer, J. & De Bruycker, E. (2007). The identification-EAST as a valid measure of implicit attitudes toward alcohol-related stimuli. *Journal of Behavior Therapy and Experimental Psychiatry, 38* (2), 133–143.

DGPs (2004, 22. November). *Stellungnahme der DGPs zur Auswahl von Studierenden durch die Hochschulen*. Zugriff am 14.04.2008. Verfügbar unter http://www.dgps.de/meldungen/detail.php?id=165

DGPs (2006, 29. Juni). *Teilnahme der Psychologischen Institute in Deutschland an dem Studieneignungstest für Psychologie*. Zugriff am 19.03.2009. Verfügbar unter http://www.dgps.de/meldungen/detail.php?id=764

Dickens, W. T. & Flynn, J. R. (2001). Heritability estimates versus large environmental effects: The IQ paradox resolved. *Psychological Review, 108*(2), 346–369.

Dilling, H., Mombour, W. & Schmidt, M. H. (Hrsg.). (2008). *Internationale Klassifikation psychischer Störungen. ICD-10 Kapitel V(F). Klinisch-diagnostische Leitlinien* (6. Aufl.). Bern: Huber.

Dilling, H., Mombour, W., Schmidt, M. H. & Schulte-Markwort, E. (Hrsg.). (2006). *ICD-10 Kapitel V (F). Diagnostische Kriterien für Forschung und Praxis* (4. Aufl.). Bern: Huber.

DIN (2002). *DIN 33430: Anforderungen an Verfahren und deren Einsatz bei berufsbezogenen Eignungsbeurteilungen*. Berlin: Beuth.

Dion, K., Berscheid, E. & Walster, E. (1972). What is beautiful is good. *Journal of Personality and Social Psychology, 24* (3), 285–290.

Diskussionsforum (2005). Studierendenauswahl. *Psychologische Rundschau, 56* (2).

Duschek, S., Schandry, R. & Hege, B. (2003). *SASS. Soziale Aktivität Selbstbeurteilungs-Skala. Diagnostik sozialer Funktionsfähigkeit bei depressiven Störungen.* Göttingen: Beltz.

Eggert, D. (1983). *E-P-I. Eysenck-Persönlichkeits-Inventar* (2. Aufl.). Göttingen: Hogrefe.

Eichstädt, J. (2005). Online-Assessment-Center: Ein neues Paradigma. In: K.-H. Renner, A. Schütz & F. Machilek (Hrsg.), *Internet und Persönlichkeit. Differentiell-psychologische und diagnostische Aspekte der Internetnutzung* (S. 315–326). Göttingen: Hogrefe.

Ellgring, H. (1996). Verhaltensbeurteilung als Methode der Differentiellen Psychologie. In K. Pawlik (Hrsg.), *Grundlagen und Methoden der Differentiellen Psychologie* (Enzyklopädie der Psychologie, Themenbereich C, Theorie und Forschung, Serie VIII, Differentielle Psychologie und Persönlichkeitsforschung, S. 395–421). Göttingen: Hogrefe.

Embretson, S. E. & Reise, S. P. (2000). *Item response theory for psychologists*. Mahwah, NJ: Lawrence Erlbaum Associates.

Epley, N. & Dunning, D. (2000). Feeling 'holier than thou': Are self-serving assessments produced by errors in self- or social prediction? *Journal of Personality and Social Psychology, 79* (6), 861–875.

Eysenck, H. J. (1970). *EPI Eysenck Personality Inventory*. London: University of London Press.

Fahrenberg, J., Hampel, R. & Selg, H. (2001). *FPI-R. Freiburger Persönlichkeitsinventar. Revidierte Form* (7. Aufl.). Göttingen: Hogrefe.

Feingold, A. (1992). Good-looking people are not what we think. *Psychological Bulletin, 111* (2), 304–341.

Fiedler, K. & Blümke, M. (2005). Faking the IAT: Aided and unaided response control on the implicit association tests. *Basic and Applied Social Psychology, 27* (4), 307–316.

Fill Giordano, R. & Litzenberger, M. (2005). *LAsO (Lernen Anwenden – systematisch Ordnen)*, Test: Software und Manual. Bozen: Eigenverlag disco.

Fiske, S. T. & Taylor, S. E. (1991). *Social cognition* (2nd. edition). New York: McGraw-Hill.

Fisseni, H.-J. (1992). *Persönlichkeitsbeurteilung. Zur Theorie und Praxis des psychologischen Gutachtens. Eine Einführung* (2. Aufl.). Göttingen: Hogrefe.

Fisseni, H.-J. (1997). *Lehrbuch der psychologischen Diagnostik. Mit Hinweisen zur Intervention* (2. Aufl.). Göttingen: Hogrefe.

Fisseni, H.-J. (2004). *Lehrbuch der psychologischen Diagnostik. Mit Hinweisen zur Intervention* (3. Aufl.). Göttingen: Hogrefe.

Fisseni, H.-J. & Preusser, I. (2007). *Assessment-Center. Eine Einführung in Theorie und Praxis*. Göttingen: Hogrefe.

Fleming, J. S. & Courtney, B. E. (1984). The dimensionality of self-esteem: II. Hierarchical facet model for revised measurement scales. *Journal of Personality and Social Psychology, 46* (2), 404–421.

Flynn, J. R. (1987). Massive gains in 14 nations: What IQ tests really measure. *Psychological Bulletin, 101,* 171–191.

Flynn, J. R. (2007). *What is intelligence? Beyond the Flynn Effect.* New York: Cambridge University Press.

Forgas, J. P., Goldenberg, L. & Unkelbach, C. (2009). Can bad weather improve your memory? An unobtrusive field study of natural mood effects on real-life memory. *Journal of Experimental Social Psychology, 45,* 254–257.

Franke, G. H. (2002). *SCL-90-R. Die Symptom-Checkliste von L. R. Derogatis – Deutsche Version* (2. Aufl.). Weinheim: Beltz.

Freudenthaler, H. H. & Neubauer, A. C. (2008). Die Messung emotionaler Kompetenzen: Ein Fähigkeitstest ohne Leistungsinstruktion. In W. Sarges & D. Scheffer (Hrsg.), *Innovative Ansätze für die Eignungsdiagnostik* (S. 77–86). Göttingen: Hogrefe.

Frey, A., Hartig, J. & Moosbrugger, H. (2009). Effekte des adaptiven Testens auf die Motivation zur Testbearbeitung am Beispiel des Frankfurter Adaptiven Konzentrationsleistungs-Tests. *Diagnostica, 55* (1), 20–28.

Fuchs, M. (1994). *Umfrageforschung mit Telefon und Computer. Einführung in die computergestützte telefonische Befragung.* Weinheim: PVU.

Galton, F. (1886). Regression towards mediocrity in hereditary stature. *Journal of the Anthropological Institute, 15,* 246–263.

Gawronski, B. & Conrey, F. R. (2004). Der Implizite Assoziationstest als Maß automatisch aktivierter Assoziationen: Reichweite und Grenzen. *Psychologische Rundschau, 55* (3), 118–126.

Goldberg, L. R. (1981). Language and individual differences: The search for universals in personality lexicons. In L. Wheeler (Ed.), *Review of Personality and Social Psychology* (Vol. 2, pp. 141–165). Beverly Hills, CA: Sage.

Goleman, D. (1995). *Emotional intelligence.* New York: Bantam Books.

Gosling, S. D., Ko, S. J., Mannarelli, T. & Morris, M. E. (2002). A room with a cue: Personality judgments based on offices and bedrooms. *Journal of Personality and Social Psychology, 82* (3), 379–398.

Gosling, S. D., Vazire, S., Srivastava, S. & John, O. P. (2004). Should we trust web-based studies? A comparative analysis of six preconceptions about internet questionnaires. *American Psychologist, 59* (2), 93–104.

Gough, H. G. (1964). *Manual for the California Psychological Inventory,* Rev. Edition. Palo Alto, CA: Gonsulting Psychologists Press.

Gould, S. J. (1988). *Der falsch vermessene Mensch.* Frankfurt am Main: Suhrkamp.

Grawe, K. (2000). *Psychologische Therapie* (2. Aufl.). Göttingen: Hogrefe.

Greenwald, A. G., McGhee, D. E. & Schwartz, J. L. K. (1998). Measuring individual differences in implicit cognition: The implicit association test. *Journal of Personality and Social Psychology, 74* (6), 1464–1480.

Greve, W. & Wentura, D. (1997). *Wissenschaftliche Beobachtung. Eine Einführung* (2. Aufl.). Weinheim: PVU.

Gröben, N. & Rustemeyer, R. (2002). Inhaltsanalyse. In E. König & P. Zedler (Hrsg.), *Qualitative Forschung* (S. 233–258). Weinheim: Beltz.

Gulba, A., Moldzio, T. & Daniels, A. (2005). Telefoninterview zur Vorselektion: Effizientes Bewerbermanagement und dessen Qualitätssicherung. *Wirtschaftspsychologie aktuell, 12* (2), 14–17.

Gulliksen, H. (1950). *Theory of mental tests.* Oxford: Wiley.

Guthke, J., Wolschke, P., Willmes, K. & Huber, W. (2000). *LLT-BAK. Leipziger Lerntest – Begriffsanaloges Klassifizieren.* Bern: Hogrefe.

Gutjahr, G. (1985). *Psychologie des Interviews. In Praxis und Theorie.* Heidelberg: Sauer.

Guttman, L. (1950). The basis of scalogram analysis. In S. A. Stouffer, L. Guttman, E. A. Suchman, P. F. Lazarsfeld, S. A. Star & J. A. Clausen (Eds.), *Measuresments and predictions. Studies in social psychology in World War II, Vol. IV* (pp. 60–90). Princeton, NJ: Princeton University Press.

Gutzeit, S. F. (2008). *Die Stimme wirkungsvoll einsetzen* (3. Aufl.). Weinheim: Beltz.

Häcker, H., Schmidt, L. R. & Schwenkmezger, P. & Utz, H. E. (1975). *OA-TB 75. Objektive Testbatterie.* Weinheim: Beltz.

Hahlweg, K. (1986). *Partnerschaftliche Interaktion. Empirische Untersuchungen zur Analyse und Modifikation von Beziehungsstörungen.* München: Röttger.

Hahlweg, K. (1996). *Fragebogen zur Partnerschaftsdiagnostik (FPD).* Göttingen: Hogrefe.

Hahlweg, K., Kaiser, A., Christensen, A., Fehm-Wolfsdorf, G. & Groth, T. (2000). Self-report and observational assessment of couples' conflict: The concordance between the Communication Patterns Questionnaire and the KPI observation system. *Journal of Marriage and Family, 62* (1), 61–67.

Hassebrauck, M. & Niketta, R. (Hrsg.). (1993). *Physische Attraktivität.* Göttingen: Hogrefe.

Hathaway S. R., McKinley J. C. & Engel R. R. (2000). *MMPI-2. Minnesota Multiphasic Personality Inventory 2.* Bern: Huber.

Häusler, J. (2004). *HKSD. HKS Diagnostikum.* Mödling: Schuhfried.

Hautzinger, M., Keller, F. & Kühner, C. (2006). *BDI-II. Beck Depressions-Inventar Revision.* Frankfurt am Main: Harcourt Test Services.

Heatherton, T. F. & Weinberger, J. L. (1994). *Can personality change?* Washington, DC: American Psychological Association.

Heider, F. (1958). *The psychology of interpersonal relations.* New York: Wiley.

Heil, F. E. (1999). Klinische versus statistische Urteilsbildung. In R. S. Jäger & F. Petermann (Hrsg.), *Psychologische Diagnostik* (4. Aufl., S. 39–41). Weinheim: Beltz.

Hell, B., Trapmann, S., Weigand, S., Hirn, J. O. & Schuler, H. (2005, September). *Die Validität von Prädiktoren des Studienerfolgs – eine Metaanalyse.* Vortrag auf der 4. Tagung der Fachgruppe Arbeits- und Organisationspsychologie der Deutschen Gesellschaft für Psychologie in Bonn.

Hergovich, A. & Hörndler, H. (1994). *GWT. Gestaltwahrnehmungstest.* Frankfurt am Main: Swets Test Services.

Hertel, G. & Konradt, U. (2004). *Human Resource Management im Inter- und Intranet.* Göttingen: Hogrefe.

Herzberg, P. Y. (2004). Lässt sich der Einfluss sozialer Erwünschtheit in einem Fragebogen zur Erfassung aggressiver Verhaltensweisen im Straßenverkehr korrigieren? *Zeitschrift für Differentielle und Diagnostische Psychologie, 25* (1), 19–29.

Hofmann, K. & Kubinger, K. D. (2001). Herkömmliche Persönlichkeitsfragebogen und Objektive Persönlichkeitstests im »Wettstreit« um (Un-)verfälschbarkeit. *Report Psychologie, 26*, 298–304.

Hofmann, W., Gawronski, B., Gschwender, T., Le, H. & Schmitt, M. (2005). A meta-analysis on the correlation between the implicit association test and explicit self-report measures. *Personality and Social Psychology Bulletin, 31* (10), 1369–1385.

Hogan, J., Barrett, P. & Hogan, R. (2007). Personality measurement, faking, and employment selection. *Journal of Applied Psychology, 92* (5), 1270–1285.

Holbrook, A. L., Green, M. C. & Krosnick, J. A. (2003). Telephone versus face-to-face interviewing of national probability samples with long questionnaires: Comparisons of respondent satisficing and social desirability response bias. *Public Opinion Quarterly, 67* (1), 79–125.

Holmes, D. S. (1974). The conscious control of thematic projection. *Journal of Consulting and Clinical Psychology, 42* (3), 323–329.

Horn, W. (1983). *LPS. Leistungsprüfsystem* (2. Aufl.). Göttingen: Hogrefe.

Hornke, L. & Winterfeld, U. (Hrsg.). (2004). *Eignungsbeurteilungen auf dem Prüfstand: DIN 33430 zur Qualitätssicherung.* Heidelberg: Spektrum Akademischer Verlag.

Hossiep, R., Turck, D. & Hasella, M. (2001). *BOMAT. Bochumer Matrizentest – advanced – short version.* Göttingen: Hogrefe.

Hovland, C. I. (1957). Summary and implications. In C. I. Hovland, W. Mandell, E. H. Campbell, T. Brock, A. S. Luchings, A. R. Cohen, W. J. McGuire, I. J. Janis, R. L. Feierabend & N. H. Anderson (Eds.), *The order of presentation in persuasion* (pp. 129–157). New Haven, CT: Yale University Press.

Huber, O. (2005). *Das psychologische Experiment: Eine Einführung* (4. Aufl.). Bern: Huber.

Hyman, M. R. (2000). Mail surveys of faculty and acquaintances-of-the-researcher bias. *Journal of Social Psychology, 140* (2), 255–257.

Jaccard, J. & Dittus, P. (1990). Idiographic and nomothetic perspectives on research methods and data analysis. In C. Hendrick & M. S. Clark (Eds.), *Research methods in personality and social psychology* (pp. 312–351). Thousand Oaks, CA: Sage.

Jackson, D. N. (1967). *Personality research form manual.* Goshen, NY: Research Psychologists Press.

Jacobi, C., Thiel, A. & Paul, T. (2008). *Kognitive Verhaltenstherapie bei Anorexia und Bulimia nervosa* (3. Aufl.). Weinheim: Beltz.

Jäger, R. S. & Petermann, F. (1999). *Psychologische Diagnostik* (4. Aufl.). Weinheim: Beltz.

Jaeggi, S. M., Buschkühl, M., Jonides, J. & Perrig, W. J. (2008). From the cover: Improving fluid intelligence with training on working memory. *Proceedings of the National Academy of Sciences, 105,* 6829–6833.

Janis, I. L. & Field, P. B. (1959). Sex differences and personality factors related to persuability. In C. I. Hovland & I. L. Janis (Eds.), *Personality and persuability* (pp. 55–68). Oxford: Yale University Press.

Janke, W. & Debus, G. (1978). *EWL. Eigenschaftswörterliste.* Göttingen: Hogrefe.

Janke, B. & Janke, W. (2005). Untersuchungen zur Erfassung des Befindens von Kindern: Entwicklung einer Selbstbeurteilungsmethode (EWL40-KJ). *Diagnostica, 51*(1). 29–39.

Janz, T., Hellervik, L. & Gilmore, D. C. (1986). *Behavior Description Interviewing.* Newton, MA: Allyn & Bacon.

John, O. P., Angleitner, A. & Ostendorf, F. (1988). The lexical approach to personality: A historical review of trait taxonomic research. *European Journal of Personality, 2* (3), 171–203.

Jones, E. E. & Nisbett, R. E. (1971). *The actor and the observer: Divergent perceptions of the causes of behavior.* New York: General Learning Press.

Jones, E. E. & Nisbett, R. E. (1972). The actor and the observer: Divergent perceptions of the causes of behavior. In E. E. Jones, D. E. Kanouse, H. H. Kelley, R. E. Nisbett, S. Valins & B. Weiner (Eds.), *Attribution: Perceiving the causes of behavior* (pp. 79–94). Morristown, NJ: General Learning Press.

Jones, W. H. (1979). Generalizing mail survey inducement methods: Population interactions with anonymity and sponsorship. *Public Opinion Quarterly, 43* (1), 102–111.

Joussen, J. (2004). *Berufs- und Arbeitsrecht für Diplom-Psychologen.* Göttingen: Hogrefe.

Jude, N., Hartig, J. & Rauch, W. (2005). Erfassung von Persönlichkeitsmerkmalen im Internet und deren Bedeutung bei computervermittelter Kommunikation. In K.-H. Renner, A. Schütz & F. Machilek (Hrsg.), *Internet und Persönlichkeit. Differentiell-psychologischen und diagnostische Aspekte der Internetnutzung* (S. 119–133). Göttingen: Hogrefe.

Jüttemann, G. (Hrsg.). (1990). *Komparative Kasuistik.* Heidelberg: Asanger.

Jüttemann, G. (Hrsg.). (2004). *Psychologie als Humanwissenschaft. Ein Handbuch.* Göttingen: Vandenhoeck & Ruprecht.

Kanning, U. P. (1999). *Die Psychologie der Personenbeurteilung.* Göttingen: Hogrefe.

Kanning, U. P., Hofer, S. & Schulze Willbrenning, B. (2004). *Professionelle Personenbeurteilung. Ein Trainingsmanual.* Göttingen: Hogrefe.

Kaplowitz, M. & Lupi, F. (2004). Color photographs and mail survey response rates. *International Journal of Public Opinion Research, 16* (2), 199–206.

Karpinski, A. & Steinman, R. B. (2006). The Single Category Implicit Association Test as a measure of implicit social cognition. *Journal of Personality and Social Psychology, 91* (1), 16–32.

Kelly, H. H. (1967). Attribution theory in social psychology. In D. Levine (Ed.), *Nebraska Symposium on Motivation* (Volume 15, pp. 192–238). Lincoln, NE: University of Nebraska Press.

Kelly, H. H. (1973). The process of causal attribution. *American Psychologist, 28*, 107–128.

Kendell, R. E. (1978). *Die Diagnose in der Psychiatrie.* Stuttgart: Enke Ferdinand.

Kersting, M. (2006). *»DIN SCREEN« – Leitfaden zur Kontrolle und Optimierung der Qualität von Verfahren und deren Einsatz bei beruflichen Eignungsbeurteilungen.* Lengerich: Pabst Science Publishers.

Kersting, M. (2008). *Qualität in der Diagnostik und Personalauswahl – der DIN-Ansatz*. Göttingen: Hogrefe.

Kersting, M., Althoff, K. & Jäger, A. O. (2008). *WIT-2. Der Wilde-Intelligenztest*. Göttingen: Hogrefe.

Kleinmann, M. (1993). Are rating dimensions in assessment centers transparent for participants? Consequences for criterion and construct validity. *Journal of Applied Psychology, 78* (6), 988–993.

Kleinmann, M. (1997). *Assessment-Center: Stand der Forschung, Konsequenzen für die Praxis*. Göttingen: Verlag für Angewandte Psychologie.

Kleinmann, M. (2003). *Assessment-Center*. Göttingen: Hogrefe.

Klemm, T. (2002). *KV-S. Konfliktverhalten situativ. Screening Verfahren zur Erfassung von Persönlichkeitsauffälligkeiten in Konfliktsituationen*. Leipzig: Edition Erata.

Klepsch, R., Zaworka, W., Hand, I., Lünenschloß, K. & Jauernig, G. (1993). *Hamburger Zwangsinventar – Kurzform (HZI-K)*. Göttingen: Hogrefe.

Kohlmann, C.-W., Eschenbeck, H., Heim-Dreger, U., Albrecht, H., Hole, V. & Weber, A. (2005). Entwicklung und Validierung einer Skala zur Erfassung computerbezogener Selbstwirksamkeitserwartungen (SWE-C). In K.-H. Renner, A. Schütz & F. Machilek (Hrsg.), *Internet und Persönlichkeit. Differentiell-psychologische und diagnostische Aspekte der Internetnutzung* (S. 11–23). Göttingen: Hogrefe.

Koole, S. L. & Pelham, B. W. (2003). On the nature of implicit self-esteem: The case of the name letter effect. In S. Spencer, S. Fein & M. P. Zanna (Eds.), *Motivated social perception: The Ontario Symposium* (pp. 93–116). Hillsdale, NJ: Lawrence Erlbaum.

Krohne, H. W. & Hock, M. (2007). *Psychologische Diagnostik. Grundlagen und Anwendungsfelder*. Stuttgart: Kohlhammer.

Krohne, H. W., Egloff, B., Kohlmann, C.-W. & Tausch, A. (1996). Untersuchungen mit einer deutschen Version der »Positive and Negative Affect Schedule« (PANAS). *Diagnostica, 42* (2), 139–156.

Krosnick, J. A., Holbrook, A. L., Berent, M. K., Carson, R. T., Hanemann, W. M., Kopp, R. J. et al. (2002). The impact of 'no opinion' response options on data quality: Non-attitude reduction or an invitation to satisfice? *Public Opinion Quarterly, 66* (3), 371–403.

Kubinger, K. D. (1999). Testtheorie: Probabilistische Modelle. In R. S. Jäger & F. Petermann (Hrsg.), *Psychologische Diagnostik* (4. Aufl., S. 322–334). Weinheim: Beltz.

Kubinger, K. D. (2003). Anamnese. In K. D. Kubinger & R. S. Jäger (Hrsg.), *Schlüsselbegriffe der psychologischen Diagnostik* (S. 13–19). Weinheim: Beltz.

Kubinger, K. D. (2006). Ein Update der Definition von Objektiven Persönlichkeitstests: Experimentalpsychologische Verhaltensdiagnostik.

In T. M. Ortner, R. T. Proyer & K. D. Kubinger (Hrsg.), *Theorie und Praxis Objektiver Persönlichkeitstests* (S. 38–52). Bern: Huber.

Kubinger, K. D. & Ebenhöh, J. (2002). *AH. Arbeitshaltungen.* Mödling: Schuhfried.

Kubinger, K. D. & Floquet, M. (1998). Psychologische Diagnostik: Zum Informationsstand von Psychologen – in Österreich, *Report-Psychologie, 23,* 456–463.

Kubinger, K. D. (2009). *AID 2. Adaptives Intelligenz Diagnostikum 2 (Version 2.2)* (2. überarb. Aufl.). Göttingen: Beltz.

Kurosawa, A. (Director/Writer) & Hashimoto, S. (Writer). (1950). *Rashōmon* [Motion picture]. Japan: Daiei Motion Picture Company.

Lang, F. R., Lüdtke, O. & Asendorpf, J. B. (2001). Testgüte und psychometrische Äquivalenz der deutschen Version des Big Five Inventory (BFI) bei jungen, mittelalten und alten Erwachsenen. *Diagnostica, 47* (3), 111–121.

Latham, G. P. (1989). The reliability, validity, and practicability of the situational interview. In R. W. Eder & G. R. Ferris (Eds.), *The employment interview: Theory, research, and practice* (pp. 169–182). Thousand Oaks, CA: Sage.

Laux, L. (2008). *Persönlichkeitspsychologie* (2. Aufl.). Stuttgart: Kohlhammer.

Laux, L. & Renner, K.-H. (2002). Self-Monitoring und Authentizität : Die verkannten Selbstdarsteller. *Zeitschrift für Differentielle und Diagnostische Psychologie, 23* (2), 129–148.

Laux, L. & Schütz, A. (1996). *Stressbewältigung und Wohlbefinden in der Familie.* Stuttgart: Kohlhammer.

Laux, L. & Weber, H. (1993). *Emotionsbewältigung und Selbstdarstellung.* Stuttgart· Kohlhammer.

Laux, L., Glanzmann, P., Schaffner, P. & Spielberger, C. D. (1981). *STAI. State-Trait-Angstinventar,* Weinheim: Beltz.

Leary, M. R. & Kowalski, R. M. (1990). Impression management: A literature review and two-component model. *Psychological Bulletin, 107* (1), 34–47.

Letzring, T. (2008). The good judge of personality: Characteristics, behaviors, and observer accuracy. *Journal of Research in Personality, 42* (4), 914–932.

Leygraf, N. (2004). Die Begutachtung der Gefährlichkeitsprognose. In K. Foerster (Hrsg.), *Psychiatrische Begutachtung* (4. Aufl., S. 437–452). München: Urban & Fischer Verlag.

Lienert, G. A. (1967). *Testaufbau und Testanalyse* (2. Aufl.). Weinheim: Beltz.

Lienert, G. A. & Raatz, U. (1998). *Testaufbau und Testanalyse* (6. Aufl.). Weinheim: Beltz.

Liepmann, D., Beauducel, A., Brocke, B. & Amthauer, R. (2007). *I-S-T 2000 R. Intelligenz-Struktur-Test 2000 R* (2. Aufl.). Göttingen: Hogrefe.

Lopes, P. N., Hertel, J. & Schütz, A. (2009). *Measuring perceived emotional abilities with the Wong and Law Emotional Intelligence Scale: Promising findings and concerns.* Manuscript submitted for publication.

Lord, F. M. & Novick, M. R. (1968). *Statistical theories of mental test scores.* Reading, MA: Addison-Wesley.

Ludewig, K. & Wilken, U. (1999). *Das Familienbrett. Ein Verfahren für die Forschung und Praxis mit Familien und anderen sozialen Systemen.* Göttingen: Hogrefe.

Lynn, R. (2007). Review of What is intelligence? Beyond the Flynn Effect. *Intelligence, 35* (5), 515–516.

Marcus, B. (2003a). Persönlichkeitstests in der Personalauswahl: Sind »sozial erwünschte« Antworten wirklich nicht wünschenswert? *Zeitschrift für Psychologie, 211* (3), 138–148.

Marcus, B. (2003b). Das Wunder sozialer Erwünschtheit in der Personalauswahl. *Zeitschrift für Personalpsychologie, 2* (3), 129–132.

Marcus, B. (2004). Von sozialer Erwünschtheit als Problem, als Phänomen und als Chance der Eignungsdiagnostik. *Zeitschrift für Personalpsychologie, 3* (3), 122–127.

Marcus, B. & Schütz, A. (2005). Who are the people reluctant to participate in research? Personality correlates of four different types of nonresponse as inferred from self- and observer ratings. *Journal of Personality, 73* (4), 960–984.

Marcus, B., Machilek, F. & Schütz, A. (2006). Personality in cyberspace: Personal web sites as media for personality expressions and impressions. *Journal of Personality and Social Psychology, 90* (6), 1014–1031.

Marcus, B., Bosnjak, M., Lindner, S., Pilischenko, S. & Schütz, A. (2007). Compensating for low topic interest and long surveys: A field experiment on non-response in web surveys. *Social Science Computer Review, 25* (3), 372–383.

Markus, H. & Nurius, P. (1986). Possible selves. *American Psychologist, 41* (9), 954–969.

Mayer, J. D. & Salovey, P. (1997). What is emotional intelligence? In P. Salovey & D. J. Sluyter (Eds.), *Emotional development and emotional intelligence: Educational implications* (pp. 3–34). New York, NY: Basic Books.

Mayer, J. D., Salovey, P. & Caruso, D. R. (2002). *Mayer-Salovey-Caruso Emotional intelligence Test (MSCEIT) item booklet.* Toronto, Canada: MHS Publishers.

Mayring, P. (2002). *Einführung in die qualitative Sozialforschung* (5. Aufl.). Weinheim: Beltz.

Mayring, P. (2003). *Qualitative Inhaltsanalyse. Grundlagen und Techniken* (8. Aufl.). Weinheim: Beltz.

McClelland, D. C., Atkinson, J. W., Clark, R. A. & Lowell, E. L. (1953). *The achievement motive.* East Norwalk, CT: Appleton-Century-Crofts.

McCrae, R. R. & Costa, P. T. (2004). A contemplated revision of the NEO Five-Factor Inventory. *Personality and Individual Differences, 36* (3), 587–596.

McCrae, R. R., Costa, P. T. & Martin, T. A. (2005). The NEO-PI-3: A more readable revised NEO Personality Inventory. *Journal of Personality Assessment, 84* (3), 261–270.

Meehl, P. E. (1954). *Clinical versus statistical prediction: A theoretical analysis and a review of the evidence.* Minneapolis, MN: University of Minnesota Press.

Mees, U. (1977). Einführung in die systematische Verhaltensbeobachtung. In U. Mees & H. Selg (Hrsg.), *Verhaltensbeobachtung und Verhaltensmodifikation* (S. 14–32). Stuttgart: Klett.

Mehlkop, G. & Becker, R. (2007). Zur Wirkung monetärer Anreize auf die Rücklaufquote in postalischen Befragungen zu kriminellen Handlungen. Theoretische Überlegungen und empirische Befunde eines Methodenexperiments. *Methoden-Daten-Analysen, 1,* 5–24.

Melchers, K. G. & Kleinmann, M. (2007). Beurteilungsakkuratheit und Beurteilertraining. In H. Schuler & K. Sonntag (Hrsg.), *Handbuch der Arbeits- und Organisationspsychologie* (S. 561–566). Göttingen: Hogrefe.

Merydith, S. P. & Wallbrown, F. H. (1991). Reconsidering response sets, test-taking attitudes, dissimulation, self-deception, and social desirability. *Psychological Reports, 69* (3), 891–905.

Mika, T. (2002). Wer nimmt Teil an Panel-Befragungen? Untersuchung über die Bedingungen der erfolgreichen Kontaktierung für sozialwissenschaftliche Untersuchungen. *ZUMA-Nachrichten, 51,* 38–48.

Miller, D. T. & Ross, M. (1975). Self-serving biases in the attribution of causality: Fact or fiction? *Psychological Bulletin, 82* (2), 213–225.

Mischel, W. (1968). *Personality and assessment.* New York: Wiley.

Mischel, W. (1977). The interaction of person and situation. In D. Magnusson & N. S. Endler (Eds.), *Personality at the crossroads: Current issues in interactional psychology* (pp. 333–352). Hillsdale, NJ: Erlbaum.

Moosbrugger, H. & Kelava, A. (Hrsg.). (2007). *Testtheorie und Fragebogenkonstruktion.* Heidelberg: Springer.

Moosbrugger, H. & Goldhammer, F. (2007). *Frankfurter Adaptiver Konzentrationsleistungs-Test II* (2. Aufl.). Bern: Huber.

Moscovici, S. & Zavalloni, M. (1969). The group as a polarizer of attitudes. *Journal of Personality and Social Psychology, 12* (2), 125–135.

Möseneder, D. & Ebenhöh, J. (1996). *ILICA. Simulationstest zur Erfassung des Entscheidungsverhaltens.* Frankfurt am Main: Swets.

Mummendey, H. D. (1987). *Die Fragebogen-Methode.* Göttingen: Hogrefe.

Mummendey, H. D. (1995). *Psychologie der Selbstdarstellung* (2.Aufl.). Göttingen: Hogrefe.

Mummendey, H. D. (2003). *Die Fragebogen-Methode. Grundlagen und Anwendungen in Persönlichkeits-, Einstellungs- und Selbstkonzeptforschung* (4. Aufl.). Göttingen: Hogrefe.

Murray, H. A. (1936). *Thematic Apperception Test.* New York: Grune & Stratton.

Murray, H. A. (1938). *Explorations in personality.* Oxford: Oxford University Press.

Murray, H. A. (1991). *TAT. Thematic Apperception Test* (3. Aufl.). Göttingen: Hogrefe.

Musch, J., Brockhaus, R. & Bröder, A. (2002). Ein Inventar zur Erfassung von zwei Faktoren sozialer Erwünschtheit. *Diagnostica, 48* (3), 121–129.

Neisser, U., Boodoo, G., Bouchard, T. J. Jr., Boykin, A. W., Brody, N., Ceci, S. J., Halpern, D. F., Loehlin, J. C., Perloff, R., Sternberg, R. J. & Urbina, S. (1996). Intelligence: Knowns and unknowns. *American Psychologist, 51* (2), 77–101.

Nezlek, J. B., Schütz, A., Schröder-Abé, M. & Smith, C. V. (2009). *A cross-cultural study of relationships between daily social interaction and the Five Factor Model of personality.* Manuscript submitted for publication.

Nisbett, R. E. & Wilson, T. D. (1977). Telling more than we can know: Verbal reports on mental processes. *Psychological Review, 84* (3), 231–259.

Nosek, B. A. & Banaji, M. R. (2001). The Go/No-go Association Task. *Social Cognition, 19* (6), 625–666.

Novick, M. R. (1966). The axioms and principal results of classical test theory. *Journal of Mathematical Psychology, 3,* 1–18,

Nowack, W. (1987). SYMLOG as an instrument of »internal« and »external« perspective taking: Construct validation and temporal change. *International Journal of Small Group Research, 3* (2), 180–197.

Nowack, W. (1989). *Interaktionsdiagnostik. SYMLOG als Rückmelde- und Forschungsinstrument* (Serie: Person, Gruppe, Kultur. Psychologische Perspektiven, Nr. 1). Saarbrücken: Dadder.

Nuttin, J. M., Jr. (1985). Narcissism beyond Gestalt and awareness: The name letter effect. *European Journal of Social Psychology, 15* (3), 353–361.

Ones, D. S., Viswesvaran, C. & Reiss, A. D. (1996). Role of social desirability in personality testing for personnel selection: The red herring. *Journal of Applied Psychology, 81* (6), 660–679.

Ortner, T. M., Kubinger, K. D., Schrott, A., Radinger, R. & Litzenberger, M. (2006). *BAcO–D. Belastbarkeits-Assessment: Computerisierte Objektive Persönlichkeitstestbatterie.* Frankfurt am Main: Harcourt.

Ortner, T. M., Proyer, R. T. & Kubinger, K. D. (Hrsg.). (2006). *Theorie und Praxis Objektiver Persönlichkeitstests.* Bern: Huber.

Ortner, T. M., Horn, R., Kersting, M., Krumm, S., Kubinger, K. D., Schmidt-Atzert, L. et al. (2007). Standortbestimmung und Zukunft Objektiver Persönlichkeitstests. *Report Psychologie, 32* (2), 60–69.

Ostendorf, F. & Angleitner, A. (2004). *NEO-PI-R. Neo-Persönlichkeitsinventar, revidierte Form.* Göttingen: Hogrefe.

Otto, J. H., Döring-Seipel, E., Grebe, M. & Lantermann, E.-D. (2001). Entwicklung eines Fragebogens zur Erfassung der wahrgenommenen emotionalen Intelligenz. Aufmerksamkeit auf, Klarheit und Beeinflussbarkeit von Emotionen. *Diagnostica, 47* (4), 178–187.

Paulhus, D. L. (1984). Two-component models of socially desirable responding. *Journal of Personality & Social Psychology, 46* (3), 598–609.

Paulhus, D. L., Fridhandler, B. & Hayes, S. (1997). Psychological defense: Contemporary theory and research. In J. A. Johnson, R. Hogan & S. R. Briggs (Eds.), *Handbook of Personality Psychology* (pp. 543–579). New York: Academic Press.

Pauls, C. A. & Crost, N. W. (2005). Cognitive ability and self-reported efficacy of self-presentation predict faking on personality measures. *Journal of Individual Differences, 26* (4), 194–206.

Pawlik, K. (1976). Modell- und Praxisdimensionen psychologischer Diagnostik. In K. Pawlik (Hrsg.), *Diagnose der Diagnostik. Beiträge zur Diskussion der psychologischen Diagnostik in der Verhaltensmodifikation* (S. 13–43). Stuttgart: Klett.

Pawlik, K. (2006). Objektive Tests in der Persönlichkeitsforschung. In T. M. Ortner, R. T. Proyer & K. D. Kubinger (Hrsg.), *Theorie und Praxis Objektiver Persönlichkeitstests* (S. 16–23). Bern: Huber.

Petermann, F. (1992). *Einzelfalldiagnose und klinische Praxis* (2. Aufl.). Stuttgart: Kohlhammer.

Petermann, F. (2005). Kontrollierte Praxis. In F. Petermann & H. Reinecker (Hrsg.), *Handbuch der Klinischen Psychologie und Psychotherapie* (S. 168–177). Göttingen: Hogrefe.

Petermann, F. & Petermann, U. (2008). *HAWIK-IV. Hamburg-Wechsler-Intelligenztest für Kinder-IV* (2. Aufl.). Göttingen: Hogrefe.

PISA-Konsortium Deutschland (Hrsg.). (2008). *PISA 2006 in Deutschland. Die Kompetenzen der Jugendlichen im dritten Ländervergleich.* Münster: Waxmann.

Rammstedt, B. (1997). *BFI. Big Five Inventory – deutsche Fassung.* Unveröffentlichte Diplomarbeit. Universität Bielefeld.

Rasch, G. (1960). *Probabilistic models for some intelligence and attainment tests.* Kopenhagen: Danish Institue for Educational Research.

Rasinski, K. A., Visser, P. S., Zagatsky, M. & Rickett, E. M. (2005). Using implicit goal priming to improve the quality of self-report data. *Journal of Experimental Social Psychology, 41* (3), 321–327.

Reimann, G. (2009). *Moderne Eignungsbeurteilung mit der DIN 33430.* Wiesbaden: VS Verlag.

Renner, K.-H. (2005). Verhaltensbeobachtung. In H. Weber & T. Rammsayer (Hrsg.), *Handbuch der Persönlichkeitspsychologie und Differentiellen Psychologie* (S. 149–157). Göttingen: Hogrefe.

Renner, K.-H., Schütz, A. & Machilek, F. (Hrsg.). (2005). *Internet und Persönlichkeit. Differentiell-psychologische und diagnostische Aspekte der Internetnutzung.* Göttingen: Hogrefe.

Rentzsch, K. & Schütz, A. (in Druck). Die Kombination idiographischer und nomothetischer Herangehensweisen an Projekte von besonderer Praxisnähe. Mehrebenenanalysen über den Zusammenhang von Persönlichkeit und Mobbing in Schulklassen. In G. Jüttemann & W. Mack (Hrsg.), *Konkrete Psychologie. Die Gestaltungsanalyse der Handlungswelt* (Kap. 24). Lengerich: Pabst Science Publishers.

Rentzsch, K. & Schütz, A. (2009). *Eine Validierungsstudie der Multidimensionalen Selbstwertskala (MSWS) an SchülerInnen der achten Klasse.* Manuskript in Vorbereitung.

Ricken, G., Fritz, A., Schuck, K.-D. & Preuß, U. (2007). *HAWIVA-III. Hannover-Wechsler-Intelligenztest für das Vorschulalter – III.* Bern: Huber.

Roese, N. J. & Jamieson, D. W. (1993). Twenty years of bogus pipeline research: A critical review and meta-analysis. *Psychological Bulletin, 114* (2), 363–375.

Rogers, C. R. (1961). *On becoming a person. A therapist's view of psychotherapy.* Boston, MA: Houghton Mifflin.

Rorschach, H. (1921). *Psychodiagnostik.* Bern: Huber.

Rorschach, H. (1992). *Rorschach-Psychodiagnostik* (11. Aufl.). Göttingen: Hogrefe.

Rosenhan, D. L. (1973). On being sane in insane places. *Science, 179* (4070), 250–258.

Rosenthal, R. & Jacobson, L. (1968). *Pygmalion in the classroom.* New York: Holt.

Ross, L. (1977). The intuitive psychologist and his shortcomings: Distortions in the attribution process. In L. Berkowitz (Ed.), *Advances in experimental social psychology* (Vol. 10, pp. 173–220). New York: Academic Press.

Rost, J. (1996). *Lehrbuch Testtheorie – Testkonstruktion.* Bern: Huber.

Rost, J. (2004). *Lehrbuch Testtheorie – Testkonstruktion* (2. Aufl.). Bern: Huber.

Rudolph, A., Schröder, M. & Schütz, A. (2006). Ein Impliziter Assoziationstest zur Erfassung von Selbstwertschätzung. In T. M. Ortner, R. T. Proyer & K. D. Kubinger (Hrsg.), *Theorie und Praxis Objektiver Persönlichkeitstests* (S. 153–163). Bern: Huber.

Rudolph, A., Schröder-Abé, M., Schütz, A., Gregg, A. P. & Sedikides, C. (2008). Through a glass, less darkly? Reassessing convergent and discriminant validity in measures of implicit self-esteem. *European Journal of Psychological Assessment, 24,* 273–281.

Rustemeyer, R. (1992). *Praktisch-methodische Schritte der Inhaltsanalyse. Eine Einführung am Beispiel der Analyse von Interviewtexten.* Münster: Aschendorff.

Saal, F. & Landy, F. J. (1977). The mixed standard rating scale: An evaluation. *Organizational Behavior and Human Performance, 18* (1), 19–35.

Santacreu, J., Rubio, V. J. & Hernández, J. M. (2006). The objective assessment of personality: Cattell's T-data revisited and more. *Psychology Science, 48* (1), 53–68.

Salovey, P. & Mayer, J. D. (1989–1990). Emotional Intelligence. *Imagination, Cognition and Personality, 9* (3), 185–211.

Salovey, P., Mayer, J. D., Caruso, D. & Lopes, P. N. (2001). Measuring emotional intelligence as a set of abilities with the Mayer-Salovey-Caruso Emotional Intelligence. In S. J. Lopez & C. R. Snyder (Eds.): *Positive psychological assessment: A handbook of models and measures* (pp. 251–265). Washington, DC: American Psychological Association.

Salovey, P., Mayer, J. D., Goldman, S. L., Turvey, C. & Palfai, T. P. (1995). Emotional attention, clarity, and repair: Exploring emotional intelligence using the Trait Meta-Mood Scale. In J. W. Pennebaker (Ed.), *Emotion, disclosure, and health* (pp. 125–154). Washington, DC: American Psychological Association.

Saß, H., Wittchen, H.-U., Zaudig, M. & Houben, I. (2003). *Diagnostische Kriterien des Diagnostischen und Statistischen Manuals Psychischer Störungen – Textrevision – DSM-IV-TR.* Göttingen: Hogrefe.

Satir, V., Stachowiak, J. & Taschman, H. A. (2000). *Praxiskurs Familientherapie. Die Entwicklung individuellen Gewahrseins und die Veränderung von Familien.* Paderborn: Junfermann.

Schaarschmidt, U. & Fischer, A. W. (1999). *IPS. Inventar zur Persönlichkeitsdiagnostik in Situationen.* Frankfurt am Main: Swets.

Schaipp, C. & Plaum, E. (1995). *»Projektive Techniken«. Unseriöse Tests oder wertvolle qualitative Methoden?* Bonn: Deutscher Psychologen-Verlag.

Schein, V. E., Mueller, R., Lituchy, T. & Liu, J. (1996). Think manager – think male: A global phenomenon? *Journal of Organizational Behavior, 17* (1), 33–41.

Schlenker, B. R. (1980). *Impression management: The self-concept, social identity, and interpersonal relations.* Monterey, CA: Brooks/Cole.

Schmale, H. & Schmidtke, H. (2001). *BET. Berufseignungstest* (4. Aufl.). Göttingen: Hogrefe.

Schmalt, H.-D., Sokolowski, K. & Langens, T. (2000). *MMG. Das Multi-Motiv-Gitter für Anschluß, Leistung und Macht.* Frankfurt am Main: Swets.

Schmid, F. W. (1999). Ethik. In R. S. Jäger & F. Petermann (Hrsg.), *Psychologische Diagnostik* (S. 121–128). Weinheim: Beltz.

Schmidt, L. R. (1975). *Objektive Persönlichkeitsmessung in diagnostischer und klinischer Psychologie.* Weinheim: Beltz.

Schmidt, L. R. (1999). Psychodiagnostisches Gutachten. In R. S. Jäger & F. Petermann (Hrsg.), *Psychologische Diagnostik* (4. Aufl., S. 468–477). Weinheim: Beltz PVU.

Schmidt, F. L. & Hunter, J. E. (1998). The validity and utility of selection methods in personnel psychology. Practical and theoretical implications of 85 years of research findings. *Psychological Bulletin, 124* (2), 262–274.

Schmidt-Atzert, L. (2004). *OLMT. Objektiver Leistungsmotivationstest.* Mödling: Schuhfried.

Schmidt-Atzert, L. & Bühner, M. (2002, September). *Entwicklung eines Leistungstests zur Emotionalen Intelligenz*: 43. Kongress der Deutschen Gesellschaft für Psychologie, Berlin.

Schmit, M. J. & Ryan, A. M. (1993). The big five in personnel selection: Factor structure in applicant and non-applicant populations. *Journal of Applied Psychology, 78* (6), 966–974.

Schmitz, B. (2000). Auf der Suche nach dem verlorenen Individuum: Vier Theoreme zur Aggregation von Prozessen. *Psychologische Rundschau, 51* (2), 83–92.

Schneewind, K. A. (1988a). Die Familienklimaskalen (FKS). In M. Cierpka (Hrsg.), *Familiendiagnostik* (S. 232–255). Berlin: Springer.

Schneewind, K. A. (1988b). Das »Familiendiagnostische Testsystem« (FDTS): Ein Fragebogeninventar zur Erfassung familiärer Beziehungsaspekte auf unterschiedlichen Systemebenen. In M. Cierpka (Hrsg.), *Familiendiagnostik* (S. 320–342). Berlin: Springer.

Schneewind, K. A. & Graf, J. (1998). *16PF-R. 16-Persönlichkeits-Faktoren-Test – revidierte Fassung.* Bern: Huber.

Schneider, S., In-Albon, T. & Margraf, J. (2006). Handbuch zum DIPS für DSM-IV. In S. Schneider & J. Margraf (Hrsg.), *Diagnostisches Interview bei psychischen Störungen (DIPS für DSM-IV).* Berlin: Springer.

Schneider, S., Unnewehr. S. & Margraf, J. (2009). *Kinder-DIPS. Diagnostisches Interview bei psychischen Störungen im Kindes- und Jugendalter* (2. Aufl.). Heidelberg: Springer.

Schneider, W. (2005). Zur Lage der Psychologie in Zeiten hinreichender, knapper und immer knapperer finanzieller Ressourcen. Entwicklungstrends der letzten 35 Jahre. *Psychologische Rundschau, 56* (1), 2–19.

Schorr, A. (1995). Stand und Perspektiven diagnostischer Verfahren in der Praxis. Ergebnisse einer repräsentativen Befragung westdeutscher Psychologen. *Diagnostica, 41* (1), 3–20.

Schröder-Abé, M., Röhner, J., Rudolph, A. & Schütz, A. (2009, September). *Fakeability of a self-esteem IAT with and without detailed faking instructions.* Paper presented at the 10th European Conference on Psychological Assessment, Ghent, Belgium.

Schuler, H. (1992). Das Multimodale Einstellungsinterview. *Diagnostica, 38* (4), 281–300.

Schuler, H. (2007). *Assessment Center zur Potenzialanalyse.* Göttingen: Hogrefe.

Schuler, H. & Funke, U. (1989). Berufseignungsdiagnostik. In H. Schuler, A. B. Weinert & E. Roth (Hrsg.), *Enzyklopädie der Psychologie* (Serie III: Wirtschafts-, Organisations- und Arbeitspsychologie, Bd. 3: Organisationspsychologie, S. 281–320). Göttingen: Hogrefe.

Schuler, H., Funke, U., Moser, K. & Donat, M. (1995). *Personalauswahl in Forschung und Entwicklung. Eignung und Leistung von Wissenschaftlern und Ingenieuren.* Göttingen: Hogrefe.

Schulze, R. D., Freund, A. & Roberts, R. (Hrsg.). (2006). *Emotionale Intelligenz. Ein internationales Handbuch.* Göttingen: Hogrefe.

Schütz, A. (1992). *Selbstdarstellung von Politikern. Analyse von Wahlkampfauftritten.* Weinheim: Deutscher Studienverlag.

Schütz, A. (1993). Self-presentational tactics used in a German election campaign. *Political Psychology, 14,* 471–493.

Schütz, A. (1994). Selbstwertdienliche Verzerrungen in Berichten über Partnerschaftskonflikte. *Zeitschrift für Familienforschung, Sonderheft 1,* 281–285.

Schütz, A. (1998). Assertive, offensive, protective, and defensive styles of self-presentation: A taxonomy. *Journal of Psychology: Interdisciplinary and Applied, 132* (6), 611–628.

Schütz, A. (2005). *Je selbstsicherer desto besser? Licht und Schatten positiver Selbstbewertung.* Weinheim: Beltz.

Schütz, A., Bößneck, A., Bartholdt, L., Rottloff, K. & Müller, A. (in Druck). Planung, Erprobung und Implementierung eines Online-Self-Assessments für Informatik an der Technischen Universität Chemnitz. In G. Rudinger (Hrsg.), *Self-Assessment zur Studienfachwahl an Hochschulen.* Göttingen: V&R unipress.

Schütz, A. & Marcus, B. (2004). Selbstdarstellung in der Diagnostik. Die Testperson als aktives Subjekt. In G. Jüttemann (Hrsg.), *Psychologie als Humanwissenschaft. Ein Handbuch* (S. 198–212). Göttingen: Vandenhoeck & Ruprecht.

Schütz, A. & Sellin, I. (2006). *MSWS. Multidimensionale Selbstwertskala.* Göttingen: Hogrefe.

Schütz, A. & Hoge, L. (2007). *Positives Denken. Vorteile, Risiken, Alternativen.* Stuttgart: Kohlhammer.

Schütz, A., Selg, H. & Lautenbacher, S. (2005). Das Studium der Psychologie und Berufsperspektiven von Psychologinnen und Psychologen. In A. Schütz, H. Selg & S. Lautenbacher (Hrsg.), *Psychologie. Eine Einführung in ihre Grundlagen und Anwendungsfelder* (3. Aufl., S. 12–39). Stuttgart: Kohlhammer.

Schwarz, N. (1999). Self-reports: How the questions shape the answers. *American Psychologist, 54* (2), 93–105.

Schwarz, N., Bless, H. & Bohner, G. (1991). Mood and persuasion: Affective states influence the processing of persuasive communications. *Advances in experimental social psychology, 24,* 161–197.

Schweizer, K. (Hrsg.). (2006). *Leistung und Leistungsdiagnostik.* Heidelberg: Springer.

Schwenkmezger, P., Hodapp, V. & Spielberger, C. D. (1992). *STAXI. State-Trait-Ärgerausdrucks-Inventar.* Bern: Huber.

Sczesny, S. & Kühnen, U. (2004). Meta-cognition about biological sex and gender-stereotypic physical appearance: Consequences for the assessment of leadership competence. *Personality and Social Psychology Bulletin, 30* (1), 13–21.

Sczesny, S. & Stahlberg, D. (2002). The influence of gender-stereotyped perfumes on leadership attribution. *European Journal of Social Psychology, 32* (6), 815–828.

Sedlmeier, P. (2006). The role of scales in student ratings. *Learning and Instruction, 16* (5), 401–415.

Sedlmeier, P. & Köhlers, D. (2001). *Wahrscheinlichkeiten im Alltag. Statistik ohne Formeln.* Braunschweig: Westermann.

Sedlmeier, P. & Renkewitz, F. (2008). *Forschungsmethoden und Statistik in der Psychologie.* München: Pearson-Studium.

Seligman, M. E. & Csikszentmihalyi, M. (2000). Positive Psychology: An introduction. *American Psychologist, 55* (1), 5–14.

Sektion Arbeits-, Betriebs- und Organisationspsychologie im Berufsverband Deutscher Psychologen (1980). *Grundsätze für die Anwendung psychologischer Eignungsuntersuchungen in Wirtschaft und Verwaltung.* Bonn: Berufsverband Deutscher Psychologen.

Shavelson, R. J., Hubner, J. J. & Stanton, G. C. (1976). Self-concept: Validation of construct interpretations. *Review of Educational Research, 46* (3), 407–441.

Sieverding, M. (2005). Der ‚Gender Gap' in der Internetnutzung. In K.-H. Renner, A. Schütz & F. Machilek (Hrsg.), *Internet und Persönlichkeit. Differentiell-psychologische und diagnostische Aspekte der Internetnutzung* (S. 159–172). Göttingen: Hogrefe.

Simon, P. & Kreuzpointer, L. (2008). Die Verwässerung des Reliabilitätskonzepts der klassischen Testtheorie im Falle von Ratingskalen. In W. Sarges & D. Scheffer (Hrsg.), *Innovative Ansätze für die Eignungsdiagnostik* (S. 321–331). Göttingen: Hogrefe.

Snyder, M. (1974). Self-monitoring of expressive behavior. *Journal of Personality and Social Psychology, 30* (4), 526–537.

Snyder, M. (1987). *Public appearance and private realities: The psychology of self-monitoring.* New York: Freeman & Co.

Snyder, C. R., Higgins, R. L. & Stucky, R. J. (1983). *Excuses: Masquerades in search of grace.* New York: John Wiley & Sons.

Spearman, C. (1904). »General intelligence,« objectively determined and measured. *American Journal of Psychology, 15* (2), 201–293.

Spielberger, C. D., Gorsuch, R. L. & Lushene, R. E. (1970). *STAI. State-Trait Anxiety Inventory.* Palo Alto, CA: Consulting Psychologist Press.

Spreen, O. (1963). *MMPI Saarbrücken. Minnesota Multiphastic Personality Inventory Saarbrücken.* Bern: Huber.

Srivastava, S., John, O. P., Gosling, S. D. & Potter, J. (2003). Development of personality in early and middle adulthood: Set like plaster or persistent change?. *Journal of Personality and Social Psychology, 84* (5), 1041–1053.

Steffens, M. (2004). Is the implicit association test immune to faking? *Experimental Psychology, 51* (3), 165–179.

Steinmayr, R., Schütz, A., Hertel, J. & Schröder-Abé, M. (2010). *Deutsche Version des Mayer-Salovey-Caruso-Emotional Intelligence Test (MSCEIT).* Bern: Hogrefe.

Stelzl, I. (1993). Testtheoretische Modelle. In L. Tent & I. Stelzl (Hrsg.), *Pädagogisch-psychologische Diagnostik 1* (S. 39–201). Göttingen: Hogrefe.

Stemmler, G. (2005). Studierendenauswahl durch Hochschulen: Ungewisser Nutzen. *Psychologische Rundschau, 56* (2), 125–127.

Steyer, R. & Eid, M. (2001). *Messen und Testen* (2. Aufl.). Berlin: Springer.

Steyer, R., Schwenkmezger, P., Notz, P. & Eid, M. (1997). *MDBF. Der Mehrdimensionale Befindlichkeitsfragebogen.* Göttingen: Hogrefe.

Strack, F. (2007). *Zur Psychologie der standardisierten Befragung. Kognitive und kommunikative Prozesse.* Zugriff am 19.03.2009. Verfügbar unter http://www.opus-bayern.de/uni-wuerzburg/volltexte/2007/2169/

Strack, F. & Deutsch, R. (2004). Reflection and impulse as determinants of 'conscious' and 'unconscious' motivation. In J. P. Forgas, K. Williams & S. Laham (Eds.), *Social motivation: Conscious and uncon-scious processes.* Cambridge, UK: Cambridge University Press.

Strack, F., Schwarz, N. & Gschneidinger, E. (1985). Happiness and rem-iniscing: The role of time perspective, affect, and mode of thinking. *Journal of Personality and Social Psychology, 49* (6), 1460–1469.

Stumpf, H. (1996). Klassische Testtheorie. In E. Erdfelder, R. Mausfeld, T. Meiser & G. Rudinger (Hrsg.), *Handbuch Quantitative Methoden* (S. 411–430). Weinheim: Beltz.

Süß, H.-M., Seidel, K. & Weis, S. (2007). *Magdeburger Test zur Sozialen Intelligenz (SIM).* Magdeburg: Otto-von-Guericke-Universität, In-stitut für Psychologie, Abteilung für Methodenlehre, Psychodiag-nostik und Evaluationsforschung.

Süß, H.-M., Seidel, K. & Weis, S. (2008). Neue Wege zur leistungsba-sierten Erfassung sozialer Intelligenz und erste Befunde. In W. Sar-ges & D. Scheffer (Hrsg.), *Innovative Ansätze für die Eignungsdia-gnostik.* Göttingen: Hogrefe.

Swann, W. B., Jr. (1983). Self-verification: Bringing social reality into harmony with the self. In J. Suls & A. G. Greenwald (Eds.), *Social psychological perspectives on the self* (Vol. 2, pp. 33–66). Hillsdale, NJ: Erlbaum.

Taylor, S. E. & Brown, J. D. (1988). Illusion and well-being: A social psychological perspective on mental health. *Psychological Bulletin, 103* (2), 193–210.

Tent, L. & Stelzl, I. (1993). *Pädagogisch-psychologische Diagnostik* (Band 1 Theoretische und methodische Grundlagen). Göttingen: Hogrefe.

Testkuratorium (2006). TBS-TK. Testbeurteilungssystem des Testkura-toriums der Föderation Deutscher Psychologenvereinigungen. Stand und Perspektiven, Fassung vom 28.9.06. *Report Psychologie, 31,* 492–499.

Tewes, U. (1991). *HAWIE-R. Hamburg-Wechsler Intelligenztest für Erwach-sene, Revision 1991. Handbuch und Testanweisung.* Bern: Huber.

Thorndike, E. L. (1920). Intelligence and its uses. *Harper's Monthly Magazine, 140,* 227–235.

Todt, E. (1967). *DIT. Differentieller Interessenstest.* Bern: Huber.

Tourangeau, R. & Yan, T. (2007). Sensitive questions in surveys. *Psycho-logical Bulletin, 133* (5), 859–883.

Viswesvaran, C. & Ones, D. S. (1999). Meta-analyses of fakability esti-mates: Implications for personality measurement. *Educational and Psychological Measurement, 59* (2), 197–210.

Vogt, D. & Colvin, C. (2003). Interpersonal orientation and the accuracy of personality judgements. *Journal of Personality, 71* (2), 267–295.

Volbert, R. & Steller, M. (2004). Die Begutachtung der Glaubhaftigkeit. In U. Venzlaff & K. Foerster (Hrsg.), *Psychiatrische Begutachtung* (S. 693–728). München: Urban & Fischer.

Wagner-Menghin, M. M. (2003). Computerdiagnostik. In K. D. Kubinger & R. S. Jäger (Hrsg.), *Schlüsselbegriffe der Psychologischen Diagnostik* (S. 68–82). Weinheim: PVU.

Wagner-Menghin, M. M. (2004). *LEWITE. Lexikon-Wissen-Test.* Mödling: Schuhfried.

Walter et al. (2005). Entwicklungsschritte für einen computeradaptiven Test zur Erfassung von Angst (A-CAT). *Diagnostica, 51* (2). 88–100.

Walter, P. (1991). Die »Vermessung« des Menschen: Meßtheoretische und methodologische Grundlagen psychologischen Testens. In S. Grubitzsch, *Testtheorie – Testpraxis. Psychologische Tests und Prüfverfahren im kritischen Überblick* (S. 98–127). Reinbek: Rowohlt.

Warner, S. (1965). Randomized response: A survey technique for eliminating evasive answer bias. *Journal of the American Statistical Association, 60,* 63–69.

Watzlawick, P., Beavin, J. H. & Jackson, D. D. (2007). *Menschliche Kommunikation. Formen, Störungen, Paradoxien* (11. Aufl.). Bern: Hans Huber.

Wechsler, D. (1981). *WAIS-R. Wechsler Adult Intelligence Scale-Revised.* Cleveland, OH: Psychological Corporation. Harcourt Brace Jovanovich.

Wechsler, D. (1997). *Wechsler Adult Intelligence Scale – 3rd Edition: Technical manual.* San Antonio, TX: The Psychological Corporation.

Weiner, B. (1986). *An attributional theory of motivation and emotion.* New York: Springer.

Weiß, R. H. (2008). *Grundintelligenztest Skala 2 – Revision (CFT 20-R).* Göttingen: Hogrefe.

Wernimont, P. F. & Campbell, J. P. (1968). Signs, samples, and criteria. *Journal of Applied Psychology, 52* (5), 372–376.

Werth, L. (2004). *Psychologie für die Wirtschaft: Grundlagen und Anwendungen.* Heidelberg: Spektrum Akademischer Verlag.

Westhoff, K. & Kluck, M.-L. (2003). *Psychologische Gutachten schreiben und beurteilen* (4. Aufl.). Berlin: Springer.

Westhoff, K., Hellfritsch, L. J., Hornke, L. F., Kubinger, K. D., Lang, F., Moosbrugger, H., Püschel, A. & Reimann, G. (Hrsg.). (2004). *Grundwissen für die berufsbezogene Eignungsbeurteilung nach DIN 33430.* Lengerich: Pabst Science Publisher.

White, P. H., Sanbonmatsu, D. M., Croyle, R. T. & Smittpatana, S. (2002). Test of socially motivated underachievement: 'Letting up' for others. *Journal of Experimental Social Psychology, 38* (2), 162–169.

Wieczerkowski, W. & Oeveste, H. Z. (1982). Zuordnungs- und Entscheidungsstrategien. In K. J. Klauer (Hrsg.), *Handbuch der Pädagogischen*

Diagnostik (Bd. 2, Studienausgabe, S. 919–951). Düsseldorf: Schwann.

Wilhelm, O., Formazin, M., Böhme, K., Kunina, O., Jonkmann, K. & Köller, O. (2006). Auswahltests für Psychologiestudierende: Befundlage und neue Ergebnisse. *Report Psychologie, 31* (8), 338–349.

Wilson, T. D. (2002). *Strangers to ourselves: Discovering the adaptive unconscious.* Cambridge, MA: Harvard University Press.

Winckelmann, H. & Redlich, A. (1997). Was erwarten Psychologen von ihren Berufspraktikanten? *Report Psychologie, 22* (9), 690–699.

Wirtz, M. & Caspar, F. (2002). *Beurteilerübereinstimmung und Beurteilerreliabilität. Methoden zur Bestimmung und Verbesserung der Zuverlässigkeit von Einschätzungen mittels Kategoriensystemen und Ratingskalen.* Göttingen: Hogrefe.

Wittchen, H.-U. (2006). Diagnostische Klassifikation psychischer Störungen. In H.-U. Wittchen & J. Hoyer (Hrsg.), *Klinische Psychologie und Psychotherapie* (S. 25–52). Heidelberg: Springer.

Wittchen, H.-U. & Semler, G. (1990). *Composite International Diagnostic Interview (CIDI).* Weinheim: Beltz.

Wittchen, H.-U., Zaudig, M. & Fydrich, T. (1997). *SKID-I/II. Strukturiertes Klinisches Interview für DSM-IV.* Göttingen: Hogrefe.

Woehr, D. J. & Huffcutt, A. I. (1994). Rater training for performance appraisal: A quantitative review. *Journal of Occupational and Organizational Psychology, 67* (3), 189–205.

Wong, C.-S. & Law, K. S. (2002). The effects of leader and follower emotional intelligence on performance and attitude: An exploratory study. *Leadership Quarterly, 13* (3), 243–274.

World Health Organization (WHO). (1992). *The ICD-10 classification of mental and behavioural disorders: clinical description and diagnostic guidelines.* Geneva: World Health Organization.

Zerssen, D. (1975). *Bf-S. Befindlichkeits-Skala.* Weinheim: Beltz.

Zimmerhofer, A. & Hornke, L. F. (2005). Konzeption einer webbasierten Studienberatung für Interessierte der Studienfächer Informatik, Elektrotechnik und Technische Informatik. In K.-H. Renner, F. Machilek & A. Schütz (Hrsg.), *Internet und Persönlichkeit. Differentiell-psychologische und diagnostische Aspekte der Internetnutzung* (S. 269–283). Göttingen: Hogrefe.

Zimmerman, D. & Williams, R. (1977). The theory of test validity and correlated errors of measurement. *Journal of Mathematical Psychology, 16* (2), 135–152.

Zuschlag, B. (2006). *Richtlinien für die Erstellung psychologischer Gutachten* (2. Aufl.). Bonn: Deutscher Psychologen Verlag.

Testverzeichnis

Abkürzungen	Titel	Autoren	Seite
CIDI	Composite International Diagnostic Interview	Wittchen & Semler, 1990	273
d2	Aufmerksamkeits-Belastungs-Test	Brickenkamp, 2002	72, 86, 190
DIT	Differentieller Interessentest	Todt, 1967	72, 190
DIPS	Diagnostisches Interview bei psychischen Störungen	Schneider, In-Albon & Margraf, 2006	273
DIPS-K	Diagnostisches Interview bei psychischen Störungen im Kindes- und Jugendalter	Schneider, Unne-wehr & Margraf, 2009	273
Duplicate IPT	Duplicate Initial Preference Task	Rudolph, Schröder-Abé, Schütz, Gregg & Sedikides, 2008	313
EAST	Extrinsic Affective Simon Task	De Houwer, 2003	313
EPI	Eysenck Personality Inventory (dt. Eysenck Persönlichkeits-inventar)	Eysenck, 1970 (dt. Eggert, 1983)	26
EWL	Eigenschaftswörterliste	Janke & Debus, 1978	107
EWL40-KJ	Eigenschaftswörterliste für Kinder und Jugendliche	Janke & Janke, 2005	107
FAKT-II	Frankfurter Adaptiver Kon-zentrationsleistungs-Test	Moosbrugger & Goldhammer, 2007	171
FDTS	Familiendiagnostisches Testsystem	Schneewind, 1988b	115
FIS	Feelings of Inadequacy Scale	Janis & Field, 1959	104
FKS	Familienklimaskalen	Schneewind, 1988a	115
FPI-R	Freiburger Persönlichkeits-inventar	Fahrenberg, Hempel & Selg, 2001	72, 181, 190
GNAT	Go/No-go Association Task	Nosek & Banaji, 2001	313
GT	Gießen-Test	Beckmann, Brähler & Richter, 1990	72
GWT	Gestaltwahrnehmungstest	Hergovich & Hörndler, 1994	308

Abkürzungen	Titel	Autoren	Seite
HAWIE-R	Hamburg Wechsler Intelligenztest für Erwachsene	Tewes, 1991	26, 73, 86–89, 180, 187, 233
HAWIK	Hamburg-Wechsler-Intelligenztest für Kinder	Hardesty & Priester, 1956	180
HAWIK-IV	Hamburg-Wechsler-Intelligenztest für Kinder IV	Petermann & Petermann, 2008	73, 86, 190
HAWIVA-III	Hannover-Wechsler-Intelligenztest für das Vorschulalter III	Ricken, Fritz, Preuss & Schuck, 2007	73, 86
HKSD	HKS-Diagnostikum	Häusler, 2004	308
HZI-K	Hamburger Zwangsinventar	Klepsch, Zaworka, Hand, Lünenschloß & Jauernig, 1993	51
IAF	Interaktions-Angst-Fragebogen	Becker, 1997	96
IAT	Impliziter Assoziationstest	Greenwald, McGhee & Schwartz, 1998	311–313
Identification-EAST	Identifikation Extrinsic Affective Simon Task	De Houwer & De Bruycker, 2007	313
ILICA	Simulationstest zur Erfassung des Entscheidungsverhaltens	Möseneder & Ebenhöh, 1996	308
IPS	Inventar zur Persönlichkeitsdiagnostik in Situationen	Schaarschmidt & Fischer, 1999	101, 106
IPT	Initials Preference Task	Koole & Pelham, 2003 Nuttin, 1985	313
I-S-T 2000 R	Intelligenz-Struktur-Test 2000 R	Liepmann, Beauducel, Brocke & Amthauer, 2007	26, 72, 86, 89, 190
KPI	Kategoriesystem für Partnerschaftliche Interaktion	Hahlweg, 1986	108f.
KV-S	Konfliktverhalten situativ	Klemm, 2002	92
LAsO	Lernen Anwenden – systematisch Ordnen	Fill Giordano & Litzenberger, 2005	308
LEWITE	Lexikon-Wissen-Test	Wagner-Menghin, 2004	308
LGT 3	Lern- und Gedächtnistest	Bäumler, 1974	72

Abkürzungen	Titel	Autoren	Seite
LPS	Leistungs-Prüf-System	Horn, 1983	72
MDBF	Mehrdimensionaler Befind-lichkeitsfragebogen	Steyer, Schwenkmez-ger, Notz & Eid, 1997	107
MMG	Multimotivgitter	Schmalt, Sokolowski & Langens, 2000	67 f., 309
MMEI	Multimodales Einstellungs-interview	Schuler, 1992	273
MMPI	Minnesota Multiphasic Personality Inventory	Spreen, 1963	180
MMPI-2	Minnesota-Multiphasic Personality Inventory 2	Hathaway, McKinley & Engel, 2000	72
MSCEIT	Mayer-Salovey-Caruso Emotional Intelligence Test	Mayer, Salovey & Caruso, 2002 (dt. Steinmayr, Schütz, Hertel, & Schröder-Abé, 2010)	90, 92
MSCS	Multidimensional Self-Con-cept Scale	Fleming & Courtney, 1984	104
MSWS	Multidimensionale Selbst-wertskala	Schütz & Sellin, 2006	100, 104 f.
NEO-FFI	NEO-Fünf-Faktoren-Inventar (2. Aufl.)	Borkenau & Osten-dorf, 2008	26, 72, 100–102, 181, 304
NEO-FFI-R	NEO Five-Factor Inventory revised	McCrae & Costa, 2004	26
NEO-PI-3	NEO-Persönlichkeitsinventar 3. Fassung	McCrae, Costa & Martin, 2005	26, 100
NEO-PI-R	NEO-Persönlichkeitsinventar revidierte Form	Ostendorf & Angleitner, 2004	26, 72, 100–103
OA-TB 75	Objektive Testbatterie	Häcker, Schmidt, Schwenkmezger & Utz, 1975	307
OLMT	Objektiver Leistungsmotiva-tions-Test	Schmidt-Atzert, 2004	308 f.
PANAS	Positive and Negative Affect Schedule	Krohne, Egloff, Kohlmann & Tausch, 1996	107, 191

Abkürzungen	Titel	Autoren	Seite
PFB	Partnerschaftsfragebogen (aus Inventar zur Partnerschaftsdiagnostik)	Hahlweg, 1996	115
RO-T	Rorschach-Test	Rorschach, 1921, 1992	62, 67, 72
RSMS	Revised-Self-Monitoring-Scale	Laux & Renner, 2002	92
SASS	Soziale Aktivität Selbstbeurteilungs-Skala	Duschek, Schandry & Hege, 2003	92
SC-IAT	Single Category Implicit Association Test	Karpinski & Steinman, 2006	313
SCL-90-R	Symptomcheckliste	Franke, 2002	72
SEE	Skalen zum Erleben von Emotionen	Behr & Becker, 2004	91, 94
SI	Situatives Interview	Latham, 1989	273
SIM	Sozialer Intelligenztest Magdeburg	Süß, Seidel & Weis, 2008	90 f.
SKID-I	Strukturiertes Klinisches Interview für DSM-IV (Achse I: Psychische Störungen)	Wittchen, Zaudig & Fydrich, 1997	272
SKID-II	Strukturiertes Klinisches Interview für DSM-IV (Achse II: Persönlichkeitsstörungen)	Wittchen, Zaudig & Fydrich, 1997	272
STAI	State-Trait-Angst-Inventar	Laux, Glanzmann, Schaffner & Spielberger, 1981	72, 101, 107
STAXI	State-Trait-Ärgerausdrucks-Inventar	Schwenkmezger, Hodapp & Spielberger, 1992	72, 107
SYMLOG	System for the multiple level observation of groups	Bales & Cohen, 1979, 1982 (dt. Nowack, 1987, 1989)	108, 110–112
TAT	Thematischer Apperzeptionstest	Murray, 1936, 1938, 1991	61–66, 72–74, 185, 309, 313

Abkürzungen	Titel	Autoren	Seite
TEK	Szenario-basierter Performanztest emotionaler Kompetenzen	Freudenthaler & Neubauer, 2008	91, 94
TEMINT	Test zur Emotionalen Intelligenz	Schmidt-Atzert & Bühner, 2002	72, 90
TIPI	Trierer Integriertes Persönlichkeitsinventar	Becker, 2003	73, 150
TMMS	Trait-Meta-Mood-Scale	Salovey, Mayer, Goldman, Turvey & Palfai, 1995	91, 93 f.
TPF	Trierer Persönlichkeitsfragebogen	Becker, 1989	73
WAIS-R	Wechsler Adult Intelligence Scale Revised	Wechsler, 1981	26
WAIS III	Wechsler Adult Intelligence Scale III	Wechsler, 1997	88
WIE	Wechsler Intelligenztest für Erwachsene	Aster, Neubauer & Horn, 2006	73, 86, 88 f., 142 f., 180
WIT-2	Wilde-Intelligenztest	Kersting, Althoff & Jäger, 2008	73, 86, 90
WLEIS	Wong & Law Emotional Intelligence Scale	Wong & Law, 2002 (dt. Lopes, Hertel & Schütz, 2009)	91
	Familie in Tieren	Brem-Gräser, 2006	63
	Familienbrett	Ludewig & Wilken, 1999	108, 113 f.
	Plananalyse	Caspar, 2007	108–111
	Strukturiertes Rollenspiel	Schuler, Funke, Moser & Donat, 1995	273

Stichwortverzeichnis

Astrid Schütz/Herbert Selg
Stefan Lautenbacher (Hrsg.)

Psychologie

Eine Einführung in ihre Grundlagen und
Anwendungsfelder

3., vollst. überarb. und erw. Auflage 2005
556 Seiten mit 44 Abb., 15 Tab. und 6 Kästen
Fester Einband
€ 39,–
ISBN 978-3-17-018373-5

Dieses für die 3. Auflage völlig neu konzipierte
Lehrbuch bietet eine umfassende Einführung in
das Fach Psychologie. Es richtet sich an alle, die
beabsichtigen, Psychologie im Haupt- oder
Nebenfach, im Diplom-, Bachelor- oder Master-
Studiengang zu studieren. Ebenso ist es geeignet für alle, die in Lehre oder Beratung tätig
sind und sich einen Überblick über einzelne Teilgebiete verschaffen möchten. Basierend auf der
neuen Rahmenprüfungsordnung von 2002 werden Teilgebiete und Grundlagen der Psychologie
sowie Anwendungsfächer und Tätigkeitsfelder
dargestellt.

W. Kohlhammer GmbH · 70549 Stuttgart

Kohlhammer